W0275370

ALLE·ZEIT·WACH
1842

P. Bocker

Datenübertragung

Technik der
Daten- und Textkommunikation

Band I · Grundlagen

Unter Mitarbeit von
H. H. Voss, S. Grützmann, J. Petersen

Zweite, überarbeitete Auflage

Mit 139 Abbildungen

Springer-Verlag
Berlin Heidelberg New York Tokyo 1983

Dipl.-Phys. Dr. rer. nat. Peter Bocker

Dr. rer. nat. Hans Heinrich Voss †

Siemens Aktiengesellschaft
Zentrallaboratorium für Kommunikationstechnik

Dipl.-Ing. Dr.-Ing. Sigmar Grützmann

Standard Elektrik Lorenz Aktiengesellschaft
Zentrale Entwicklungsaktivitäten

Prof. Dr.-Ing. Joachim Petersen

Universität des Saarlandes

CIP-Kurztitelaufnahme der Deutschen Bibliothek
Bocker, Peter:
Datenübertragung : Technik d. Daten- u. Text-
kommunikation / P. Bocker. – Berlin ; Heidelberg ;
New York : Springer
Bd. 1. Grundlagen / unter Mitarb. von H. H. Voss ... –
2., überarb. Aufl. - 1983.

ISBN-13:978-3-642-81973-5   e-ISBN-13:978-3-642-81972-8
DOI: 10.1007/978-3-642-81972-8

2362/3020 – 543210

Vorwort

Seit dem Erscheinen der ersten Auflage der beiden Bände des Werkes *Datenübertragung* hat die Technik der Übermittlung von Information in digitaler Form einige wesentliche Fortschritte gemacht. Außerdem hat sich der Einsatzbereich dieser Technik deutlich erweitert. Er erstreckt sich nicht mehr nur auf Datenfernverarbeitungssysteme, sondern diese Technik ist auch als Grundlage der sich immer mehr entfaltenden Textkommunikation und der Festbildkommunikation von wachsender Bedeutung; sogar die Übertragung von Sprache geschieht in zunehmendem Umfang mit digitalen Signalen.

So erschien es notwendig, bei der vorliegenden zweiten Auflage des Bandes *Datenübertragung — Grundlagen* einige Akzente neu zu setzen. Diese betreffen zum einen die Textkommunikation, die nun schon in Abschnitt 1 *Überblick* deutlicher angesprochen wird; in den Abschnitt 2 *Nachrichtentechnische Grundbegriffe* ist das neuerdings im Hinblick auf die Anforderungen der Textkommunikation ergänzte, achtstellige Alphabet aufgenommen worden. Die Abschnitte 3, 4 und 5 wurden entsprechend dem technischen Fortschritt überarbeitet. Abschnitt 6 *Grundlagen der Datenvermittlung* berücksichtigt jetzt stärker die Paketvermittlung; außerdem sind hier nun — wie es allgemein üblich geworden ist — die Funktionen der Signalisierungsprotokolle anhand des Schichtenmodells dargestellt. Das Literaturverzeichnis wurde auf den aktuellen Stand gebracht; insbesondere wurden die neuesten internationalen und nationalen Empfehlungen und Normen berücksichtigt.

Trotz dieser teilweise umfangreichen Überarbeitungen ist das Konzept des Bandes *Datenübertragung — Grundlagen* jedoch unverändert geblieben: Es sind hier die Grundbegriffe und Voraussetzungen zusammengestellt,. welche für die Datenübertragung, d. h. die Übermittlung von Information in digitaler Form, von Bedeutung sind. Breiten Raum nimmt hierbei die Darstellung der für die Übertragung von Datensignalen wichtigen Eigenschaften der Übertragungswege ein sowie die Schilderung der Datenübertragungsverfahren und ihres Einsatzes auf realen Übertragungswegen. Zur Verdeutlichung der Zusammenhänge werden hierfür soweit möglich auch quantitative Angaben gemacht. Eine Erläuterung der Grundlagen der Datenvermittlung ergänzt die Darstellung der Grundlagen der Datenübertragung im Hinblick auf die Netze für die Text- und Datenkommunikation.

Dieser Band ist in gemeinsamer Arbeit mit den Herren Dr. rer. nat. Hans-Heinrich Voss, Dr.-Ing. Sigmar Grützmann und Prof. Dr.-Ing. Joachim Petersen entstanden. Für die Niederschrift der Abschnitte waren verantwortlich: *Überblick* — Dr. Bocker; *Nachrichtentechnische Grundbegriffe* — Dr. Voss; *Übertragungswege, Grundlagen der Datenübertragung, Berücksichtigung der Eigenschaften realer Übertragungswege bei der Datenübertragung* — Dr.-Ing. Grützmann; *Grundlagen der Datenvermittlung* — Prof. Dr.-Ing. Petersen.

Band II *Datenübertragung — Einrichtungen und Systeme* befaßt sich mit den technischen Mitteln für den Datentransport auf elektrischem Wege: Er enthält eine Darstellung der Datenübertragungs- und Datenvermittlungseinrichtungen und der Datennetze sowie von Kriterien und Hilfsmitteln für ihre Überwachung und Wartung.

Die Herausgabe eines Werkes mit einem so weit gefaßten Inhalt war mir nur möglich auf der Grundlage der vielfältigen Überlegungen und Erfahrungen, die an den verschiedenen Forschungs- und Entwicklungsstellen innerhalb und außerhalb des Hauses Siemens vorliegen. Die zahlreichen Diskussionen mit vielen Fachkollegen — auch aus dem Kreis der Leser —, ihre wertvollen Ratschläge und Hinweise sowie ihre Bereitwilligkeit, auch bisher unveröffentlichtes Material zur Verfügung zu stellen, seien dankbar vermerkt. Mein besonderer Dank gilt den Herren, die sich an der Abfassung einiger Abschnitte beteiligt haben; in Verbindung mit Band I sind dies die Herren Ing. (grad.) Joachim Friemelt (*Nachrichtentechnische Grundbegriffe*), Dr. rer. nat. Armin Tannhäuser (*Datenübertragungsverfahren*) und Dr.-Ing. Gero Schollmeier (*Datenübertragungsverfahren* und *Berücksichtigung der Eigenschaften realer Übertragungswege bei der Datenübertragung*). Für die wirksame Unterstützung bei der Überarbeitung dieses Bandes für die zweite Auflage danke ich Herrn Dipl.-Ing. Lutz Schweizer.

München, im Frühjahr 1983 **P. Bocker**

Inhaltsverzeichnis

Inhalt des Bandes II

Einrichtungen und Systeme

1 Überblick

1.1 Die Entwicklung der Kommunikationstechnik

Für die gegenseitige Information und die Aufgabenabwicklung im geschäftlichen und privaten Bereich ist es erforderlich,

- persönliche Gespräche und fernmündliche Dialoge zu führen,
- Texte zu erstellen, mit Zusätzen und Bildern zu versehen, zu korrigieren, zu übermitteln,
- Daten rasch aus Nachschlagewerken, Tabellen, sonstigen Unterlagen, d. h. aus Speichern zu beschaffen, zu verarbeiten, Ergebnisse neu abzuspeichern.

Aufgabe der Kommunikationstechnik ist es, dem Anwender die Gesamtheit dieser Tätigkeiten zu erleichtern, d. h. ihm zu ermöglichen, daß er sie mit weniger „Hürden" zwischen den unterschiedlichen Tätigkeitsformen präziser und rascher ausführen kann.

Aus technologischen Gründen haben sich im Verlaufe der Geschichte der Kommunikation auf elektrischem Wege bis heute im wesentlichen vier Hauptbereiche herausgebildet: Aus der Telegrafie, der ersten Kommunikationsform mit elektrischen Mitteln, entwickelten sich die Textkommunikationstechniken. Daneben gibt es seit etwa 100 Jahren die Sprachkommunikation auf elektrischem Wege, das Fernsprechen. In neuerer Zeit sind hierzu die Datenkommunikation und die Bewegtbildkommunikation getreten. Bild 1.1 zeigt, daß innerhalb jedes dieser vier Bereiche — Sprachkommunikation, Textkommunikation, Datenkommunikation, Bewegtbildkommunikation — die Anzahl von Systemtypen und Diensten sich gegenwärtig dramatisch vervielfacht.

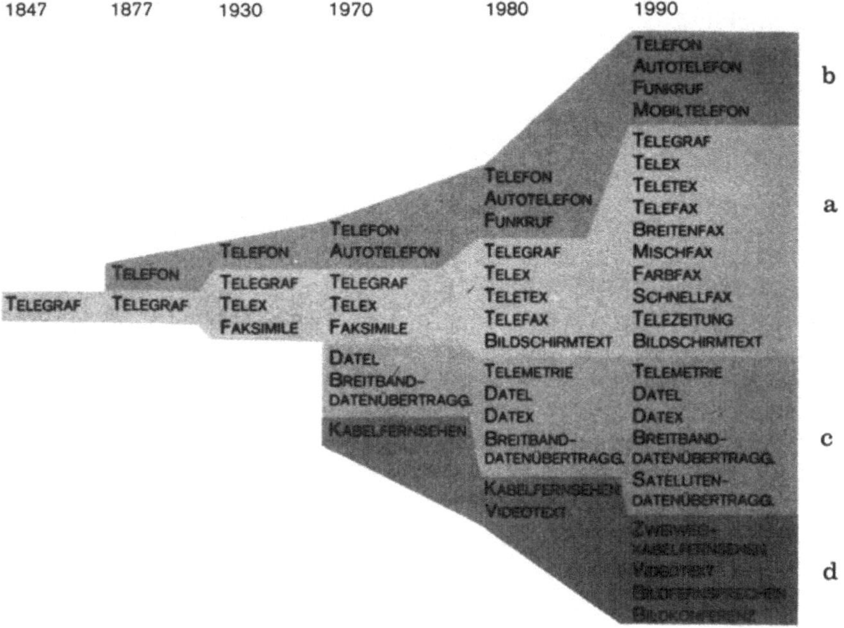

Bild 1.1 Die Entwicklung der Kommunikationstechnik:
a) Textkommunikation; b) Sprachkommunikation; c) Datenkommunikation;
d) Bewegtbildkommunikation.

1.2 Gliederung der Kommunikationssysteme

Grundsätzlich sind alle Kommunikationssysteme gegliedert in Endeinrichtungen und öffentliche und private Netze (Bild 1.2); zu den Endeinrichtungen gehören in diesem Zusammenhang auch die Datenverarbeitungsanlagen und die Informationszentralen.

Die Netze haben im Grunde nur eine Aufgabe: den Informationstransport zwischen den Endeinrichtungen zu bewirken, d. h. wenn erforderlich die entsprechende Übertragungskapazität zu bieten bei einer möglichst bequemen und sicheren Erreichbarkeit der Partner. Diese Definition klingt zwar sehr einfach, führt jedoch bei der Realisierung zu drei schwerwiegenden Problemen:

1. Die Kommunikationsarten und typischen Geschwindigkeiten sind verschieden: ein Sprachkanal hat beispielsweise 3100 Hz Bandbreite oder beansprucht 64 kbit/s digitale Übertragungskapazität, Textkommunikation z. B. nur 2,4 kbit/s; das „Blättern" in Datenbeständen erfordert andererseits Übertragungsgeschwindigkeiten im Bereich der Mbit/s.

2. Unabhängig von der Verschiedenartigkeit der Endeinrichtungen sollten die Vorgänge zwischen den Menschen und dem technischen System möglichst gleichartig sein; das betrifft z. B. die Prozeduren beim Verbindungsaufbau.
3. Kommunikation zwischen zwei Endeinrichtungen setzt über die Übertragungskapazität hinaus noch Vereinbarungen voraus, damit jeder mit jedem — auch z. B. jeder Drucker und jeder Bildschirm mit jeder Tastatur — zusammenarbeiten kann, damit Steuerbefehle richtig verstanden werden usw. Bei einigen öffentlichen Standarddiensten, z. B. Fernsprechen, Telex, wurden international solche Verabredungen getroffen; im privaten Bereich müssen für die Einzelsysteme entsprechende Regeln eingehalten werden.

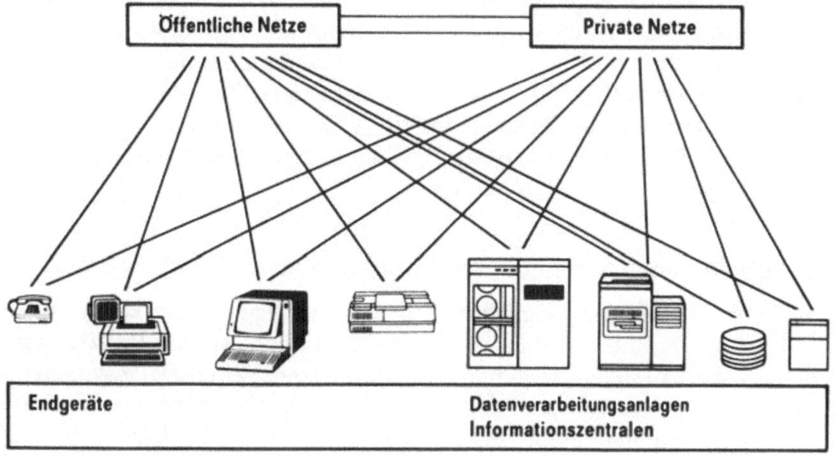

Bild 1.2 Gliederung von Kommunikationssystemen.

Das heißt: Zusätzlich zu der Aufgabe der Informationsübertragung fallen den Netzen noch weitere Aufgaben zu, wie z. B. die der Informationsumsetzung und der dienstespezifischen Informationsbehandlung.

1.3 Textkommunikation — Datenübertragung

Bei der Sprach- und der Textkommunikation besteht seit jeher der Wunsch, daß jeder Teilnehmer jeden Teilnehmer nicht nur erreichen kann, sondern mit ihm über das entsprechende Endgerät — das Telefon, die Fernschreibmaschine, den Fernkopierer — auch direkt kommunizieren kann. Daher wurden für die zugehörigen Fernmeldedienste international die erforderlichen Kommunikationsprotokolle vereinbart.

So können z. B. Telex-Teilnehmer mit ihren Fernschreibmaschinen verschiedener Herkunft über das internationale Netz Verbindungen aufbauen und anschließend von Maschine zu Maschine Texte übertragen.

Bei der Datenübertragung ist die Aufgabenstellung etwas anders: Die verschiedenen Arten der heutigen Datenfernverarbeitungssysteme sind auf ihre Aufgabe optimiert und erlauben im allgemeinen keinen Zugang von oder zu anderen Systemen. Endgeräte des Buchungssystems einer Fluggesellschaft können z. B. nicht mit der Zentrale des Buchungssystems einer anderen Fluggesellschaft zusammenarbeiten („geschlossene Systeme").

Aufgabe der Datenübertragungssysteme ist daher im wesentlichen nur der reine Datentransport. Aus diesem Grunde werden die Funktionen zur Zusammenarbeit der Endeinrichtungen untereinander hier nicht betrachtet, obwohl sie — gemeinsam mit der Transportfunktion — die Voraussetzung für arbeitsfähige Datenkommunikationssysteme bilden. Die Grundbegriffe und Voraussetzungen für die Datenübertragung gelten jedoch allgemein für die Übermittlung von Information in digitaler Form, d. h. auch wenn es sich dabei um Textinformation oder um Sprachinformation handelt.

1.4 Aufbau von Datenkommunikationssystemen

Trotz der Vielfalt der möglichen, auf die jeweiligen Einsatzfälle zugeschnittenen Datenkommunikationssysteme zeigen sie im Prinzip den gleichen Aufbau: Sie bestehen aus mindestens zwei *Datenstationen*, zwischen denen die Daten zu übertragen sind. Eine Verbindung zwischen zwei Datenstationen heißt Punkt-zu-Punkt-, eine zwischen mehr als zwei Datenstationen Mehrpunkt-Verbindung (Bild 1.3); beide Ver-

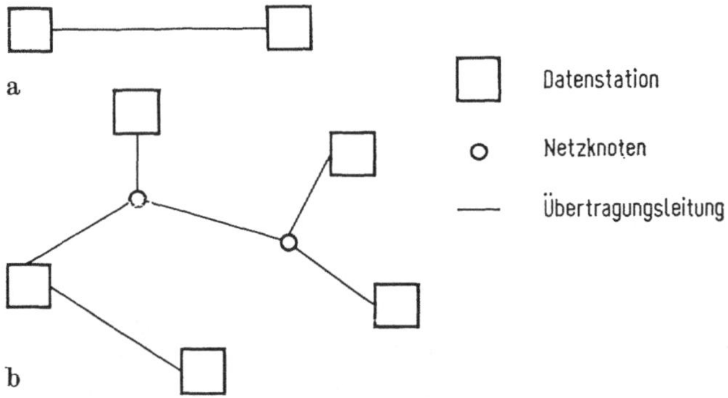

Bild 1.3 Verbindungen zwischen Datenstationen.
a) Punkt-zu-Punkt-Verbindung; b) Mehrpunkt-Verbindung.

bindungsarten können dauernd oder vorübergehend (z. B. mit Hilfe von Vermittlungsanlagen in den Netzknoten) geschaltet sein. Der Informationsfluß über diese Verbindungen ist einseitig, wechselseitig oder beidseitig gerichtet [1.1]; die Datenstationen wickeln dabei den Datenverkehr im Simplex-, Halbduplex- oder Duplex-Betrieb ab.

Jede Datenstation ist in die *Datenendeinrichtung* (DEE; englische Benennung: data terminal equipment, DTE) und die *Datenübertragungseinrichtung* (DÜE; englische Benennung: data circuit-terminating equiment, DCE) gegliedert (Bild 1.4) [1.1]. Die Datenendeinrichtung enthält die Datenquelle, welche Daten an die Datenübertragungseinrichtung zur Sendung abgibt, oder die Datensenke, welche von der Datenübertragungseinrichtung empfangene Daten aufnimmt. Sie ist an der

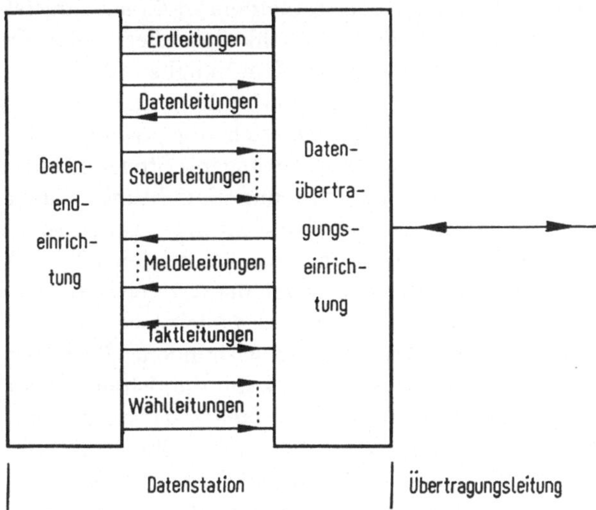

Bild 1.4 Datenstation mit Schnittstelle zwischen Datenend- und Datenübertragungseinrichtung.

Steuerung des Verbindungsaufbaues beteiligt, für die Steuerung des Datenaustausches zwischen den mit ihr verbundenen Datenendeinrichtungen verantwortlich und leitet den Verbindungsabbau ein. Die Datenübertragungseinrichtung bringt die von der Datenendeinrichtung angelieferten Datensignale in eine für die Übertragung auf der angeschlossenen Übertragungsleitung geeignete Form oder formt die von der Übertragungsleitung empfangenen Datensignale zur Weitergabe an die Datenendeinrichtung um. Außerdem setzt sie die Steuerbefehle der Datenendeinrichtung für den Verbindungsauf- und -abbau in die entsprechenden Signale für die Vermittlungsstellen sowie auch für die ferne Station um und meldet empfangene Befehle der Datenendeinrichtung weiter.

Die Bedeutung und die elektrischen Eigenschaften der Signale sowie die physikalischen Eigenschaften der Leitungen zwischen der Datenend- und der Datenübertragungseinrichtung sind international und national einheitlich in allgemeinen Schnittstellenempfehlungen und -normen festgelegt [1.2 bis 1.10]. Die Schnittstellen zwischen Datenendeinrichtung und den verschiedenen Arten von Datenübertragungseinrichtungen sind in den Standards für die Datenübertragungseinrichtungen enthalten.

Diese weitreichenden Festlegungen zur *Schnittstelle zwischen Datenend- und Datenübertragungseinrichtung* bezwecken einerseits, die Datenendeinrichtung möglichst unabhängig von der Art der Datenübertragungseinrichtung und der Verbindung zu halten; andererseits soll auch die Datenübertragungseinrichtung unabhängig von der Art der angeschlossenen Datenendeinrichtung bleiben. Außerdem ist diese Schnittstelle häufig bedeutsam als Grenze der Verantwortlichkeit der Fernmeldeverwaltungen und der Benutzer, d. h. als Grenze der Zuständigkeit für die verschiedenen Phasen beim Auf- und Abbau einer Verbindung und für die Wartung.

Im allgemeinsten Fall gliedern sich die Schnittstellenleitungen (Bild 1.4) in Erdleitungen, Datenleitungen, Steuerleitungen (Steuerbefehle in Richtung Datenübertragungseinrichtung), Meldeleitungen (Meldungen in Richtung Datenendeinrichtung), Taktleitungen und — sofern von der Datenendeinrichtung gewählt werden soll — Wählleitungen (Übergabe der Wählziffern). Je nach der Art der Datenübertragungseinrichtung ist die Anzahl der Schnittstellenleitungen und ihre mit dem Betriebsablauf der Datenübertragung verbundene Ansteuerung unterschiedlich. Besonders an Datennetzen kann die Schnittstelle der Datenübertragungseinrichtungen dadurch einfach gehalten werden, daß während der Phase des Verbindungsaufbaues die Steuerbefehle, die Wählziffern und die Meldungen über die Datenleitungen ausgetauscht werden; damit erübrigen sich hier eine Reihe von Steuer- und Meldeleitungen sowie die Wählleitungen [1.9, 1.10].

1.5 Anforderungen der Datenkommunikationssysteme an die Übertragungs- und Vermittlungstechnik

Die Anforderungen der Datenkommunikationssysteme an die Einrichtungen der *Übertragungstechnik* lassen sich in folgender Weise zusammenfassen:

Übertragungsgeschwindigkeiten von 50 bit/s bis 50 kbit/s und darüber müssen möglich sein.

Bei niedrigen Geschwindigkeiten sollen arrhythmisch Start/Stop-Zeichen übertragen werden, wobei Schritte mit Stop-Polarität von beliebiger Dauer — oberhalb einer bestimmten Minimaldauer — vorkommen können; bei Geschwindigkeiten von 600 bit/s an aufwärts sind nur

isochrone Datensignale zu übertragen, d. h. die Schritte liegen alle in einem Raster äquidistanter Taktzeitpunkte.
Bei der Übertragung isochroner Datensignale müssen beliebige Bitfolgen einschließlich der Dauer-0 und der Dauer-1 zulässig sein; ferner müssen hierbei die Datenendeinrichtungen über die Schnittstelle hinweg mit dem Schrittakt versorgt werden können.

Die Anforderungen an die Einrichtungen der *Vermittlungstechnik* gehen bei den Systemen mit Stapelbetrieb, bei denen der Datenverarbeitungsanlage Verarbeitungsaufträge als Ganzes, d. h. in Stapeln übergeben werden, im allgemeinen nicht über die Möglichkeiten der vorhandenen Fernschreib- und Fernsprechvermittlungssysteme hinaus. Anders ist es z. B. bei Buchungssystemen. Diese Systeme bringen eine starke Leitungskonzentration an den Datenverarbeitungsanlagen mit einer Verkehrsstruktur, die von der des herkömmlichen Fernschreib- und Fernsprechverkehrs abweichen kann: Das Verkehrsaufkommen je Terminal ist hierbei verhältnismäßig gering, d. h., die Belegungsdauern sind kurz; die Anzahl der Verbindungswünsche je Zeiteinheit kann jedoch durchaus groß sein. Daher rührt die Forderung nach möglichst kurzen Verbindungsauf- und -abbauzeiten.

Unter den sonstigen Leistungsmerkmalen, welche die Vermittlungseinrichtungen den Datenkommunikationssystemen bieten sollen, seien hervorgehoben die geschlossenen Teilnehmerklassen, zu denen kein fremder Teilnehmer Zugang hat, sowie spezielle Dienste, wie z. B. Direktruf, Kurzwahl, Rundsenden [1.11].

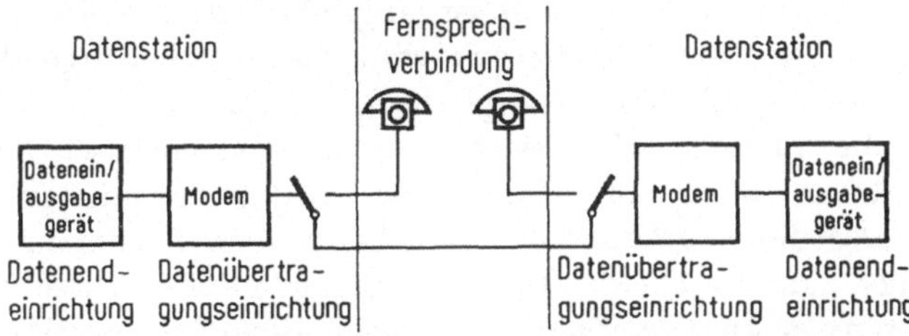

Bild 1.5 Datenübertragung über Fernsprechverbindungen.

Zu Beginn der Entwicklung von Datenfernverarbeitungssystemen wurde neben dem vorhandenen *Fernschreibnetz* mit seinen Einschränkungen hinsichtlich Code und Übertragungsgeschwindigkeit das bestehende, weitverzweigte *Fernsprechnetz* für die Datenübertragung mit herangezogen. Sowohl über die mit Hilfe der Fernsprechvermittlungseinrichtungen aufgebauten Wählverbindungen als auch über die festgeschalteten Fernsprechverbindungen lassen sich Daten übertragen, wenn anstelle der Fernsprecher Modems als Datenübertragungseinrichtungen an die Übertragungsleitungen angeschlossen werden (Bild 1.5) [1.12].

Wenn auch durch diese Benutzung von Fernsprechverbindungen die Datenfernverarbeitung zunächst einen starken Aufschwung nehmen konnte, genügt jedoch das Fernsprechwählnetz in manchen Fällen nicht den Anforderungen der Datenteilnehmer an die Vermittlungseinrichtungen. Deshalb wurden Privatnetze aus festgeschalteten Verbindungen eingerichtet, auf denen mit Hilfe geeigneter Prozeduren bestimmte Datenstationen miteinander rasch in Datenaustausch treten können.

Seit etwa 1968 hat sich der Gedanke durchgesetzt, eigenständige öffentliche *Datennetze* einzurichten. Ihre Hauptvorteile gegenüber den Privatnetzen sind ihre größere Wirtschaftlichkeit infolge der besseren Ausnutzung der Übertragungswege und ihre größere Zuverlässigkeit durch den redundanten Netzaufbau und den Einsatz zentraler Überwachungseinrichtungen.

1.6 Nachrichtentechnik in Datenkommunikationssystemen

Die Beschäftigung mit den Fragen der Datenübertragung in dem angedeuteten weiten Sinne erfordert es, viele Bereiche der Nachrichtentechnik zu betrachten, um die Lösungsmöglichkeiten der vielfältigen Probleme darstellen und begründen zu können. Im folgenden soll hierzu ein Überblick gegeben werden, der gleichzeitig eine Übersicht darstellt über den Inhalt der Abschnitte der beiden Bände dieses Werkes.

Nachrichtentechnische Grundbegriffe

Daten werden als Information definiert, die zum Zwecke der (technischen) Verarbeitung dargestellt ist; digitale Daten sind aus Zeichen aufgebaut [1.13]. Durch *Codierung* wird die zu übertragende Information, z. B. die Symbole eines Alphabets, in *Binärzeichen*, die Elemente der Datenübertragung, aufgelöst; hierbei kann systematisch *Redundanz* hinzugefügt werden, so daß auf dem Übertragungsweg entstandene Bitfehler im Decodierer erkannt oder korrigiert werden können. Die den Binärzeichen zum Zwecke der Datenübertragung auf elektrischem Wege zugeordneten elektrischen *Signale* sind wie die Binärzeichen zeitabhängig; d. h., die Signalzustände haben bestimmte Minimaldauern, sie werden mit einer bestimmten *Schrittgeschwindigkeit* übertragen. Die *Informationstheorie* gibt die Grenzen an, innerhalb derer mit gegebenen Mitteln eine Informationsübertragung möglich ist und erlaubt damit eine objektive Beurteilung der technischen Eigenschaften von Übertragungssystemen.

Übertragungswege

Für die Übertragung der Datensignale stehen primär die gleichen Übertragungswege zur Verfügung wie für die Übertragung von Sprach-, Rundfunk- oder Fernsehsignalen. Überwiegend sind dies im Nahbereich Adernpaare in *Niederfrequenzkabeln*, im Fernbereich Adernpaare in *pupinisierten Kabeln* sowie *Sprachkanäle* und *Kanalgruppen* (z. B. Primärgruppen) in Trägerfrequenzsystemen. In zunehmendem Maß werden Digital-Übertragungssysteme verwendet. Vor allem die *Dämpfungs-* und *Gruppenlaufzeitverzerrung* innerhalb der zur Verfügung stehenden Frequenzbereiche sowie die unterschiedlichen *Störeinflüsse* sind von Bedeutung für die Wahl der geeigneten Datenübertragungsverfahren und müssen bei Auslegung und Einsatz der Datenübertragungseinrichtungen berücksichtigt werden.

Datenübertragungsverfahren

Den Eigenschaften der Übertragungswege entsprechend gibt es eine Reihe von Datenübertragungsverfahren nebeneinander. Die einen betreffen die Übertragung der Signale — etwa auf Adernpaaren von Niederfrequenzkabeln — *im Basisband,* d. h. ohne Modulationsvorgang; die anderen benutzen — bei Übertragung der Signale über bandbegrenzte Kanäle, wie z. B. das Sprachband oder das Frequenzband der Primärgruppe in Trägerfrequenzsystemen — einen *modulierten Träger.* Entsprechend den zu übertragenden Binärzeichen wird hierbei die Amplitude, die Frequenz oder die Phase der Trägerschwingung verändert.

Für die Datenübertragung ist besonders die erreichbare Übertragungsgeschwindigkeit von Interesse. Die Umwandlung der Binärzeichen in Signale mit mehr als zwei Zuständen und die Einseitenband- sowie die Restseitenbandübertragung erlauben es, die Übertragungsgeschwindigkeit auf einem gegebenen Übertragungsweg beträchtlich heraufzusetzen.

Ein besonderes Problem bei taktgebundenen Übertragungsverfahren ist die *Gewinnung des Abtasttaktes* aus dem empfangenen Signal; außerdem ist bei manchen Verfahren zur Demodulation die *Rückgewinnung der Trägerschwingung* erforderlich.

Die bei den verschiedenen Übertragungsverfahren unterschiedlichen Verläufe von Signal- und Spektralfunktion führen zu unterschiedlichen Empfindlichkeiten der Signale gegenüber Störeinflüssen. Die Verfahren sind daher auch durch unterschiedliche *Fehlerwahrscheinlichkeiten* der Empfangssignale *bei Rauschen* gekennzeichnet.

Berücksichtigung der Eigenschaften realer Übertragungswege bei der Datenübertragung

Die Dämpfungs- und die Gruppenlaufzeitverzerrung sowie sonstige Abweichungen der realen Übertragungswege vom idealen Verhalten beeinträchtigen die Qualität der Übertragung. Zur Beurteilung der Einsatzmöglichkeiten der verschiedenen Übertragungsverfahren auf realen Übertragungswegen werden Kriterien herangezogen, welche die Abweichungen des empfangenen Signals vom gesendeten beschreiben; hierzu gehören die Fehlerwahrscheinlichkeit, d. h. die Häufigkeit falscher Abtastwerte, daneben auch die mittlere quadratische Abweichung der Abtastwerte bezogen auf die Sollwerte sowie das „Augendiagramm" und die Schrittverzerrung.

Soweit der Einfluß der Übertragungswege auf die Übertragung von Datensignalen zeitlich praktisch konstant ist — z. B. bei Dämpfungs- und Gruppenlaufzeitverzerrungen, Frequenzverwerfungen —, kann er weitgehend ausgeglichen werden. Auf diese Weise läßt sich die Übertragungsqualität häufig erheblich und entscheidend verbessern. Das empfangene Datensignal kann *im Frequenz-* und *im Zeitbereich entzerrt* werden. Während die im Frequenzbereich arbeitenden Entzerrer meistens Mittelwerte der Dämpfungs- und Gruppenlaufzeit ausgleichen („Kompromißentzerrer"), lassen sich Entzerrer, die im Zeitbereich arbeiten, besonders gut automatisch auf die individuellen Optimalwerte einstellen.

Datenvermittlung

In vielen Fällen werden die Verbindungen zwischen Datenstationen über Netzknoten geführt und nur vorübergehend benötigt; sie können dann je nach Bedarf auf- und abgebaut werden. Hierbei finden *Vermittlungsvorgänge* statt. Die Vermittlungsstellen in den Netzknoten mit *Durchschaltevermittlung* stellen durchgehende Verbindungen zwischen den betroffenen Datenstationen her; diese entsprechen praktisch vorübergehend geschalteten Standverbindungen. Es kann jedoch für den Betrieb eines Datennetzes auch vorteilhaft sein, die Daten nur jeweils teilstreckenweise zu übertragen und in den Vermittlungsstellen bis zum Weitersenden zwischenzuspeichern. Bei diesem Verfahren der *Teilstreckenvermittlung* können entweder vollständige Nachrichten oder Nachrichtenteile — „Pakete" — vermittelt und übertragen werden.

Außer den *Durchschalteverfahren* ist die *Steuerung des Verbindungsauf- und -abbaus* bedeutsam; hier werden entsprechend bestimmten *Signalisierungssystemen* Steuersignale zwischen den Datenstationen und den Vermittlungsstellen in den Netzknoten und zwischen den Vermittlungsstellen selbst übertragen. Zu den Steuerungsaufgaben gehört auch die Bildung von z. B. geschlossenen Teilnehmerklassen sowie das Bereitstellen der besonderen Dienste (beispielsweise Direktruf, Kurzwahl, Rundsenden). Für die wirtschaftliche Auslegung von Vermittlungsstellen und die Dimensionierung von Netzen im Hinblick auf Verkehrsparameter, wie z. B. die mittlere Belegungsdauer oder die mittlere Anzahl der in der Zeiteinheit eintreffenden Anrufe, sind *verkehrstheoretische Untersuchungen* maßgebend.

Datenübertragungseinrichtungen

Daten können mit Hilfe geeigneter Datenübertragungseinrichtungen in Fernsprechwählnetzen, in Datennetzen oder über festgeschaltete Verbindungen übertragen werden; in allen Fällen besteht zwischen der Datenübertragungs- und der Datenendeinrichtung in der Datenstation die von den Eigenschaften der Datenübertragungseinrichtung und des Übertragungsweges weitgehend unabhängige, international einheitliche *Schnittstelle.* Die Datenübertragungseinrichtungen zum Einsatz in Fernsprechwählnetzen — die *Modems* — werden beim Teilnehmer nach dem Aufbau der Fernsprechverbindung anstelle des Fernsprechers an die Übertragungsleitung geschaltet; dabei kann die Verbindung außer mit Hilfe der Einrichtungen im Fernsprecher auch mit einer besonderen, von der Datenendeinrichtung über eine eigene Schnittstelle gesteuerten Wähleinrichtung hergestellt werden.

Bei den Datenübertragungseinrichtungen zum Einsatz in *Datennetzen* ist zu unterscheiden, ob sie zum *Anschluß* der einzelnen *Teilnehmer* an das Netz dienen, oder ob sie — z. B. zwischen Vermittlungsstellen — (im Frequenz- oder Zeitmultiplex) *Kanalbündel* herstellen.

Auch auf *festgeschalteten Verbindungen* können Einzelkanäle (z. B. mit Modems) und Kanalbündel eingerichtet werden. Die Ausführung der Datenübertragungseinrichtung richtet sich nach den Eigenschaften des Übertragungsweges; Niederfrequenz-Kabel, Kanäle von Sprachbandbreite, Breitbandkanäle und Kanäle von Digital-Multiplexsystemen erfordern Einrichtungen mit jeweils unterschiedlichen Übertragungsverfahren.

Datenvermittlungseinrichtungen

Datenvermittlungseinrichtungen gibt es sowohl in Datennetzen mit schaltbaren Netzknoten als auch in Datennetzen mit nichtschaltbaren Netzknoten. Die *Datenvermittlungseinrichtungen in schaltbaren Netzknoten* können ohne oder mit Zwischenspeicherung der Daten arbeiten. Sind an eine Vermittlungsstelle oder an eine zentrale Datenstation eine Reihe von peripheren Datenstationen mit niedrigen Verkehrswerten anzuschließen, so kommt auch der Einsatz von *Konzentratoren* in Betracht. Um einen möglichst einfachen Aufbau zu erreichen, werden häufig gewisse Funktionen der Vermittlungseinrichtungen, wie z. B. das Bereitstellen spezieller Teilnehmerdienste (Direktruf, Kurzwahl u. a.) von den Konzentratoren in die übergeordnete Vermittlungsstelle verlagert. Die *Datenvermittlungseinrichtungen in nichtschaltbaren Netzknoten* — Leitungsverzweiger und Schnittstellenvervielfacher — verbinden alle angeschlossenen Datenstationen ständig miteinander; den ordnungsgemäßen Ablauf der Datenübertragung in solchen Knotennetzen steuern die verbundenen Datenendeinrichtungen mit Hilfe geeigneter Datenübertragungsprozeduren.

In Datennetzen mit schaltbaren Netzknoten werden auch in den Datenstationen vermittlungstechnische Aufgaben durchgeführt; so wirken die *Vermittlungseinrichtungen in den Datenstationen* und die in den Netzknoten bei der Steuerung des Verbindungsauf- und -abbaus zusammen. Im allgemeinen werden die betreffenden Steuersignale in den *Datenfernschaltgeräten* erzeugt oder erkannt; es ist jedoch auch möglich, daß die Datenendeinrichtungen selbst über ihre Schnittstelle zur Datenübertragungseinrichtung, in diesem Falle dem *Anschlußgerät,* diese Signale senden oder empfangen und auswerten können und damit beim Verbindungsauf- und -abbau Partner der Vermittlungseinrichtungen in den Netzknoten werden.

Datennetze

Datenvermittlungs- und Datenübertragungseinrichtungen sind in Verbindung mit den Übertragungswegen auch Bausteine für eigenständige Datennetze. Neben den Netzen mit nichtschaltbaren Netzknoten, den *Knotennetzen* — in der Regel Privatnetzen —, werden — häufig als öffentliche Netze — eigenständige Datennetze mit schaltbaren Netzknoten, *Vermittlungsnetze,* eingerichtet.

Wenn auch die wesentlichen Leistungsmerkmale von öffentlichen Vermittlungsnetzen international vereinbart wurden [1.14, 1.11], stehen sich jedoch für ihren internen Aufbau eine Reihe unterschiedlicher Konzepte gegenüber. Entsprechend der Arbeitsweise der Vermittlungseinrichtungen in den Netzknoten gibt es *Durchschaltenetze,* in denen durchgehende Verbindungen zwischen den Datenstationen aufgebaut werden (Bild 1.6a), und *Teilstreckennetze,* in denen die Vermittlungseinrichtungen in den Netzknoten Zwischenspeicher besitzen und in denen die Daten abschnittweise von Vermittlungsstelle zu Vermittlungsstelle und schließlich zur empfangenden Datenstation weitergegeben werden (Bild 1.6b).

Die herkömmlichen Durchschaltenetze, wie z. B. die Fernschreibnetze, besitzen keinen übergeordneten Netztakt; sie arbeiten *ohne Taktsteuerung.* Weil bei diesem Netzkonzept die Übertragungs- und Vermittlungsabschnitte unabhängig und klar voneinander getrennt sind, ist hierbei der Übergang zu neuen Techniken, z. B. der Übergang von der Kanalbündelung im Frequenz- zu der im Zeitmultiplex, in zweckmäßigen Stufen nach Maßgabe der wirtschaftlichen und betrieblichen Gesichtspunkte möglich (Bild 1.7a) [1.15]. Demgegenüber erlaubt eine gemeinsame *Taktsteuerung* der übertragungs- und vermittlungstechnischen Einrichtungen eines Datennetzes, daß die durchschaltenden Vermittlungsstellen außer der Aufgabe der räumlichen auch die der zeitlichen Zuordnung der Datenkanäle übernehmen; aus technischen Gründen sind hier also die Multiplexer an den Orten der Vermittlungsstellen entbehrlich (Bild 1.7b). Damit ergibt sich bei den Datennetzen bereits eine Integration von Vermittlungs- und Übertragungstechnik, also ein

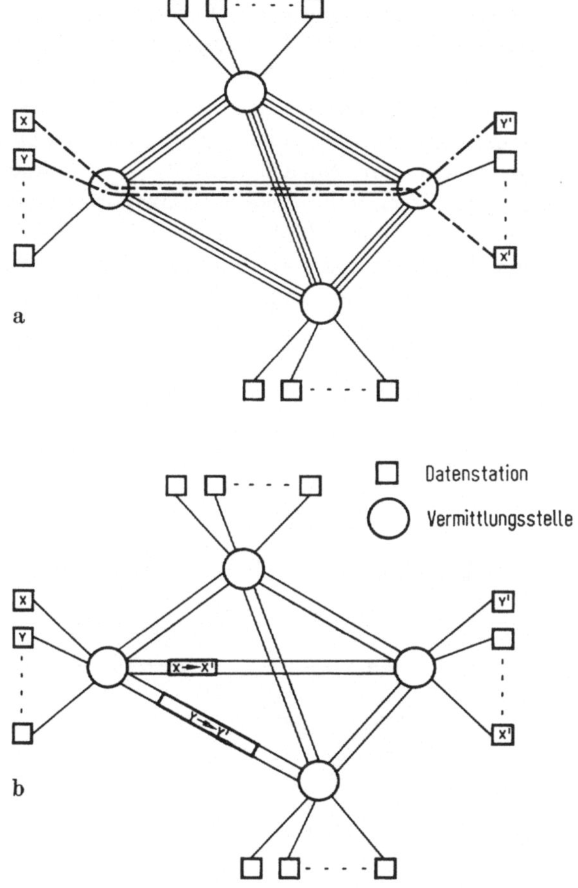

Bild 1.6 Vermittlungsnetze.
a) Durchschaltenetz; Verbindungen X → X' und Y → Y' aufgebaut; b) Teilstreckennetz; während des Transportes der für die Stationen X' und Y' bestimmten Nachrichten durch das Netz sind diese Stationen nicht belegt.

Netz, wie es international unter der Bezeichnung "IDN" (= Integrated Digital Network) [1.16] diskutiert wird.

In *Teilstreckennetzen* vereinfacht sich die Realisierung gewisser Dienste, wie z. B. die Code- und Geschwindigkeitsumsetzung; außerdem können hier in vielen Fällen die Übertragungswege zwischen den Vermittlungsstellen besonders gut ausgenutzt werden. Schließlich sind dabei die Datenendeinrichtungen praktisch nur solange mit dem Datenübertragungsvorgang befaßt, wie sie jeweils für die tatsächliche Abgabe oder Aufnahme einer Nachricht brauchen; die Belegung eines Anschlusses für die gesamte Dauer einer aufgebauten Verbindung und unabhängig von Art und Umfang des gerade stattfindenden Datenverkehrs, wie sie in Durchschaltenetzen erfolgt, gibt es in Teilstreckennetzen nicht.

Es werden zwei Arten von Teilstreckennetzen unterschieden. In *Speichervermittlungsnetzen* werden vollständige Nachrichten, in *Paketvermittlungsnetzen* jedoch nur Nachrichtenteile — „Pakete" — von Vermittlungsstelle zu Vermittlungsstelle transportiert [1.17]. Das Prinzip der Paketvermittlung erlaubt in verhältnismäßig unkomplizierter Weise eine Geschwindigkeitswandlung im Netz und die Vielfachnutzung einer Anschlußleitung für mehrere gleichzeitig bestehende

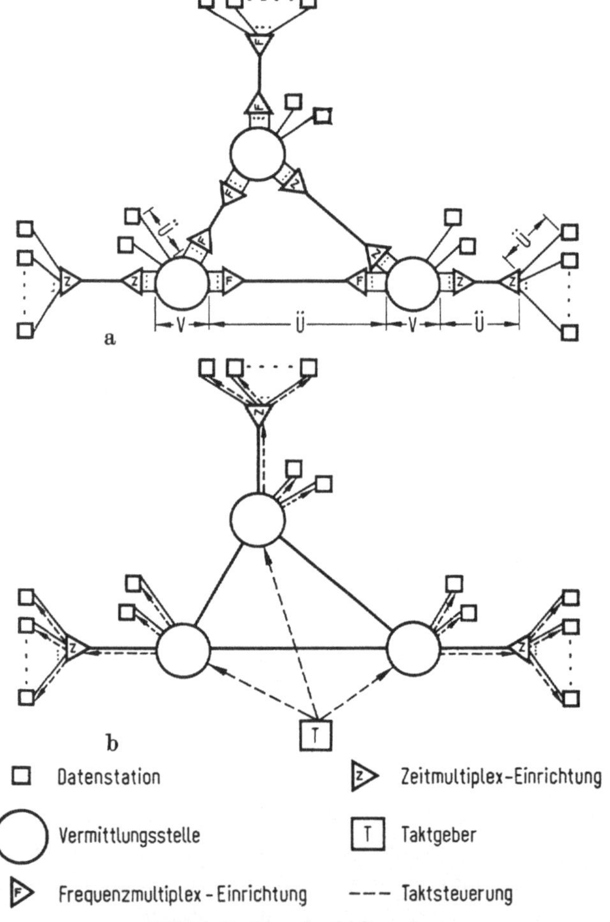

Bild 1.7 Durchschaltenetze.
a) ohne Taktsteuerung; Einteilung der Verbindungen in Übertragungsabschnitte (Ü) und Vermittlungsabschnitte (V); b) mit Taktsteuerung.

Verbindungen. Die Datenendeinrichtungen sind hierbei praktisch nur solange mit dem Datenübertragungsvorgang befaßt, wie sie jeweils für die tatsächliche Abgabe oder Aufnahme einer Nachricht brauchen; ein Anschluß ist hier nicht für die gesamte Dauer einer aufgebauten Verbindung belegt wie in Durchschaltenetzen, sondern nur entsprechend dem Umfang des gerade stattfindenden Datenverkehrs.

Bei dem Aufbau von Datennetzen ist schließlich die zweckmäßige *Netzkonfiguration*, d. h. Anordnung und Verbindung der Netzknoten, wichtig. In öffentlichen Datennetzen, in denen alle Netzknoten hinsichtlich des Verkehrs im wesentlichen gleichartig sind, ist das hierarchisch gegliederte *Verbundnetz* am verbreitetsten; es besteht z. B. aus einer unteren, aus *Sternnetzen* aufgebauten Ebene und einer oberen Ebene, deren Netzknoten in einem *Maschennetz* miteinander verbunden sind. In privaten Datennetzen liegen häufig andere Verhältnisse vor. Meistens müssen dort lediglich zwischen einer großen Anzahl von Ein/Ausgabegeräten und einer oder nur wenigen Datenverarbeitungsanlagen Verbindungen hergestellt werden. Daher ergibt sich hier eine andere Verteilung des Verkehrs, und damit gelten andere Voraussetzungen für die Festlegung der Netzkonfiguration als in öffentlichen Netzen.

Datenübertragung auf Kurzwellen-Funkverbindungen

In besonderen Fällen, z. B. innerhalb von kleinen festen oder mobilen Funknetzen, wie sie Presseagenturen, Wetterämter, Botschaften, Polizei- und Militärdienststellen verwenden, werden auch für den Datenverkehr Kurzwellen-Funkverbindungen benutzt. Mit Hilfe von Kurzwellen (Frequenzbereich von 3 MHz bis 30 MHz) lassen sich bei verhältnismäßig geringem Aufwand große Entfernungen überbrücken. Die große Reichweite der Kurzwellen beruht auf ihrer Reflexion an den Schichten der Ionosphäre. Allerdings führt die dauernde Änderung des Aufbaues, der Lage und der Ionendichte dieser Schichten dazu, daß der optimale Frequenzbereich zeitlich wechselt und daß infolge von Interferenz der auf verschiedenen Wegen die Empfangsantenne erreichenden Wellen Amplitudenschwankungen auftreten [1.18, 1.19]. Diese Merkmale der Funkverbindungen machen besondere *Übertragungs-* und *Fehlerschutzverfahren* erforderlich sowie *Übertragungseinrichtungen*, die in einfacher Weise eine Anpassung der Signalparameter an die wechselnden Übertragungsbedingungen erlauben. Dem Einfluß des Interferenzschwundes wird zum Beispiel durch *Diversity-Betrieb* begegnet: Eine Empfangsstation empfängt immer wenigstens über eine von mehreren räumlich voneinander entfernt aufgestellten Antennen (Raum-Diversity) oder auf einer von mehreren Trägerfrequenzen (Frequenz-Diversity). Daneben werden vielfach für die Übertragung über Funkstrecken besondere Codes verwendet, die entweder automatische *Fehlerkorrektur* erlauben oder automatische *Fehlererkennung* und Fehlerkorrektur durch ebenfalls selbsttätige Rückfrage und Wiederholung.

Meßtechnik der Datenübertragung

Um das zuverlässige Arbeiten der Datenübertragungseinrichtungen zu gewährleisten, ist es notwendig, geeignete Meßgrößen zu definieren und mit deren Hilfe die Datenübertragung zu überwachen. Die für die Übertragung von Datensignalen wichtigen Eigenschaften der Übertragungswege sind die *Frequenzverläufe der Dämpfung* und *der Gruppenlaufzeit*; daneben müssen auch Störgrößen, u. a. die *Häufigkeit der* stochastisch auftretenden *Störimpulse* und *kurzzeitige Unterbrechungen*, gemessen werden. Zum Erfassen der Eigenschaften der Binärsignale werden ihre Kenngrößen, wie z. B. Kennzustand und Kennzeitpunkt, festgelegt und die Abweichungen von den Sollwerten gemessen. Die Abweichung der Kennzeitpunkte von den Sollzeitpunkten eines Binärsignals beispielsweise wird als *Schrittverzerrung* bezeichnet und liefert eine wichtige Aussage über die Güte einer Datenübertragungsverbindung, ohne daß bereits Fehler, d. h. Verfälschungen der Kennzustände des Signals zu den Abtastzeitpunkten, eingetreten sind. *Die mittlere Fehlerhäufigkeit* von Datenübertragungsverbindungen kann mit Meßgeräten ermittelt werden, welche z. B. das Verhältnis der fehlerhaft empfangenen Bits zur gesamten Anzahl der empfangenen Bits ermitteln und anzeigen.

Internationale und nationale Vereinbarungen

Als Folge der schnellen Entwicklung auf dem Gebiet der Datenfernverarbeitungssysteme ist in den vergangenen Jahren eine Vielfalt unterschiedlicher nachrichtentechnischer Einrichtungen für die Datenübertragung entstanden. Es liegt im Interesse der Anwender, der Fernmeldeverwaltungen und der Hersteller, daß rechtzeitig internationale und nationale Absprachen getroffen werden, die einerseits die erforderliche Flexibilität im Aufbau der Datenfernverarbeitungssysteme erlauben, andererseits jedoch die Zusammenarbeit zwischen Einrichtungen verschiedenen Ursprungs sicherstellen. Hierzu sind Vereinbarungen über die elektrischen Signale der Datenübertragungseinrichtungen erforderlich, d. h. beispielsweise über Übertragungsverfahren, Pegel, Bandbegrenzungen; außerdem muß die Art der Zusammenarbeit der Vermittlungseinrichtungen, d. h. die Signalisierung, festgelegt werden. Insoweit gelten die Absprachen den nachrichtentechnischen Einrichtungen in Datenfernverarbeitungssystemen im engeren Sinn. Außerdem müssen jedoch noch weitere Einzelheiten vereinbart werden, wie z. B. Code, Zeichenrahmen, Übertragungsgeschwindigkeit, Synchronisierverfahren und Übertragungsprozeduren, die zum Teil nur die Anwender, zum Teil aber auch die Fernmeldeverwaltungen betreffen.

Diese Vereinbarungen werden im wesentlichen in zwei internationalen Gremien getroffen; in dem *Comité Consultatif International Télégraphique et Téléphonique (CCITT)*, einer Organisation der Fernmeldeverwaltungen, welche mit dem für die Absprachen über Funkverbindungen zuständigen *Comité Consultatif International des Radiocommunications (CCIR)* der *Union Internationale des Télécommunications (UIT) / International Telecommunication Union (ITU)* angegliedert ist [1.20], ferner in der *International Organization for Standardization (ISO)*, einer Organisation der Anwender. Daneben sind für Absprachen in bezug auf Datenfernverarbeitungssysteme noch weitere internationale Normungsgremien zuständig, die bestimmte Teilaufgaben bearbeiten. Dazu gehören z. B. die *International Electrotechnical Commission (IEC)* für elektrotechnische Fragen und — auf den europäischen Bereich beschränkt — *die European Computer Manufacturers Association (ECMA)* für alle Fragen in Verbindung mit Datenverarbeitungsanlagen.

In Zusammenarbeit und im Einklang mit den zuständigen internationalen Organisationen werden in Deutschland die für die Anwender und Hersteller wichtigen Vereinbarungen im *Deutschen Institut für Normung (DIN)* — bis 31. 8. 1975 dem Deutschen Normenausschuß (DNA) — getroffen und als Deutsche Normen veröffentlicht; außerdem gibt die *Nachrichtentechnische Gesellschaft im Verband Deutscher Elektrotechniker* (*NTG im VDE*) Empfehlungen zu nachrichtentechnischen Begriffen heraus.

CCITT befaßt sich primär mit allen Fragen, die das internationale Zusammenspiel der Dienste der Fernmeldeverwaltungen betreffen. Für das Gebiet der Datenfernverarbeitung gehören dazu: die Absprachen zu den Übertragungs- und Signalisierverfahren im Netz, die Absprachen mit ISO über die Schnittstelle zwischen Datenübertragungs- und Datenendeinrichtungen, welche u. a. die Eigenschaften der Schnittstellensignale und die Steuerung der Verbindungsauf- und -abbauvorgänge umfaßt, sowie über Teilnehmeranforderungen, wie z. B. Übertragungsgeschwindigkeiten, Codes, Synchronisierverfahren, besondere Dienste, außerdem die Absprachen über Wartungsverfahren und -durchführung. ISO, im europäischen Bereich auch ECMA, beschäftigt sich mit den Problemen, die die Zusammenarbeit der Datenendeinrichtungen im Rahmen von Datenfernverarbeitungssystemen betreffen. Dazu gehören außer den erwähnten, gemeinsam mit CCITT bearbeiteten Fragen vor allem die Festlegungen der Betriebsabläufe, z. B. mit den Datenübertragungssteuerzeichen der standardisierten Datenübertragungscodes. Der Aufgabenbereich von ISO umfaßt auch die Festlegung der Schnittstellenstecker einschließlich der Stiftbelegungen.

Die Ergebnisse dieser Vereinbarungen finden ihren Niederschlag in Empfehlungen und Normen. Sie werden häufig in den entsprechenden Abschnitten dieses Werkes zitiert und sind im Anhang zu Band II zusammengefaßt.

2 Nachrichtentechnische Grundbegriffe

Für die Definition nachrichtentechnischer Begriffe und für deren Erläuterung gibt es verschiedene Quellen. Hierzu gehören u. a. die internationale Liste von Definitionen der Union Internationale des Télécommunications/International Telecommunication Union (ITU), die Begriffsbestimmungen des Deutschen Instituts für Normung (DIN) und der Nachrichtentechnischen Gesellschaft (NTG) sowie die neuere Fachliteratur. Ein Vergleich dieser Quellen ergibt keineswegs ein einheitliches Bild für die Gesamtheit nachrichtentechnischer Begriffe, wenn man von den mathematisch formulierbaren und daher klaren Definitionen absieht. Diese Unterschiede sind einmal aus der zeitlichen Entwicklung heraus — Wandlung oder Präzisierung der Begriffsbildung — zu verstehen. Zum anderen sind die Begriffsbestimmungen, z. B. in Fachbüchern, durch das Sachgebiet und die Zielsetzung eines Buches beeinflußt und geben die individuelle Auffassung des Verfassers im Rahmen eines bestimmten Interpretationsspielraumes wieder. Es darf daher nicht überraschen, daß auch hier — trotz aller Anpassung an bisherige Übereinkünfte — dem Inhalt dieses Buches angepaßte Formulierungen und Erläuterungen nachrichtentechnischer Begriffe zum Ausdruck kommen.

2.1 Nachricht, Daten

Der Begriff *Nachricht* ist ein allgemeiner Oberbegriff, der im Prinzip jede Art von Mitteilung in jeder Form umfaßt. Seine Spannweite reicht z. B. von einfachen Verkehrsampelsignalen, Meßwerten, Morsezeichen über gedruckten Text, verarbeitungsfähige Daten bis zu den hochdifferenzierten Nachrichten, die der Mensch akustisch oder optisch aufnehmen kann (z. B. Sprache, Musik, Bilder). Neben einer solchen Aufteilung von Nachrichten nach ihrer Art oder ihrer Form kann man eine Nachricht nach unterschiedlichen Aspekten betrachten und analysieren [2.1 bis 2.3], nämlich nach dem *syntaktischen*, dem *semantischen* und dem *pragmatischen* Aspekt.

Die formalen Regeln über die Zusammensetzung von Zeichen zu einer Nachricht und die Überführung solcher Zeichenfolgen über einen Übertragungskanal an einen Empfänger gehören zum syntaktischen Aspekt. Der semantische Aspekt betrifft die Frage, was die eine Nachricht bildenden Zeichenfolgen bezeichnen oder bedeuten. Der pragmatische Aspekt umfaßt alle Seiten einer Nachricht, die für einen bestimmten Nachrichtenempfänger von Interesse, Wert oder Nutzen sind. Zum Beispiel kann eine Nachricht maßgebend für eine sofortige Entscheidung sein oder als Entscheidungshilfe für später zu erwartende Fälle („Lernprozeß") interessant sein.

An dem primitiven Beispiel der bekannten Straßenverkehrssignale Grün, Gelb, Rot lassen sich diese drei Aspekte leicht erkennen. Die Erzeugung der drei Farbsignale, die Steuerung ihrer Dauer, die Herstellung logischer Verknüpfungen (z. B. nie gleichzeitig Grün und Rot für eine Richtung, nie gleichzeitig Grün für zwei sich kreuzende Richtungen usw.) gehören zum syntaktischen Bereich. Die Bedeutung der drei Farben (Grün: freie Fahrt, Rot: gesperrt, Gelb: Übergangsbereich) kennzeichnet den semantischen Aspekt. Einen Nutzen (pragmatischer Aspekt) z. B. von einem Zeichenwechsel von Rot über Gelb nach Grün hat offensichtlich ein an der Kreuzung wartender Autofahrer, nicht dagegen ein Anwohner, der die Farbzeichen auch sieht, ebenfalls ihre Bedeutung kennt, der aber gar nicht über die Kreuzung gehen will. — Für kompliziertere Zeichensysteme ist die gegenseitige Abgrenzung der drei Betrachtungsbereiche nicht immer so einfach.

Der Nachrichtenübertragung — und damit auch der Datenübertragung — fällt die Aufgabe zu, Zeichenfolgen in ökonomischer Weise und möglichst fehlerfrei von einem Sendeort zu einem Empfangsort zu überführen. Was diese Zeichenfolgen bedeuten oder bezeichnen und ob sie einen Nutzen haben, ist dabei ohne Belang. Die Probleme der Übertragungstechnik liegen daher allein im syntaktischen Bereich.

Die quantitativ erfaßbaren Eigenschaften der von einer Nachrichtenquelle abgegebenen und übertragenen Zeichenfolgen bilden den Inhalt der von C. E. Shannon begründeten Informationstheorie [2.4, 2.5].

Daten bilden eine bestimmte Art von Nachricht. Sie sind „durch Zeichen oder kontinuierliche Funktionen auf Grund bekannter oder unterstellter Abmachungen zum Zwecke der Verarbeitung dargestellte Information" [2.6]. Die Ergebnisse einer Datenverarbeitung sind wiederum Daten. Diese zweckorientierte Definition des Begriffs *Daten* läßt ihre Darstellungsform noch offen. Durch Zeichen dargestellte Daten sind *digital*, durch kontinuierliche Funktionen dargestellte Daten sind *analog*. Bei der überragenden Bedeutung der Verarbeitung digitaler Daten meint man, wenn man von Daten spricht, fast immer Daten in digitaler Darstellungsform.

2.2 Signale

Ein *Signal* ist die physikalische Darstellung einer Nachricht. Es besteht aus einer diskreten oder kontinuierlichen Folge von Werten eines Signalparameters. Diese können einerseits in Form einer *räumlichen Anordnung* an Materie gebunden sein wie gedruckter Text oder Loch/kein Loch-Folgen auf Papier oder auch mechanische, magnetische oder optische Einprägungen auf z. B. einer Schallplatte, einem Magnetband oder einem Mikrofilm; in diesen Fällen ist eine Nachricht in Form von Signalen gespeichert. Am Anfang und am Ende eines Übertragungssystems (*Quelle* und *Senke* in Bild 2.1) kann beispielweise eine Nachricht

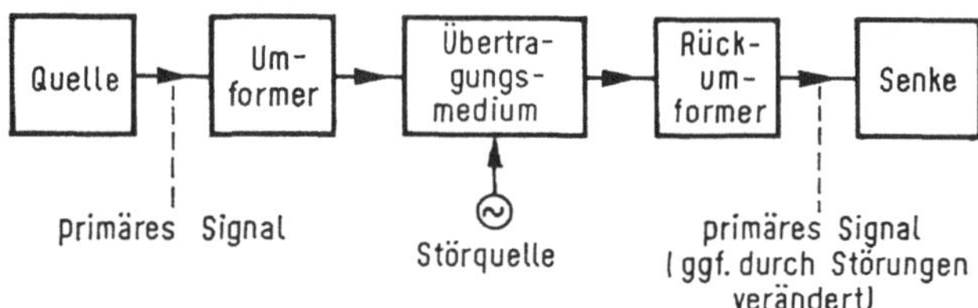

Bild 2.1 Schema eines Übertragungssystems.

in dieser Weise in einem Speicher enthalten sein. Andererseits kann ein Signal durch eine *zeitliche Folge* von Signalwerten eine Nachricht darstellen. Ein solches zeitabhängiges elektrisches Signal ist Gegenstand der Übertragungstechnik, da ja die Übertragung von Signalen an einen zeitlichen Ablauf gebunden ist. Die zeitabhängigen Signale sollen in diesem Abschnitt genauer betrachtet werden.

Signale als Funktion der Zeit können im Verlauf ihrer Übertragung verschiedenartige Formen annehmen, ohne daß sich dadurch ihr Informationsinhalt ändert. Diese Umformungen können durch die zur Verfügung stehende Bandbreite, die verfügbare Frequenzlage und andere Eigenschaften des Übertragungsmediums bedingt sein. Man kann jedoch die von einer Nachrichtenquelle unmittelbar dem Übertragungssystem angebotenen elektrischen Signale, die als *primäre Signale* bezeichnet werden, gesondert betrachten und sie nach ihrer Struktur in Klassen einteilen, die für die Nachrichtenart der Quelle kennzeichnend sind.

2.2.1. Klasseneinteilung primärer Signale

Bild 2.1 zeigt ein sehr allgemeines Schema für ein Nachrichtenübertragungssystem. Das von der Quelle abgegebene (elektrische) Signal, das als *primäres Signal* hier betrachtet werden soll, wird in einem *Umformer*, der das primäre Signal z. B. durch Modulations- oder Codierungsprozesse umformt, den Eigenschaften des *Übertragungsmediums* angepaßt. Die während der Übertragung wirksamen Störungsursachen sind in Bild 2.1 durch eine *Störquelle* ersetzt. Der empfangsseitige *Rückumformer* hebt die sendeseitige Signalumformung auf, so daß am Übergang zur *Senke* (Signal- oder Nachrichten-Senke) ein Abbild des primären Signals wieder entsteht, allerdings mit eventuellen durch Störungen im Übertragungsmedium entstandenen Veränderungen.

Das von der Quelle ausgesendete primäre Signal $s(t)$ hat als unmittelbares elektrisches Abbild der Quellennachricht die Eigenart, daß der die Nachricht darstellende Signalparameter in der Regel die Signalkoordinate s selbst ist. Das Signal $s(t)$ läßt sich nach folgenden Alternativen in vier Klassen einteilen: Die Signalkoordinate s und die Zeitkoordinate t können jeweils entweder in *kontinuierlicher* oder in *diskontinuierlicher* (diskreter) Weise verfügbar sein. Diskontinuierlich bzw. diskret heißt für die Signalkoordinate, daß sie nur in bestimmten (mindestens zwei) Stufen auftritt, und für die Zeitkoordinate, daß sie durch bestimmte Zeitrasterabschnitte, in denen die Signalkoordinate unveränderlich ist, charakterisiert ist.

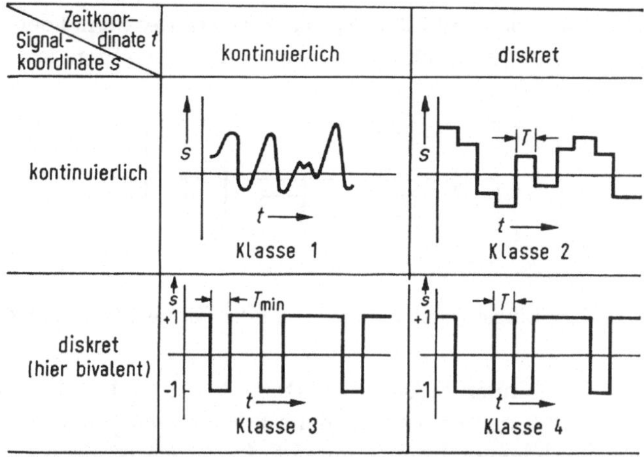

Bild 2.2 Klasseneinteilung primärer Signale.

Die vier Klassen primärer Signale nach dieser Einteilung zeigt Bild 2.2, wobei hier für den Fall der diskreten Signalkoordinate s der bivalente als der wichtigste Fall dargestellt ist. Hierzu lassen sich u. a. folgende Beispiele von Nachrichtenarten nennen:

Klasse 1: Signal- und Zeitkoordinate sind kontinuierlich verfügbar. Beispiele: Sprache, Musik.

Klasse 2: Die Signalabtastung geschieht mit einem Takt- bzw. Zeitelement T; die Signalkoordinate s ist jedoch kontinuierlich. Beispiel: Pulsamplitudenmodulation.

Klasse 3: Die Signalkoordinate s ist diskret, im einfachsten Fall bivalent[1], d. h. sie kann nur zwei Werte annehmen; der Zeitpunkt, in dem eine Änderung der Signalkoordinate erfolgen kann, ist jedoch beliebig, sobald nur ein Mindestzeitintervall $T_{\min}$ zwischen zwei aufeinanderfolgenden Änderungen der Signalkoordinate s eingehalten wird. Beispiele: Faksimile, „anisochrone" Datensignale.

Klasse 4: Die Signalkoordinate ist diskret, im einfachsten und wichtigsten Fall bivalent, und außerdem ist die Zeitkoordinate diskret, d. h. Signaländerungen erfolgen nur in bestimmten Zeitpunkten, die voneinander einen Abstand haben, der dem Zeitelement T des Taktrasters oder einem ganzzahligen Vielfachen davon entspricht. Beispiel: „isochrone" Datensignale.

Die für die Übertragung digitaler Daten relevanten primären Signale sind solche der Klassen 3 und 4. Da in Bild 2.2 nur die spezielle, wenn auch wichtigste Art eines bivalenten Signals dargestellt ist und zwar in der Form, daß die Kennzeichen der beiden Signalwerte $+1$ und -1 sind, sollen zur Ergänzung noch andere Arten und Formen primärer Signale betrachtet werden, die die kennzeichnenden Merkmale der Klasse 3 oder der Klasse 4 haben. Bild 2.3 zeigt ein quaternäres Signal der Klasse 4 als Beispiel für ein Signal mit mehr als zwei diskreten Signalstufen. Den

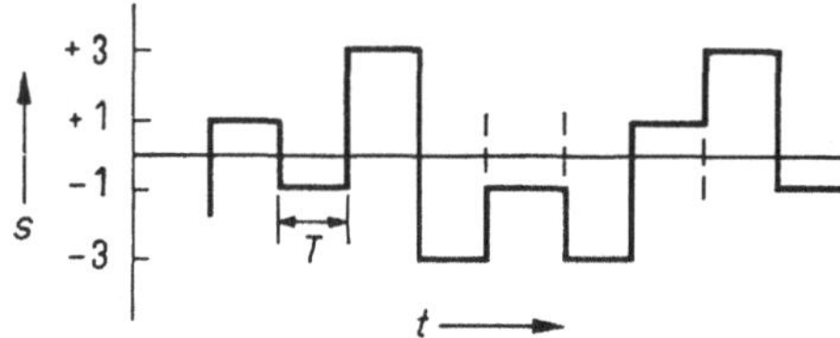

Bild 2.3 Vierstufiges (quaternäres) Signal der Klasse 4 (vgl. Bild 2.2).

vier Signalstufen können z. B. die Werte -3, -1, $+1$, $+3$ zugeordnet werden. In Bild 2.4 werden verschiedene Formen von primären bivalenten Signalen der Klassen 3 und 4 gezeigt. In Zeile a ist noch einmal die Form eines „Doppelstromsignals" mit den Signalwerten $+1$ und -1 wie in Bild 2.2 wiedergegeben. Zeile b zeigt die gleichen Signale als „Einfachstromsignale" mit den Signalwerten 0 und $+1$. In Zeile c ist links nur die Lage einer Signal*änderung* durch einen kurzen Impuls gekennzeichnet, dessen Richtung den neu angenommenen Signalwert markiert. Im rechten Teil der Zeile c ist *jedem Signalelement* in dessen Mitte ein Impuls zugeordnet, dessen Vorzeichen dem jeweiligen Signalwert entspricht. Da bei einem Signal der Klasse 4 das Taktraster bekannt

---

[1] Der Ausdruck *binär* wird erst in Abschn. 2.2.3.1 bei der Betrachtung des Entscheidungsgehaltes eines bivalenten Signals eingeführt.

ist, kann man bei dieser Signalform auch auf die Impulse einer der beiden Kategorien verzichten (Zeile d). Denkt man sich für die Klasse 4 die Impulse in Zeile c symmetrisch auf halbe Elementdauer ausgedehnt, so erhält man ein Signal mit Zustandsbereichen, ähnlich denen in Zeile a; jedoch kehrt das Signal zwischen diesen Bereichen zur Übertragung der Taktfrequenz immer auf Null zurück — RZ (*R*eturn to *Z*ero)-Signal — während das Signal in Zeile a nicht auf Null zurückkehrt — NRZ (*N*on *R*eturn to *Z*ero)-Signal —.

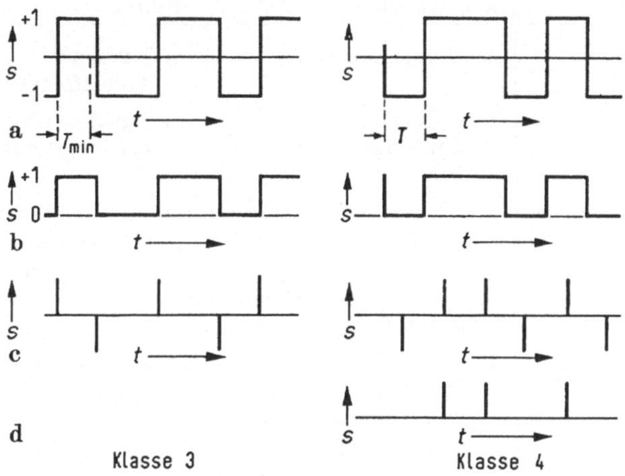

Bild 2.4 Verschiedene Formen von bivalenten Primärsignalen der Klassen 3 und 4 (vgl. Bild 2.2).

2.2.2. Abtastung, Quantisierung, Störungseinflüsse

Die in Abschn. 2.2.1 erläuterte Einteilung primärer Signale in vier Klassen ist vor allem von prinzipieller Bedeutung. Zwar gibt es für alle vier Klassen Beispiele von Signalen als unmittelbares Abbild bekannter Nachrichtenarten; berücksichtigt man aber die einschränkenden Gegebenheiten, wie sie bei den Übertragungsstrecken in der Praxis vorliegen; so verwischen sich die Grenzen zwischen diesen Signalklassen.

Zunächst soll die Übertragung primärer Signale über eine Übertragungsstrecke und deren Rückumformung am Empfangsort, d. h. am Eingang zur Nachrichtensenke betrachtet werden (vgl. Bild 2.1). Hierbei wird von Einzelheiten der Modulation abgesehen, bei der die Signalkoordinate eines primären Signals auf die Amplitude, Frequenz oder Phase einer Trägerschwingung in einer für das Übertragungsmedium geeigneten Frequenzlage abgebildet wird, und ebenso von dem umgekehrten Vorgang der Demodulation; diese werden für Datensignale in Abschn. 4 eingehend behandelt. Es soll jedoch festgehalten werden, daß die Übertragungsstrecke

a) infolge einer Frequenzbandbeschränkung zu einer Verformung des Signals führt,

b) dem Signal Störungen, z. B. in Form eines Geräusches, aufprägt.

Tabelle 2.1 Merkmale von primären Signale (vgl. Bild 2.2) unter Berücksichtigung der Einflüsse einer Frequenzbandbegrenzung (a) und einer Geräusch-Störung (b) auf dem Übertragungsweg

Signalkoordinate s	Zeitkoordinate t	
	kontinuierlich	diskret
kontinuierlich	a) Grenzfrequenz f_0 b) Signal/Geräusch-Leistungsverhältnis S/N	a) Rasterabstand T bzw. Abtastfrequenz $1/T$ b) Signal/Geräusch-Leistungsverhältnis S/N
diskret	a) Minimale Intervalldauer T_{min} bzw. Schrittgeschwindigkeit $v = 1/T_{min}$ a) u. b) Wiedergabe-Streuung der Kennzeitpunkte (Verzerrung) $\delta = \Delta t/T_{min}$	a) Rasterabstand T bzw. Taktfrequenz $1/T$ b) Bitfehlerwahrscheinlichkeit p_e

Daher lassen sich den vier Klassen der am Empfangsort unter diesen Einschränkungen wiedergewonnenen Abbilder der sendeseitigen primären Signale folgende Merkmale zuordnen (Tab. 2.1 und Bild 2.2):

Klasse 1:

a) *obere Grenzfrequenz* f_0 (eine untere Grenzfrequenz wird hier nicht betrachtet);

b) *Signal/Geräusch-Leistungsverhältnis* S/N, wodurch die Signalkoordinate nur mit einer gewissen Ungenauigkeit wiedergewonnen werden kann.

Klasse 2:

a) *Rasterabstand* T bzw. *Abtastfrequenz* $1/T$;

b) *Signal/Geräusch-Leistungsverhältnis* S/N.

Klasse 3:

a) *Minimale Intervalldauer* T_{min} bzw. *Schrittgeschwindigkeit* $v = 1/T_{min}$ (s. a. Abschn. 2.2.3.1);

a) und b) Ungenauigkeit oder relative „Streuung" der Wiedergabe der Kennzeitpunkte des primären Signals infolge Bandbegrenzung und Störungen:

$\delta = \Delta t/T_{min}$ (*Schrittverzerrung*, s. a. Band II, Abschn. 11.3.1).

Klasse 4:

a) *Rasterabstand* T bzw. *Taktfrequenz* $1/T$;

b) Fehlerhafte Wiedergabe von Signalelementen (bei Binärsignalen: Vertauschung der Kennzustände eines Elementes); ihr relativer Anteil ist die *Bitfehlerwahrscheinlichkeit* p_e.

Berücksichtigt man diese Unzulänglichkeiten der am Empfangsort wiedererhaltenen „primären" Signale bereits am Sendeort, so läßt sich folgendes feststellen:

Zu Klasse 1: Ein kontinuierliches Signal, dessen Spektrum eine obere Grenzfrequenz f_0 besitzt, ist vollständig bestimmt durch diskrete Abtastwerte dieses Signals im Rasterabstand T, wenn die Abtastfrequenz $1/T > 2f_0$ ist (Abtast-Theorem) [2.7, 2.4, 2.5]. Damit sind Signale der Klasse 1 mit einer oberen Grenzfrequenz f_0 ihres Spektrums in Signale der Klasse 2 überführbar.

Zu Klasse 2: Wenn eine kontinuierliche Signalkoordinate, die man dem Empfänger möglichst „wertegetreu", d. h. *analog*, zuleiten möchte, doch nur ungenau wiedererhalten werden kann, kann man sich am Sendeort bereits eine Ungenauigkeit leisten, zumindest insoweit, als diese Ungenauigkeit oder das ihr entsprechende Störungsgeräusch vernachlässigbar ist gegenüber den bei der Übertragung aufgeprägten Störungen, oder insoweit, als die Ungenauigkeit vom Empfänger nicht wahrgenommen wird. Das heißt, man darf das kontinuierliche Signal (*Analog-Signal*) quantisieren, wenn nur die Quantisierungsstufen ausreichend fein sind. Beim Quantisieren wird der kontinuierliche Wertebereich der Signalkoordinate in diskret gestufte Quantisierungsintervalle eingeteilt, und alle in ein Quantisierungsintervall fallenden Signalwerte werden in einen — z. B. in der Mitte liegenden — diskreten Signalwert überführt. Auf diese Weise wird aus einem Signal der Klasse 2 ein solches der Klasse 4 mit einer u. U. großen Anzahl von Stufen erhalten. Dieses mehrstufige Signal läßt sich (s. a. Abschn. 2.2.3.1) durch Codierung stets in ein binäres Signal der Klasse 4 überführen.

Von dem eben beschriebenen Prozeß der Überführung eines primären Signals der Klasse 1 (z. B. Sprache) in ein Signal der Klasse 2 (durch Abtastung) und weiter (nach Quantisierung) in ein Signal der Klasse 4 wird bei der Pulscodemodulation (PCM) von Sprachsignalen Gebrauch gemacht.

Zu Klassen 3 und 4: In ähnlicher Weise, wie man ein Signal der Klasse 2 durch Quantisierung der *Signalkoordinate* in ein Signal der Klasse 4 überführen kann, kann man auch ein Signal der Klasse 3 nach Quantisierung der *Zeitkoordinate* in einem Feinraster (und eventueller Codierung, die für diesen Fall in Band II, Abschn. 7.4.2.3 behandelt wird) in ein

Signal der Klasse 4 überführen. Damit ist ein Signal der Klasse 4 ebenso wie ein Signal der Klasse 1 in der Lage, alle Nachrichtenarten zu erfassen.

Umgekehrt benötigt natürlich ein Signal der Klassen 3 oder 4, gekennzeichnet durch eine minimale Intervalldauer T_{min} oder einen Rasterabstand T, das als primäres Signal ein breites Spektrum besitzt, für die Übertragung eine bestimmte minimale obere Grenzfrequenz f_0:

$$f_0 \geqq 1/(2T)$$

(vgl. das oben erwähnte Abtast-Theorem).

Die Erkenntnis, daß das Produkt aus Frequenzbandbreite (Frequenzbereich von 0 bis f_0) und Elementdauer T des Signals eine bestimmte untere Grenze besitzt, geht auf Arbeiten von K. Küpfmüller [2.8], R. V. L. Hartley [2.9] und H. Nyquist [2.10] zurück.

2.2.3 Eigenschaften primärer Signale für die Datenübertragung

2.2.3.1 Schrittgeschwindigkeit, Übertragungsgeschwindigkeit

Vergleicht man die bivalenten primären Signale der Klasse 3 und 4 in Bild 2.2, so erkennt man, daß die das Zeitraster der Klasse 4 bestimmende Intervalldauer T auch zugleich die Minimaldauer eines Signalzustandes ist wie die Dauer T_{min} in der Klasse 3.

Die Anzahl der Elemente der Dauer T_{min} oder T je Sekunde ist in beiden Klassen die *Schrittgeschwindigkeit*

$$v = 1/T_{min} = 1/T \tag{2.1}$$

Die Einheit der Schrittgeschwindigkeit ist 1/s und heißt *Baud* (abgekürzt Bd) nach dem französischen Telegrafeningenieur Baudot. Ein bivalentes Signal der Klasse 4 hat darüber hinaus noch die bemerkenswerte Eigenschaft, daß mit jedem Signalelement der Dauer T eine Auswahl zwischen zwei möglichen Zuständen getroffen wird. Die Einheit des Entscheidungsgehaltes bei zwei (einander ausschließenden) Möglichkeiten (z. B. 0 oder 1) ist das *Bit* (abgekürzt von *binary digit*). Der Entscheidungsgehalt eines Signalelements eines bivalenten Signals der Klasse 4 ist also 1 bit; man nennt ein solches Signal ein *binäres* Signal. Die Übertragungsgeschwindigkeit der Binärentscheidungen wird in bit/s angegeben; bei binären Signalen stimmt sie zahlenmäßig mit der Schrittgeschwindigkeit in Bd überein. Dies ist jedoch eine spezielle Eigenart des binären Signals, die häufig zur fälschlichen Gleichsetzung der an sich wesensverschiedenen Begriffe Bd und bit/s geführt hat. Für bivalente Signale der Klasse 3 läßt sich zwar stets die Schrittgeschwindigkeit v gemäß (2.1) angeben; jedoch ist die Übertragungsgeschwindigkeit eines solchen Signals nicht a priori definierbar, sondern sie ist davon abhängig, ob man den von einer Nachrichtenquelle aufgeprägten Bitfluß oder den von der Signalstruktur, z. B. durch Pulsdauermodulation (s. Abschn. 2.3.2) möglichen Bitfluß betrachtet.

Ein primäres Signal mit vier Wertestufen entsprechend Bild 2.3 enthält je Element zwei Zweierentscheidungen (d. h. 2 bit), z. B. ein Bit für die Entscheidung + oder —, das zweite Bit für die Entscheidung über die Beträge 1 oder 3. Ein Signal mit acht Stufen ließe sich in ähnlicher Weise durch drei Bits (0 oder 1) kennzeichnen, nämlich durch folgende acht Gruppen von je drei Binärelementen:

0 0 0	1 0 0
0 0 1	1 0 1
0 1 0	1 1 0
0 1 1	1 1 1

Ein Signal der Klasse 4 mit der Schrittgeschwindigkeit v (Bd) und N Wertestufen hat die Übertragungsgeschwindigkeit $\varPhi$ (bit/s)

$$\varPhi = v \operatorname{lb} N, \tag{2.2}$$

wobei lb den Logarithmus zur Basis 2 bedeutet. Für binäre Signale, d. h. $N = 2$, erhält man wieder $\varPhi = v$.

2.2.3.2 Zeitrelationen an Signalen

Primäre Signale, die als Folge von Signalelementen gleicher Dauer und je Signalelement mit diskreten Signalwerten aufgebaut sind (Klasse 4, Bild 2.2), heißen *isochrone* Signale. Alle anderen Signale, die die obige Zeitbedingung nicht erfüllen, heißen *anisochrone* Signale (z. B. Klasse 3, Bild 2.2). Es gibt jedoch anisochrone Signale, die angenähert oder temporär isochron sind.

Fallen z. B. bei einem isochronen Signal die Kennzeitpunkte der Signaländerungen nicht genau auf das korrekte Zeitraster sondern zu beiden Seiten geringfügig daneben, so spricht man von einem *verzerrten* isochronen Signal (vgl. weiter unten: mesochrone Signale). Außerdem gibt es Signale, die temporär, z. B. für die Dauer einer als *Zeichen* benannten Schrittgruppe[1] isochrone Merkmale haben. Eine solche Schrittgruppe beginnt mit einem Startelement, hierauf folgen einige (z. B. fünf oder acht) Informationselemente, und den Abschluß bildet ein Stopelement, dessen Signalzustand (Kennzustand) für eine bestimmte Dauer, die nicht einem ganzzahligen Vielfachen der Elementdauer entsprechen muß — bis zum Beginn des nächsten Startelementes — beibehalten wird. Über

---

[1] Diese Definition des Begriffes *Zeichen* besteht im technischen Bereich neben der sonst in diesem Abschnitt angewandten allgemeinen Definition.

mehrere Schrittgruppen hinweg ist das Signal daher anisochron (arrhythmischer Betrieb); jedoch kann man für jede Schrittgruppe solcher Start/Stop-Signale ein Taktraster definieren, das auf den Beginn des Startelements bezogen ist und dessen Rasterabstand der Sollwert der Elementdauer ist.

Stimmen bei (im zeitlichen Mittel) isochronen Signalen oder bei den eben genannten Start/Stop-Signalen die tatsächlichen Kennzeitpunkte der Signaländerungen nicht mit den Erwartungszeitpunkten des jeweiligen Taktrasters überein, so werden diese Abweichungen auf die dem Signal zugeordnete Elementdauer T bezogen und als *Schrittverzerrung* δ bezeichnet (s. a. Band II, Abschn. 11.3.1.1).

Zwischen *zwei* isochronen Signalen mit gleichen Folgen von Signalelementen gibt es für die einander entsprechenden Kennzeitpunkte verschiedenartige Relationen, die von CCITT mit folgenden Bezeichnungen klassifiziert werden [2.11]:

Zwei (oder mehrere) Signale werden als *synchron* bezeichnet, wenn ihre korrespondierenden Kennzeitpunkte eine bestimmte gewünschte Phasenbeziehung haben. Ist die Phasenbeziehung zwar konstant aber willkürlich, so nennt man die Signale *homochron*. Sind die Signale nur „im zeitlichen Mittel synchron", d. h. sind für die Phasenbeziehungen einzelner korrespondierender Kennzeitpunkte kleine Abweichungen nach beiden Seiten von der korrekten Phasenbeziehung vorhanden, so heißen sie *mesochron* (die Toleranz der zulässigen Abweichung ist im einzelnen Anwendungsfall des Begriffs noch festzulegen). Synchrone, homochrone und mesochrone Signale haben gleiche Taktfrequenz. Sind die Taktfrequenzen isochroner Signale nicht gleich, so sind sie *asynchron* zueinander. Dabei sind je nach Größe der Taktabweichung folgende beiden Bezeichnungen eingeführt: Sind die Taktfrequenzen zweier Signale zwar unabhängig voneinander, aber nominell gleich und sind nur eng tolerierte Abweichungen (z. B. $< 10^{-6}$) vom Sollwert der Frequenz zugelassen, so nennt man die Signale *plesiochron* („nahezu synchron"). Sind jedoch die Taktfrequenzen zweier Signale wesentlich verschieden, so heißen sie *heterochron*.

2.2.4 Betriebsarten bei der Signalübertragung

Bisher wurde die Signalübertragung von einem Sender zu einem Empfänger betrachtet. Dies ist jedoch nur eine spezielle Betriebsart bei der Signalübertragung. Im allgemeinen kann zwischen zwei Orten A und B sowohl eine einseitige als auch eine beidseitige Signalübertragung erfolgen. Die für die verschiedenen Fälle der Signalübertragung benutzten Bezeichnungen der jeweiligen Betriebsart sind in verschiedenen Sprachen

(z. B. deutsch, französisch, englisch) nicht einheitlich. Man kann mit den üblichen deutschen Bezeichnungen folgende Betriebsarten bei der Signalübertragung zwischen den Orten A und B unterscheiden:

Duplex-Betrieb, A→B und gleichzeitig B→A. Hier können beide Richtungen gleichwertig (symmetrischer Duplex-Betrieb) oder hinsichtlich der Übertragungsgeschwindigkeit verschieden sein (unsymmetrischer Duplex-Betrieb).

Halbduplex-Betrieb, entweder A→B oder B→A. Diese Betriebsart entspricht dem Dialogverkehr zweier Partner (Mensch—Mensch oder Mensch—Maschine).

Simplex-Betrieb, A→B. Hierbei ist noch zu unterscheiden zwischen einem Punkt-zu-Punkt-Verkehr (A→B) und einem Rundsendeverkehr A→B_1, $B_2 \ldots$, B_n. Von der letztgenannten Verkehrsart wird z. B. beim Rundfunk und beim Fernsehen Gebrauch gemacht, ebenso bei Datenverteilsystemen mit einer zentralen Sendestation und mehreren Empfangsstationen.

2.3 Einige informationstheoretische Grundbegriffe

2.3.1 Information, Entropie

Information läßt sich zurückführen auf eine Folge von Auswahlprozessen, durch die bestimmte Symbole aus einem gegebenen Symbolvorrat ausgewählt werden. Den gegebenen Symbolvorrat, der stets eine endliche Anzahl unterschiedlicher Symbole enthalten soll, bezeichnet man allgemein als *Alphabet*. Innerhalb eines Alphabetes kann jedem Symbol x_i eine bestimmte Wahrscheinlichkeit $p(x_i)$ für sein Auftreten zugeordnet werden.

Man bezeichnet das Auftreten eines bestimmten Symbols x_i als *Ereignis* x_i. Die Menge $X = \{x_1, x_2, \ldots x_N\}$ von N möglichen, einander ausschließenden Ereignissen und die ihnen zugeordneten Wahrscheinlichkeiten $p_X = \{p(x_1), p(x_2), \ldots p(x_N)\}$ bilden ein *Ereignisfeld* (X, p_X), wobei folgende Relationen gelten:

$$p(x_i) \geqq 0; \qquad \sum_{i=1}^{N} p(x_i) = 1. \tag{2.3}$$

Wird jedem Ereignis x_i ein bestimmter (endlicher) Zahlenwert $f(x_i)$ zugeordnet, so heißt $f(X)$ eine *Zufallsvariable* mit dem *Erwartungswert*

$$E[f(X)] = \sum_{i=1}^{N} p(x_i)\, f(x_i). \tag{2.4}$$

Jedem Ereignis x_i wird nun ein Zahlenwert $I(x_i)$ zugeordnet, durch den die Information, die durch das Eintreten des Ereignisses x_i erzeugt wurde, gemessen werden kann.

Information ist in diesem Zusammenhang die Beseitigung einer vorher bestehenden Ungewißheit. Und die mit dem Ereignis x_i verbundene Information oder das Maß an damit beseitigter Ungewißheit ist umso größer, je weniger das Ereignis x_i zu erwarten war, d. h. je kleiner die Wahrscheinlichkeit $p(x_i)$ ist. Daher wird $I(x_i) = F[p(x_i)]$ eine Funktion F der Wahrscheinlichkeit $p(x_i)$ sein, deren Wert umso größer ist, je kleiner $p(x_i)$ ist.

Das gemeinsame Eintreten zweier voneinander unabhängiger Ereignisse x_i und x_k aus X mit den Wahrscheinlichkeiten $p(x_i)$ und $p(x_k)$, z. B. als Paar in einer Folge von Ereignissen, hat nach den Regeln der Wahrscheinlichkeitstheorie die Wahrscheinlichkeit $p(x_i, x_k) = p(x_i) \cdot p(x_k)$. Die mit dem Ereignispaar x_i, x_k erzeugte Information ist dann

$$I(x_i, x_k) = F[p(x_i, x_k)] = F[p(x_i)\, p(x_k)],$$

und da x_i und x_k unabhängig voneinander sind, ist die Forderung sinnvoll, daß die mit dem Ereignispaar x_i, x_k verbundene Information gleich der Summe der Informationen der Einzelereignisse x_i und x_k ist:

$$I(x_i, x_k) = I(x_i) + I(x_k),$$

d. h.

$$F[p(x_i)\, p(x_k)] = F[p(x_i)] + F[p(x_k)].$$

Die letzte Gleichung ist die Funktionalgleichung einer logarithmischen Funktion. Daher ergibt sich unter Benutzung des Logarithmus zur Basis 2 (lb) und mit einem noch freien Parameter K

$$I(x_i) = K \operatorname{lb} p(x_i). \tag{2.5}$$

Der Parameter K ist dadurch bestimmt, daß die Entscheidung für eines von zwei unabhängigen, gleichwahrscheinlichen Ereignissen die Information 1 bit erbringt. Da jedes der beiden Ereignisse die Wahrscheinlichkeit $p = 0{,}5$ hat, erhält man nach (2.5)

$$1 = K \operatorname{lb}(0{,}5)$$

oder

$$K = -1.$$

Daher ist

$$I(x_i) = -\operatorname{lb} p(x_i) = \operatorname{lb} \frac{1}{p(x_i)} \tag{2.6}$$

(2.6) ist als eine Definition des Begriffs *Information* anzusehen [2.12]. Die Information gemäß (2.6) ist umso größer, je unwahrscheinlicher das entsprechende Ereignis eintritt. Umgekehrt liefert ein Ereignis, das mit Sicherheit ($p = 1$) vorhersehbar ist, keine Information.

Die Information $I(x_i)$ ist eine Zufallsvariable. Man kann daher gemäß (2.4) den Erwartungswert der Information im Ereignisfeld (X, p_X) bestimmen zu

$$H = E[I(X)] = \sum_{i=1}^{N} p(x_i)\, I(x_i) = \sum_{i=1}^{N} p(x_i) \operatorname{lb} 1/p(x_i). \tag{2.7}$$

Dieser Erwartungswert oder die mittlere Information $H \doteq H(X)$ heißt *Entropie* der Ereignismenge $X = \{x_i\}$. Dabei wird für $p(x_i) = 0$

$$p(x_i) \operatorname{lb} 1/p(x_i) = 0.$$

Haben alle N Ereignisse x_i die gleiche Wahrscheinlichkeit, so ist $p(x_i) = p = 1/N$, und aus (2.7) wird

$$H = H_{\max} = H_0 = \sum_{i=1}^{N} (1/N) \operatorname{lb} N = \operatorname{lb} N. \tag{2.8}$$

In diesem Fall ist die Entropie maximal, und im allgemeinen gilt

$$H(X) \leqq \operatorname{lb} N = H_0(X). \tag{2.9}$$

Die Abweichung der Entropie $H(X)$ von ihrem Maximalwert, dem Entscheidungsgehalt $H_0(X)$, nennt man *Redundanz* (Weitschweifigkeit)

$$R(X) = H_0(X) - H(X). \tag{2.10}$$

Die auf $H_0(X)$ bezogene, „relative" Redundanz ist

$$r(X) = 1 - H(X)/H_0(X). \tag{2.11}$$

Für die Datenübertragung ist die Binärquelle, deren Zeichenvorrat nur aus 0 und 1 besteht, $X = \{0, 1\}$, besonders bedeutsam. Sind die den beiden Zeichen zugeordneten Wahrscheinlichkeiten $p(0) = p$ und $p(1) = 1 - p$, so ist nach (2.7)

$$H(X) = S(p) = p \operatorname{lb} (1/p) + (1 - p) \operatorname{lb} [1/(1 - p)]. \tag{2.12}$$

Die Funktion $S(p)$ wird nach einem Vorschlag von E. Berger [2.13] auch *Shannonsche Funktion* genannt. Ihr Verlauf ist in Bild 2.5 dargestellt. $S(p)$ ist gleich eins für $p = 0{,}5$ und verschwindet für $p = 0$ und $p = 1$. Auch in der allgemeinen, nicht auf den binären Zeichenvorrat beschränkten Gl. (2.7) für die Entropie $H(X)$ liefern die Ereignisse mit „mittlerer" Wahrscheinlichkeit den relativ größten Beitrag, während häufige Ereignisse wegen geringer Information und seltene Ereignisse wegen ihrer Seltenheit nur einen kleineren Anteil zur Entropie erbringen.

Die Bezeichnung „Entropie“ für den Erwartungswert der Information in einem Ereignisfeld wurde von C. E. Shannon [2.4, 2.5] zunächst

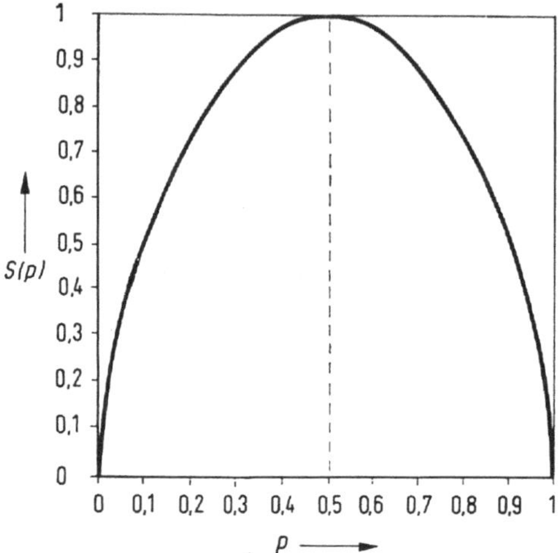

Bild 2.5 Die Shannonsche Funktion $S(p)$.

nur auf Grund ihrer formalen Analogie zu dem Ergebnis von L. Boltzmann [2.14] für die thermodynamische Entropie eingeführt. Darüber hinaus bestehen jedoch physikalische Beziehungen zwischen beiden Entropie-Begriffen [2.12, 2.15 bis 2.18].

2.3.2 Transinformation, Kanalkapazität

In Abschnitt 2.3.1 wurde ein einziges Ereignisfeld (X, p_X) betrachtet, nämlich das Alphabet einer Quelle, aus dem durch Auswahlprozesse eine Zeichenfolge, d. h. eine Information gebildet wird. Diese Information soll über einen Kanal zu einer Senke übertragen werden (vgl. Bild 2.1). Dabei wird unterstellt, daß der Senke das Alphabet der Quelle bekannt ist. Die an der Senke ankommende Information bildet ebenfalls ein Ereignisfeld (Y, p_Y), dessen Umfang von dem der Quelle abweichen kann.

Im Einzelfall wird z. B. von der Quelle das Symbol x_i mit der Wahrscheinlichkeit $p(x_i)$ ausgesendet und tritt nach der Übertragung über den Kanal an der Senke als Symbol y_k mit der *bedingten Wahrscheinlichkeit* $p(y_k|x_i)$ auf. Diese Wahrscheinlichkeit heißt *bedingt*, weil sie das Eintreten des Ereignisses y_k betrifft, wenn die Aussendung von x_i vorausgesetzt wird.

Entsprechend (2.6) kann man nun zu dem Ereignispaar (x_i, y_k) eine Information $I(x_i, y_k)$ definieren

$$I(x_i, y_k) = \mathrm{lb}\,\frac{1}{p(x_i, y_k)} = \mathrm{lb}\left(\frac{1}{p(x_i)}\cdot\frac{1}{p(y_k|x_i)}\right) = I(x_i) + I(y_k|x_i). \tag{2.13}$$

Das heißt, die Wahrscheinlichkeit $p(x_i, y_k)$ für das Ereignispaar x_i, y_k kann aufgeteilt werden in die Wahrscheinlichkeit für das Ereignis x_i und — nachdem dieses eingetreten ist — in die dadurch bedingte Wahrscheinlichkeit $p(y_k|x_i)$ für das Ereignis y_k.

Die Reihenfolge der Ereignisse x_i und y_k ist vertauschbar:

$$I(x_i, y_k) = \mathrm{lb}\left(\frac{1}{p(y_k)}\cdot\frac{1}{p(x_i|y_k)}\right) = I(y_k) + I(x_i|y_k), \tag{2.14}$$

d. h., sobald das Ereignis y_k an der Senke mit der Wahrscheinlichkeit $p(y_k)$ eingetreten ist, gibt es eine hierdurch bedingte Wahrscheinlichkeit $p(x_i|y_k)$ dafür, daß das Symbol x_i gesendet wurde.

Den Informationen nach (2.13) und (2.14) entsprechen die Erwartungswerte der Information, d. h. die *Verbundentropie*

$$H(X, Y) = H(X) + H(Y|X) \tag{2.15}$$

bzw.

$$H(X, Y) = H(Y) + H(X|Y). \tag{2.16}$$

Die bedingten Entropien $H(X|Y)$ und $H(Y|X)$ kennzeichnen den Grad der „Entkopplung" der beiden Ereignisfelder (X, p_X) und (Y, p_Y). Dies ist in Bild 2.6 nach Schouten [2.19] mit zwei sich überlappenden Kreisflächen dargestellt, wobei die linke Kreisfläche $H(X)$, die rechte Kreisfläche $H(Y)$ und die stark umrandete Gesamtfläche die Verbundentropie $H(X, Y)$ bedeutet. Bei fester Kopplung beider Ereignisfelder (ideale, störungsfreie Übertragung) sind die beiden Kreisflächen gleich groß und fallen aufeinander, so daß die schraffierten Flächen, $H(X|Y)$ und $H(Y|X)$, verschwinden. Sind dagegen die beiden Ereignisfelder völlig entkoppelt (z. B. durch eine Unterbrechung des Übertragungsweges), so liegen die beiden Kreisflächen in Bild 2.6 voneinander getrennt, d. h.

$$H(X|Y) = H(X), \quad H(Y|X) = H(Y) \tag{2.17}$$

und

$$H(X, Y) = H(X) + H(Y). \tag{2.18}$$

Im allgemeinen überlappen sich die beiden Kreisflächen, so daß es einen gemeinsamen Anteil $T(X, Y)$ gibt (Übertragungskanal mit Störungseinflüssen).

Die Anteile der Verbundentropie haben folgende Bezeichnungen und Bedeutungen (Bilder 2.6 und 2.7): $H(X|Y)$ ist der verlorene Anteil der ausgesendeten Information, der den Empfänger nicht erreicht; er wird

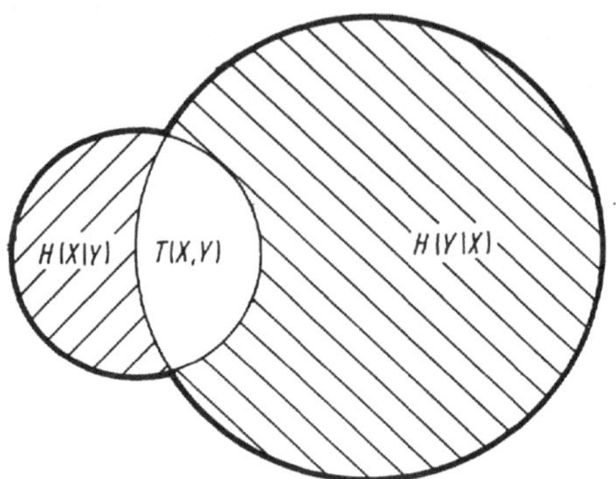

Bild 2.6 Diagramm zur Aufteilung der Verbundentropie $H(X, Y)$. Stark umrandete Gesamtfläche: Verbundentropie $H(X, Y)$; linke Kreisfläche: Einzelentropie $H(X)$; rechte Kreisfläche: Einzelentropie $H(Y)$.

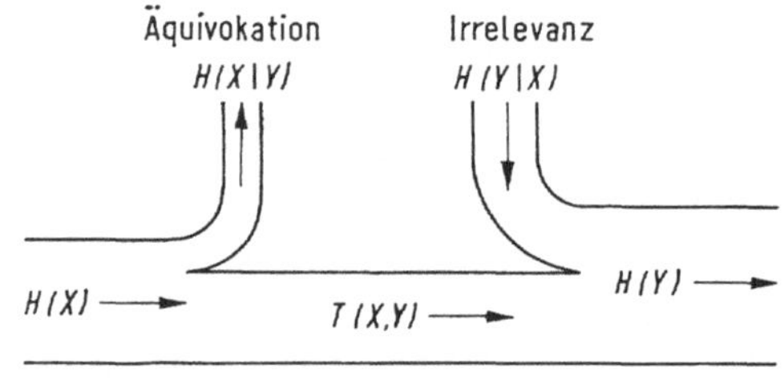

Bild 2.7 Informationsfluß in einem gestörten Kanal (Darstellung nach E. R. Berger).

mit *Äquivokation* bezeichnet. $H(Y|X)$ ist derjenige Anteil der am Empfänger eintreffenden Information, der keine Beziehung zur gesendeten Information hat; er heißt *Irrevelanz* oder *Entropie der Störung*. Derjenige Anteil der gesendeten Information, der den Empfänger erreicht, ist die *Transinformation* oder *Synentropie* $T(X, Y)$:

$$T(X, Y) = H(X) - H(X|Y) = H(Y) - H(Y|X). \qquad (2.19)$$

Die im Mittel je Sekunde übertragene Transinformation ist der *Transinformationsfluß* Ψ (Einheit: bit/s). Er hängt von den Eigenschaften des Kanals und der speisenden Quelle ab. Man kann jedoch unter Zulassung aller möglichen Codierungen eines Quellensignals die Abhängigkeit von der speisenden Quelle eliminieren und erhält dann den

Maximalwert Ψ_{max} des Transinformationsflusses. Dieser heißt *Kanalkapazität C* und hängt nur noch von den Eigenschaften des Kanals ab.

C. E. Shannon hat gezeigt [2.4], daß sich auch bei einem gestörten Kanal, der ja bei der Übertragung eine bestimmte Irrelevanz erzeugt, die Äquivokation durch geeignete Codierung unter jedes beliebige Maß drücken läßt, solange der Informationsfluß in dem Kanal unterhalb der Kanalkapazität bleibt.

Sehr interessant ist der Vergleich der Kanalkapazität von Übertragungskanälen verschiedenen Typs, wie ihn H. Marko [2.20] durchgeführt hat. Hierzu sei folgendes Modell eines Übertragungskanals für ein binäres Signal betrachtet (Bild 2.8): Der taktgebundene binäre Kanal mit dem Abtastzeitintervall T umfaßt einen bivalenten Kanal mit der Mindest-Elementdauer $T_{min} = T$, und dieser schließt wiederum einen bandbegrenzten Analogkanal ein, in dem das Signal durch das einfließende Störgeräusch ein bestimmtes Signal/Geräusch-Leistungsverhältnis S/N hat. (Dieses Verhältnis wird häufig als Pegeldifferenz angegeben und kurz als Signal/Störabstand bezeichnet). Es erzeugt im bivalenten Kanal eine bestimmte Verzerrung $\Delta t/T$ und im binären Kanal eine bestimmte Bitfehlerwahrscheinlichkeit p_e.

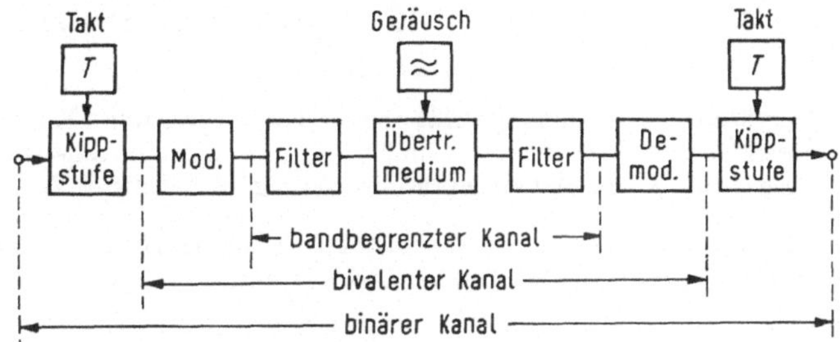

Bild 2.8 Modell eines Übertragungskanals für ein binäres Signal.

Die mit der Elementdauer $T = 1/(2B)$ multiplizierte Kanalkapazität im Analogkanal ist nach Shannon [2.4]

$$C_0 T = \mathrm{lb}\sqrt{(1 + S/N)}, \tag{2.20}$$

und für den Binärkanal mit der Bitfehlerwahrscheinlichkeit p_e ist die entsprechende Formel

$$C_2 T = 1 - S(p_e), \quad 0 < S(p_e) < 1, \tag{2.21}$$

wobei $S(p)$ die Shannonsche Funktion nach (2.12) ist. Den entsprechenden Ausdruck $C_1 T$ (mit $T = T_{min}$) für den bivalenten Kanal hat H. Marko unter Einbeziehung einer Pulsdauermodulation berechnet [2.20]. In Bild 2.9 sind die Kanalkapazitäten des Analogkanals, des Binärkanals und des bivalenten Kanals abhängig vom (logarithmierten) Signal/

Geräusch-Leistungsverhältnis S/N dargestellt. Wie man sieht, erbringt der Binärkanal (infolge der ihm eigenen Redundanz bezüglich der Signalübertragung) eine vom Signal/Geräusch-Leistungsverhältnis weitgehend

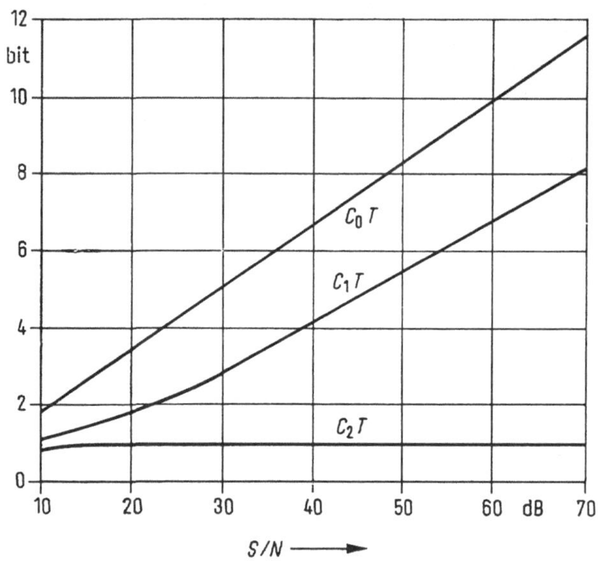

Bild 2.9 Die bezogene Kanalkapazität eines bandbegrenzten Kanals (C_0T), eines bivalenten Kanals (C_1T) und eines binären Kanals (C_2T) in Abhängigkeit vom logarithmischen Signal/Geräusch-Leistungsverhältnis S/N.

unabhängige Kanalkapazität von (nahezu) 1 bit je Signalelement (die genauere Abhängigkeit der Kanalkapazität C_2 von der durch S/N bedingten Fehlerwahrscheinlichkeit p_e entsprechend (2.21) kommt bei der Genauigkeit der in Bild 2.9 enthaltenen Kurve für C_2T noch nicht zum Ausdruck, da im betrachteten Bereich von S/N der Beitrag von $S(p_e)$ sehr klein ist).

2.4 Codierung

2.4.1 Allgemeine Begriffe

Unter *Codierung* versteht man allgemein die Umwandlung eines gegebenen Symbolvorrats in eine andere Form. Allerdings soll hier der Begriff Codierung sehr viel enger gefaßt werden, so daß er dem Anwendungsbereich der Übertragung digitaler Daten angepaßt ist. Man kann sich dann nämlich auf den Fall beschränken, daß eine Codierung stets auf Kombinationen von Binärzeichen führt. In der Bezeichnungsweise der Codierungstheorie werden diese Kombinationen *Codewörter* genannt. Ist ein Codewort aus n Binärzeichen aufgebaut, d. h. ist das Codewort n-stellig, so nennt man n die *Länge* des Codewortes. Wesentlich für die

Bedeutung eines binären Codewortes ist es, an welcher Stelle innerhalb eines Codewortes eine 0 oder eine 1 auftritt (*Positionscode*); hiervon sind die *Zählcodes* (Beispiel: Nummernschalterimpulse) zu unterscheiden.

Die gesamte Zuordnung der zu codierenden Objekte zu den durch Codierung entstandenen Codewörtern nennt man *Code*. Er ist charakterisierbar durch die Regeln, nach denen die Codierung geschieht, oder durch die Eigenarten und Strukturmerkmale der Gesamtheit der durch Codierung entstandenen Codewörter. Jeder Codierung entspricht ein umgekehrter Vorgang, die Decodierung.

Die zu codierenden Objekte sind beispielsweise Symbole eines Alphabets (z. B. Ziffern, Buchstaben, Zwischenraum und sonstige Satzzeichen sowie Steuerbefehle), die nach Auflistung in bestimmter Reihenfolge auch durch eine Listennummer ersetzt werden können, oder die zu codierenden Objekte sind selbst Codewörter, die durch eine vorangehende Codierung entstanden sind.

Von besonderer Bedeutung für die Datenübertragung sind die *gleichlangen Codes*, bei denen alle Codewörter die gleiche Länge n haben (n-stellige Binärcodes) [2.13, 2.21].

Sind x und y zwei Wörter aus einem gleichlangen, n-stelligen Code, so wird die Anzahl der Stellen, in denen x und y voneinander abweichen, der *Hamming-Abstand* $d(x, y)$ zwischen x und y genannt.

Beispiel:

$$\begin{array}{r} x = (11001) \\ y = (01011) \\ \hline d(x, y) = 2 \end{array} \tag{2.22}$$

Ein Codewort, das nur Nullen enthält, heißt *Nullwort*. Man bezeichnet den Hamming-Abstand $d(0, x)$ zwischen dem Nullwort und dem Codewort x als das *Gewicht* $w(x)$ des Codewortes x. Beispielsweise haben die in (2.22) genannten Codewörter x und y das Gewicht $w(x) = w(y) = 3$, entsprechend der Anzahl ihrer mit 1 besetzten Binärstellen.

2.4.2 Zweck einer Codierung

Eine Codierung kann sehr verschiedenen Zwecken dienen, von denen nur einige für die Datenübertragung von Bedeutung sind. Eine z. B. nach kryptologischen Gesichtspunkten durchgeführte Codierung — Verschlüsselung — zur Geheimhaltung einer Nachricht soll hier nicht betrachtet werden. Die Codierung (bzw. Decodierung), die hier — nach Art und Zweck — behandelt werden soll, geht aus Bild 2.10 hervor. Dabei wird unterschieden zwischen einem Quellencodierer, dem ein der Senke zugeordneter Decodierer gegenübersteht, und einem Kanalcodierer bzw. -decodierer.

neter Decodierer gegenübersteht, und einem Kanalcodierer bzw. -decodierer.

Der *Quellencodierer* hat die Aufgabe, einen gegebenen Symbolvorrat (Alphabet) in zweckmäßiger Weise in ein binäres Signal zu überführen.

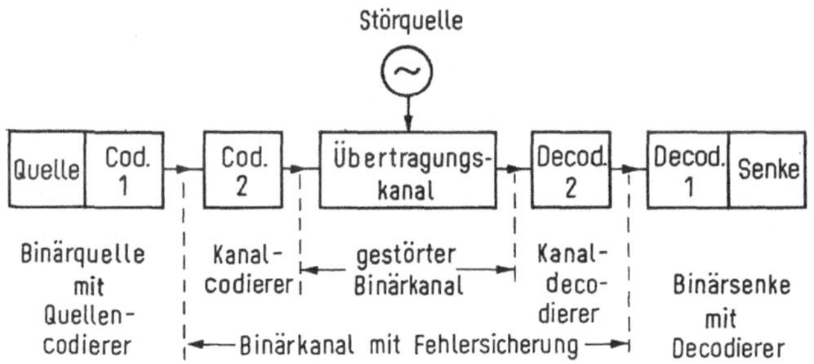

Bild 2.10 Codierung bei der Datenübertragung.

„Zweckmäßig" kann hierbei bedeuten, daß dabei die Redundanz der Quelle vermindert oder das binäre Datensignal in einer für die Verarbeitung und Übertragung geeigneten Form erzeugt werden soll. Der *Kanalcodierer* hat die Aufgabe, den vom Quellencodierer abgegebenen Codewörtern systematisch Redundanz hinzuzufügen und sie so zu codieren, daß durch Störungen im Übertragungskanal entstandene Bitfehler im Decodierer durch Codeprüfung erkannt werden können oder — bei ausreichend hoher Redundanz — durch Rekonstruktion („Fehlerkorrektur") berichtigt werden können.

Während eine Quellencodierung (und die ihr entsprechende Decodierung an der Senke) im allgemeinen erforderlich ist, um Daten als Binärsignale übertragen zu können, ist eine Kanalcodierung zur Fehlersicherung nur dann notwendig, wenn die Bitfehlerhäufigkeit auf dem Übertragungskanal, d. h. das Verhältnis der Anzahl gefälschter Bits zur Anzahl der insgesamt übertragenen Bits, eine bestimmte zulässige Grenze überschreitet. Bei der Datenübertragung auf Übertragungswegen des Fernsprechnetzes (Abschn. 3) wird die Kanalcodierung meistens — entsprechend den jeweiligen Anforderungen an die Übertragungsqualität — in den Datenendeinrichtungen, auch in Verbindung mit der Quellencodierung, durchgeführt (s. Abschn. 2.4.4.2). Anders ist es bei der Datenübertragung über Kurzwellen-Funkverbindungen. Hier sind infolge der stark schwankenden Übertragungsqualität besondere Sicherungsmaßnahmen erforderlich; die dafür vorgesehenen Einrichtungen sind den Übertragungsstrecken zugeordnet (Band II, Abschn. 10.4).

Weitere Codierungsarten seien hier nur kurz angedeutet; sie werden im Abschn. 4 näher erläutert und begründet. In manchen Fällen soll z. B. ein Signal für die Übertragung erzeugt werden, das auch bei beliebigen Folgen von Binärzeichen eines isochronen primären Signals ausreichend viele Wechsel der Binärzeichen enthält, um die Taktrückgewinnung im Empfänger (d. h. an der Senke) zu gewährleisten oder um auf der Übertragungsstrecke eine allzu ungleichmäßige spektrale Leistungsverteilung zu vermeiden (Signal-Verwürfelung, vgl. Abschn. 4.2). Selbstverständlich ist im Empfänger ein Decodierer vorgesehen, der die sendeseitige Codierung wieder aufhebt. Ein anderer Zweck der Codierung ist es, Binärelemente eines isochronen primären Signals so zu verknüpfen, daß in Verbindung mit bestimmten Modulationsverfahren, bei denen eine Information auf mehrere Elemente verteilt ist, doch eine einmalige Abtastung des Signals im Empfänger eine Zustandsentscheidung ermöglicht (Beispiel: Partial-Response-Vorcodierung, Abschn. 4.1.5).

2.4.3 Quellencodierung

Die Quellencodierung dient, wie in Abschnitt 2.4.2 schon angedeutet wurde, zur Darstellung der Symbole des Quellenalphabets durch binäre Codewörter. Für die Datenübertragung hat eine Quellencodierung mit Codewörtern gleicher Länge vorrangige Bedeutung, während eine redundanzsparende Quellencodierung mehr von grundsätzlichem Interesse ist.

2.4.3.1 Redundanzsparende Codes

Ein bekanntes Beispiel eines redundanzsparenden Codes ist der *Shannon-Fano-Code,* der in Tab. 2.2 am Beispiel der deutschen Sprache dargestellt ist [2.21]. Die Symbole x_i des Alphabets setzen sich in diesem Fall

Tabelle 2.2 Redundanzsparende Quellencodierung: Shannon-Fano-Code (SF-Code)

x_i	$p_i = p(x_i)$	p_i lb $1/p_i$	SF-Code	x_i	$p_i = p(x_i)$	p_i lb $1/p_i$	SF-Code
Zwr	.15149	.41251	000	O	.01772	.10389	111001
E	.14701	.40661	001	B	.01597	.09585	111010
N	.08835	.30927	010	Z	.01423	.08727	111011
R	.06858	.26512	0110	W	.01420	.08716	111100
I	.06377	.25323	0111	F	.01360	.08431	1111010
S	.05388	.22705	1000	K	.00956	.06412	1111011
T	.04731	.20824	1001	V	.00735	.05209	1111100
D	.04385	.19783	1010	Ü	.00580	.04309	1111101
H	.04355	.19691	10110	P	.00499	.03817	1111110
A	.04331	.19616	10111	Ä	.00491	.03764	11111110
U	.03188	.15847	11000	Ö	.00255	.02194	111111110
L	.02931	.14927	11001	J	.00165	.01521	1111111110
C	.02673	.13968	11010	Y	.00017	.00217	11111111110
G	.02667	.13945	11011	Q	.00014	.00181	111111111110
M	.02134	.11842	111000	X	.00013	.00167	111111111111

zusammen aus den 26 Buchstaben der lateinischen Schrift, ferner Ä, Ö, Ü und „Zwischenraum" (Zwr); der Umfang beträgt also 30 Symbole $\{x_i\}$. In der zweiten Spalte sind die Wahrscheinlichkeiten $p(x_i)$ für ihr Eintreten entsprechend ihrer relativen Häufigkeit in langen Textfolgen der deutschen Sprache eingetragen. Die Liste der Symbole ist nach fallender Wahrscheinlichkeit geordnet. Die Summe aller Wahrscheinlichkeiten ist selbstverständlich eins. In der dritten Spalte ist der jeweilige Anteil p_i lb $1/p_i$ zur Entropie $H(X)$ eingetragen. Die vierte Spalte enthält die binären Codewörter des Shannon-Fano-Codes. Sie beginnen für Symbole hoher Wahrscheinlichkeit mit dreistelligen Codewörtern und enden für Symbole geringer Wahrscheinlichkeit mit 12-stelligen Codewörtern. Ferner gilt die Regel, daß ein kürzeres Codewort nie als Präfix eines längeren Codewortes vorkommt, so daß die Codewörter in einer Bitfolge wieder voneinander getrennt werden können.

Die Redundanzeinsparung geht aus folgendem hervor: Wegen seines Umfangs von 30 Symbolen hat das Alphabet nach (2.8) den Entscheidungsgehalt

$$H_0 = \text{lb}\ 30 = 4{,}907\ \text{bit}.$$

Die Entropie ist nach (2.7) die Summe der Anteile in Spalte 3. Sie ergibt sich zu $H(X) = 4{,}115$ bit und bedeutet den Mindestwert für die mittlere Wortlänge in binär codierter Form. Die Redundanz des Alphabets ist daher nach (2.10) $R = 4{,}907 - 4{,}115 = 0{,}792$ bit je Symbol. Im Shannon-Fano-Code ergibt sich die mittlere Länge der in Spalte 4 von Tab. 2.2 genannten Codewörter wie folgt: Für jedes Codewort multipliziert man seine Stellenzahl, d. h. seinen Entscheidungsgehalt in bit, mit der zugehörigen Wahrscheinlichkeit p_i seines Auftretens und summiert diese Produkte über alle Codewörter. Das Ergebnis ist 4,151 bit je Symbol als mittlere Wortlänge; diese liegt nur noch wenig über der Entropie des Alphabets. Die im Shannon-Fano-Code noch enthaltene Redundanz ist $4{,}151 - 4{,}115 = 0{,}036$ bit je Symbol und damit wesentlich geringer als die ursprüngliche Redundanz des Alphabets.

Nach ähnlichen Gesichtspunkten wie der Shannon-Fano-Code ist der bekannte *Morse-Code* unter intuitiver Vorwegnahme späterer informationstheoretischer Erkenntnisse aufgebaut. Wegen der wechselnden Codewortlängen haben diese Codes jedoch in der Technik der Datenübertragung keine besondere Bedeutung erlangt.

2.4.3.2 *Quellencodierung für die Datenübertragung mit Codewörtern gleicher Länge*

Gleichlange Codes, bei denen alle Codewörter die gleiche Länge n haben (n-stellige Binärcodes), bieten wesentliche Erleichterungen für die technischen Einrichtungen zur Erfassung, Übertragung und Verarbeitung von Daten. Der Umfang solcher Codes, d. h. die Anzahl möglicher binärer Codewörter der Länge n ist durch die Zahl $N = 2^n$ begrenzt. In Datenverarbeitungsanlagen werden systemintern gleichlange Codes verwendet, die sich nach Stellenzahl und Zuordnung der Symbole zu den Codewörtern — teilweise herstellerspezifisch — unterscheiden und sich auch in Verbindung mit der Entwicklung der Datenverarbeitungstechnik gewandelt haben. Einen Überblick über die Vielfalt dieser Codes gibt H. Berndt [2.22].

Für die Text- und Datenübertragung sind vor allem folgende international genormten Codes zu erwähnen: der fünfstellige Code der Fernschreibtechnik (*CCITT-Alphabet Nr. 2*) [2.23], der siebenstellige Code (*CCITT-Alphabet Nr. 5*) [2.24], der in der Regel durch ein den Codewörtern angehängtes *Paritätsbit* (s. Abschn. 2.4.4.2) auf acht Stellen ergänzt wird [2.25] und der achtstellige Code nach ISO [2.26]. Die Codewörter können entweder als isochrone Signale oder als Start/Stopzeichen übertragen werden. Den Codewörtern wird dann ein Start-Element vorangestellt und ein Stop-Element angehängt. Dieses hat beim Fernschreibcode mindestens die anderthalbfache Dauer eines Signalelements. Beim CCITT-Alphabet Nr. 5 ist das Stop-Element bis 200 bit/s von der ein- oder zweifachen, für höhere Bitraten von der einfachen Dauer eines Signalelements [2.25]. Die Bezeichnung der Kennzustände und einige Darstellungsarten der Binärzeichen sind aus Tab. 2.3 zu ersehen [2.27].

Tabelle 2.3 Kennzustände und Darstellungsarten von Binärzeichen

Logischer Zustand des Binärzeichens	0	1 (oder L)
Kennzustand nach CCITT	A	Z
„Polarität“	Start	Stop
Lochstreifen	kein Loch	Loch
Code-Darstellung	weißes Feld	schwarzes Feld

Der fünfstellige Fernschreibcode (CCITT-Alphabet Nr. 2) ist in Tab. 2.4 dargestellt. Da jedes Codewort aus fünf Binärzeichen b_1 bis b_5 besteht, ist der Umfang des Codes $2^5 = 32$. Dementsprechend sind in Tab. 2.4 die Codewörter von 1 bis 32 numeriert. Der gesamte Bedarf an Buchstaben, Ziffern, Satzzeichen und Steuerzeichen ist jedoch größer als 32. Daher werden die Codewörter 1 bis 26 doppelt ausgenutzt. Sie umfassen in der Buchstabenreihe die lateinischen Buchstaben, in der Ziffernreihe die Ziffern 0 bis 9, Satzzeichen und einige Steuerzeichen; zu den letzteren gehört das Zeichen *wer da?*, mit dem der Namengeber der Gegenstation automatisch abgerufen wird. Ferner sind das nur mit Nullen besetzte Codewort Nr. 32 und in der Ziffernreihe einige Plätze

Tabelle 2.4 Fünfstelliger Fernschreibcode, CCITT-Alphabet Nr. 2

b_5	b_4	b_3	b_2	b_1	Codewort-Nummer im CCITT-Alphabet Nr. 2	Buchstabenreihe	Ziffernreihe
0	0	0	0	0	32	[1]	[1]
0	0	0	0	1	5	E	3
0	0	0	1	0	28	Zeilenvorschub (ZL)	
0	0	0	1	1	1	A	—
0	0	1	0	0	31	Zwischenraum (Zwr)	
0	0	1	0	1	19	S	'
0	0	1	1	0	9	I	8
0	0	1	1	1	21	U	7
0	1	0	0	0	27	Wagenrücklauf (WR)	
0	1	0	0	1	4	D	wer da ?
0	1	0	1	0	18	R	4
0	1	0	1	1	10	J	Klingel
0	1	1	0	0	14	N	,
0	1	1	0	1	6	F	[1]
0	1	1	1	0	3	C	:
0	1	1	1	1	11	K	(
1	0	0	0	0	20	T	5
1	0	0	0	1	26	Z	+
1	0	0	1	0	12	L	)
1	0	0	1	1	23	W	2
1	0	1	0	0	8	H	[1]
1	0	1	0	1	25	Y	6
1	0	1	1	0	16	P	0
1	0	1	1	1	17	Q	1
1	1	0	0	0	15	O	9
1	1	0	0	1	2	B	?
1	1	0	1	0	7	G	[1]
1	1	0	1	1	30	Umschaltung auf Ziffernreihe (Zi)	
1	1	1	0	0	13	M	.
1	1	1	0	1	24	X	/
1	1	1	1	0	22	V	=
1	1	1	1	1	29	Umschaltung auf Buchstabenreihe (Bu)	

[1] frei für den internen Betrieb eines jeden Landes z. B. für nationale Sonderzeichen; aber im zwischenstaatlichen Verkehr nicht zugelassen.

frei für nationale Sonderzeichen (z. B. Ä, Ö, Ü) und werden im internationalen Verkehr nicht benutzt. Die Umschaltung von Buchstaben auf Ziffern geschieht durch Codewort Nr. 30, die Rückschaltung auf Buchstaben durch Codewort Nr. 29.

Der siebenstellige ISO-Code (Tab. 2.5) [2.28] ist seit 1968 von CCITT als Alphabet Nr. 5 empfohlen [2.24]. Der große Umfang von $2^7 = 128$ Codewörtern ermöglicht es, Steuerzeichen, Satzzeichen, Ziffern, große und kleine Buchstaben in das Alphabet aufzunehmen. Augenfällig ist die

Tabelle 2.5 Siebenstelliger Code nach ISO R 646 (entspricht CCITT-Alph. Nr. 5; die neun in der deutschen Version nach DIN 66003 hiervon abweichenden Zeichen sind in eckigen Klammern eingetragen)

b_7	b_6	b_5	b_4	b_3	b_2	b_1	Zeile	Spalte 0	1	2	3	4	5	6	7
b_7 →								0	0	0	0	1	1	1	1
	b_6 →							0	0	1	1	0	0	1	1
		b_5 →						0	1	0	1	0	1	0	1
			0	0	0	0	0	NUL	TC_7(DLE)	SP	0	@ [§]	P	\`	p
			0	0	0	1	1	TC_1(SOH)	DC_1	!	1	A	Q	a	q
			0	0	1	0	2	TC_2(STX)	DC_2	″	2	B	R	b	r
			0	0	1	1	3	TC_3(ETX)	DC_3	#	3	C	S	c	s
			0	1	0	0	4	TC_4(EOT)	DC_4	¤ [$]	4	D	T	d	t
			0	1	0	1	5	TC_5(ENQ)	TC_8(NAK)	%	5	E	U	e	u
			0	1	1	0	6	TC_6(ACK)	TC_9(SYN)	&	6	F	V	f	v
			0	1	1	1	7	BEL	TC_{10}(ETB)	′	7	G	W	g	w
			1	0	0	0	8	FE_0(BS)	CAN	(	8	H	X	h	x
			1	0	0	1	9	FE_1(HT)	EM	)	9	I	Y	i	y
			1	0	1	0	10	FE_2(LF)	SUB	*	:	J	Z	j	z
			1	0	1	1	11	FE_3(VT)	ESC	+	;	K	[[Ä]	k	{ [ä]
			1	1	0	0	12	FE_4(FF)	IS_4(FS)	,	<	L	\ [Ö]	l	| [ö]
			1	1	0	1	13	FE_5(CR)	IS_3 (GS)	—	=	M	] [Ü]	m	} [ü]
			1	1	1	0	14	SO	IS_2(RS)	.	>	N	^	n	‾ [ß]
			1	1	1	1	15	SI	IS_1(US)	/	?	O	_	o	DEL

klare, spaltenweise Kategorien-Einteilung. Die Spalten 0 und 1 enthalten Steuerzeichen, deren Bedeutung den Erläuterungen zu entnehmen ist; von diesen Steuerzeichen sind zehn Zeichen Datenübertragungssteuerzeichen, die bei den Datenübertragungsprozeduren angewendet werden. Die Spalten 2 und 3 umfassen Satzzeichen und Ziffern, während die Spalten 4 und 5 im wesentlichen für die großen Buchstaben, die Spalten 6 und 7 für die kleinen Buchstaben vorgesehen sind.

Erläuterung der Kurzzeichen in Tabelle 2.5

Kurzzeichen	Bedeutung	Deutsche Benennung (nach DIN 66003)
ACK	Acknowledge	Positive Rückmeldung[1]
BEL	Bell	Klingel
BS	Backspace	Rückwärtsschritt
CAN	Cancel	Ungültig
CR	Carriage Return	Wagenrücklauf
DC	Device Control Characters	Gerätesteuerzeichen
DEL	Delete	Löschen
DLE	Data Link Escape	Datenübertragungsumschaltung[1]
EM	End of Medium	Ende der Aufzeichnung
ENQ	Enquiry	Stationsaufforderung[1]
EOT	End of Transmission	Ende der Übertragung[1]
ESC	Escape	Code-Umschaltung
ETB	End of Transmission Block	Ende des Datenübertragungsblocks[1]
ETX	End of Text	Ende des Textes[1]
FE	Format Effectors	Formatsteuerzeichen
FF	Form Feed	Formularvorschub
FS	File Separators	Hauptgruppentrennzeichen
GS	Group Separators	Gruppentrennzeichen
HT	Horizontal Tabulation	Horizontaltabulator
IS	Information Separators	Informationstrennzeichen
LF	Line Feed	Zeilenvorschub
NAK	Negative Acknowledge	Negative Rückmeldung[1]
NUL	Null	Nul (Nichts)
RS	Record Separators	Untergruppentrennzeichen
SI	Shift-in	Rückschaltung
SO	Shift-out	Dauerumschaltung
SOH	Start of Heading	Anfang des Kopfes[1]
SP	Space	Zwischenraum
STX	Start of Text	Anfang des Textes[1]
SUB	Substitute Characters	Substitutionszeichen
SYN	Synchronous Idle	Synchronisierung[1]
TC	Transmission Control Characters	Übertragungssteuerzeichen
US	Unit Separators	Teilgruppentrennzeichen
VT	Vertical Tabulation	Vertikaltabulator

[1] Datenübertragungssteuerzeichen

In Ergänzung des siebenstelligen Codes nach ISO R 646 wurde bei ISO auch ein achtstelliger Code vereinbart [2.26], der — vor allem im Hinblick auf die Anforderungen der Textkommunikation — eine stärkere Berücksichtigung nationaler Sonderbuchstaben der europäischen Sprachen sowie einen größeren Vorrat für Steuerzeichen ermöglicht (Tab. 2.6).

Tabelle 2.6. Achtstelliger Code nach ISO 6937

b_4	b_3	b_2	b_1																	
				b_8 →	0	0	0	0	0	0	0	0	1	1	1	1	1	1	1	1
				b_7 →	0	0	0	0	1	1	1	1	0	0	0	0	1	1	1	1
				b_6 →	0	0	1	1	0	0	1	1	0	0	1	1	0	0	1	1
				b_5 →	0	1	0	1	0	1	0	1	0	1	0	1	0	1	0	1
				Zeile \ Spalte	0	1	2	3	4	5	6	7	8	9	10	11	12	13	14	15
0	0	0	0	0	Steuerzeichen			0	@	P	`	p	zusätzliche Steuerzeichen für Gerätefunktionen			°		—	Ω	ĸ
0	0	0	1	1			!	1	A	Q	a	q			¡	±	`	¹	Æ	æ
0	0	1	0	2			"	2	B	R	b	r			¢	²	´	®	Đ	đ
0	0	1	1	3			#	3	C	S	c	s			£	³	^	©	ª	ð
0	1	0	0	4			¤	4	D	T	d	t			$	×	~	™	Ħ	ħ
0	1	0	1	5			%	5	E	U	e	u			¥	µ	¯	♪		ı
0	1	1	0	6			&	6	F	V	f	v				¶	˘		Ĳ	ĳ
0	1	1	1	7			'	7	G	W	g	w			§	·	˙		Ŀ	ŀ
1	0	0	0	8			(	8	H	X	h	x				÷	¨		Ł	ł
1	0	0	1	9			)	9	I	Y	i	y			‘	’			Ø	ø
1	0	1	0	10			*	:	J	Z	j	z			“	”	˚		Œ	œ
1	0	1	1	11			+	;	K	[	k	{			«	»	¸		º	ß
1	1	0	0	12			,	<	L	\	l	|			←	¼	_	⅛	Þ	þ
1	1	0	1	13			-	=	M	]	m	}			↑	½	˝	⅜	Ŧ	ŧ
1	1	1	0	14			.	>	N	^	n	‾			→	¾	˛	⅝	Ŋ	ŋ
1	1	1	1	15			/	?	O	_	o				↓	¿	ˇ	⅞	ŉ	

Wie der siebenstellige ist auch der achtstellige ISO-Code spaltenweise strukturiert. Die Spalten 0 bis 7 enthalten den *Primärzeichensatz*, bestehend aus Steuerzeichen (Spalten 0 und 1; entsprechen z. T. den Steuerzeichen des siebenstelligen ISO-Codes) und Schriftzeichen (Spalten 2 bis 7; entsprechen dem Schriftzeichenvorrat des siebenstelligen ISO-Codes). Der *Supplementärzeichensatz* (Spalten 8 bis 15) enthält zusätzliche Steuerzeichen für Gerätefunktionen (Spalten 8 und 9), nichtalphabetische Sonderzeichen und Symbole (Spalten 10 und 11), diakritische Zeichen für die Kombination mit den Buchstaben aus dem Primärzeichensatz (Spalte 12) und zusätzliche nichtalphabetische und alphabetische Sonderzeichen (Spalten 13, 14 und 15).

Mit diesem Code einschließlich der Kombinationsmöglichkeit von diakritischen Zeichen (Spalte 12) und Buchstaben, z. B. ˜ + n = ñ, lassen sich alle, d. h. mehr als 300 in Betracht kommende Schriftzeichen der lateinischen Alphabete darstellen. Teile dieses Zeichenvorrates sind von CCITT für neue internationale Textkommunikationsdienste, wie den Teletex-Dienst [2.29, 2.30] und den Bildschirmtext-Dienst [2.31], empfohlen worden.

Zusätzlich können festgelegte nichtlateinische Alphabete nach bestimmten Codeerweiterungsregeln [2.32] in die Codetabelle aufgerufen werden. Insbesondere ist damit auch eine Kombination von lateinischen und nichtlateinischen Alphabeten in einer Codetabelle möglich.

2.4.4 Kanalcodierung

Kanalcodierung hat den Zweck, die vom Quellencodierer abgegebenen Codewörter unter Hinzufügung von Redundanz so zu codieren, daß auf der Übertragungsstrecke entstandene Fehler im Empfänger erkannt und berichtigt werden können (vgl. Bild 2.10).

2.4.4.1 Grundzüge der Fehlersicherung

Bei den in Abschn. 2.4.3.2 betrachteten gleichlangen Codes für die Quellencodierung werden alle (oder fast alle) möglichen Binärkombinationen als Codewörter benützt (minimaler Hamming-Abstand $d = 1$). Daher entsteht bei Fälschung einer oder mehrerer Binärstellen ein anderes Codewort, so daß dieser Fehler im Decodierer der Senke nicht erkannt werden kann. Um durch Störungen auf der Übertragungsstrecke entstandene Fehler erkennen oder gar korrigieren zu können, ist es notwendig, die Codewörter des Quellencodierers unter Hinzufügung von Redundanz erneut zu codieren. Dies ist die Aufgabe des Kanalcodierers.

Bezeichnet man die Länge der Quellen-Codewörter mit i, so soll der Kanalcodierer daraus Codewörter der Länge $n > i$ erzeugen. Die *Redundanz* ist dann durch die Anzahl $k = n - i$ der zusätzlichen Binärstellen je Codewort gegeben, und die *relative Redundanz* ist $k/n = 1 - i/n$. Der Quotient i/n wird auch *Coderate* genannt.

Der Umfang des n-stelligen Binärcodes am Ausgang des Kanalcodierers ist $2^n = 2^i \cdot 2^k$ und ist damit bereits für wenige zusätzliche k Binärstellen um ein Vielfaches größer als der Umfang 2^i des gegebenen Codes. Man wählt nun aus der Menge der 2^n neuen Codewörter eine Untermenge von 2^i Codewörtern so aus, daß der Minimalabstand d unter ihnen möglichst groß wird, und ordnet diesen Codewörtern die gegebenen

Codewörter zu. Alle übrigen Wörter des n-stelligen Codes heißen *codefremd*.

Ein Codewort im n-stelligen Code kann erst dann in ein anderes Codewort übergehen, wenn d Binärzeichen im Codewort falsch sind. Im Decodierer werden daher Fehler mit Sicherheit erkannt, wenn höchstens $f \leqq d - 1$ Bitfehler in einem Codewort entstanden sind. Zur Fehlererkennung ist somit ein Minimalabstand $d \geqq 2$ notwendig. Will man Fehler korrigieren, so verfährt man in der Regel nach dem Prinzip der Ähnlichkeitsdecodierung: Wird ein gefälschtes und daher codefremdes Wort empfangen, so wird dasjenige Codewort als richtig angenommen, das sich von dem empfangenen Wort am wenigsten unterscheidet. Damit diese als Fehlerkorrektur bezeichnete Entscheidung richtig ist und nicht zu einem anderen, nicht gesendeten Codewort führt, dürfen bei einem Minimalabstand d höchstens e Binärzeichen im Codewort gefälscht sein, wobei $2e \leqq d - 1$ sein muß. Schon für die Korrektur einfacher Fehler ($e = 1$) in einem Codewort ist der Abstand $d = 2e + 1 = 3$ erforderlich. Da ferner $2e$ immer geradzahlig ist, muß der Abstand d ungerade sein, wenn die Ähnlichkeitsdecodierung eindeutig und vollständig sein soll. Ist der Abstand d eine gerade Zahl, so gibt es codefremde Wörter, die von mehr als einem Codewort gleichen Abstand haben.

2.4.4.2 Einige Beispiele für Codes zur Fehlererkennung und -korrektur

Zur Fehlererkennung — insbesondere für Codewörter geringer Länge — haben gleichgewichtige Codes praktische Bedeutung erlangt. Man wählt dabei im n-stelligen Code alle Kombinationen mit gleichem Gewicht w als Codewörter aus; ihre Anzahl ist $\binom{n}{w} = \frac{n!}{w!(n-w)!}$. Alle übrigen Kombinationen des n-stelligen Codes sind codefremde oder sinnlose Wörter. Ein Beispiel hierfür ist das *CCITT-Alphabet Nr. 3* [2.33] (Tab. 2.7) mit 7 Binärstellen je Codewort als ein dem 5-stelligen CCITT-Alphabet Nr. 2 zugeordneter fehlererkennender Code. Von den insgesamt $2^7 = 128$ möglichen Kombinationen werden diejenigen als Codewörter benutzt, die drei Binärzeichen 1 und vier Binärzeichen 0 aufweisen. So enthält dieser Code $\binom{7}{3} = 35$ Codewörter. Hiervon haben 32 die gleiche Bedeutung wie die Codewörter des CCITT-Alphabets Nr. 2; die restlichen drei dienen als Leerlaufzeichen α und β sowie als Rückfragezeichen RQ (die praktische Anwendung dieses Codes wird in Band II, Abschn. 10.4.1 behandelt). Der Minimalabstand ist in gleichgewichtigen Codes zwar nur $d = 2$; jedoch werden außer einfachen Fehlern je Codewort auch alle Mehrfachstörungen gleicher Richtung, entweder von 0 nach 1 oder von 1 nach 0, wegen der damit verbundenen Veränderung des Gewichts aus-

Tabelle 2.7 Fünfstelliger und siebenstelliger Fernschreibcode, CCITT-Alphabet Nr. 2 und Nr. 3

Codewort-Nummer im CCITT-Alphabet Nr. 2	Buchstabenreihe	Ziffernreihe	CCITT-Alphabet Nr. 2					CCITT-Alphabet Nr. 3						
			b_1	b_2	b_3	b_4	b_5	b_1	b_2	b_3	b_4	b_5	b_6	b_7
1	A	—	1	1	0	0	0	0	0	1	1	0	1	0
2	B	?	1	0	0	1	1	0	0	1	1	0	0	1
3	C	:	0	1	1	1	0	1	0	0	1	1	0	0
4	D	wer da?	1	0	0	1	0	0	0	1	1	1	0	0
5	E	3	1	0	0	0	0	0	1	1	1	0	0	0
6	F	[1]	1	0	1	1	0	0	0	1	0	0	1	1
7	G	[1]	0	1	0	1	1	1	1	0	0	0	0	1
8	H	[1]	0	0	1	0	1	1	0	1	0	0	1	0
9	I	8	0	1	1	0	0	1	1	1	0	0	0	0
10	J	Klingel	1	1	0	1	0	0	1	0	0	0	1	1
11	K	(	1	1	1	1	0	0	0	0	1	0	1	1
12	L	)	0	1	0	0	1	1	1	0	0	0	1	0
13	M	.	0	0	1	1	1	1	0	1	0	0	0	1
14	N	,	0	0	1	1	0	1	0	1	0	1	0	0
15	O	9	0	0	0	1	1	1	0	0	0	1	1	0
16	P	0	0	1	1	0	1	1	0	0	1	0	1	0
17	Q	1	1	1	1	0	1	0	0	0	1	1	0	1
18	R	4	0	1	0	1	0	1	1	0	0	1	0	0
19	S	'	1	0	1	0	0	0	1	0	1	0	1	0
20	T	5	0	0	0	0	1	1	0	0	0	1	0	1
21	U	7	1	1	1	0	0	0	1	1	0	0	1	0
22	V	=	0	1	1	1	1	1	0	0	1	0	0	1
23	W	2	1	1	0	0	1	0	1	0	0	1	0	1
24	X	/	1	0	1	1	1	0	0	1	0	1	1	0
25	Y	6	1	0	1	0	1	0	0	1	0	1	0	1
26	Z	+	1	0	0	0	1	0	1	1	0	0	0	1
27	Wagenrücklauf (WR)		0	0	0	1	0	1	0	0	0	0	1	1
28	Zeilenvorschub (ZL)		0	1	0	0	0	1	0	1	1	0	0	0
29	Umschaltung auf Buchstabenreihe (BU)		1	1	1	1	1	0	0	0	1	1	1	0
30	Umschaltung auf Ziffernreihe (Zi)		1	1	0	1	1	0	1	0	0	1	1	0
31	Zwischenraum (Zwr)		0	0	1	0	0	1	1	0	1	0	0	0
32	[1]	[1]	0	0	0	0	0	0	0	0	0	1	1	1
	Rückfragezeichen RQ		—					0	1	1	0	1	0	0
	Leerlaufzeichen α		Dauer-0					0	1	0	1	0	0	1
	Leerlaufzeichen β		Dauer-1					0	1	0	1	1	0	0

[1] frei für den internen Betrieb eines jeden Landes z. B. für nationale Sonderzeichen; aber im zwischenstaatlichen Verkehr nicht zugelassen.

nahmslos erkannt. Nur geradzahlige (praktisch vor allem die zweifachen) Störungen, bei denen je Codewort gleich viele Übergänge von 0 nach 1 wie von 1 nach 0 entstehen (Transpositionen), bleiben unerkannt.

Wenn es auch bei der Überführung des 5-stelligen CCITT-Alphabets Nr. 2 in den 7-stelligen gleichgewichtigen Code nicht an Bemühungen gefehlt hat, für die Mehrzahl der Codewörter systematische Regeln zur Umcodierung aufzustellen, um die Realisierung des Codierers zu vereinfachen, so bleibt doch im Prinzip die Zuordnung gleichgewichtiger Codewörter zu den gegebenen Codewörtern willkürlich (*Listencodierung*). Alle weiteren hier betrachteten Beispiele sind dagegen *algebraische* Codes. Bei diesen werden den Codewörtern des gegebenen i-stelligen Codes k redundante Binärstellen angefügt, die sich nach algebraischen Regeln aus den i Informationsstellen des gegebenen Codewortes berechnen lassen.

Der einfachste Fall besteht darin, den gegebenen i-stelligen Codewörtern einen *Paritätsbit* anzuhängen derart, daß das Gewicht der neuen Codewörter entweder immer gerade oder immer ungerade ist. Der Minimalabstand ist $d = 2$, d. h., wie bereits erläutert, werden einfache Störungen je Codewort erkannt. Für Übertragungskanäle mit geringer Fehlerwahrscheinlichkeit reicht diese Methode zur Fehlererkennung aus, wenn die Länge der Codewörter klein ist (z. B. $\leq$ 10). Wegen der einfachen Codierung (und Decodierung) wird die Fehlersicherung durch ein Paritätsbit häufig im Quellencodierer mit durchgeführt, der z. B. an die aus sieben Binärzeichen bestehenden Codewörter des CCITT-Alphabetes Nr. 5 ein achtes anfügt [2.25] (Abschn. 2.4.3.2).

Über die bisher genannten einfachen Beispiele hinaus sind in zahlreichen theoretischen Untersuchungen unter Anwendung gruppentheoretischer Methoden algebraische Codes erarbeitet worden, die sowohl für die Fehlererkennung als auch für die Fehlerkorrektur, auch unter Berücksichtigung von Fehlerbündeln, geeignet sind [2.13, 2.34 bis 2.44]. Auf Einzelheiten kann allerdings im Rahmen dieses Abschnittes nicht eingegangen werden.

Zur wirksamen Fehlererkennung bei kleiner Redundanz werden Codewörter größerer Länge (z. B. 100 bis 1000 bit) angewendet. Unabhängig von individuellen Eigenarten solcher *Block-Codes*, wie z. B. ihrem Umfang, ist die Anzahl k der Kontrollstellen dafür maßgebend, mit welcher Wahrscheinlichkeit bei beliebiger Fehlerdichte und -verteilung, u. a. auch bei Fehlerbündeln, ein Fehler unerkannt bleibt. Diese Wahrscheinlichkeit ist von der Größenordnung 2^{-k}, so daß man bestrebt sein wird, eine größere Anzahl Kontrollstellen (z. B. 10 bis 20) an einen Block anzuhängen; infolge der größeren Länge der Codewörter bleibt dabei jedoch die relative Redundanz noch in mäßigen Grenzen.

Für die Fehlerkorrektur haben die Codewörter im allgemeinen eine viel geringere Länge, z. B. 10 bis 100 bit, und die relative Redundanz liegt etwa bei 0,3 bis 0,7. Die Decodierung von Block-Codes zur Fehlerkorrektur ist jedoch mit verhältnismäßig hohem Aufwand verbunden.

Anders liegen die Dinge bei den convolutionellen Codes, bei denen „gleitend“ aus den ein Schieberegister durchlaufenden Informationsbits Kontrollbits gebildet werden, die auf der Empfangsseite zur Fehlerkorrektur verwendet werden. Solche Verfahren werden in Band II, Abschn. 10.4.2 an einem Beispiel behandelt.

3 Übertragungswege

Für die Datenübertragung, ob sie in Fernschreib- oder Datennetzen stattfindet oder — mit Hilfe von Modems — über Fernsprechverbindungen, stehen primär keine anderen Übertragungswege zur Verfügung als im Fernsprechnetz für die Übertragung von Sprach-, Rundfunk- und Fernsehsignalen: nämlich *Kabel* oder *Freileitungen*, über deren Leiterpaare niederfrequente Signale geführt werden, und *Kanäle von Trägerfrequenz- (TF-)* und *Digitalsystemen.* Die Kenntnis der Eigenschaften dieser Übertragungswege ist wichtig für die Auslegung und den Einsatz der Datenübertragungseinrichtungen (Abschn. 4 und 5; Band II, Abschn. 7).

Die Auswahl des Übertragungsweges hängt von der zu überbrückenden Entfernung ab. Im Nahbereich, bis etwa 10 km, werden Niederfrequenzkabel und Freileitungen benutzt, deren ausnutzbarer Frequenzbereich nur durch die zu höheren Frequenzen hin zunehmende Dämpfung eingeschränkt wird. Im Fernbereich, ab etwa 10 km, können ebenfalls Freileitungen eingesetzt werden. Häufiger verwendet man bis etwa 50 km Pupinkabel, deren Dämpfung aber zu höheren Frequenzen hin rascher als die von unpupinisierten Kabeln ansteigt. Über größere Entfernungen sind jedoch heute überwiegend Trägerfrequenzsysteme im Einsatz, d. h. Frequenzmultiplexsysteme, die eine bestimmte Anzahl von Fernsprechsignalen bündeln. Die gebündelten Signale werden über besondere Kabel oder Richtfunkverbindungen und insbesondere im interkontinentalen Verkehr auch über den Funkweg mit Satelliten als Relaisstationen übertragen. Die über diese Systeme geführten Übertragungswege bieten entweder das von 300 bis 3400 Hz begrenzte Frequenzband eines Sprachkanals oder Breitbandkanäle, die eine bestimmte Anzahl von Sprachkanälen (z. B. 12 oder 60) umfassen.

Daneben werden bis zu mittleren Entfernungen in zunehmendem Maß Digitalsysteme, die Pulscodemodulation (PCM) verwenden, eingesetzt. Sie übertragen die Sprachsignale in digitaler Form mit einer Geschwindigkeit von je 64 kbit/s und bündeln eine bestimmte Anzahl von Digitalsignalen (z. B. 32) zu einem Zeitmultiplexsignal (von z. B. 2048 kbit/s). Die über PCM-Systeme geführten Übertragungswege bieten das von 300 bis 3400 Hz begrenzte Frequenzband eines Sprachkanals. Die Digitalsignale mit 64 kbit/s oder das Zeitmultiplexsignal selbst können aber auch unmittelbar für die Datenübertragung benutzt werden (vgl. Band II, Abschn. 7.4). Im allgemeinen dient ein Adernpaar in einem ursprünglich nur für die Übertragung niederfrequenter Signale gedachten Kabel als Übertragungsweg für Digitalsignale, z. B. mit 2048 kbit/s. Für die Übertragung von Signalen mit mehr als 2048 kbit/s verwendet man spezielle symmetrische Kabel, Koaxialkabel oder Kabel mit Lichtwellenleitern. Daneben werden auch Systeme verwendet, die über Richtfunkverbindungen arbeiten.

Die Möglichkeiten der Digitaltechnik können erst dann voll ausgeschöpft werden, wenn Vermittlungssysteme für die digitalen Signale zur Verfügung stehen. Die Zukunft dieser Technik hängt aber auch wesentlich von der Lösung der Probleme der schnellen Impulsübertragung ab. Unter anderem wird hier z. B. an der Übertragung digitaler Signale mit Übertragungsgeschwindigkeiten bis 565 Mbit/s und darüber über Lichtwellenleiter gearbeitet. Auch auf solchen zukünftigen digitalen Übertragungswegen kann dann jede Form der Datenübertragung direkt durchgeführt werden [3.1].

Über diese noch im Entwicklungsstadium befindlichen Übertragungswege soll hier allerdings nicht berichtet werden; z. B. sind Einzelheiten über die Eigenschaften von Lichtwellenleiterkabeln in [3.2] und [3.3] zusammengestellt. Hier wird vielmehr die gegenwärtige Technik der Übertragungswege geschildert, und es werden ihre in bezug auf die Datenübertragung wichtigen Merkmale erläutert.

Abschnitt 3.1 behandelt die Eigenschaften der *Übertragungswege im Nahbereich* — Adernpaare von Niederfrequenzkabeln, Pupinkabeln und Freileitungen. Pupinkabel und Freileitungen erlauben zwar auch die Übertragung im Fernbereich, werden heute aber aus Kostengründen für größere Entfernungen nur in geringerem Maß neu eingerichtet.

Die Eigenschaften der *Übertragungswege im Fernbereich* — Kanäle mit Sprachbandbreite und Breitbandkanäle — werden in Abschn. 3.2 geschildert. Da sich ein Übertragungsweg im Fernbereich meist aus verschiedenen Abschnitten — z. B. Niederfrequenzkabel-, Pupinkabel-, Trägerfrequenz- und eventuell auch PCM-Abschnitten — zusammensetzt, wird auf die sich daraus ergebende Summe der Eigenschaften des Gesamtweges eingegangen. Nur soweit nötig, werden spezielle Eigenschaften eines bestimmten Systems erläutert.

Die Kurzwellenfunkverbindung als Übertragungsweg für Datensignale wird gesondert in Band II, Abschn. 10.2.1 betrachtet.

3.1 Übertragungswege im Nahbereich

Nach dem heutigen Stand des Ausbaus der Netze der Fernmeldeverwaltungen werden zum Anschluß der Teilnehmer an die nächste Vermittlungsstelle überwiegend mehradrige *Niederfrequenzkabel* verwendet. Freileitungen, die in den Anfangszeiten der Fernschreib- und Fernsprechtechnik sowohl im Nah- als auch im Fernbereich eingesetzt wurden, werden heute nur dann neu eingerichtet, wenn wirtschaftliche Gründe gegen die Verlegung von Kabeln sprechen, z. B. für den Anschluß eines weit entfernt von der nächsten Vermittlungsstelle gelegenen einzelnen Teilnehmers.

Niederfrequenzkabel werden aber auch zur Verbindung von Vermittlungsstellen benutzt. Um größere Entfernungen überbrücken zu können, *pupinisiert* man die Kabel, d. h. man schaltet in gewissen Abständen Spulen in die Adernpaare ein, wodurch sich eine geringere Dämpfung im Sprachfrequenzbereich ergibt, wie noch gezeigt werden wird.

Auf die Eigenschaften von unpupinisierten und pupinisierten Adernpaaren in Niederfrequenzkabeln wird im folgenden eingegangen. Sie werden in Fernschreib- und Datennetzen verwendet oder stehen als festgeschaltete Verbindungen für die Datenübertragung innerhalb des Ortsnetzbereiches zur Verfügung. Andere Kabelarten, z. B. Koaxialkabel, benutzt man höchstens in Sonderfällen, nämlich für die Übertragung mit sehr hohen Geschwindigkeiten. Da Freileitungen heute geringere Bedeutung haben, werden nur einige grundsätzliche Daten zum Vergleich mit denjenigen von Niederfrequenzkabeln angegeben.

3.1.1 Grundsätzliches zu Niederfrequenzkabeln

Die Adernpaare von Niederfrequenzkabeln (und Freileitungen) werden elektrisch symmetrisch ausgeführt und auch symmetrisch betrieben, d. h. nur die Potentialdifferenz zwischen den Adern wird ausgewertet; damit wird die Übertragung weitgehend unabhängig von gegen Erde auftretenden Störspannungen. Durch die symmetrische Ausführung der Niederfrequenzkabel und durch die in Europa übliche Zusammenfassung von jeweils zwei Adernpaaren zu einem Vierer lassen sich die Kabel auch besser ausnutzen, da man auf den zwei Paaren von Adern eines Vierers (Stamm 1 und Stamm 2 in Bild 3.1) durch Phantomkreisschaltung einen dritten Übertragungsweg schaffen kann.

Die Niederfrequenzkabel werden vieladrig ausgeführt. Um das Nebensprechen (s. Abschn. 3.1.4) zwischen den aus jeweils zwei Adern gebildeten Übertragungswegen klein zu halten, werden die Adernpaare vor dem Verseilen je nach Kabelaufbau (Bild 3.2) in unterschiedlicher Weise verdrillt. Bei der Anordnung als Sternvierer (Bild 3.2a) werden vier Adern, also zwei Adernpaare, die zwei Stammkreise bilden, gemeinsam verdrillt. Bei der nach dem Erfinder benannten Anordnung als Dieselhorst-Martin (DM)-Vierer (Bild 3.2b) werden in einem zusätzlichen Arbeitsgang zunächst zwei Adern zu einem Adernpaar verdrillt. Dadurch ergeben sich beim DM-Vierer bezüglich des Nebensprechens (Abschn. 3.1.4) zwischen Adernpaaren eines Vierers ähnlich günstige Verhältnisse, wie sie beim Sternvierer nur zwischen Adernpaaren benachbarter Vierer

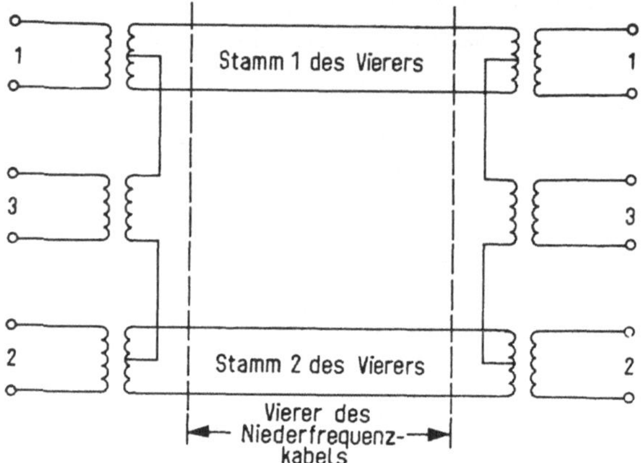

Bild 3.1 Phantomkreisschaltung.

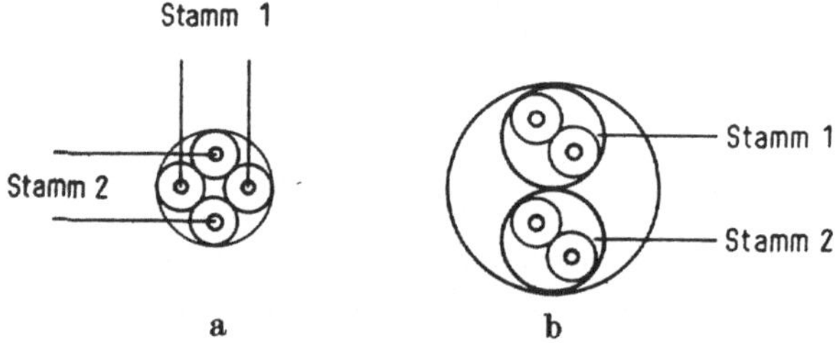

Bild 3.2 Aufbau von Niederfrequenzkabeln.
a) Sternvierer; b) DM-Vierer.

erreicht werden können. Weiter ergibt sich, daß bei Phantomkreisausnutzung die Betriebskapazität beim DM-Vierer geringer als beim Sternvierer ist, und damit auch die Dämpfung — wie aus Abschn. 3.1.1.1 abgeleitet werden kann — kleiner ist.

Für die Verbindung vom Teilnehmer zur Vermittlungsstelle werden z. B. in Deutschland Kabel mit Sternviereranordnung eingesetzt, da sich hierfür, wie aus Bild 3.2 hervorgeht, bei gleicher Anzahl von Vierern in einem Kabel ein geringerer Kabeldurchmesser ergibt, die Herstellung weniger aufwendig ist und eine Phantomkreisausnutzung hier praktisch nicht in Frage kommt. Dasselbe gilt im Ortsnetz für Verbindungen zwischen Ortsvermittlungsstellen. Bei Endvermittlungsleitungen (zur Fernvermittlungsstelle), wo Phantomausnutzung denkbar ist, werden vielfach DM-Vierer verwendet.

3.1.1.1 Leitungseigenschaften

In diesem Abschnitt werden die elektrischen Eigenschaften der Übertragungswege im Nahbereich grundsätzlich betrachtet. Das Leiterpaar, das den Übertragungsweg bildet, wird dabei wie in der Nachrichtentechnik üblich, als Leitung bezeichnet.

Die elektrischen Eigenschaften einer Leitung der Länge l werden beschrieben durch den *Widerstand* R und die *Induktivität* L, die am Eingang der Leitung gemessen werden, wenn die beiden Leiter am Ausgang der Leitung kurzgeschlossen werden, und durch die *Kapazität* C und den *Leitwert* G zwischen den beiden Leitern. Die Meßfrequenz muß dabei so gewählt werden, daß die sich auf der Leitung ergebende Wellenlänge groß ist gegenüber der Leitungslänge l. Bei homogenen Leitungen, die hier zunächst nur betrachtet werden sollen, verteilen sich die obengenannten Größen gleichmäßig über die ganze Länge der Leitung. Die gemessenen Werte werden bei Fernmeldekabeln auf $l = 1$ km Leitungslänge bezogen und als *Leitungsbeläge* bezeichnet:

$$R' = R/l, \quad L' = L/l, \quad C' = C/l, \quad G' = G/l.$$

Für die Beurteilung der Eigenschaften einer Leitung mit einer bestimmten Länge l bezüglich der Übertragung von Daten müssen die *Dämpfung* und die Phasendrehung oder die daraus abgeleitete *Gruppenlaufzeit* in Abhängigkeit von der Frequenz f oder der Kreisfrequenz ω berechnet werden (s. Abschn. 5.2). Dazu denkt man sich die Leitung in unendlich kleine Abschnitte zerlegt, für die sich ein Ersatzschaltbild angeben läßt.

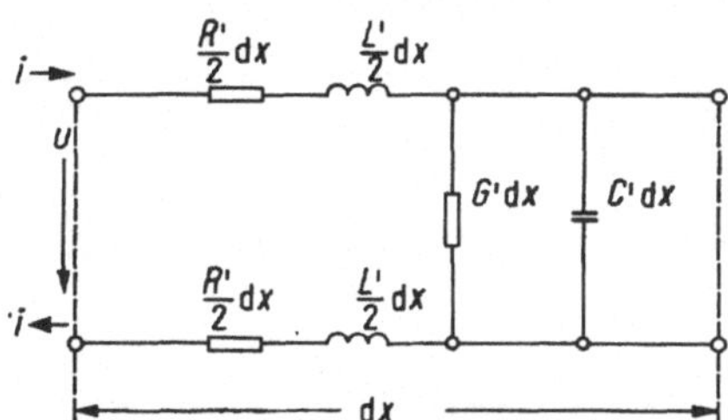

Bild 3.3 Ersatzschaltbild eines Leitungsabschnittes der Länge dx.

Bild 3.3 zeigt das Ersatzschaltbild eines unendlich kurzen Leitungsabschnittes. Davon ausgehend leitete Thomson im Jahre 1855 die Differentialgleichungen der Leitung, die *Telegraphengleichungen* ab.

$$\begin{aligned} -\frac{\partial i(x,t)}{\partial x} &= G'u(x,t) + C'\frac{\partial u(x,t)}{\partial t}, \\ -\frac{\partial u(x,t)}{\partial t} &= R'i(x,t) + L'\frac{\partial i(x,t)}{\partial t}. \end{aligned} \tag{3.1}$$

Aus diesen Gleichungen läßt sich der Strom i und die Spannung u im Abstand x vom Anfang der Leitung in Abhängigkeit von der Zeit t berechnen. Zum Verständnis der folgenden Ausführungen wird zunächst die unendlich lange Leitung betrachtet.

Es ergibt sich für die unendlich lange Leitung als Lösung in komplexer Schreibweise[1] für sinusförmige Erregung am Anfang der Leitung $\underline{U}(x = 0, t) = U_0 \cdot \mathrm{e}^{\mathrm{j}\omega t}$:

$$\begin{aligned} \underline{U}(x, t) &= \underline{U}(0, t)\,\mathrm{e}^{-\gamma x} = \underline{U}(0, t)\,\mathrm{e}^{-(\alpha+\mathrm{j}\beta)x}, \\ \underline{I}(x, t) &= \underline{I}(0, t)\,\mathrm{e}^{-\gamma x} = \underline{I}(0, t)\,\mathrm{e}^{-(\alpha+\mathrm{j}\beta)x}, \end{aligned} \tag{3.2}$$

mit $\gamma = \alpha + \mathrm{j}\beta$. Die Gleichungen (3.2) stellen eine sich vom Anfang der Leitung her ausbreitende gedämpfte Welle dar; die Größe γ ist der *Ausbreitungskoeffizient.*

α bezeichnet den *Wellendämpfungsbelag* mit dem die Amplitude von Spannung oder Strom längs der Leitung abnimmt. β gibt den *Wellenphasenbelag* an, d. h. die Phasendrehung von Spannung oder Strom entlang der Leitung. Aus β ergeben sich die *Phasengeschwindigkeit* $v_\mathrm{p} = \omega/\beta$ und die *Gruppengeschwindigkeit* $v_\mathrm{g} = \mathrm{d}\omega/\mathrm{d}\beta$ der Welle. Die Kehrwerte von v_p und v_g sind die *Wellenlaufzeiten*: die *spezifische Phasenlaufzeit* $\tau_\mathrm{p} = \beta/\omega$ und die *spezifische Gruppenlaufzeit* $\tau_\mathrm{g} = \mathrm{d}\beta/\mathrm{d}\omega$. Die Größen α, β, τ_p und τ_g sind längenbezogen und werden üblicherweise für $l = 1\,\mathrm{km}$ Leitungslänge angegeben.

Die Größen α und β können als Funktionen der Leitungsbeläge R', G', L' und C' und der Kreisfrequenz ω, mit der sich Strom und Spannung am Leitungsanfang ändern, angegeben werden:

$$\begin{aligned} \alpha^2 &= \frac{1}{2}\,(R'G' - \omega^2 L'C') + \frac{1}{2}\sqrt{(R^{2\prime} + \omega^2 L'^2)\,(G'^2 + \omega^2 C'^2)}, \\ \beta^2 &= -\frac{1}{2}\,(R'G' - \omega^2 L'C') + \frac{1}{2}\sqrt{(R^{2\prime} + \omega^2 L'^2)\,(G'^2 + \omega^2 C'^2)}. \end{aligned} \tag{3.3}$$

Die Größe

$$a = \alpha x = \ln\left|\frac{\underline{U}(0, t)}{\underline{U}(l, t)}\right| = \ln\left|\frac{\underline{I}(0, t)}{\underline{I}(l, t)}\right| \tag{3.4}$$

wird als *Wellendämpfungsmaß* einer Leitung der Länge l bezeichnet.

Logarithmierte Verhältnisse zweier Größen gleicher Dimension kommen in der Nachrichtentechnik häufig vor. Für das Verhältnis zweier Spannungen U_1 und U_2 oder zweier Leistungen P_1 oder P_2 hat man die

[1] Komplexe Größen sind in diesem Abschnitt durch Unterstreichen gekennzeichnet, um Verwechslungen zu vermeiden.

Bezeichnung *Dämpfungsmaß* eingeführt, die oft, wie auch im folgenden, abgekürzt als *Dämpfung* verwendet wird. Zur Kennzeichnung, daß es sich um die Angabe als dekadischer Logarithmus handelt, wird die Bezeichnung *Dezibel* (dB) benutzt und für die heute weniger gebräuchliche Angabe als natürlicher Logarithmus die Bezeichnung *Neper* (Np) (Tab. 3.1).

Neben dem Wellendämpfungsbelag α und dem Wellenphasenbelag β ist für die Beschreibung der Eigenschaften einer Leitung eine weitere Größe wichtig, die *Impedanz* $\underline{Z}_{\mathrm{w}}$, die am Eingang einer unendlich langen Leitung gemessen werden kann.

Tabelle 3.1 Dezibel und Neper

Dämpfungsmaß in	Spannungsverhältnis	Leistungsverhältnis	Beziehung zwischen den Maßeinheiten
Dezibel (dB)	$20 \lg (U_1/U_2)$	$10 \lg (P_1/P_2)$	1 dB = 0,115 Np
Neper (Np)	$\ln (U_1/U_2)$	$\frac{1}{2} \ln (P_1/P_2)$	1 Np = 8,686 dB

Die Impedanz $\underline{Z}_{\mathrm{w}}$ am Eingang der unendlich langen Leitung wird als *Wellenwiderstand* der Leitung bezeichnet. Sie ist abhängig von den Leitungsbelägen R', G', L' und C' und von der Kreisfrequenz ω.

$$\underline{Z}_{\mathrm{w}} = \sqrt{\frac{R' + \mathrm{j}\omega L'}{G' + \mathrm{j}\omega C'}} = |\underline{Z}_{\mathrm{w}}| \mathrm{e}^{\mathrm{j}\varphi_{\mathrm{w}}} = Z_{\mathrm{r}} + \mathrm{j} Z_{\mathrm{j}}.$$

Der Betrag $|\underline{Z}_{\mathrm{w}}|$ von $\underline{Z}_{\mathrm{w}}$ ergibt sich zu

$$|\underline{Z}_{\mathrm{w}}| = \sqrt[4]{\frac{R'^2 + \omega^2 L'^2}{G'^2 + \omega^2 C'^2}} \tag{3.5}$$

und der Phasenwinkel zu

$$\varphi_{\mathrm{w}} = \frac{1}{2} \left(\arctan \frac{\omega L'}{R'} - \arctan \frac{\omega C'}{G} \right). \tag{3.6}$$

Die Bedeutung des Wellenwiderstandes $\underline{Z}_{\mathrm{w}}$ wird deutlich, wenn man von der Betrachtung unendlich langer Leitungen übergeht zur Betrachtung von Leitungen endlicher Länge. Wird eine Leitung endlicher Länge mit der beliebigen Impedanz $\underline{Z}$ abgeschlossen, so ergibt sich als Lösung der Telegraphengleichung (3.1) für die Spannung $\underline{U}(x, t)$ und den Strom

$\underline{I}(x, t)$ im Abstand x vom Anfang der Leitung

$$\underline{U}(x, t) = \frac{1}{2}\left([\underline{U}(0, t) + \underline{Z} \cdot \underline{I}(0, t)]\, \mathrm{e}^{-\gamma x} + [\underline{U}(0, t) - \underline{Z} \cdot \underline{I}(0, t)]\, \mathrm{e}^{\gamma x}\right),$$

$$\underline{I}(x, t) = \frac{1}{2}\left([\underline{I}(0, t) + \underline{U}(0, t)/\underline{Z}]\, \mathrm{e}^{-\gamma x} + [\underline{I}(0, t) - \underline{U}(0, t)/\underline{Z}]\, \mathrm{e}^{\gamma x}\right). \tag{3.7}$$

Der erste Summand in (3.7) stellt, wie bei der Lösung für die unendlich lange Leitung, eine vom Anfang zum Ende der Leitung laufende Welle dar. Der zweite Summand beschreibt eine in umgekehrter Richtung laufende Welle. Diese am Ende der Leitung reflektierte Welle, die für die Übertragung von Signalen störend ist, wird nur dann vermieden, wenn die Leitung mit dem Wellenwiderstand abgeschlossen wird, d. h. für $\underline{Z} = \underline{U}(0, t) \,/\, \underline{I}(0, t)$ in (3.7).

Die bisherigen Betrachtungen galten für homogene Leitungen, bei denen für jeden beliebigen Leitungsabschnitt das gleiche Ersatzschaltbild (Bild 3.3) mit den gleichen Werten für die Leitungsbeläge R', G', L' und C' eines unendlich kurzen Leitungsabschnittes gilt. In den Netzen werden Kabel unterschiedlichen Durchmessers der Leiter und damit unterschiedlicher Leitungsbeläge hintereinandergeschaltet, so daß sich Mehrfachreflexionen ergeben können. Die übertragungstechnischen Eigenschaften für diese Fälle können nur durch Berechnung oder durch Messung im Einzelfall ermittelt werden.

Im Frequenzbereich oberhalb etwa 20 kHz können der Schleifenwiderstand und die Induktivität nicht mehr als frequenzunabhängig angenommen werden. Hier sind der *Skineffekt*, der eine ungleichmäßige Verteilung der Stromdichte in den Adernpaaren hervorruft und weitere Effekte durch benachbarte Adernpaare und die Kabelumhüllung, wie z. B. *Wirbelstromverluste*, zu berücksichtigen.

Für weitere Einzelheiten zu diesen grundsätzlichen Betrachtungen sei auf die ausführlichere Literatur hingewiesen, z. B. [3.4 bis 3.8].

3.1.1.2 Dämpfungsverringerung durch Induktivitätserhöhung, Pupinisierung

Die Dämpfung von Adernpaaren in Kabeln nimmt mit der Frequenz zu (Bild 3.4a). Um für die Verwendung im Fernsprechnetz die Dämpfung zumindest im Sprachfrequenzbereich niedrig zu halten, hat man nach Methoden gesucht, die es erlauben, den Dämpfungsanstieg gegenüber der Frequenz Null möglichst gering zu halten. Aus (3.3) kann man ableiten, daß die Dämpfung unabhängig von der Frequenz wird, wenn

$$\frac{R'}{G'}\frac{C'}{L'} = 1 \tag{3.8}$$

ist. Diese Beziehung ist bei Freileitungen größenordnungsmäßig erfüllt, bei den Kabeln jedoch bei weitem nicht (s. Abschn. 3.1.2, Tab. 3.2, letzte Spalte). Daher liegt die Dämpfung von Kabeln im Sprachfrequenzbereich wesentlich höher. Durch Erhöhung der Induktivität L kann man (3.8) jedoch auch bei Kabeln annähern und damit die Dämpfung im Sprachfrequenzbereich verringern. Diese Methode ist wirtschaftlicher als z. B. die Vergrößerung der Leiterquerschnitte und damit die Verringerung des Schleifenwiderstandes R.

Ein technisches Verfahren zur Induktivitätserhöhung wurde von Krarup angegeben. Die Leiter werden dabei mit einem Draht aus ferromagnetischem Material umwickelt. Weit mehr verwendet wird jedoch die nach ihrem Erfinder benannte *Pupinleitung* wegen des geringen Aufwandes. Hier setzt man in bestimmten Abständen Spulen in die Leitung ein. In Deutschland sind heute ein Spulenabstand von $s = 1{,}7$ km und eine Induktivität der Spulen von $L_s = 80$ mH gebräuchlich.

Da nun aber die Leitung, wie aus dem Ersatzschaltbild (Bild 3.3) hervorgeht, ein Tiefpaßverhalten hat, nimmt bei Erhöhung der Induktivität die Grenzfrequenz ab. Näherungsweise ergibt sich als Grenzfrequenz

$$f_g = \frac{1}{\pi\sqrt{sC'(sL' + L_s)}}, \tag{3.9}$$

mit den Leitungsbelägen L' und C' (auf 1 km Leitungslänge bezogen), der Induktivität der Pupinspulen L_s und dem Abstand der Pupinspulen s in km (Pupinisierungsabschnitt).

Die Induktivität L_s kann nicht beliebig erhöht werden, da sonst die Grenzfrequenz zu stark erniedrigt würde. Genauer wird auf die Eigenschaften von Adernpaaren in Pupinkabeln noch in Abschn. 3.1.3 eingegangen.

3.1.2 Eigenschaften von Adernpaaren in Niederfrequenzkabeln

Einen Überblick über die elektrischen Eigenschaften von Adernpaaren in Niederfrequenzkabeln gibt Tab. 3.2. Zum Vergleich sind in dieser Tabelle auch die entsprechenden Daten für Freileitungen angegeben, die aber aus den vorher erläuterten Gründen hier nicht weiter betrachtet werden.

Für die Datenübertragung ist nicht nur die absolute Größe dieser Werte wichtig — in Tab. 3.2 angegeben für die Frequenz von 800 Hz —, sondern auch die Frequenzabhängigkeit der einzelnen Parameter. In den Bildern 3.4a bis 3.4e sind daher die wesentlichen Eigenschaften der Adernpaare von Kabeln — Wellendämpfungsbelag und spezifische Wellenlaufzeiten und der Wellenwiderstand (vgl. Abschn. 3.1.1.1) — in Abhängigkeit von der Frequenz aufgetragen.

Wie man aus Bild 3.4a sieht, steigt der Wellendämpfungsbelag entsprechend (3.3)[1] zunächst für niedrige Frequenzen proportional mit der Wurzel aus der Frequenz an, später — wieder entsprechend (3.3) — weniger steil und für höhere Frequenzen, bei denen der Skineffekt wirksam wird, wiederum etwa mit der Wurzel aus der Frequenz. Die Wellenlaufzeiten (Bild 3.4b) — sowohl die spezifische Phasen- als auch die

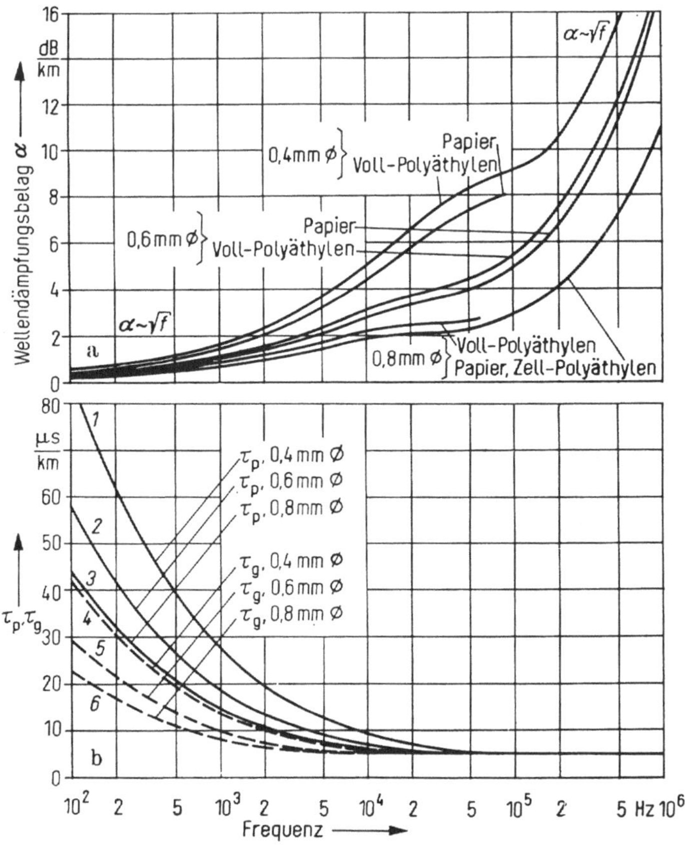

Bild 3.4 Eigenschaften von Adernpaaren in St. III-Niederfrequenzkabeln (vgl. Tab. 3.2) verschiedener Leiterdurchmesser und Isolierung in Abhängigkeit von der Frequenz.

a) Wellendämpfungsbelag α; b) Spezifische Phasenlaufzeit τ_p (Kurven 1, 2, 3); spezifische Gruppenlaufzeit τ_g (Kurven 4, 5, 6); (der Übersichtlichkeit halber nur für Voll-Polyäthylenisolierung angegeben); c) Betrag des Wellenwiderstandes $|\underline{Z}_w|$; d) Realteil des Wellenwiderstandes Z_r; e) Imaginärteil des Wellenwiderstandes Z_j.

[1] Die Abhängigkeit der jeweiligen Größe kann mit Hilfe der angegebenen Gleichung und der entsprechenden Werte der Tab. 3.2 abgeleitet werden.

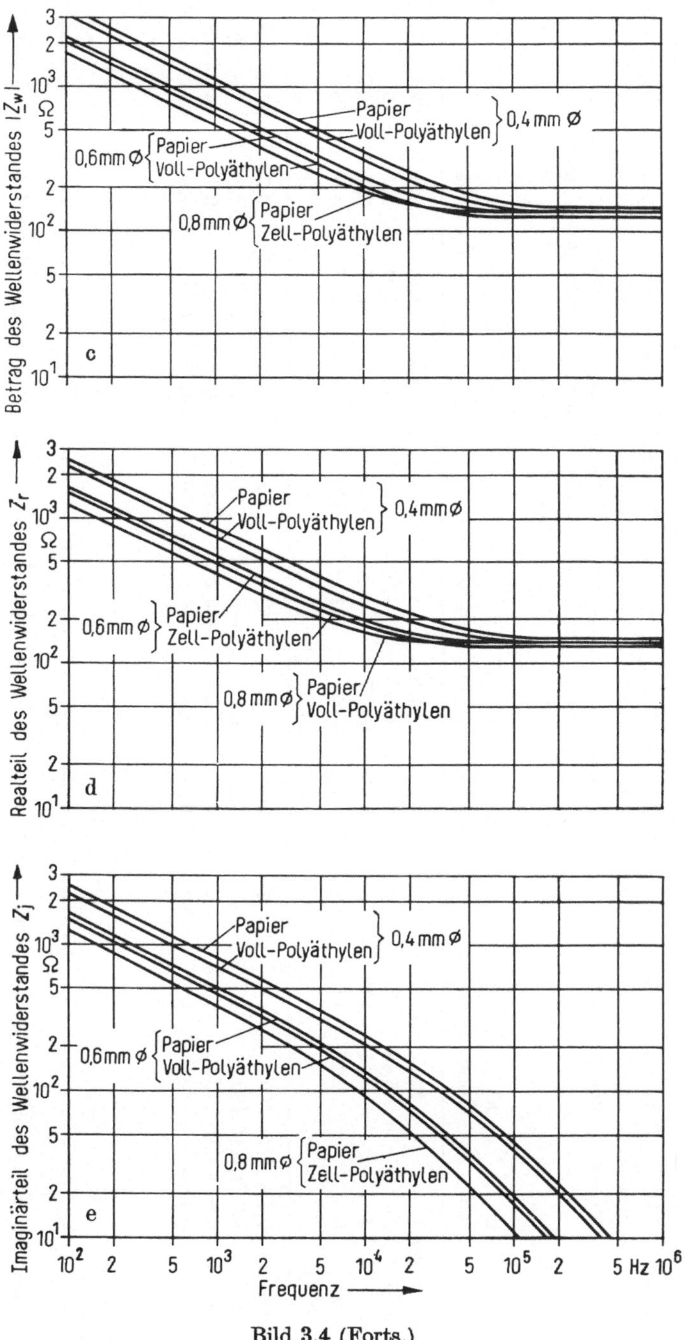

Bild 3.4 (Forts.)

Tabelle 3.2 Elektrische Eigenschaften von Freileitungen und Adernpaaren in Kabeln für eine Frequenz von 800 Hz

Leitungsart	Leiterdurchmesser	Widerstandsbelag	Ableitungsbelag	Induktivitätsbelag	Kapazitätsbelag	Wellendämpfungsbelag	Wellenphasenbelag	Betrag des Wellenwiderstandes	Phasenwinkel des Wellenwiderstandes	spezifische Phasenlaufzeit	spezifische Gruppenlaufzeit	Verhältnis $\frac{R' \cdot C'}{G' \cdot L'}$
	d mm	R' Ω/km	G_E' µS/km	L' mH/km	C' µF/km	α dB/km	β Grad/km	Z_W Ω	φ_W Grad	τ_p µS/km	τ_g µS/km	
Freileitungen	2	12,0	1**	2,2	5,4	0,076	−1,1	775	−23,7	3,75	3,2	29
(Bronze-	3	5,44	1**	2,0	6,0	0,043	−1,0	616	−14,3	3,54	3,4	16
oder	4	3,16	1**	1,9	6,4	0,027	−1,0	560	− 9,3	3,47	3,4	10,6
Kupfer-	5	2,16	1**	1,8	6,7	0,02	−1,0	526	− 6,8	3,47	3,5	8
leiter)												
Adernpaare	0,4 St.III*	300	1	0,7	36	1,4	−9,5	1288	−44,6	33,0	16,7	$15{,}4 \cdot 10^3$
in Kabeln	0,6 St.III*	130	1	0,7	42	1,0	−6,8	785	−44,2	23,6	12,1	$7{,}8 \cdot 10^3$
(Kupfer-	0,8 St.III*	73,2	1	0,7	42	0,74	−5,2	588	−43,6	18,0	9,4	$4{,}4 \cdot 10^3$
leiter,	0,9 St. I*	56,6	1	0,7	34	0,61	−4,1	576	−43,2	14,3	7,6	$2{,}7 \cdot 10^3$
Papier- Luft- oder Polyäthylen-isolierung)												

* Die Bezeichnung St bedeutet dabei, daß es sich um ein sternverseiltes Kabel handelt, die Bezeichnung I bzw. III bezeichnet die Gruppe der Kopplungswerte [3.10]

** Mittlerer Wert. Je nach Wetter (trockenes Wetter, Regen oder Rauhreif) kann der Ableitungsbelag zwischen 0,1 und 100 µS/km liegen.

spezifische Gruppenlaufzeit — nehmen entsprechend (3.3)[1] zunächst mit der Frequenz ab und erreichen bei etwa 50 kHz den konstanten Wert von etwa 5 µs/km.

Der Betrag des Wellenwiderstandes (Bild 3.4c) nimmt mit der Frequenz entsprechend (3.5)[1] bis etwa 10 kHz entsprechend $\sqrt{1/f}$ ab, ändert sich ab etwa 100 kHz praktisch nicht mehr und beträgt dann etwa 150 Ω. In diesem Bereich oberhalb 100 kHz ist nach (3.6)[1] der Phasenwinkel des Wellenwiderstandes näherungsweise Null, d. h. der Imaginärteil des Wellenwiderstandes (Bild 3.4e) wird vernachlässigbar klein gegenüber dem Realteil (Bild 3.4d); der Wellenwiderstand ist hier also näherungsweise reell. Wenn demnach die Leitung mit ≈ 150 Ω abgeschlossen ist, kann im Bereich oberhalb 100 kHz mit dem Dämpfungs- und Laufzeitverlauf gerechnet werden, der sich aus den Bildern 3.4a und 3.4b ergibt. Im Bereich unterhalb 100 kHz gelten die in diesen Bildern angegebenen Werte nur, wenn die Leitung jeweils bei der betreffenden Frequenz entsprechend dem Wellenwiderstand abgeschlossen ist und wenn der Frequenzbereich, der betrachtet wird, so klein ist, daß der Wellenwiderstand als näherungsweise konstant angesehen werden kann. Ist das nicht der Fall, so muß für die bestimmte Kabellänge und die entsprechende Abschlußimpedanz die Frequenzabhängigkeit von Dämpfung und Gruppenlaufzeit berechnet werden.

In den folgenden Bildern sind die aus dem Betrag des Verhältnisses Sendespannung $\underline{U}_0$ zu Empfangsspannung $\underline{U}_2$ berechnete Dämpfung und die aus dem Verhältnis $\underline{U}_0/\underline{U}_2$ berechnete Gruppenlaufzeit für verschiedene Leiterdurchmesser, Leitungslängen und Abschlußimpedanzen in Abhängigkeit von der Frequenz aufgetragen. Zugrunde gelegt wurden dabei die in Tab. 3.2 angegebenen Daten und berücksichtigt wurde dabei auch der Einfluß des Skineffekts.

Die Bilder 3.5 und 3.6 zeigen zunächst ausgezogen die Frequenzabhängigkeit von Dämpfung und Gruppenlaufzeit bei einem Leitungsabschluß mit 600 Ω, wie er im Fernsprechnetz üblich ist. Es zeigt sich, daß im Sprachband, d. h. im Frequenzbereich 300 bis 3400 Hz, die *Gruppenlaufzeitverzerrung* — der Unterschied der Gruppenlaufzeit gegenüber derjenigen bei einer bestimmten Frequenz im interessierenden Frequenzbereich (im Bereich 300 Hz bis 3400 Hz kann z. B. 3,4 kHz gewählt werden) — kleiner ist als 300 µs und damit gering im Vergleich mit derjenigen, die durch Trägerfrequenzstrecken (Abschn. 3.2.2.4) verursacht wird. Die Gruppenlaufzeitverzerrung und auch die Dämpfungsverzerrung werden geringer, wenn man die Adernpaare wesentlich niederohmiger als mit dem Wellenwiderstand abschließt (Unteranpassung). Dies zeigen die gestrichelten Kurven in den Bildern 3.5b und 3.6

---

[1] Siehe Fußnote auf S. 60.

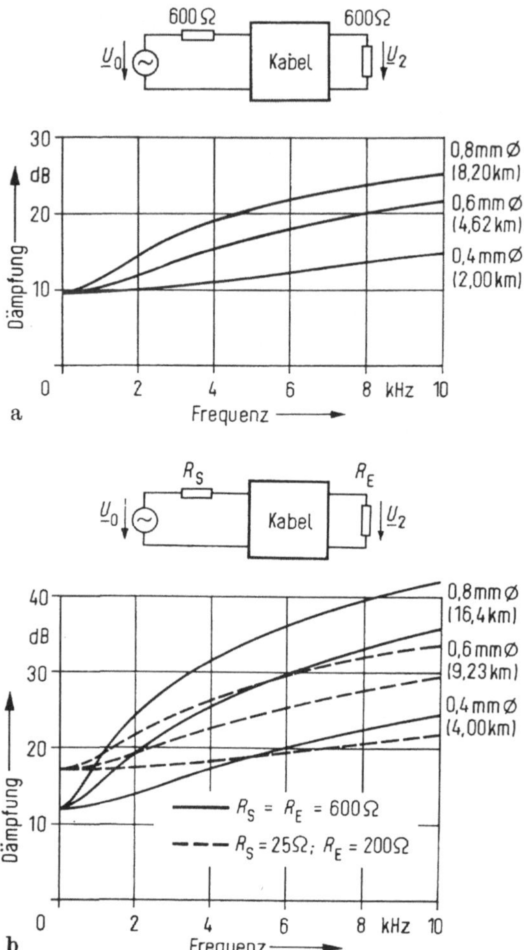

Bild 3.5 Dämpfung 20 lg ($|\underline{U}_0/\underline{U}_2|$) für verschiedene Leiterdurchmesser, Gleichstromschleifenwiderstände und Senderinnenwiderstände und Abschlußwiderstände von Adernpaaren in St. III-Niederfrequenzkabeln (vgl. Tab. 3.2) in Abhängigkeit von der Frequenz. Die dem Gleichstromschleifenwiderstand entsprechende Kabellänge ist jeweils in Klammern unter dem Leiterdurchmesser angegeben.
a) Gleichstromschleifenwiderstand 0,6 kΩ; b) Gleichstromschleifenwiderstand 1,2 kΩ.

für einen Senderinnenwiderstand von 25 Ω und einen Abschlußwiderstand, d. h. einen Empfängereingangswiderstand, von 200 Ω. Die Unteranpassung ist besonders günstig, wenn für die Datenübertragung der gesamte Frequenzbereich unterhalb etwa 10 kHz benutzt wird, in dem sich Dämpfung und Gruppenlaufzeit stark ändern, denn geringere

Dämpfungs- und Gruppenlaufzeitverzerrung ergeben auch geringere Datensignalverzerrungen (Abschn. 5.2.1). So wird die Unteranpassung zum Beispiel bei den Modems für den Nahbereich (s. Band II, Abschn. 7.3.1.1) für Übertragungsgeschwindigkeiten bis 9,6 kbit/s angewendet.

Bei Abschluß mit dem Wellenwiderstand von etwa 150 Ω ändern sich Dämpfung und Gruppenlaufzeit nur unterhalb von etwa 20 kHz stark;

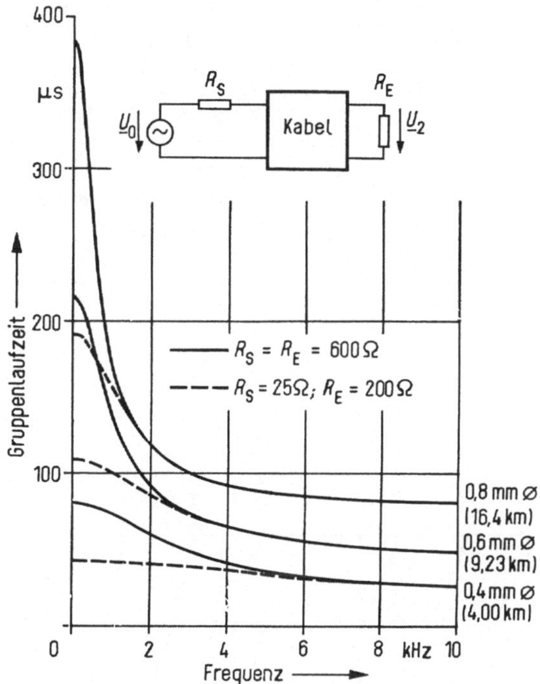

Bild 3.6 Gruppenlaufzeit berechnet aus ($\underline{U}_0/\underline{U}_2$) von Adernpaaren in St. III-Kabeln (vgl. Tab. 3.2) mit einem Gleichstromschleifenwiderstand von 1,2 kΩ (entsprechende Kabellänge unter dem Leiterdurchmesser in Klammern) in Abhängigkeit von der Frequenz.

zu höheren Frequenzen hin ist die Änderung geringer. Bild 3.7 zeigt für diesen Fall und ein Adernpaar mit dem Leiterdurchmesser von 0,6 mm den Dämpfungs- und Gruppenlaufzeitverlauf bei verschiedenen Leitungslängen. Oberhalb des gezeigten Frequenzbereiches steigt die Dämpfung mit der Frequenz weiter an, die Gruppenlaufzeit ist dort praktisch konstant.

Ein sehr geringer Innenwiderstand des Senders statt eines sendeseitigen Abschlusses mit 150 Ω hat zwar Einfluß auf die Kurvenverläufe im unteren Frequenzbereich, bringt für höhere Frequenzen jedoch keine nennenswerte Änderung.

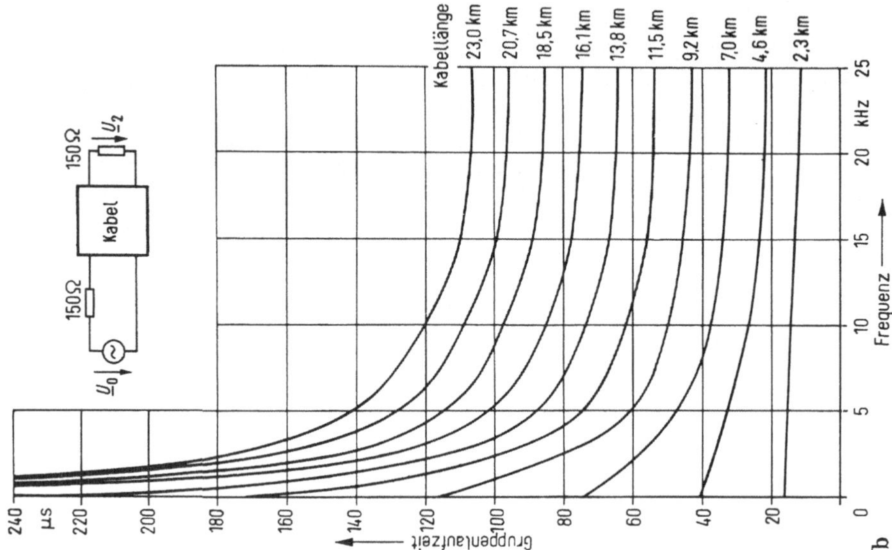

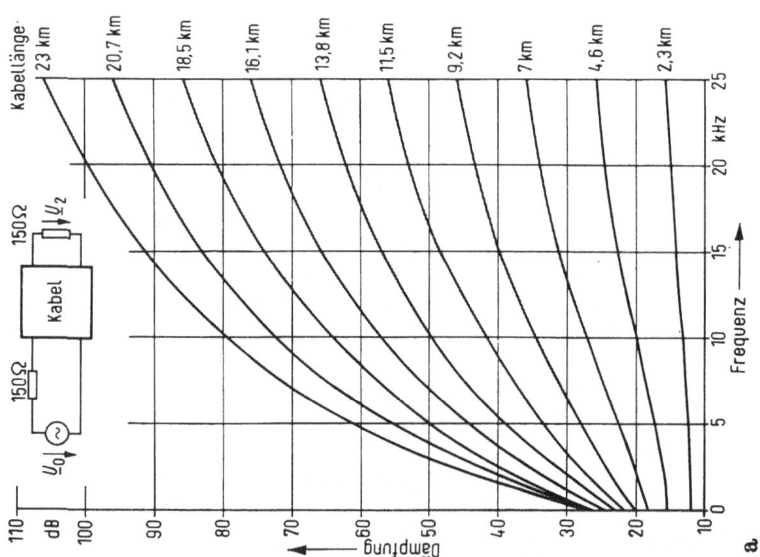

Bild 3.7 Eigenschaften von Adernpaaren in St. III-Niederfrequenzkabeln (vgl. Tab. 3.2) mit 0,6 mm Leiterdurchmesser in Abhängigkeit von der Frequenz. a) Dämpfung $20 \lg (|\underline{U}_0/\underline{U}_2|)$; b) Gruppenlaufzeit $\tau(\underline{U}_0/\underline{U}_2)$.

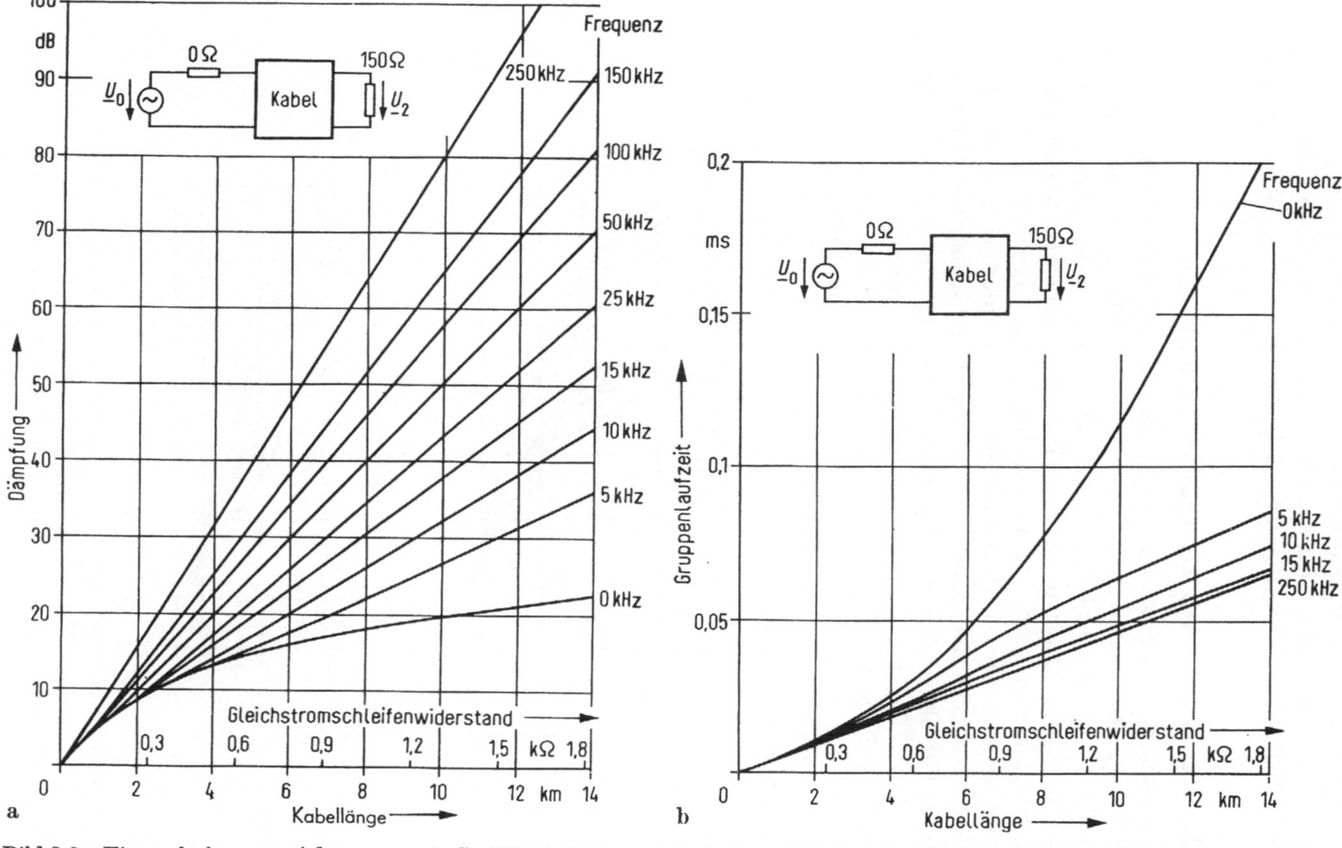

Bild 3.8 Eigenschaften von Adernpaaren in St. III-Niederfrequenzkabeln (vgl. Tab. 3.2) mit 0,6 mm Leiterdurchmesser in Abhängigkeit von der Kabellänge (angegeben ist auch der sich bei der jeweiligen Kabellänge ergebende Gleichstrom-Schleifenwiderstand).
a) Dämpfung 20 lg ($|\underline{U}_0/\underline{U}_2|$); b) Gruppenlaufzeit τ ($\underline{U}_0/\underline{U}_2$).

Dämpfung und Gruppenlaufzeit für den Senderinnenwiderstand 0 Ω sind in Bild 3.8a und b wiedergegeben; es wurde eine andere Darstellung als in Bild 3.7 gewählt, die sich auch auf die höheren Frequenzen erstreckt.

3.1.3 Eigenschaften von Adernpaaren in Pupinkabeln

In Abschnitt 3.1.1.2 wurde bereits gezeigt, daß durch Induktivitätserhöhung, und zwar durch Einfügen von Spulen in bestimmten Abständen — die Pupinisierung — die Dämpfung, die sich für ein Adernpaar in einem Niederfrequenzkabel im Sprachfrequenzbereich ergibt, erniedrigt werden kann. Die Pupinisierung kann sowohl für die Stammkreise als auch für die Phantomkreise durchgeführt werden. Auf diese Weise lassen sich die Reichweiten bei der Übertragung auf Kabeln erhöhen. Pupinkabel stellen daher einen Übergang vom Nah- zum Fernbereich der Übertragungswege dar. Sie werden im Sinne einer geschlossenen Darstellung der Eigenschaften von Leitungen in diesem Abschnitt behandelt; ihre Eigenschaften in Verbindung mit denjenigen anderer Übertragungswege im Fernbereich werden aber auch in Abschn. 3.2 wieder betrachtet werden.

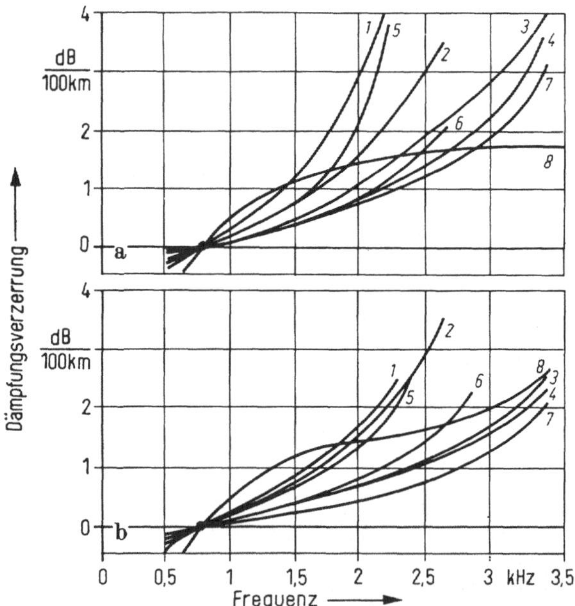

Bild 3.9 Dämpfungsverzerrung Δa/100 km bezogen auf 800 Hz von pupinisierten Adernpaaren [3.9].

a) Stammkreisbespulung; b) Phantomkreisbespulung. Angaben zu den Kurven: s. Unterschrift zu Bild 3. 10.

In Abschnitt 3.1.1.2 wurde bereits als Beispiel erwähnt, daß heute im Fernmeldenetz der Deutschen Bundespost bei Pupinkabeln ein Spulenabstand von 1,7 km und eine Induktivität von 80mH bei Stammkreisbespulung üblich ist.

In Tabelle 3.3 sind die Eigenschaften von pupinisierten Kabeln mit verschiedenen Leiterdurchmessern nach deutschen und ausländischen Spezi-

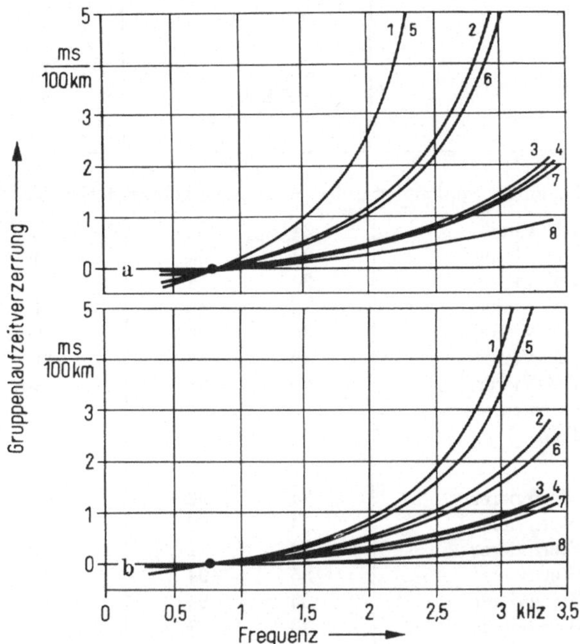

Bild 3.10 Gruppenlaufzeitverzerrung $\Delta\tau_g$/100 km bezogen auf 800 Hz von pupinisierten Adernpaaren [3.9].

a) Stammkreisbespulung; b) Phantomkreisbespulung.

Kurve	Adern-durch-messer in mm	Spuleninduktivität in mH (Spulenabstand 1,7 km)		Dämpfung bei 800 Hz in dB/km	
		Stamm-kreis	Phantom-kreis	Stamm-kreis	Phantom-kreis
1	1,4	190...200	70	0,078	0,078
2	1,4	140	56	0,08	0,08
3	1,4	80	40	0,10	0,09
4	1,2	80	40	0,13	0,117
5	0,9	190...200	70	0,153	0,158
6	0,9	140	56	0,160	0,16
7	0,9	80	40	0,211	0,182
8	0,9	50	20	0,264	0,256

Tabelle 3.3 Eigenschaften bespulter Adernpaare in Kabeln mit Papier-Luftraum-Werte gelten auch bei reiner Stammkreispupinisierung

Leiterdurchmesser d mm	Verseilungsart	Betriebskapazität des Kabels C_e nF/km St	Ph	Spuleninduktivität L_s mH St	Ph
Induktivitäten bei einem Spulenabstand s = 1,7 km nach deutscher Technik					
0,8	DM-Vierer	34	54	80	40
0,9	DM-Vierer	34	54	140	56
0,9	DM-Vierer	34	54	80	40
1,2	DM-Vierer	35	56	140	56
1,2	DM-Vierer	35	56	80	40
1,4	DM-Vierer	36	58	140	56
1,4	DM-Vierer	36	58	80	40
1,4	geschirmtes Paar	38	—	3,2	—
0,9	Sternvierer	34	92	140	83
0,9	Sternvierer	34	92	80	40
0,9	Sternvierer	34	92	80	30
1,2	Sternvierer	35	94	140	83
1,2	Sternvierer	35	94	80	40
1,4	Sternvierer	36	97	140	83
1,4	Sternvierer	36	97	80	40
Induktivitäten bei einem Spulenabstand s = 1,83 km; Beispiele nach ausländischen					
0,9	DM-Vierer	38,5	62	88	50
0,9	DM-Vierer	34	54	66	27
1,27	DM-Vierer	38,5	62	88	50
1,27	DM-Vierer	38,5	62	66	27
0,9	Sternvierer	34	92	88	50
0,9	Sternvierer	34	92	88	36
0,9	Sternvierer	41	110	88	36
1,27	Sternvierer	41	110	88	36

Isolierung (St Stammkreis, Ph Phantomkreis). Die in den Spalten für St angegebenen

Leitungsdämpfung bei 800 Hz (Planungswert) a dB/km		Betrag des Wellenwiderstandes Z_W Ω		Grenzfrequenz f_g kHz		Grenze des ausnutzbaren Frequenzbereichs $f_g \cdot 0{,}75$ kHz	
St	Ph	St	Ph	St	Ph	St	Ph
0,278	0,252	1170	670	4,6	5,2	3,4	3,9
0,174	0,165	1550	780	3,5	4,4	2,6	3,3
0,217	0,2	1170	670	4,6	5,2	3,4	3,9
0,104	0,096	1530	770	3,4	4,3	2,6	3,2
0,13	0,113	1160	655	4,6	5,1	3,4	3,8
0,087	0,078	1510	760	3,4	4,3	2,6	3,2
0,104	0,096	1150	640	4,5	5,0	3,4	3,7
0,39 bei 3 kHz 0,47 bei 15 kHz		270	—	21	—	15	—
0,174	0,182	1550	730	3,5	2,8	2,6	2,1
0,217	0,243	1170	520	4,6	3,9	3,4	2,9
0,217	0,278	1165	440	4,6	4,6	3,4	3,4
0,104	0,113	1530	720	3,4	2,7	2,6	2,0
0,13	0,148	1160	510	4,6	3,9	3,4	2,9
0,87	0,096	1510	710	3,4	2,7	2,6	2,0
0,104	0,122	1150	495	4,5	3,9	3,4	2,9
Spezifikationen							
0,226	0,191	1120	666	3,9	4,2	2,9	3,1
0,235	0,226	1033	528	5,3	6,1	3,4	3,4
0,130	0,113	1120	666	3,9	4,2	2,9	3,1
0,148	0,139	995	507	4,7	5,9	3,5	4,4
0,217	0,226	1180	547	4,2	3,5	3,1	2,6
0,217	0,269	1178	456	4,2	4,1	3,1	3,1
0,235	0,287	1075	425	3,8	3,7	2,9	2,8
0,139	0,174	1075	425	3,8	3,7	2,9	2,8

fikationen zusammengestellt. Im Unterschied zu den Leiterdurchmessern für die Niederfrequenz-Kabel im Ortsbereich, die zwischen 0,4 bis 0,8 mm liegen, sind in Tab. 3.3 nur Leiterdurchmesser angegeben, die 0,8 mm oder größer sind; denn man wählt bei Pupinisierung von vornherein den Leiterdurchmesser groß genug, um eine möglichst geringe Dämpfung im Sprachfrequenzbereich zu erhalten und größere Entfernungen überbrücken zu können.

Je nach Größe der Induktivität und des Spulenabstandes bezeichnet man die Kabel als *leicht*, *mittel* oder *schwer pupinisiert*. Die angegebene typische Pupinisierung für Pupinkabel im Fernmeldenetz der Deutschen Bundespost wird als leichte Pupinisierung bezeichnet. Ältere Pupinkabel, die in den Netzen noch verwendet werden, sind zum Teil schwerer pupinisiert als in Tab. 3.3 angegeben. Ihre Grenzfrequenz liegt in Extremfällen um 2 kHz. Ihre Bedeutung nimmt jedoch laufend ab, da im Zuge des weiteren Ausbaues der Netze diese Pupinkabel außer Betrieb genommen werden.

In den Ortsnetzen und Bezirksnetzen werden Pupinkabel für größere Entfernungen als Verbindungsleitungen zwischen den Vermittlungsstellen verwendet, in Deutschland nur noch für Entfernungen unter etwa 50 km.

In Bild 3.9 ist unter der Voraussetzung des Abschlusses mit dem Wellenwiderstand die Dämpfungsverzerrung und in Bild 3.10 die Gruppenlaufzeitverzerrung von verschiedenen, auch älteren, schwer pupinisierten Kabeln gezeigt, die in Deutschland eingesetzt sind [3.9]. Die gezeigten Verläufe ändern sich nicht wesentlich, wenn diese Pupinkabel mit 1,2 kΩ abgeschlossen werden, da dieser Widerstand in etwa dem Wellenwiderstand im Sprachfrequenzbereich entspricht [3.4].

Pupinkabel treten als einzig verfügbarer Übertragungsweg zwischen Datenübertragungseinrichtungen seltener auf als unpupinisierte Kabel. Schwer oder mittelschwer pupinisierte Kabel im Verlauf einer Verbindung können dann zu Schwierigkeiten durch Dämpfungs- und Gruppenlaufzeitverzerrung führen, wenn von den Datenübertragungseinrichtungen nahezu der ganze Sprachfrequenzbereich ausgenutzt wird.

3.1.4 Eigenschaften von Adernbündeln in Kabeln: Nebensprechen

Eine weitere wichtige Größe in vieladrigen Kabeln ist das *Nebensprechen*, das durch kapazitive und induktive Kopplung zwischen den Adernpaaren entsteht. In Bild 3.11 sind als Beispiel für die kapazitive Kopplung die Teilkapazitäten bei einem Vierer gezeigt. In diesen Teilkapazitäten muß auch der Einfluß der Einzelkapazitäten gegen Erde berücksichtigt werden, die im Ersatzschaltbild nicht dargestellt sind. Als Kopplung k_1

zwischen den Adernpaaren 1—3 und 2—4 wird der Kapazitätsunterschied

$$k_1 = (C_{14} + C_{23}) - (C_{12} + C_{34})$$

bezeichnet. Wenn alle Kapazitäten gleich sind, wird die Kopplung k_1 Null.

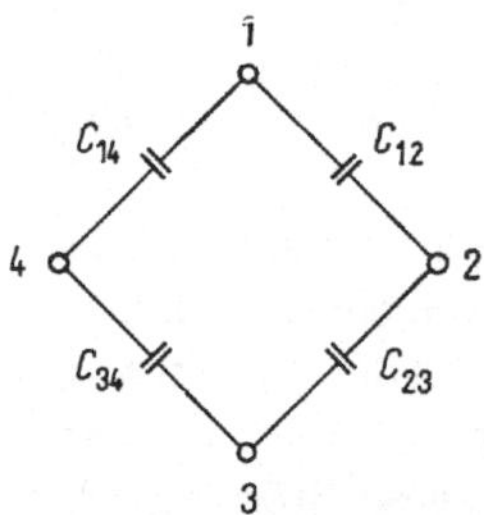

Bild 3.11 Teilkapazitäten bei einem Vierer.

Auf die weiteren Kopplungen der Adernpaare und Vierer in einem vieladrigen Kabel kann hier nicht näher eingegangen werden. Zusammenstellungen der Kopplungen und ihrer Bezeichnungen finden sich in [3.6, 3.10 und 3.11]. Die Kapazitätsunterschiede und damit die Kopplungen entstehen durch Fertigungstoleranzen der Kabel. Die zulässigen Kopplungswerte für Fernmeldekabel sind in den einzelnen Ländern zum Teil unterschiedlich festgelegt. In Deutschland gelten für St. III-Kabel (vgl. Tab. 3.2) die Vorschriften nach VDE 0816 [3.10].

Aus der Kopplung der Adernpaare kann die *Nebensprechdämpfung* berechnet werden, die eine Beurteilung des Kabels in übertragungstechnischer Hinsicht ermöglicht [3.6]. Bild 3.12 zeigt zwei betriebsmäßig abgeschlossene Adernpaare. Durch eine Spannungsquelle mit dem Innenwiderstand $\underline{Z}_1$ entsteht am Eingang des Adernpaares 1 eine Spannung $\underline{U}_{1A}$. Wenn zwischen den Adernpaaren 1 und 2 eine Kopplung besteht, wird dadurch am „nahen“ Ende des Adernpaares 2 eine Spannung $\underline{U}_{2A}$

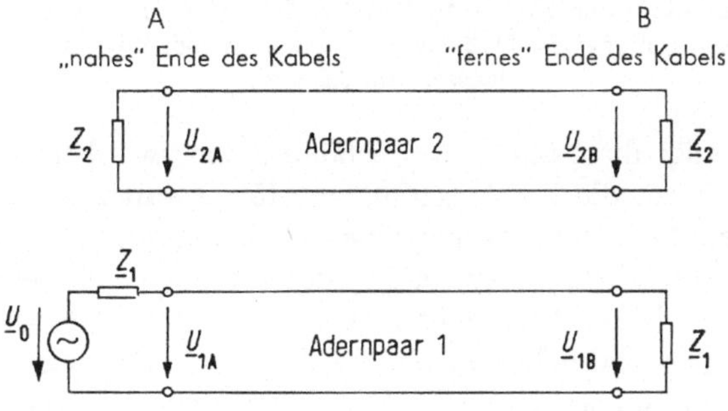

Bild 3.12 Zur Definition der Nebensprechdämpfung.

hervorgerufen, am „fernen“ Ende des Adernpaares 2 die Spannung $\underline{U}_{2B}$. Als *Nahnebensprechdämpfung* definiert man

$$a_N = 20 \lg \left|\frac{\underline{U}_{1A}}{\underline{U}_{2A}}\right| + 10 \lg \left|\frac{\underline{Z}_1}{\underline{Z}_2}\right|$$

und als *Fernnebensprechdämpfung*

$$a_F = 20 \lg \left|\frac{\underline{U}_{1B}}{\underline{U}_{2B}}\right| + 10 \lg \left|\frac{\underline{Z}_1}{\underline{Z}_2}\right|.$$

Für die Datenübertragung ist speziell die Nahnebensprechdämpfung von Bedeutung. Beim Nahnebensprechen befindet sich der Signalempfänger, der an das gestörte Adernpaar 2 angeschlossen ist, am gleichen, nahen Ende des Kabels, an dem auch der störende Sender an das Adernpaar 1 angeschlossen ist. Diese Störung ist größer als die durch Fernnebensprechen hervorgerufene. Da die Systeme unter Berücksichtigung der größeren Störung ausgelegt werden müssen, kann die folgende Betrachtung auf das Nahnebensprechen beschränkt werden.

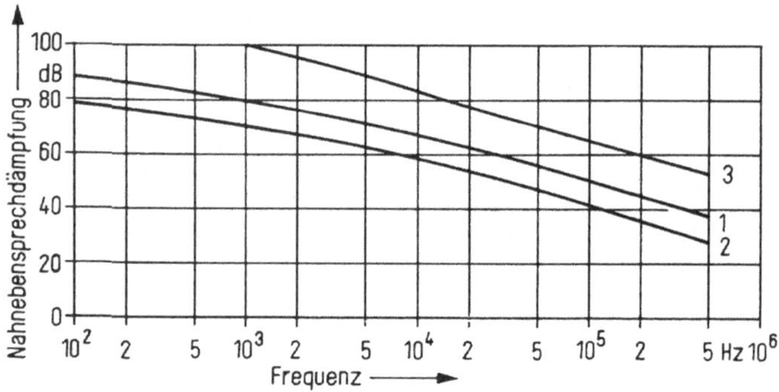

Bild 3.13 Nahnebensprechdämpfung zwischen Adernpaaren in benachbarten Vierern (Abschluß mit 150 Ω).

Kurve 1: Rechenwerte für Leiterdurchmesser von 0,4 bis 0,8 mm bei einer Kabellänge von 2 km und einer Kopplung $k \leqq 100$ pF/300 m; Kurve 2: wie 1, jedoch $k \leqq 300$ pF/300 m; Kurve 3: Meßwerte an einem Kabel mit einem Leiterdurchmesser von 0,8 mm.

Bild 3.13 zeigt die Nahnebensprechdämpfung zwischen Adernpaaren in Nachbarvierern, die bei Abschluß mit 150 Ω auftritt. Die Kurven 1 und 2 wurden berechnet, wobei eine Kopplungskapazität zu Grunde gelegt wurde, die bei 95% bzw. 99,7% der gefertigten Kabel nicht überschritten wird. Diese berechneten Kurven geben den theoretischen Minimalwert der Nahnebensprechdämpfung an. Für die Berechnung wurde eine rein kapazitive Kopplung angenommen, daher sinkt die Nahnebensprechdämpfung mit steigender Frequenz. Daß das auch bei

Tabelle 3.4 Zusammenstellung von Systemen, die in Niederfrequenzkabeln im Ortsbereich von Fernsprechnetzen betrieben werden

System	Frequenz oder Frequenzbereich von Störspannungen	Betrieb des Systems	Abgeschätzte Störspannung (Effektivwert)
Fernsprechsprachkanal	Sprachband von 0,3 bis 3,4 kHz	im Nachbarstamm	$\leqq$ 0,2 mV
16 kHz-Gebührenzählimpulse	16 kHz	im Nachbarstamm	$\leqq$ 7 mV
Tastwahl (CCITT-Empfehlung Q.23)	Tastwahlfrequenzen im Sprachband (s. Band II, Abschn. 7.2.2.2)	im Nachbarstamm	$\leqq$ 0,2 mV
Teilnehmer-TF-Systeme Z1T (Ausnutzung eines Adernpaares mit 2 Sprachkanälen)	10 kHz Wählimpulse 24 ± 4 kHz, 36 ± 4 kHz 2. Sprachkanal Hin- und Rückrichtung 52 kHz Gebührenzählimpulse	im Nachbarstamm	$\leqq$ 0,09 mV $\leqq$ 0,3 mV $\leqq$ 0,35 mV $\leqq$ 0,02 mV
Modems (s. Band II, Abschn. 7.2. und 7.3)	Verschiedene Frequenzbereiche im Sprachband	im Nachbarstamm	$\leqq$ 0,25 mV
Teilnehmeranschlußtechnik in Datennetzen (s. Abschn. 7.4)	bis 300 bit/s: 600 ± 100 Hz, 2700 ± 450 Hz	im Nachbarstamm im Nachbarvierer	$\leqq$ 0,2 mV $\leqq$ 0,07 mV
	2,4 und 9,6 kbit/s: bis 3 kHz und bis 12 kHz (je nach Übertragungsverfahren auch weniger)	im Nachbarvierer	$\leqq$ 0,2 mV im Sprachfrequenzbereich
Bildfernsprecher (1 MHz)	$f = n \cdot 50$ Hz bis 8 kHz $f = n \cdot 8$ kHz bis 128 kHz mit $n = 1, 2, 3, \ldots$	im Nachbarvierer	$\leqq$ 0,08 mV $\leqq$ 0,53 mV
PCM 30	Störspannung, die im Bereich 10 bis 130 kHz auftritt, bei einer Meßbandbreite von 3,1 kHz	im Nachbarvierer	$<$ 0,1 mV für stochastisches Multiplexsignal, bis zu 1 mV für einzelne Spektrallinien

realen Kabeln der Fall ist und daß im allgemeinen die gemessene Nahnebensprechdämpfung höher liegt als der berechnete Minimalwert, zeigt die Kurve 3 in Bild 3.13, die die Minimalwerte angibt, die an Adernpaaren eines Kabels gemessen wurden. Wenn die Nahnebensprechdämpfung zwischen den beiden Stammkreisen *eines* Vierers berücksichtigt werden muß, so muß für die Abschätzung der Störspannung ein gegenüber der Nahnebensprechdämpfung zwischen Stammkreisen von Nachbarvierern um etwa 10 dB niedrigerer Wert angesetzt werden.

Die in Bild 3.13 aufgetragene Nahnebensprechdämpfung zwischen Adernpaaren in Nachbarvierern und der Abschluß mit 150 Ω sind speziell für die schnelle Basisbanddatenübertragung (Abschn. 4.2) wichtig. Mit Basisbandsystemen wird meist im „Vierdraht-Vollduplexbetrieb" übertragen, d. h. von einem Vierer wird ein Stammkreis für die eine Übertragungsrichtung belegt, der andere für die entgegengesetzte Richtung.

Im allgemeinen stören sich die Datenübertragungssysteme, die in benachbarten Adernpaaren im Vollduplexbetrieb eingesetzt werden, nicht durch Nahnebensprechen, da die Empfangsamplitude mit Rücksicht auf sonstige Störungen nicht zu niedrig liegt. Durch die Datenübertragung dürfen aber auch andere im gleichen Kabel betriebene Systeme nicht gestört werden, und umgekehrt muß die Störung der Datenübertragung durch diese Systeme vermieden werden. Die Systeme, die in den hier in Frage kommenden St. III-Kabeln (vgl. Tab. 3.2) im Ortsbereich betrieben werden, sind in Tab. 3.4 zusammengestellt. Solange die minimale Empfangsamplitude bei der Datenübertragung im Bereich einiger Millivolt liegt, sind, wie aus den abgeschätzten Störspannungen in Tab. 3.4 hervorgeht, Störungen durch diese Systeme, abgesehen von den 16-kHz-Gebührenzählimpulsen, nicht zu erwarten. Ob andererseits durch die Datenübertragung eines dieser Systeme gestört werden könnte, hängt von der Sendespannung, der spektralen Formung des Sendesignals und der Übertragungsgeschwindigkeit des Datenübertragungssystems ab und kann nur durch Berechnung oder Messung im Einzelfall ermittelt werden.

3.1.5 Störspannungen auf Adernpaaren von Kabeln

Da die Kabel erdsymmetrisch betrieben werden (Abschn. 3.1.1), können Störspannungen die Signalübertragung nur in dem Maße beeinflussen, in dem eine Abweichung von der Symmetrie auftritt.

Erdunsymmetrische Störimpulse treten z. B. dadurch auf, daß elektromechanische Wählvermittlungen Impulse, insbesondere Wählimpulse auf die Adern geben; ihre Spannung ist gleich der Spannung der Amtsbatterie. Hohe erdunsymmetrische Störspannungen können auch durch Starkstrombeeinflussung und Blitzschlag verursacht werden. Es können hierdurch Impulse oder Wechselspannungen mit Frequenzen von $16^2/_3$, 50 oder 60 Hz und Oberwellen davon auftreten. Speziell durch Stoßbelastungen und Schaltvorgänge sind auch höherfrequente Störspannungen möglich. Zu erwähnen sind hier besonders thyristorgesteuerte Antriebe der Industrie und der Bahnen, bei denen die wesentliche spektrale Störenergie sich bis etwa 10 kHz, aber auch darüber hinaus erstrecken kann.

Zur Symmetrierung des Abschlusses und zum Schutz werden in manchen Fällen Trennübertrager in die Leitung eingefügt. Dadurch erreicht man auch eine Auftrennung des Stromkreises für Störspannungen niedriger Frequenz. Die Adernpaare eines Kabels bieten dann allerdings keinen gleichstromdurchlässigen Übertragungsweg mehr.

3.2 Übertragungswege im Fernbereich

Die Übertragungswege im Fernbereich können aus Abschnitten unterschiedlicher Eigenschaften zusammengesetzt sein. Für die Datenübertragung sind nur die für den Gesamtweg resultierenden Eigenschaften interessant; sie werden in Abschn. 3.2.2 für Übertragungswege mit Sprachbandbreite und in Abschn. 3.2.3 für Breitbandkanäle behandelt. Zum Verständnis dieser Ausführungen soll zunächst kurz auf den Aufbau, d. h. auf die einzelnen Abschnitte von Übertragungswegen im Fernbereich eingegangen werden.

3.2.1 Grundsätzliches zu Übertragungswegen im Fernbereich

Zum Anschluß eines Teilnehmers an die nächste Vermittlungsstelle werden bisher Adernpaare von Niederfrequenzkabeln (Abschn. 3.1.2) benutzt; über *ein* Adernpaar werden die Signale in beiden Richtungen, „zweidrähtig", übertragen. Die Länge einer Teilnehmeranschlußleitung ist im allgemeinen begrenzt durch die zulässige Dämpfung zwischen dem Teilnehmer und der nächsten Vermittlungsstelle; sie kann darüber hinaus begrenzt sein durch die gerade noch zulässige Verzerrung der vermittlungstechnischen Signale nach Übertragung über die Teilnehmeranschlußleitung. Die zulässigen Dämpfungen für die Teilnehmeranschlußleitungen und für die weiteren Übertragungsabschnitte sind z. B. für das Fernsprechnetz der Deutschen Bundespost im Dämpfungsplan 55 [3.12] festgelegt.

Als Wege für die Niederfrequenzübertragung zwischen den Vermittlungen können nur bei geringeren Entfernungen direkt die Adernpaare von Kabeln verwendet werden. Bei größeren Entfernungen müssen die Kabel pupinisiert werden (Abschn. 3.1.3), oder die Signale müssen in bestimmten Abständen verstärkt werden. Da im Fernsprechnetz in beiden Richtungen übertragen wird, Verstärker aber im allgemeinen nur für eine Übertragungsrichtung ausgeführt werden, muß die Übertragung im Fernbereich für die beiden entgegengesetzten Richtungen entweder in verschiedenen Frequenzbereichen oder über zwei getrennte Adernpaare, also „vierdrähtig", erfolgen. In den Fernsprechnetzen wird im Fernbereich überwiegend über zwei getrennte Adernpaare übertragen.

Der Übergang von der zweidrähtigen Teilnehmeranschlußleitung zum Vierdrahtweg erfolgt bisher meistens über einen Gabelübertrager (Bild 3.14). Ist der Gabelübertrager entsprechend Bild 3.14 abgeschlossen, wobei hier ein Übersetzungsverhältnis 1 : 1 angenommen wurde, so werden nur Signale zwischen den Klemmenpaaren 1 und 2 sowie 1 und 3 durchgelassen, der Weg zwischen den Klemmenpaaren 2 und 3 ist in diesem Idealfall gesperrt. Die Signale können also zwischen dem am Klemmenpaar 1 angeschlossenen Zweidrahtweg und dem an die Klemmenpaare 2 und 3 angeschlossenen Vierdrahtweg in beiden Richtungen übertragen werden und beeinflussen sich in diesem Idealfall auf dem Vierdrahtweg gegenseitig nicht. Auf die Eigenschaften realer Gabelübertrager wird in Abschn. 3.2.2.5 eingegangen. In Zukunft werden auch aktive Gabelschaltungen und Echokompensatoren [3.13] eingesetzt werden, die auf anderen Prinzipien beruhen.

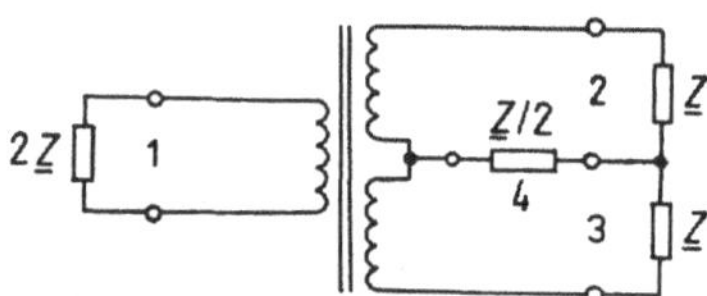

Bild 3.14 Vereinfachter schematischer Aufbau eines Gabelübertragers.

Die Gliederung einer Fernsprechverbindung mit jeweils teilnehmerseitigem Übergang vom Vierdraht- auf den Zweidrahtübertragungsweg zeigt Bild 3.15; hier ist auch die Zusammenfassung der Signale von mehreren Sprachkanälen in Gruppen für die Übertragung auf einem Vierdrahtweg dargestellt, die im Fernbereich wirtschaftlicher ist als die Übertragung der einzelnen Sprachsignale über Einzelübertragungswege. Wegen der bei Bündelung im Frequenzmultiplex erforderlichen Übertragung mit moduliertem Träger werden diese Systeme als *Trägerfrequenzsysteme* (TF-Systeme) bezeichnet. Die Übertragung erfolgt über entsprechend breitbandige Übertragungswege: bei kurzen Entfernungen auf Niederfrequenzkabeln, bei größeren Entfernungen auf Koaxialkabeln mit Verstärkung und Dämpfungsentzerrung in bestimmten Abständen oder auf Richtfunkstrecken mit Relaisstationen.

In TF-Systemen wird zur Übertragung der Analogsignale Amplitudenmodulation mit unterdrücktem Träger und Einseitenbandübertragung verwendet. Die Sprachkanäle sind im Frequenzraster von 4 kHz angeordnet. Tabelle 3.5 zeigt, in welche Gruppen die Sprachkanäle zusammengefaßt werden. Die Übergangsstelle von einer Gruppe zur nächsten wird als Durchschalteebene bezeichnet. Die Gruppen von Kanälen und die Durchschalteebenen sind von CCITT festgelegt. In den Durchschalteebenen stehen die in Tab. 3.5 angegebenen Frequenzbereiche zur Verfügung. Für die Datenübertragung werden hauptsächlich der Sprach-

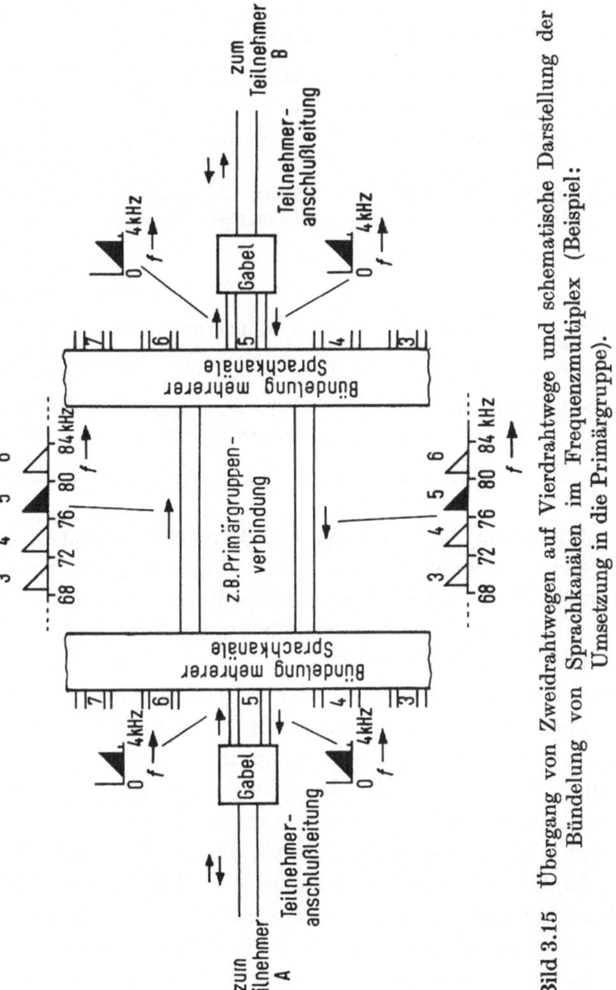

Bild 3.15 Übergang von Zweidrahtwegen auf Vierdrahtwege und schematische Darstellung der Bündelung von Sprachkanälen im Frequenzmultiplex (Beispiel: Umsetzung in die Primärgruppe).

kanal mit dem Frequenzbereich von 300 bis 3400 Hz und der Kanal der Primärgruppe mit einem verfügbaren Frequenzbereich von 60 kHz bis 108 kHz benutzt.

Tabelle 3.5 Kanalbündelung in TF-Systemen

	Frequenzbereich (Durchschaltelage)	Kanal- und Gruppenanzahl	Beispiele für Übertragungssysteme für Kabel
Sprachkanal	0,3—3,4 kHz	—	—
Primärgruppe (PG)	60—108 kHz	= 12 Sprachkanäle	Z12 (1 PG) Z24 (2 PG)
Sekundärgruppe (SG)	312—552 kHz	5 Primärgruppen = 60 Sprachkanäle	V60 (1 SG) V120 (2 SG) V300 (5 SG) V960 (16 SG) V1260 (21 SG)
Tertiärgruppe (TG)	812—2044 kHz	5 Sekundärgruppen = 300 Sprachkanäle	V300 (1 TG) V900 (3 TG) V1200 (4 TG)
Quartärgruppe (QG)	8,516—12,388 MHz	3 Tertiärgruppen = 900 Sprachkanäle	V900 (1 QG) V2700 (3 QG) V10800 (12 QG)

In zunehmendem Maß werden im Bereich mittlerer Entfernungen neben TF-Systemen auch *PCM-Systeme* eingesetzt, welche die Analogsignale für die Übertragung in eine digitale Form umwandeln [3.14, 3.15]. Hierzu werden die Signale einer Anzahl von Sprachkanälen regelmäßig abgetastet, und es wird jeweils für einen bestimmten Amplitudenbereich des Abtastwertes ein 8-bit-Wort übertragen; für kleinere Amplituden wird dabei eine feinere Unterteilung angewendet als für größere Amplituden, um eine möglichst gute Übertragungsqualität zu erreichen. Die Abtastfrequenz beträgt 8 kHz. Für die Übertragung der 8-bit-Worte jedes Sprachsignals ist also eine Geschwindigkeit von 64 kbit/s notwendig. Diese digitalen Sprachkanäle werden im Zeitmultiplexverfahren gebündelt. In Europa wird vorwiegend ein PCM-System für 30 [3.16, 3.17], in den USA eines für 24 Sprachkanäle eingesetzt. Im europäischen System wird je ein zusätzliches 8-bit-Wort für Synchronisierungs- und für Signalisierungsaufgaben verwendet. Insgesamt sind also mit der Frequenz 8 kHz im europäischen System 32 Worte zu 8 bit zu übertragen; das System arbeitet daher mit einer Übertragungsgeschwindigkeit von 2,048 Mbit/s und wird mit PCM 30 bezeichnet.

Die in den folgenden Abschnitten benutzten Spannungs- und Leistungspegel werden als Logarithmen der Verhältnisse des Meßpegels zu einem Bezugspegel angegeben, und zwar — wie in Abschn. 3.1.1.1

erläutert — in dB. Um zu zeigen, um welchen Bezugspegel es sich handelt, werden folgende, von CCITT festgelegte Bezeichnungen benutzt:

dBm	Leistungspegel bezogen auf 1 mW;
dBr	relativer Leistungspegel, d. h. Leistungspegel bezogen auf den Leistungspegel an einem bestimmten Punkt im System (Punkt im System mit dem relativen Leistungspegel 0 dBr);
dBm0	Leistungspegel bezogen auf 1 mW und angegeben für den Punkt im System mit dem relativen Leistungspegel 0 dBr;
dB(0,775 V)	Spannungspegel bezogen auf 0,775 V.

Zusätzlich wird durch den Buchstaben p gekennzeichnet, wenn die Pegelangabe bei psophometrischer Bewertung, d. h. Bewertung entsprechend der spektralen Empfindlichkeit des menschlichen Ohrs, gilt: dBmp und dBm0p.

3.2.2 Übertragungswege mit Sprachbandbreite

Mit den durch die TF- oder PCM-Technik zur Verfügung gestellten Übertragungswegen mit Sprachbandbreite lassen sich zwischen Fernsprechteilnehmern Fernsprechwählverbindungen herstellen, die mit Hilfe von Modems zur Datenübertragung benutzt werden können (Band II, Abschn. 7.2). In anderen Fällen werden diese Übertragungswege in festgeschalteten Verbindungen benutzt, auf denen nicht nur Modems, sondern auch Multiplexsysteme zur Übertragung von Datenkanalbündeln einsetzbar sind (Band II, Abschn. 7.4.2). Festgeschaltete Verbindungen werden für die Datenübertragung von den Verwaltungen auch als Übertragungswege mit besonderer Qualität nach CCITT-Empf. M. 102 zur Verfügung gestellt; sie können zu Knotennetzen (Band II, Abschn. 9.5) zusammengeschaltet werden.

3.2.2.1 Maximal zulässige Pegel

Der maximale Sendepegel für die Datenübertragung mit Modems auf Übertragungswegen mit Sprachbandbreite darf entsprechend der CCITT-Empf. V. 2 [3.18] höchstens —13 dBm0 betragen. In den einzelnen Ländern werden jedoch z. T. Sendepegel unterhalb der in CCITT-Empf. V. 2 angegebenen Obergrenze vorgeschrieben, im Netz der Deutschen Bundespost (DBP) z. B. nur —15 dBm0. Damit dieser Wert im allgemeinen eingehalten wird, ist daher im Fernsprechnetz der DBP unter Berücksichtigung des Dämpfungsplans [3.12] am Eingang der Teilnehmeranschlußleitungen nur ein Leistungspegel von —6 dBm zulässig. Um erforderlichenfalls den Sendepegel den Übertragungsmöglichkeiten anpassen zu können, wird von den meisten Fernmeldeverwaltungen ein in einem gewissen Bereich einstellbarer Sendepegel gefordert, bei Modems z. B. zwischen 0 dBm und etwa −15 dBm.

Der Summenleistungspegel für die im Frequenzmultiplex arbeitenden Wechselstromtelegrafiesysteme ist von CCITT ebenfalls festgelegt worden [3.19]; er wurde höher gewählt als der für die Datenübertragung mit Modems, da sich die Anzahl der Wechselstromtelegrafiesysteme je Primärgruppe begrenzen läßt (s. Band II, Abschn. 7.4.2). Während ältere Systeme Amplitudenmodulation verwenden, arbeiten die heute eingesetzten Systeme fast ausschließlich mit Frequenzmodulation und haben einen Summenleistungspegel von −8,7 dBm0; bei der Festlegung dieses Wertes mußte besondere Rücksicht auf die Aussteuerbarkeit der TF-Systeme genommen werden. Es ist allgemein zu beachten, daß bei der Überlagerung von Signalen bei Frequenzmultiplexsystemen der Spitzenwert der Spannung gleich der Summe der Spitzenwerte der Einzelspannungen sein kann. Der Leistungspegel eines von n Signalen ergibt sich zu $1/n$ des gegebenen Summenleistungspegels, die Spitzenspannung eines dieser Signale zu $1/\sqrt{n}$ derjenigen Spitzenspannung, die zu einem einzelnen Sinussignal mit der gegebenen Summenleistung gehören würde. Die Spitzenspannung der Summe der n Teilsignale kann demnach bei Frequenzmultiplexausnutzung $\sqrt{n}$ ·mal größer sein als die Spitzenspannung eines Einzelsignals mit gleicher Leistung.

3.2.2.2 Minimale Pegel und Restdämpfung

Für die Störsicherheit der Übertragung ist der minimale Empfangspegel am Empfängereingang der Datenübertragungseinrichtung ausschlaggebend. Er ergibt sich aus dem Sendepegel der Datenübertragungseinrichtung und der Dämpfung der Verbindung zwischen den Übertragungseinrichtungen, der sogenannten *Restdämpfung.*

Für die Modems, die im öffentlichen Fernsprechwählnetz benutzt werden, ist in den entsprechenden CCITT-Empfehlungen, z. B. V. 21, V. 22, V. 23, V. 26 bis und V. 27ter, als untere Grenze für den Empfangspegel −43 dBm festgelegt. Bei einem Sendepegel von −6 dBm, wie im Fernsprechwählnetz der DBP vorgeschrieben, können also 37 dB Restdämpfung der Wählverbindungen überbrückt werden. Die von der DBP in den Jahren 1966 [3.20] und 1970 [3.21] gemessene Restdämpfung *von Wählverbindungen* bei verschiedenen Frequenzen zeigt Bild 3.16. Aus diesen Messungen ergibt sich, wenn man die jeweils ungünstigeren Werte zugrunde legt, daß bei 2500 Hz für 50% aller Verbindungen die Restdämpfung unter 20 dB, für 90% unter 26 dB und für 99% unter 29 dB liegt. Auch Messungen in den Wählnetzen anderer Verwaltungen (z. B.

[3.22, 3.23]) haben gezeigt, daß nur für einen sehr geringen Prozentsatz von nationalen Wählverbindungen bei 2500 Hz die Restdämpfung oberhalb 30 dB liegt. Nach ausführlichen Untersuchungen an internationalen Fernsprechwählverbindungen [3.24] ist in 95% aller Fälle die Restdämpfung geringer als 33 dB bei 2500 Hz. Die höchste Restdämpfung, die gemessen wurde, betrug etwa 40 dB. Bei dieser Wählverbindung wäre also eine Datenübertragung mit den oben angegebenen Pegeln nicht möglich. In solchen Fällen kann nur versucht werden, durch Auslösen der Verbindung und neuerliches Wählen einen günstigeren Übertragungsweg zu finden.

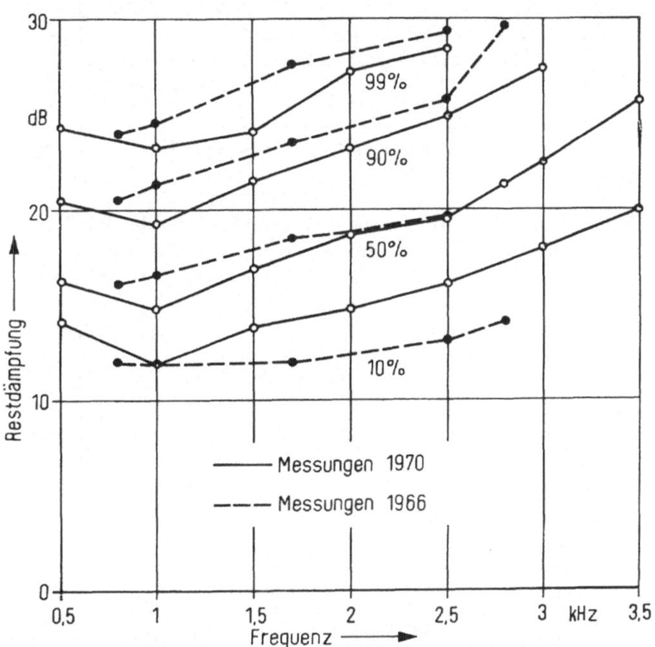

Bild 3.16 Restdämpfung im Netz der DBP [3.20 und 3.21].

Da man bei *festgeschalteten* Zwei- und Vierdrahtverbindungen den Verbindungsweg günstig auswählen kann, darf hier mit einer Restdämpfung gerechnet werden, die kleiner als 20 dB ist; insbesondere für Fernsprechverbindungen mit besonderer Qualität für die Datenübertragung nach CCITT-Empf. M. 1020 [3.25] gilt dieser Wert. Demgemäß wurde der minimale Empfangspegel der Modems für derartige Fernsprechverbindungen in den CCITT-Empfehlungen V. 26 und V. 27 auf —26 dBm festgelegt.

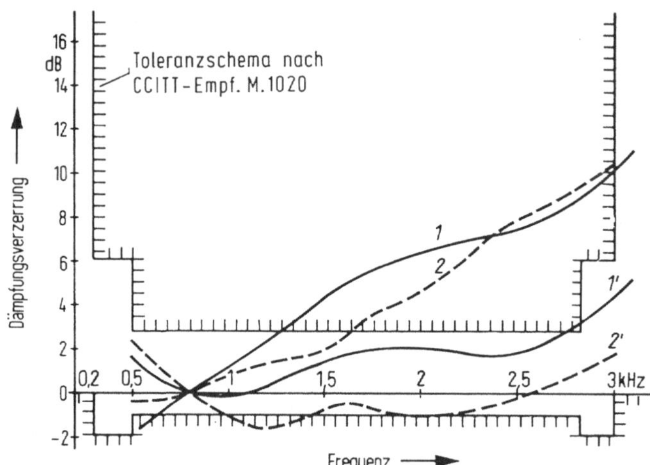

Bild 3.17 Einhüllende der Dämpfungsverzerrung im Netz der DBP, gemessen von zwei Meßstellen (1 und 2) [3.20]. Alle Meßwerte lagen jeweils zwischen den Kurven 1 und 1′ bzw. 2 und 2′ und sind bezogen auf 800 Hz.

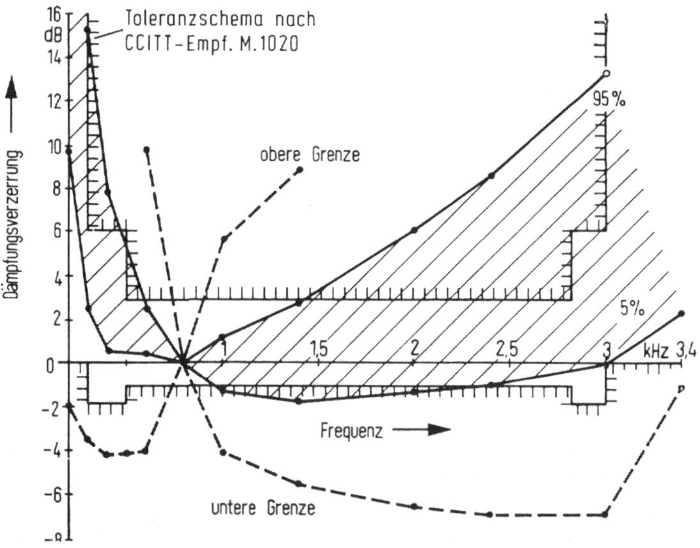

Bild 3.18 Streubereich der Dämpfungsverzerrung internationaler Wählverbindungen (Meßwerte bezogen auf 800 Hz) [3.24].

3.2.2.3 Dämpfungsverzerrung

Neben dem Absolutwert der Dämpfung der Verbindungen ist für die Übertragung von Datensignalen die Abhängigkeit der Dämpfung von der Frequenz, die *Dämpfungsverzerrung,* zu betrachten (vgl. Abschn. 5.2.1). Bild 3.17 zeigt die Einhüllenden der für Fernsprechwählverbindungen im Netz der DBP gemessenen und auf $f = 800$ Hz bezogenen Dämpfungsverzerrung [3.20]. Diese Messungen wurden im Jahr 1966 von zwei ortsfesten Meßstellen 1 und 2 zu einer großen Anzahl verschiedener Orte im Netz der DBP durchgeführt. Die Teilnehmeranschlußleitung zur Meßstelle 1 war dabei wesentlich länger als die zur Meßstelle 2, was deutlich aus dem stärkeren Anstieg des Bereiches zwischen den Kurven 1 und 1' bei höheren Frequenzen hervorgeht. In Bild 3.18 ist der Bereich der Dämpfungsverzerrung gezeigt, der aus einer Anzahl von Messungen an internationalen Wählverbindungen ermittelt wurde [3.24].

Die Dämpfungsverzerrung hat zwei Ursachen: zum einen die Bandbegrenzung durch Trägerfrequenzsysteme oder auch durch PCM-Systeme und zum anderen den Dämpfungsanstieg zu höheren Frequenzen hin durch die Teilnehmeranschlußleitungen (vgl. Bild 3.5a) oder durch pupinisierte Kabel (vgl. Bild 3.9).

Die diskutierten Kurven für die Dämpfungsverzerrung von Fernsprechwählverbindungen gelten im allgemeinen auch für festgeschaltete Verbindungen.

In die Bilder 3.17 und 3.18 sind die Toleranzgrenzen für festgeschaltete Fernsprechverbindungen besonderer Qualität nach CCITT-Empf. M. 1020 [3.25] eingezeichnet. Diese Verbindungen sind nicht für Sprachübertragung, sondern für andere Anwendungen, z. B. Datenübertragung, gedacht. Die Festlegungen in CCITT-Empf. M. 1020 haben das Ziel, auf den entsprechenden Verbindungen höhere Datenübertragungsgeschwindigkeiten zu ermöglichen, als sie auf normalen Fernsprechverbindungen erreichbar sind. Die Bilder zeigen, daß die Toleranzgrenzen nur von einem geringen Prozentsatz der Verbindungen eingehalten werden, daß also zur Bereitstellung solcher Verbindungen besonderer Qualität eine individuelle Entzerrung vor allem der Dämpfungsverzerrung der Teilnehmeranschlußleitungen erforderlich ist.

Künftig werden für die Verbindung Ortsvermittlungsstelle — Fernvermittlungsstelle zunehmend PCM-Systeme eingesetzt; damit wird der Dämpfungsanstieg zu höheren Frequenzen hin, soweit er auf Zweidraht-Leitungen zwischen diesen Vermittlungsstellen zurückzuführen ist, vermieden.

3.2.2.4 Gruppenlaufzeitverzerrung

Während bei der Übertragung von Sprachsignalen eine Abhängigkeit der Gruppenlaufzeit von der Frequenz, d. h. eine Gruppenlaufzeitverzerrung,

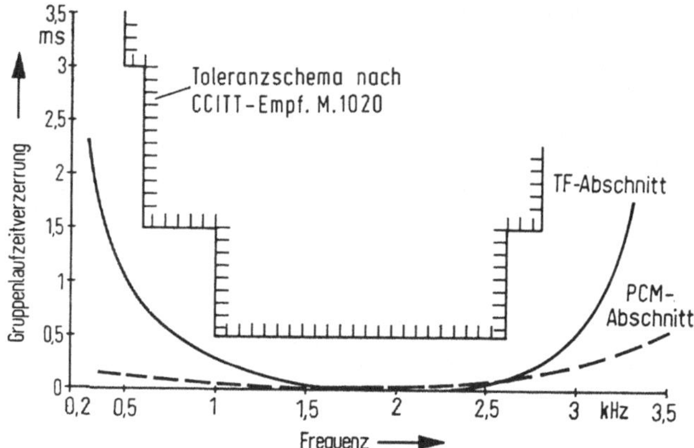

Bild 3.19 Gruppenlaufverzerrung eines TF-Abschnittes und eines PCM-Abschnittes, jeweils bezogen auf die Frequenz, bei der die Gruppenlaufzeit am kleinsten ist (hier bei TF: 2000 Hz, bei PCM: 1500 Hz).

in der gegenwärtigen Praxis nicht stört, da das menschliche Gehör nur sehr große Verzerrungen dieser Art wahrnimmt, muß sie bei der Datenübertragung ebenso wie die Dämpfungsverzerrung betrachtet werden (vgl. Abschn. 5.2.1).

Die Gruppenlaufzeitverzerrung auf einer Fernsprechverbindung wird praktisch nur von den Filtern der TF-Systeme oder auch der PCM-Systeme und durch pupinisierte Kabel verursacht. Die Gruppenlaufzeitverzerrung eines Sprachkanals in einem TF-Abschnitt zeigt Bild 3.19. Zum Vergleich ist in dieses Bild auch die Gruppenlaufzeit eingezeichnet, die sich für ein PCM30-System der Siemens AG ergibt. Ferner ist zu Vergleichszwecken das Toleranzschema nach CCITT-Empf. M. 1020 wiedergegeben, das allerdings für eine ganze festgeschaltete Verbindung, nicht nur für einen einzelnen Abschnitt, gilt.

Die Gruppenlaufzeitverzerrung, die durch die Teilnehmeranschlußleitungen verursacht wird, ist wesentlich kleiner (vgl. z. B. Bild 3.6 mit 3.19). Gruppenlaufzeitverzerrungen verschiedener Fernsprechverbindungen, manchmal auch zwischen den gleichen Teilnehmern, sind infolge von Unterschieden in Anzahl und Eigenschaften der durchlaufenen Filter der TF-Systeme verschieden.

Die Gruppenlaufzeitverzerrung ist außerdem auch in den verschiedenen nationalen Netzen unterschiedlich (vgl. z. B. [3.20, 3.26]). Im Netz der DBP kommen in 50% aller gewählten Fernverbindungen 2 bis 3 TF-Abschnitte vor, maximal ergeben sich 5 TF-Abschnitte. Bei internationalen Verbindungen sind vielfach bis zu 7 TF-Abschnitte, in Ausnahmefällen auch bis zu 10 TF-Abschnitte eingeschaltet.

Die im Netz der DBP [3.20] gemessene Gruppenlaufzeitverzerrung zeigt Bild 3.20, die von internationalen Wählverbindungen [3.24] Bild

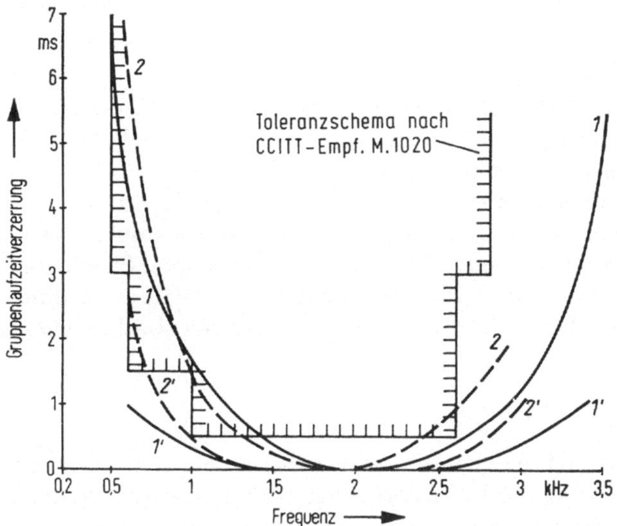

Bild 3.20 Einhüllende der Gruppenlaufzeitverzerrung im Netz der DBP gemessen von zwei Meßstellen (1 und 2). Alle Meßwerte lagen jeweils zwischen den Kurven 1 und 1′ bzw. 2 und 2′ und sind bezogen auf 2000 Hz [3.20].

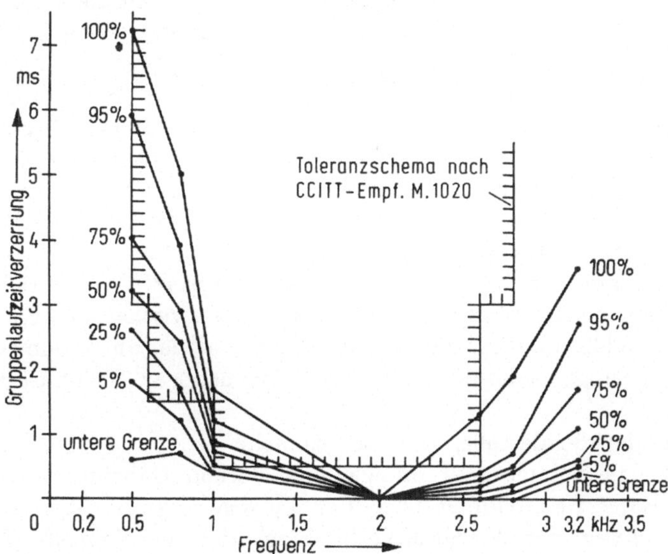

Bild 3.21 Gruppenlaufzeitverzerrungen im Frequenzbereich 500 Hz bei 3200 H für internationale Wählverbindungen (Meßwerte auf 2000 Hz bezogen) [3.24].

3.21. Wenn in Zukunft zunehmend Digital-Übertragungssysteme zwischen Digital-Fernsprechvermittlungseinrichtungen eingesetzt werden, entfallen immer mehr NF-Filter, und die Gruppenlaufzeitverzerrung der Verbindungen wird sich verringern (s. a. [3.27]).

Aus den Bildern 3.20 und 3.21 geht hervor, daß der größte Teil der Wählverbindungen die Toleranzgrenze für festgeschaltete Fernsprechverbindungen besonderer Qualität nach CCITT-Empf. M. 1020 an der oberen Frequenzgrenze bereits ohne Entzerrung erfüllt, bei niedrigen Frequenzen jedoch nur in wenigen Fällen. Für festgeschaltete Zwei- oder Vierdrahtverbindungen kann ein etwas eingeengter Streubereich für die Gruppenlaufzeit gegenüber demjenigen bei Wählverbindungen angenommen werden, da sich hier die Verbindungen zweckmäßig zusammenschalten lassen.

3.2.2.5 Laufzeit und Echos

Für den Halbduplexbetrieb und für Datenübertragungssysteme mit Fehlererkennung und Wiederholung von gestörten Datenblöcken ist auch die absolute *Laufzeit* der Datensignale von Bedeutung. Sind nur TF-Systeme beteiligt, bei denen die Übertragung über Kabel oder Richtfunkstrecken erfolgt, so ergibt sich für nationale TF-Abschnitte eine Laufzeit von wenigen Millisekunden. Die gesamten Signallaufzeiten innerhalb Europas sind meist kleiner als 50 ms. Wenn die Übertragung über Satelliten erfolgt, können jedoch Laufzeiten von bis zu 300 ms auftreten.

Die absolute Laufzeit eines Signals ist auch von Bedeutung, wenn beim Übergang vom Zwei- auf den Vierdrahtweg (Bild 3.15) durch den Gabelübertrager Hin- und Rückweg nicht völlig getrennt werden und dadurch *Echos* entstehen. Die unvollständige Trennung von Hin- und Rückweg entsteht, wenn die „Nachbildung“ (Impedanz zwischen dem Klemmenpaar 4 des Gabelübertragers nach Bild 3.14) nicht genau der Impedanz auf der Zweidrahtseite (Klemmenpaar 1) entspricht. Die Gabelübergangsdämpfung, d. h. die Dämpfung zwischen den Klemmenpaaren 2 und 3 wird dann endlich, und das Signal, das an Klemmenpaar 2 anliegt, gelangt gedämpft auch an Klemmenpaar 3 des Gabelübertragers.

Von der Sendestelle, d. h. bei Sprachübertragung vom Sprecher, gelangt das Sprachsignal infolge eines fernen Gabelübertragers mit nicht idealer Nachbildung nach der Verzögerungszeit über den Hin- und Rückweg der Vierdrahtverbindung und die doppelte Laufzeit über die Teilnehmeranschlußleitung (Bild 3.15) gedämpft zurück zum Sprecher; man bezeichnet dieses Signal daher als *Sprecherecho.* Wird das Signal wieder an einer ebenfalls nicht ideal abgeschlossenen sprecherseitigen Gabel in den Übertragungsweg vom Sprecher zum Hörer eingekoppelt, so nimmt der ferne Gesprächspartner das *Hörerecho* nach der Signallaufzeit über den Rück- und Hinweg der Vierdrahtverbindung wahr.

Der Abstand zwischen den Pegeln von Nutzsignal und Sprecherecho ergibt sich aus dem Doppelten der Summe der Dämpfung der Teilnehmeranschlußleitung, der etwa vorhandenen Zweidrahtleitung von der Ortsvermittlungsstelle zur Fernvermittlungsstelle, der Gabeldurchgangsdämpfung und gegebenenfalls der Dämpfung des Vierdrahtweges; dazu kommt die Sperrdämpfung der fernen Gabel. Der Abstand zwischen den Pegeln von Nutzsignal und Hörerecho ergibt sich aus den Übergangsdämpfungen von sprecher- und hörerseitiger Gabel und der möglichen Dämpfung des Vierdrahtweges.

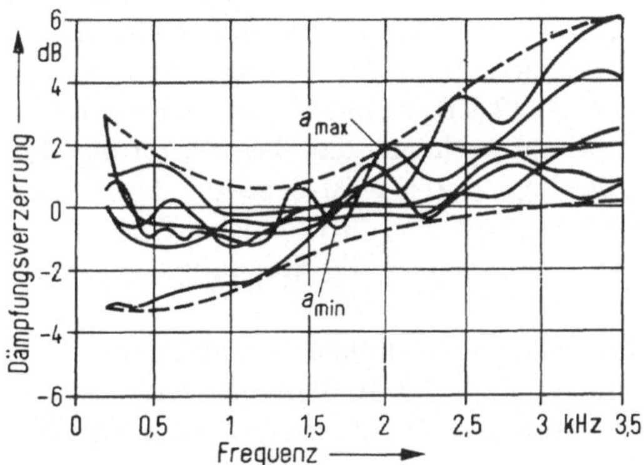

Bild 3.22 Typischer Verlauf der Dämpfungsverzerrung bei starkem Einfluß von Echos (Meßwerte auf den Mittelwert bei 1700 Hz bezogen) [3.22].

Das Sprecherecho kann bei der Datenübertragung beim Wechsel der Übertragungsrichtung stören, wenn nach Abschalten des Sendesignals der Empfänger eingeschaltet wird, ehe das Echo abgeklungen ist (Echoschutzzeit; Band II, Abschn. 7.1.1.5). Das Hörerecho kann bei entsprechender Amplitude laufend den Empfang der Datensignale beeinträchtigen; es ist daher bedeutsamer als das Sprecherecho. Die Beeinträchtigung besteht darin, daß ein zeitlich früher liegender Abschnitt des Datensignals sich nach doppelter Reflexion — wenn auch nennenswert gedämpft — einem späteren Abschnitt überlagert und dadurch dessen Phasenlage und Amplitude verfälscht.

Bei der Messung der Dämpfung einer Fernsprechverbindung äußert sich das Hörerecho als Welligkeit des Frequenzverlaufs der Dämpfung (Bild 3.22), denn es addieren oder subtrahieren sich je nach Laufzeit bzw. Phase die Amplituden von Nutzsignal ($\underline{U}_S$) und Echo ($\underline{U}_E$), so daß in Abhängigkeit von der Frequenz Maxima a_{max} und Minima a_{min} der

Dämpfung entstehen. Aus der Differenz dieser Extremwerte ergibt sich:

$$a_{\max} - a_{\min} = 20 \lg \frac{|\underline{U}_{S}| + |\underline{U}_{E}|}{|\underline{U}_{S}| - |\underline{U}_{E}|}.$$

Daraus kann die Echodämpfung a_E des Hörerechos, d. h. das logarithmierte Verhältnis von Nutzsignalspannung $\underline{U}_S$ zu Echosignalspannung $\underline{U}_E$

$$a_E = 20 \lg \left|\frac{\underline{U}_S}{\underline{U}_E}\right|$$

berechnet werden.

Die Hörerechodämpfung kann auf manchen Verbindungen recht gering sein, wie aus dem Einfluß auf die Dämpfungsverzerrung hervorgeht, den Bild 3.22 zeigt [3.22]. Messungen der DBP haben ergeben, daß in ihrem Fernsprechnetz die Hörerechodämpfung für 95% aller Verbindungen größer als 19 dB ist [3.20]. Bei einer solchen Dämpfung ist gerade noch damit zu rechnen, daß keine Störung der Datensignale eintritt. Wenn allerdings durch PCM-Systeme, die z. B. im Verlauf einer Zweidrahtleitung eingefügt sind, zusätzliche Wege für ein Hörerecho geschaffen werden, dann steigt die Störwahrscheinlichkeit der Datensignale.

Bei einem Ferngespräch zwischen zwei Teilnehmern stört das Echo subjektiv um so mehr, je größer die Signallaufzeit ist. Liegt sie unterhalb von etwa 25 ms, dann genügt erfahrungsgemäß die vorhandene Dämpfung der Fernsprechverbindung, um das Echo genügend schwach zu halten. Größere Laufzeiten treten im allgemeinen nur bei internationalen — insbesondere interkontinentalen — Verbindungen auf und bei jeder Satellitenverbindung. Daher schaltet man in diesen Fällen an den Orten der Vermittlungseinrichtungen, die den Auslandsverkehr abwickeln, *Echosperren* oder *Echokompensatoren* ein. Bei den Echosperren wird, wenn in der Empfangsrichtung der Vierdrahtleitung ein Signal anliegt, in die Senderichtung ein Dämpfungsglied solange eingeschaltet, bis das Empfangssignal wieder unterbrochen wird [3.28]. Echokompensatoren sperren die Sendeeinrichtung nicht, sondern kompensieren das reflektierte Signal durch ein entgegengesetztes; von diesem Prinzip erwartet man eine bessere Qualität für die Verbindungen als von Echosperren. Die Echosperren würden eine Vollduplex-Datenübertragung unmöglich machen. Sie sind daher ausschaltbar durch einen Ton mit der Frequenz 2100 ± 21 Hz, der für mindestens 400 ms gesendet werden muß. Die Echosperren bleiben nach Ende des 2100-Hz-Tones ausgeschaltet, bis der Datensignalpegel gleichzeitig in beiden Richtungen länger als 100 ms ausbleibt.

3.2.2.6 *Frequenzverwerfung und Phasenschwankungen*

Zu den Eigenschaften der hier betrachteten Übertragungswege gehört auch die *Frequenzverwerfung*, d. h. eine Frequenzverschiebung des gesamten Signalspektrums; sie entsteht dadurch, daß in der Trägerfrequenztechnik für die Übertragung der Sprachsignale Amplitudenmodulation mit unterdrücktem Träger und Einseitenbandübertragung verwendet wird und dabei die Frequenz des am Empfangsort zur Demodulation zugesetzten Trägers von der des am Sendeort modulierten Trägers abweichen kann. Von CCITT ist für eine bis zu 2500 km lange Fernsprechverbindung als Grundlage für die Planung ein Grenzwert der Frequenzverwerfung von ± 2 Hz empfohlen worden [3.29]. Auf Grund der Frequenztoleranzen der Oszillatoren der TF-Systeme [3.29] wird daher erst eine Frequenzverwerfung von $\pm$ 5 Hz genügend unwahrscheinlich. Dieser Grenzwert wurde auch für festgeschaltete Fernsprechverbindungen besonderer Qualität nach CCITT-Empf. M. 1020 [3.25] empfohlen. In Deutschland ist die Frequenzverwerfung auf einem sehr hohen Prozentsatz von Verbindungen kleiner als 2 Hz; im Fernsprechwählnetz der USA liegt bei 90% aller Verbindungen die Frequenzverwerfung unter 1,1 Hz [3.26]. Um auch Extremfälle, insbesondere bei internationalen Verbindungen zu berücksichtigen, wird in den CCITT-Empfehlungen für Datenübertragungseinrichtungen (s. Band II, Abschn. 7) von einer Frequenzverwerfung von ± 6 Hz ausgegangen.

Ebenfalls zu betrachten sind die *Phasenschwankungen* der übertragenen Signale (phase jitter). Diese Phasenschwankungen entstehen im wesentlichen durch Brummodulation des Trägers von TF-Systemen. Bisher sind nur Ergebnisse von Messungen der Phasenschwankungen im Fernsprechwählnetz der USA bekannt geworden [3.26]: Im Frequenzbereich von 12 Hz bis 798 Hz lag die Phasenschwankung für 90% aller Verbindungen unter 7 Grad und im Frequenzbereich von 48 Hz bis 96 Hz unter 2 Grad. Für festgeschaltete Fernsprechverbindungen besonderer Qualität nach CCITT-Empf. M. 1020 ist im Frequenzbereich 20 Hz bis 300 Hz für die Phasenschwankung maximal 15 Grad vorläufig empfohlen worden.

Von CCITT wird für neue TF-Systeme eine Seitenbanddämpfung bei Brummodulation von mehr als 45 dB gefordert [3.30]. Daraus ergibt sich ein Maximalwert von 1,3 Grad für die Phasenschwankung. Es ist also zu erwarten, daß in Zukunft, wenn ältere TF-Systeme außer Betrieb genommen werden, sich die Phasenschwankungen verringern.

3.2.2.7 *Störungen*

Bei den Störspannungen, die auf Übertragungswegen auftreten, muß man unterscheiden zwischen dem dauernd vorhandenen Grundgeräusch, den sinusförmigen Störtönen und den stochastisch auftretenden Störimpulsen. Wichtig dabei ist, wo die Störgeräusche im Verlauf der Verbindung auftreten. Bei Verbindungen, in deren Verlauf eine Bandbegrenzung erfolgt (Benutzung von TF-Systemen oder Pupinkabeln), sind auch die Störgeräusche bandbegrenzt, sofern sie nicht erst auf der empfangsseitigen Teilnehmeranschlußleitung eingekoppelt werden (s. Abschn. 3.1.5). In diesem Abschnitt werden aber auch stochastisch auftretende Störungen von Datensignalen — Amplituden- und Phasensprünge — diskutiert, die nicht nur durch von fremden Systemen eingekoppelte Störsignale verursacht werden.

Das *Grundgeräusch* auf Fernsprechverbindungen entsteht einerseits durch Rauschen der passiven und aktiven Bauelemente der TF-Systeme oder auch der PCM-Systeme und andererseits durch Nebensprechen zwischen den einzelnen Sprachkanälen der TF-Systeme und auf Niederfrequenz-Kabeln (s. Abschn. 3.1.4) sowie durch Beeinflussung z. B. durch Rundfunksender und durch das Starkstromnetz. Sein Spektrum entspricht im Frequenzbereich des Sprachkanals näherungsweise dem des weißen Rauschens. Nur in Ausnahmefällen überschreitet der Pegel —45 dBm, gemessen am Eingang der Teilnehmeranschlußleitung, wie aus umfangreichen Messungen auf Fernsprechwählverbindungen hervorgeht (z. B. [3.24]).

Wichtiger als dieser Absolutwert ist der Störabstand, also die Differenz zwischen Nutzsignalpegel und dem auf die Bandbreite des Sprachbandes begrenzten Störpegel. Messungen an internationalen Wählverbindungen zeigen, daß bei 95% aller Verbindungen der Störabstand größer als 30 dB war; keine der Verbindungen ergab einen Störabstand unter 12 dB (der Sendepegel lag bei diesen Messungen bei 0 dBm) [3.24].

Die wichtigsten *sinusförmigen Störsignale* sind im wesentlichen die durch den Schleifenstrom auf den Teilnehmeranschlußleitungen des Fernsprechwählnetzes auftretenden *Brummspannungen* und die in Sonderfällen auf diesen Leitungen übertragenen *Gebührenzählimpulse.* Die Brummspannungen, die durch netzgespeiste Gleichrichter entstehen, haben die im Starkstromnetz verwendete Frequenz, also 50 oder 60 Hz, und Oberwellen davon und betragen im Höchstfall etwa 100 mV_{eff}. Die Frequenz der Gebührenzählimpulse ist in den einzelnen Ländern unterschiedlich. In Deutschland wird beispielsweise 16 kHz verwendet, in anderen Ländern 10 oder 12 kHz. Der Pegel der Gebührenzählimpulse am Eingang der Teilnehmeranschlußleitungen beträgt bis zu +20 dBm, auf die Nachbaradern werden im Höchstfall etwa 7 mV_{eff} eingekoppelt (s. Tab. 3.4).

Impulsartige Störungen auf Fernsprechverbindungen können durch Erschütterungen mechanischer Kontakte, z. B. infolge der Bewegungen benachbarter Wähler, hervorgerufen werden. Die daraus resultierende

Widerstandsänderung bewirkt eine Änderung des Schleifenstromes auf der Teilnehmeranschlußleitung. Wenn auf Verbindungsleitungen zwischen Vermittlungseinrichtungen erdunsymmetrisch getastet wird (z. B. zur Übertragung von Wählimpulsen), wird auf andere Adernpaare — entsprechend der unvollkommenen Symmetrie des Leitungsnetzes — eine Störspannung eingekoppelt. Eine typische Störung dieser Art zeigt Bild 3.23.

Zur Messung der impulsartigen Störungen wird der Störimpulszähler nach CCITT-Empf. V. 55 [3.31] (s. Band II, Abschn. 11.2.4.2) verwendet. Als Anhaltswerte für die Anzahl der in einem bestimmten Zeitintervall — von CCITT wurde eine Meßzeit von 15 min empfohlen — auftretenden Störimpulse, die eine bestimmte Meßschwelle überschreiten, zeigt Tab. 3.6 Meßergebnisse für internationale Wählverbindungen und für Wählverbindungen im Netz der DBP. Diese Meßergebnisse sind wie die Messungen des Grundgeräusches nur dann hinsichtlich der Datenübertragungsmöglichkeit aussagekräftig, wenn auch das Pegelverhältnis bekannt ist von Nutzsignal, also Datensignal, zur Meßschwelle, bei der ein Störimpuls registriert wird. Derartige Messungen sind bisher nicht veröffentlicht worden.

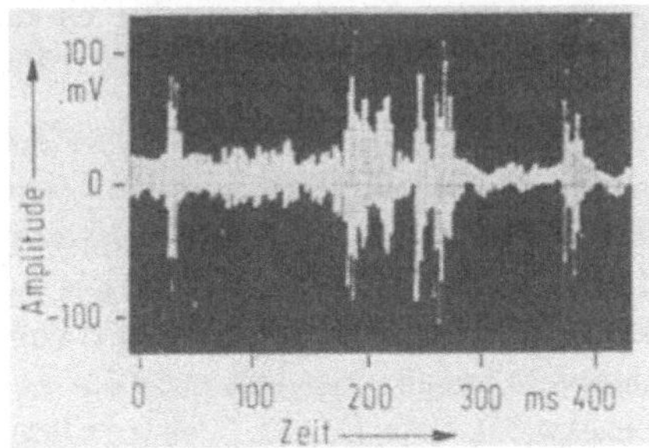

Bild 3.23 Typische, durch einen Wählvorgang hervorgerufene Störung.

Auswertbare Messungen der Störimpulshäufigkeit auf festgeschalteten Fernsprechverbindungen sind nicht bekannt. Gegenüber Fernsprechwählverbindungen ist jedoch mit wesentlich weniger Störimpulsen zu rechnen.

Auch über *Amplitudensprünge* ist bisher wenig bekannt. Sie werden heute z. B. durch Umschaltungen von Übertragungsabschnitten innerhalb einer bestehenden Verbindung verursacht. Dabei können sowohl Pegelerhöhungen als auch Pegelabsenkungen des übertragenen Signals bis hin zu völligen Unterbrechungen des Übertragungsweges auftreten. Die Dauer einer solchen Unterbrechung kann im Bereich von Millisekunden bis Sekunden liegen. Nach den bisherigen Messungen muß man mit einigen Unterbrechungen je Tag und Verbindung rechnen [3.32].

Tabelle 3.6 Anzahl der Störimpulse, die in einem Zeitintervall von 15 Minuten auf Fernsprechwählverbindungen mit dem Störimpulszähler nach CCITT-Empf. V.55 [3.31] registriert werden

Prozentsatz der Verbindungen, bei denen die Anzahl der Störimpulse gleich oder geringer als angegeben ist	Internationale Fernsprechwählverbindungen [3.24] Schwelle: −18 dBm		Verbindungen im Fernsprechwählnetz der DBP [3.20] (Flachfilter nach CCITT-Empf. V.55)			
	Flachfilter	Sprachbanddatenkanalfilter	Schwellen:			
	(nach CCITT-Empf. V.55)		−20 dBm	−25 dBm	−30 dBm	−40 dBm
5%	32	5	—	—	—	—
50%	430	90	5	5	5	19
75%	940	220	5	5	8	70
95%	6900	550	50	110	150	190

Eine typische Kurzzeitunterbrechung ist in Bild 5.10, Abschn. 5.2.4 gezeigt. Von CCITT werden Meßeinrichtungen empfohlen, mit denen Pegelabsenkungen erfaßt werden können (s. Band II, Abschn. 11.2.5). Mit Hilfe der damit gewonnenen Ergebnisse wird es möglich sein, genauere Aussagen über Dauer und Häufigkeit von Pegelabsenkungen zu machen.

Eine *Störung*, die man sowohl als impulsartige Störung als auch als Amplitudensprung betrachten kann, tritt *bei PCM-Systemen durch Bitfehler* auf, die bei der Übertragung der PCM-Codewörter (Abschn. 3.2.1) entstehen können. Einem verfälschten Codewort wird bei der Decodierung ein falscher Amplitudenwert zugeordnet. Es entsteht ein *impulsförmiger Amplitudensprung* von etwa 0,3 ms Dauer. Der mittlere Abstand dieser Amplitudensprünge hängt von der Bitfehlerhäufigkeit ab. Nach CCITT-Empf. G. 821 [3.33] soll die Bitfehlerhäufigkeit einer internationalen 64-kbit/s-Digitalverbindung in 90% aller Minutenintervalle den Wert 10^{-6} nicht überschreiten; somit wäre im Mittel etwa alle 15 Sekunden ein Amplitudensprung zu erwarten. Seine Größe ist je nach der Wertigkeit des betroffenen Bits verschieden. Wird z. B. in einem PCM-Codewort das erste Bit — welches die Polarität des Abtastwertes angibt — gefälscht, so wird beim Decodieren, d. h. bei der Digital/Anatog-Umsetzung, der zurückgebildete Abtastwert umgepolt; die Auswirkungen von Störungen der anderen Bits sind meistens geringer. Nur bei einem Bruchteil der Bitfehler ist eine Störung als „Knack" hörbar.

Zur Vervollständigung sollen hier auch die *Phasensprünge* (phase hits) erwähnt werden, über die allerdings bisher ebenfalls wenig bekannt ist [3.34].

3.2.2.8 Nichtlineare Verzerrungen

In Fernsprechverbindungen treten auch nichtlineare Verzerrungen auf. Verursacht werden sie bei der Übertragung der Analogsignale über TF-Systeme durch deren begrenzte Aussteuerbarkeit. Von CCITT wurde daher eine Empfehlung für die Linearität von Kanalumsetzern der TF-Systeme erarbeitet [3.35]. Auswertbare Messungen von nichtlinearen Verzerrungen in europäischen Fernsprechnetzen fehlen; lediglich in USA wurden bisher Messungen durchgeführt [3.26]. In CCITT-Empf. M. 1020 ist für festgeschaltete Fernsprechverbindungen besonderer Qualität vorläufig eine Mindestdämpfung von 25 dB für alle Oberwellen gegenüber einem Meßton von 700 Hz mit einem Pegel von —13 dBm0 vorgeschlagen worden.

Ebenfalls zu den nichtlinearen Verzerrungen zu rechnen sind die bei PCM-Systemen auftretenden Abweichungen vom zu übertragenden Analogwert, die durch die Einreihung der Abtastwerte in ein Raster, die Quantisierung, entstehen. Die Auswirkung der Quantisierung kann man auch als Geräusch auffassen; bei *einem* PCM-Vorgang, d. h. einer Umsetzung von Niederfrequenz- auf PCM-Signale und zurück, kann man nach [3.27] mit den für die Datenübertragung benutzten Pegeln einen Mindestabstand des Pegels des Quantisierungsgeräusches vom jeweiligen Pegel des Datensignals von 34 dB abschätzen. Die Beeinträchtigung der Datenübertragung ist für Geschwindigkeiten bis 2400 bit/s nur gering [3.36, 3.37]. Das gilt auch bei 4800 bit/s und selbst dann, wenn bis zu 14mal von Analogwerten in Digitalwerte und zurück umgesetzt wird [3.38]. Die 14malige Umsetzung würde übrigens zu einem Signal-Geräusch-Abstand von mindestens 22,5 dB führen; in der CCITT-Empf. M. 1020 ist als Minimum ein Wert von 22 dB genannt.

3.2.3 Primärgruppenverbindungen

Die Frequenzbänder, die in TF-Systemen zur Verfügung stehen (Tab. 3.5), können nur für festgeschaltete Verbindungen verwendet werden. Vor allem wird das Primärgruppenband benutzt. Es erstreckt sich über den Frequenzbereich von 60 bis 108 kHz, besitzt also eine Breite von 48 kHz. Diese kann jedoch nicht als Ganzes für die Datenübertragung ausgenutzt werden. Denn zur Pegelregelung im TF-System wird ein bei der Frequenzmultiplex-Übertragung von Sprachsignalen in die Lücke zwischen zwei Sprachkanäle fallender Pilotton bei 84,08 kHz mitübertragen; dieser wird nach CCITT-Empf. G. 241 [3.39] bei Benutzung der Primärgruppe für die Datenübertragung auf 104,08 kHz verschoben, so daß in diesem Fall nur das Frequenzband zwischen etwa 60 und 102 kHz zur Verfügung steht.

Außerdem ist für die Datenübertragung der Aufbau einer Primärgruppenverbindung von Bedeutung. Das Frequenzband 60 bis 108 kHz steht nur am sogenannten Primärgruppenverteiler zur Verfügung, d. h. nicht beim Teilnehmer. Vom Primärgruppenverteiler bis zum Teilnehmer oder, bei Benutzung im Datennetz, bis zu den Zeitmultiplexeinrichtungen muß über Adernpaare von Kabeln übertragen werden (s. Band II, Abschn. 7.3 und 7.4).

Da die Eigenschaften von Adernpaaren in Kabeln bereits in Abschnitt 3.1 auch für den Frequenzbereich bis 108 kHz behandelt wurden und über die Eigenschaften der gesamten Primärgruppenverbindungen bisher keine Veröffentlichungen bekannt sind, soll hier nur auf den Teil der Primärgruppenverbindung eingegangen werden, der sich zwischen den Ein- und Ausgängen an den Primärgruppenverteilern befindet.

3.2.3.1 Dämpfungs- und Gruppenlaufzeitverzerrung

Die Filter, die zur Trennung der Primärgruppen im TF-System nötig sind, die Primärgruppendurchschaltefilter, die Sperrfilter für die Pilottöne sowie die Umsetzereinrichtungen selbst verursachen die *Dämpfungs- und Gruppenlaufzeitverzerrung* einer Primärgruppenverbindung, wenn man voraussetzt, daß etwa vorhandene Anschlußleitungen zu den Teilnehmern genügend gut entzerrt sind. Auch der Einfluß von Sekundär-

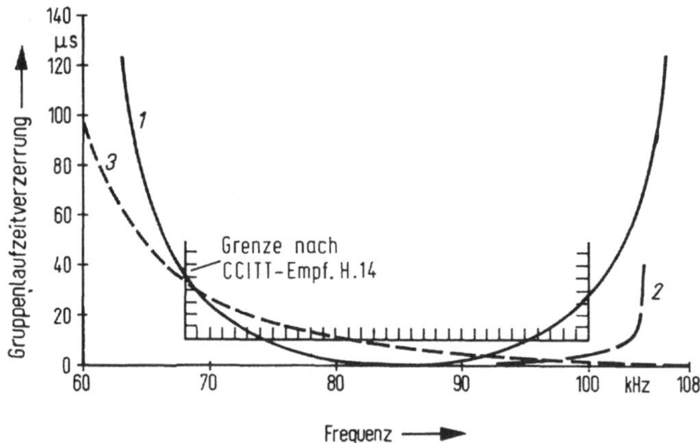

Bild 3.24 Gruppenlaufzeitverzerrung von Primärgruppenverbindungen.
Kurve 1: Gruppenlaufzeitverzerrung eines Primärgruppendurchschaltefilters bezogen auf 84 kHz; Kurve 2: Gruppenlaufzeitverzerrung eines Pilotsperrfilters für den auf 104,08 verschobenen Primärgruppenpiloten bezogen auf 60 kHz; Kurve 3: Gruppenlaufzeitverzerrung eines Sekundärgruppendurchschaltefilters bezogen auf 108 kHz. Nur von Einfluß, wenn die Randprimärgruppen verwendet werden, hier z. B. die 5. Primärgruppe.

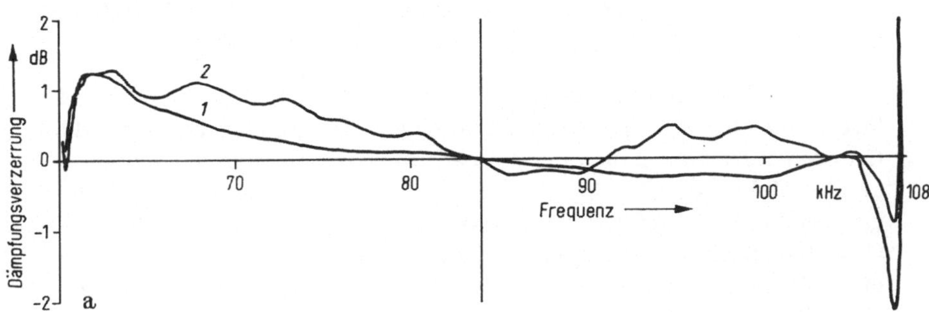

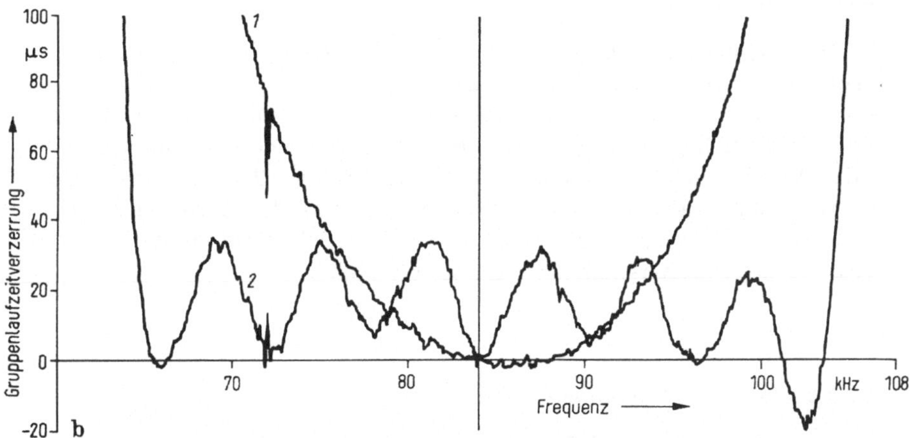

Bild 3.25 Übertragungseigenschaften einer Primärgruppenverbindung, in deren Verlauf vier Primärgruppendurchschaltefilter enthalten sind.
a) Dämpfungsverzerrung; b) Gruppenlaufzeit; Kurven 1: ohne Entzerrung; Kurven 2: Primärgruppendurchschaltefilter entsprechend CCITT-Empf. H. 14 entzerrt. Die Angaben zu diesem Bild wurden freundlicherweise vom Fernmeldetechnischen Zentralamt der DBP, Referat A 37, zur Verfügung gestellt.

gruppendurchschaltefiltern muß beachtet werden. Die Größe der Dämpfungsverzerrung ist sehr gering. Daher wird in Bild 3.24 nur die Gruppenlaufzeitverzerrung eines Primärgruppendurchschaltefilters und diejenige der obengenannten weiteren Komponenten der TF-Systeme gezeigt.

Für die Datenübertragung werden entsprechend CCITT-Empf. H. 14 [3.40] die Primärgruppendurchschaltefilter derart entzerrt, daß die Gruppenlaufzeitverzerrung der Primärgruppenverbindung im Frequenzbereich 68 bis 100 kHz den Wert 45 μs nicht überschreitet. Ein Primärgruppendurchschaltefilter kann dazu so entzerrt werden, daß seine Gruppenlaufzeitverzerrung im Bereich 68 bis 100 kHz den Wert 15 μs nicht überschreitet (Grenze in Bild 3.24); diese Entzerrung soll derart geschehen, daß wenigstens sechs relative Maxima in diesem Bereich auftreten (vgl. Bild 3.25). Um diese Bedingungen einzuhalten, kann es erforderlich sein, die Rand-Gruppenbänder Nr. 1 und Nr. 5 zu vermeiden. Bänder mit Sekundärgruppenpiloten sind für die Datenübertragung nicht verwendbar.

Im allgemeinen geht man davon aus, daß im Verlauf nationaler Primärgruppenverbindungen zwei Primärgruppendurchschaltefilter vorkommen; die Gruppenlaufzeitverzerrung liegt also bei Entzerrung der Filter nach CCITT-Empf. H. 14 unter 30 μs. Besonders bei internationalen Verbindungen muß aber damit gerechnet werden, daß mehr als zwei Primärgruppendurchschaltefilter verwendet werden. Die Dämpfungs- und Gruppenlaufzeitverzerrung einer Primärgruppenverbindung mit vier Primärgruppendurchschaltefiltern zeigt Bild 3.25.

3.2.3.2 Pegel und Impedanz

Für den Fall, daß über die Primärgruppenverbindung nur in einem einzigen Datenkanal übertragen wird und die Energie gleichmäßig über den zur Verfügung stehenden Frequenzbereich verteilt ist, wurde ein Sendepegel von —4 dBm0 festgelegt [3.41]; dieser Wert entspricht der Gesamtleistung der in der Primärgruppe möglichen 12 Sprachkanäle. Der Pegel eines zusätzlichen Pilottons sowie ein Pegel, der bei einzelnen Frequenzen länger als 100 ms auftritt, darf den Wert von —10 dBm0 nicht überschreiten.

Die zulässigen Pegel in der Umgebung des Piloten bei 104,08 kHz und außerhalb des Frequenzbereiches 60 bis 108 kHz wurden ebenfalls festgelegt [3.41]. Üblicherweise wird bei Primärgruppenverbindungen mit der Restdämpfung Null gearbeitet. Der Empfangspegel ist also bis auf Toleranzen gleich dem Sendepegel.

Die Impedanz am Primärgruppenverteiler ist international nicht einheitlich festgelegt. Bei den TF-Systemen der DBP beträgt sie 150 Ω (erdsymmetrisch).

3.2.3.3 Frequenzverwerfung und Phasenschwankungen

Die auf einer Primärgruppenverbindung auftretende Frequenzverwerfung soll nach [3.33] ±5 Hz nicht überschreiten. Zwar sind Meßergebnisse bisher nicht veröffentlicht worden; jedoch dürfte sie in der Praxis ebenso wie die Frequenzverwerfung auf Übertragungswegen mit Sprachbandbreite (Abschn. 3.2.2.6) erheblich geringer sein als dieser Grenzwert.

Auch über Messungen der Phasenschwankungen auf Primärgruppenverbindungen ist bisher nichts bekannt. Da nicht in das Sprachband umgesetzt wird, dürften sich hier etwas geringere Werte ergeben als für Übertragungswege mit Sprachbandbreite (Abschn. 3.2.2.6).

3.2.3.4 Störspannungen

Veröffentlichte Angaben über die auf Primärgruppenverbindungen auftretenden Störspannungen liegen bisher nicht vor. Zur Abschätzung des auftretenden Rauschleistungspegels kann man ähnlich wie bei der Festlegung des Sendepegels von der Störleistung eines Kanals mit Sprachbandbreite [3.42] ausgehen. Daraus ergibt sich eine Störleistung von —41 dBm0, also zum zulässigen Sendepegel ein Störabstand von etwa 37 dB.

Die Datenübertragung auf Primärgruppenverbindungen wird außer durch das *Grundgeräusch* auch durch die bei der Frequenzumsetzung im TF-System auftretenden *Trägerreste* beeinträchtigt, die bei der Übertragung auf den einzelnen Sprachkanälen nicht stören, da sie in die Frequenzlücken zwischen den Sprachkanälen fallen. Für den zulässigen Pegel dieser Trägerreste ist bei CCITT eine Obergrenze von —40 dBm0 vereinbart worden [3.40]. Bei älteren TF-Systemen ist allerdings mit höherem Pegel der Trägerreste (bis zu etwa —26 dBm0) zu rechnen. Da die Primärgruppen 1 und 2 (Zählung der Primärgruppen mit steigender Frequenzlage) innerhalb einer Sekundärgruppe die geringste Anzahl von Trägerresten aufweisen, sollten für die Datenübertragung möglichst diese beiden Primärgruppen 1 oder 2 ausgewählt werden. Natürlich ist die Voraussetzung für den Einsatz der Primärgruppe 1, bei der auch die Randverzerrungen des Sekundärgruppendurchschaltefilters zu den Dämpfungs- und Laufzeitverzerrungen beitragen (vgl. Bild 3.24), daß sie sich genügend gut entzerren läßt.

Auf Primärgruppenverbindungen ist ebenso wie auf Sprachkanälen mit Unterbrechungen zu rechnen. Über ihre Anzahl und Dauer ist aus der Literatur bisher nichts bekannt.

4 Datenübertragungsverfahren

Die binären Datensignale in ihrer ursprünglichen Form stellen eine Folge rechteckförmiger Impulse dar. Für ihre formgetreue Übertragung wäre theoretisch der gesamte Frequenzbereich von Null bis Unendlich erforderlich (Abschn. 4.1.1). Da die realen Übertragungswege nur eine endliche Bandbreite zur Verfügung stellen (Abschn. 3), müssen die zu übertragenden Datensignale durch Codierung, Impulsformung und, wenn sich das Frequenzband nur von einer bestimmten unteren bis zu einer oberen Grenzfrequenz erstreckt, zusätzlich durch Modulation einer Trägerschwingung dem Übertragungsweg angepaßt werden.

Man kann zunächst unterscheiden zwischen der Übertragung der binären Datensignale *ohne Modulationsvorgang*, d. h. in einem Frequenzband, das sich von der Frequenz Null ab erstreckt — dem *Basisband* — und der Übertragung *mit moduliertem Träger*, die dann erforderlich ist, wenn ein bestimmtes Frequenzband mit gegebener unterer und oberer Grenzfrequenz zur Verfügung steht.

Basisbandübertragungsverfahren werden angewendet bei der Datenübertragung über Adernpaare in Kabeln oder bei Freileitungen, die das Frequenzband von der Frequenz Null ab (oder von einer sehr niedrigen unteren Grenzfrequenz ab) zur Verfügung stellen (vgl. Abschn. 3.1).

Natürlich können auf den Adernpaaren von Kabeln oder Freileitungen auch Verfahren mit moduliertem Träger eingesetzt werden. Ihr Einsatz ist nur durch die mit der Frequenz zunehmende Dämpfung begrenzt. Verfahren mit moduliertem Träger müssen verwendet werden z. B. bei Verbindungen mit der Bandbreite eines oder mehrerer Sprachkanäle, wie sie in Abschn. 3.2 behandelt wurden. Da aber auch in Systemen mit moduliertem Träger vor der Modulation oder nach der Demodulation Basisbandsignale vorliegen, sind diese *Signale* unabhängig vom Übertragungsverfahren zu betrachten (s. Abschn. 4.1.3; Basisband*übertragungsverfahren* dagegen sind an den entsprechenden Übertragungsweg — Kabel oder Freileitung — gebunden).

Die Verfahren für die Basisbandübertragung, die verschiedenen Verfahren der Übertragung mit moduliertem Träger und die Verfahren für die Rückgewinnung von Takt und Träger sowie die bei den einzelnen Übertragungsverfahren zu erwartende Fehlerwahrscheinlichkeit werden in den folgenden Abschnitten betrachtet.

Ehe jedoch auf die einzelnen Verfahren und ihre Eigenschaften eingegangen wird, seien einige grundsätzliche Erläuterungen zur Übertragung von Daten vorangestellt.

4.1 Grundsätzliches zur Übertragung von Daten

Eine wichtige Frage bei der Übertragung von Daten mit einer vorgegebenen Geschwindigkeit ist die nach der Verteilung der spektralen Energie, die sich für ein bestimmtes Übertragungsverfahren ergibt.

Bei der Basisbandübertragung über unpupinisierte Kabel ist das zur Verfügung stehende Frequenzband praktisch nicht beschränkt, die Dämpfung nimmt lediglich mit steigender Frequenz zu (Abschn. 3.1.2). Hier ist nicht in erster Linie wichtig, über welches Frequenzband sich die wesentliche spektrale Energie verteilt, sondern wie groß der Anteil der spektralen Energie ist, der durch Nebensprechen auf benachbarte Adernpaare in die Frequenzbänder der anderen Systeme fällt, die im gleichen Kabel betrieben werden und die nicht gestört werden dürfen.

Bei der Basisbandübertragung über pupinisierte Kabel und bei der Übertragung mit moduliertem Träger über Verbindungen mit der Bandbreite eines oder mehrerer Sprachkanäle steht nur ein begrenztes Frequenzband zur Verfügung (Abschn. 3.2). Hier muß das Übertragungsverfahren so gewählt werden, daß bei der jeweiligen Übertragungsgeschwindigkeit die wesentliche spektrale Energie in das nutzbare Frequenzband des Übertragungsweges fällt. Häufig ist auch die Frage der Bandbreiteausnutzung bei den verschiedenen Übertragungsverfahren wichtig.

4.1.1 Signalfunktion und Spektralfunktion

Zum Verständnis der folgenden Ausführungen soll zunächst der Zusammenhang zwischen einer im Zeitbereich gegebenen Signalfunktion $g(t)$ und der im Frequenzbereich zugehörigen Spektralfunktion $G(\omega)$ gezeigt werden.

Die Signalfunktion $g(t)$ und die Spektralfunktion $G(\omega)$ sind verknüpft durch die Fouriertransformation [4.1 u. 4.2]:

$$G(\omega) = \int_{t=-\infty}^{\infty} g(t)\, \mathrm{e}^{-\mathrm{j}\omega t}\, \mathrm{d}t. \tag{4.1}$$

Die Spektralfunktion $G(\omega)$[1] ergibt sich dabei in komplexer Schreibweise als

$$G(\omega) = |G(\omega)|\, e^{j\varphi(\omega)} \tag{4.2}$$

mit $|G(\omega)|$ als Amplitudenverlauf und $\varphi(\omega)$ als Phasenverlauf der Spektralfunktion $G(\omega)$. Für reelle Signalfunktionen $g(t)$ folgt, daß die Spektralanteile für positive und negative Frequenzen zueinander konjugiert komplex sind:

$$G(-\omega) = G^*(\omega). \tag{4.3}$$

Wenn die Spektralfunktion $G(\omega)$ eines Signals gegeben ist, so ergibt sich als Umkehrung von (4.1) für die Signalfunktion

$$g(t) = \frac{1}{2\pi} \int\limits_{\omega=-\infty}^{\infty} G(\omega)\, e^{j\omega t} d\omega. \tag{4.4}$$

Als Beispiel wird ein Rechteckimpuls der Dauer T und der Amplitude A

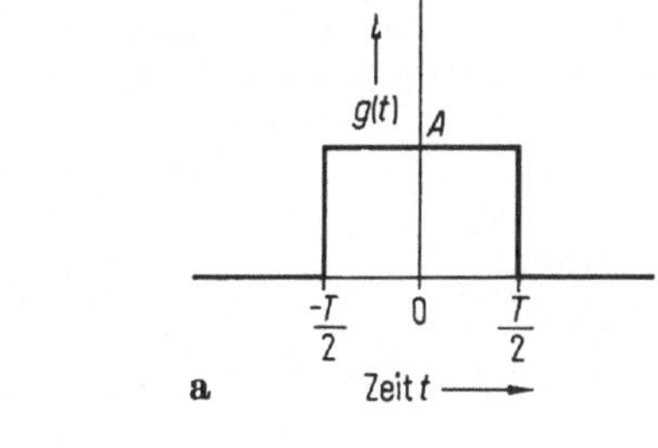

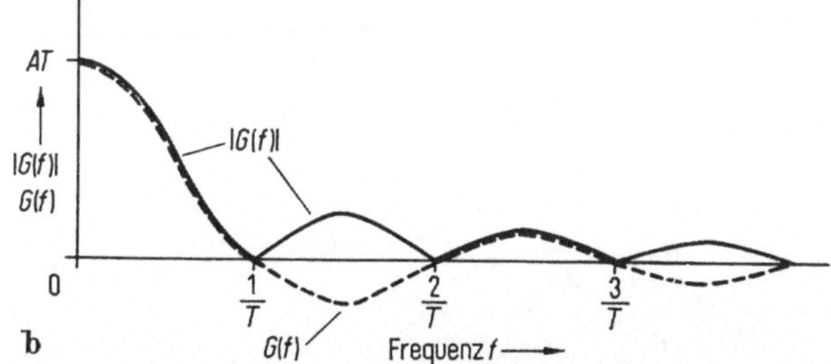

Bild 4.1 Eigenschaften eines Rechteckimpulses der Dauer T.
a) Signalfunktion $g(t)$; b) Spektralfunktion $G(f)$ und Betrag der Spektralfunktion $|G(f)|$ (Darstellung nur für positive Frequenzen; der Verlauf der Spektralfunktion für negative Frequenzen ist symmetrisch bezüglich der Frequenz).

[1] Im folgenden wird auch das Leistungsdichtespektrum betrachtet [4.1]; dieses ergibt sich, wenn eine stochastische Bitfolge gesendet wird. Hier wird nicht näher darauf eingegangen, da es meist dem Quadrat der Spektralfunktion des Einzelimpulses entspricht. Wenn das nicht der Fall ist, wird auf entsprechende Literatur hingewiesen.

betrachtet, wie er in Bild 4.1 dargestellt ist. Man erhält aus (4.1)

$$G(\omega) = A \int_{t=-T/2}^{T/2} e^{-j\omega t}\, dt = AT \frac{\sin (T\omega/2)}{T\omega/2}$$

oder mit $\omega = 2\pi f$

$$G(\omega) = AT \frac{\sin (\pi T f)}{\pi T f}.$$

Der Verlauf dieser Spektralfunktion eines Rechteckimpulses, in Bild 4.1 für positive Frequenzen dargestellt, erstreckt sich von der Frequenz $-\infty$ bis ∞. Für die Übertragung eines Rechteckimpulses wäre also theoretisch eine unendliche Bandbreite nötig.

4.1.2 Fourierreihe

Die gleiche Betrachtung wie in dem zuletzt behandelten Beispiel kann man nun auch für eine beliebige Folge von derartigen Rechteckimpulsen anstellen, die periodisch wiederholt werden. Eine periodische Folge von Rechteckimpulsen läßt sich bekanntlich in eine Fourierreihe, d. h. in eine Summe von sinusförmigen Schwingungen zerlegen.

Allgemein gilt für die Entwicklung einer periodischen Funktion $f(t)$ in eine Fourierreihe

$$f(t) = \frac{a_0}{2} + \sum_{n=1}^{\infty} [a_n \cos (n\omega_p t) + b_n \sin (n\omega_p t)],$$

wobei sich ω_p als Grundschwingung oder erste Harmonische des Signals aus der Periode T_0 der Funktion $f(t)$ ergibt:

$$\omega_p = \frac{2\pi}{T_0}.$$

Die konstanten Koeffizienten a_n und b_n ergeben sich aus der Funktion $f(t)$:

$$a_n = \frac{2}{T_0} \int_{t=-T_0/2}^{T_0/2} f(t) \cos (n\omega_p t)\, dt,$$

$$b_n = \frac{2}{T_0} \int_{t=-T_0/2}^{T_0/2} f(t) \sin (n\omega_p t)\, dt$$

n ist dabei eine ganze Zahl: $n = 1, 2, \ldots$

Aus a_0 ergibt sich der Gleichanteil

$$a_0 = \frac{2}{T_0} \int_{t=T_0/2}^{T_0/2} f(t)\, dt.$$

Die Fourierreihe läßt sich auch in der Form darstellen

$$f(t) = \frac{a_0}{2} + \sum_{n=1}^{\infty} C_n \cos(n\omega_p t - \varphi_n).$$

Für die konstanten Amplituden C_n erhält man

$$C_n = \sqrt{a_n^2 + b_n^2}$$

und für die Phasen

$$\varphi_n = \operatorname{arc\,tan}(b_n/a_n).$$

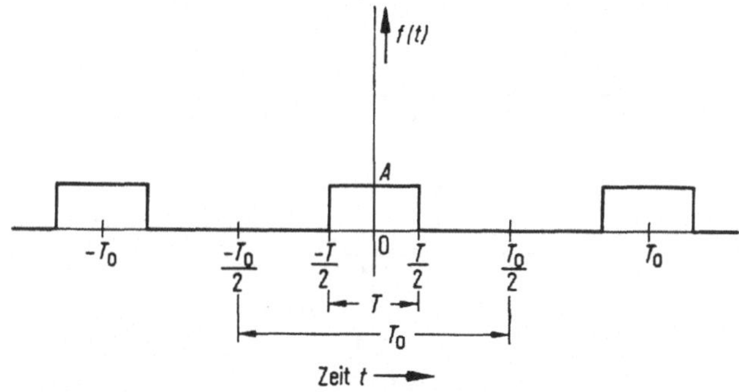

Bild 4.2 Signalfunktion $f(t)$ für eine periodische Folge von Rechteckimpulsen der Dauer T und der Periode T_0.

Betrachtet man nun wieder als Beispiel eine periodische Folge von Rechteckimpulsen der Dauer T und der Periode T_0, wie sie in Bild 4.2 dargestellt ist, so ergibt sich als Fourierreihe

$$f(t) = \frac{AT}{T_0} + \sum_{n=1}^{\infty} \frac{2A_0T}{T_0} \frac{\sin(\pi nT/T_0)}{\pi nT/T_0} \cos(n\omega_p t).$$

Für den Fall $T_0 = 2T$, d. h. für eine Bitfolge 101010 . . ., ergeben sich die in Bild 4.3a gezeigten diskreten Spektrallinien, deren Einhüllende der Spektralfunktion des Einzelpulses entspricht. Der $\sin x/x$-förmige Verlauf dieser Funktion ist in Bild 4.3a gestrichelt dargestellt. Das gilt auch für andere Verhältnisse von T zu T_0, wie in Bild 4.3b für $T/T_0 = 1/6$ gezeigt. Das Linienspektrum einer periodischen Zeitfunktion geht also mit wachsender Periode T_0 allmählich in das Spektrum eines Einzelimpulses über.[1]

[1] Der Unterschied, der sich beim Vergleich der Bilder 4.1 und 4.3 bei der Frequenz Null ergibt, erklärt sich daraus, daß bei der Spektralfunktion des Einzelimpulses positive und negative Frequenzen betrachtet werden, bei der Fourierreihe nur positive Frequenzen.

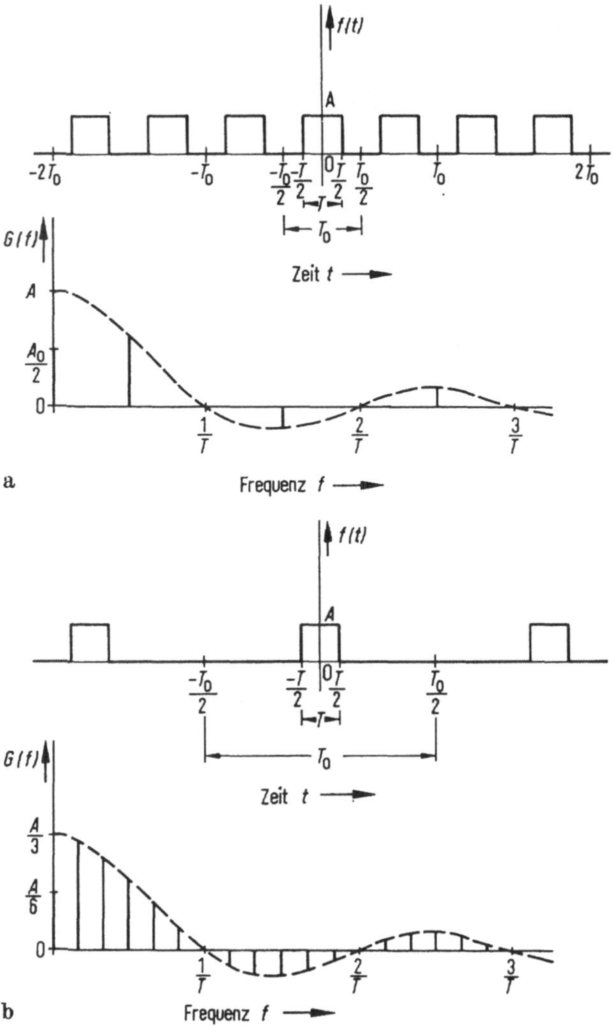

Bild 4.3 Eigenschaften einer periodischen Folge von Rechteckimpulsen der Dauer T und der Periode T_0.
a) $T_0 = 2T$. Signalfunktion $f(t)$, Spektralfunktion $G(f)$; b) $T_0 = 6T$. Signalfunktion $f(t)$, Spektralfunktion $G(f)$.

4.1.3 Verformung von Impulsen durch Bandbegrenzung

Gemäß diesen grundsätzlichen Überlegungen ist also für die Übertragung eines Rechteckimpulses oder einer Folge derartiger Impulse eine unendliche Bandbreite nötig. Die Begrenzung des Frequenzbandes durch reale

Übertragungswege führt zu einer unerwünschten Verformung des Rechteckimpulses.

Beispiele für die Verformung von Rechteckimpulsen sind in Bild 4.4 wiedergegeben. Den Signalverlauf von periodischen Rechteckimpulsen, die über ein Adernpaar eines unpupinisierten Kabels übertragen werden, zeigt Bild 4.4a. Der Signalverlauf der gleichen Impulsfolge nach Über-

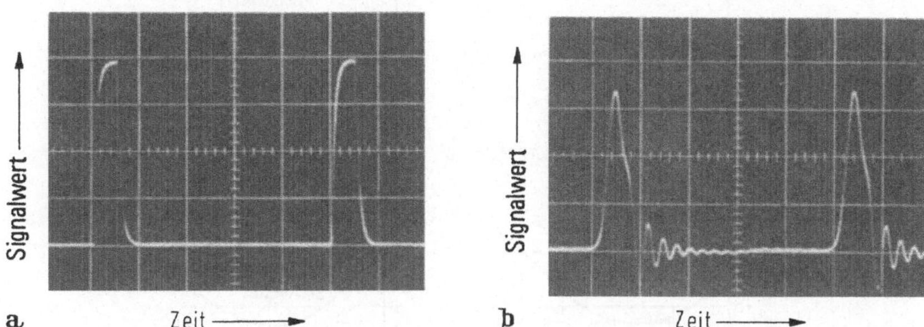

Bild 4.4 Verformung eines Rechteckimpulses bei der Übertragung über ein Adernpaar eines unpupinisierten Kabels (a) und eines Pupin-Kabels (b).

tragung über ein Pupinkabel ist in Bild 4.4b dargestellt. Der schnellere Anstieg der Dämpfung zu hohen Frequenzen hin und die höhere Gruppenlaufzeitverzerrung (Abschn. 3.1.3) führen beim Pupinkabel, wie aus dem Signalverlauf ersichtlich, zu einer stärkeren Verformung der ursprünglich rechteckförmigen Impulse.

Die Verformungen der Impulse in Bild 4.4b erstrecken sich fast über das gesamte Zeitintervall zwischen den beiden gezeigten Impulsen. Bei geringerem Abstand zwischen zwei Impulsen, d. h. wenn ein neuer Impuls schon gesendet wird, während die Verformung des vorangegangenen Impulses noch nicht abgeklungen ist, überlagern sich die verformten Impulse; die einzelnen Impulse erscheinen dann noch stärker verformt. Diese von der gesendeten Impulsfolge abhängige Überlagerung der Impulse wird mit *Intersymbol-Interferenz* bezeichnet.

Die Auswirkung dieser Verformung der ursprünglich rechteckförmigen Impulse soll an Hand des Bildes 4.5 betrachtet werden.

Der einzelne Sendeimpuls (Bild 4.5a) ist gekennzeichnet durch seine den beiden logischen Zuständen 0 und 1 zugeordneten Kennwerte — hier die Werte *Null* und A_0 — und durch seine Dauer T.

Im Empfänger muß mit Hilfe einer Schwellwertschaltung entschieden werden, welchem der beiden Kennwerte das empfangene Signal zuzuordnen ist. Die *Entscheidungsschwelle* dafür legt man in die Mitte zwischen den Kennwerten. Bei den Kennwerten *Null* und A_0 liegt die Entscheidungsschwelle also bei $A_0/2$ (Bild 4.5b). Man erreicht dadurch, daß für die Verfälschung beider Zustände durch auf dem Übertragungsweg auftretende Störungen jeweils die gleiche Wahrscheinlichkeit besteht.

Eine derartige Schwellwertschaltung gewinnt aus dem verformten Empfangssignal (Bild 4.5b) ein rechteckförmiges Signal zurück (Bild

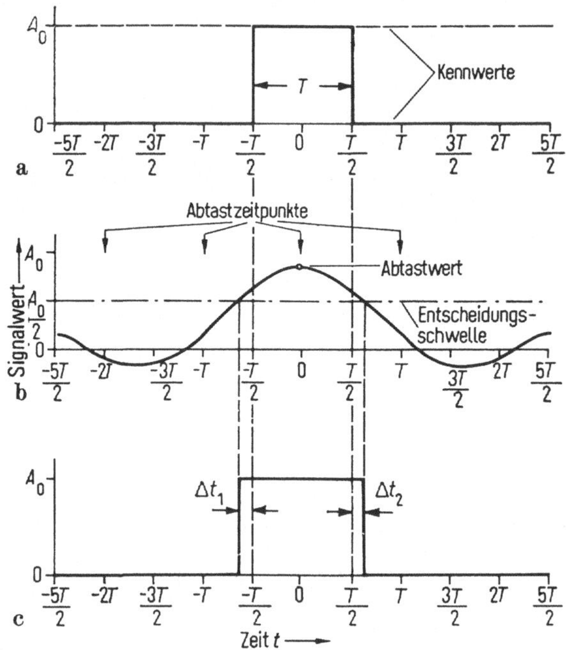

Bild 4.5 Auswirkung der Verformung eines Rechteckimpulses.

4.5c), dessen Dauer aber im allgemeinen nicht der Dauer T des Sendeimpulses entspricht. Aus den zeitlichen Abweichungen — Δt_1 und Δt_2 in Bild 4.5c — ergibt sich die Schrittverzerrung (Band II, Abschn. 11.3.1.1).

Neben der Entscheidungsschwelle ist der *Abtastzeitpunkt* wichtig, zu dem entschieden wird, welchem der beiden Kennwerte der zu diesem Zeitpunkt auftretende Empfangssignalwert — der Abtastwert — zuzuordnen ist.

Im allgemeinen liegt der Abtastzeitpunkt dann am günstigsten, wenn sich der maximale Abstand der Abtastwerte von der Entscheidungsschwelle, d. h. die geringste Wahrscheinlichkeit für eine Verfälschung eines Kennwertes in den anderen ergibt. Wie in Bild 4.5b gezeigt, ergibt sich für den Sendeimpuls der günstigste Abtastzeitpunkt etwa bei $t = 0$.

Bei der bisherigen Diskussion wurde ein einzelner Sendeimpuls betrachtet. Bei einer beliebigen Folge von Sendeimpulsen wäre eine Betrachtung des gesamten Zeitverlaufs der Impulsfolge notwendig, um die Schrittverzerrung ermitteln zu können und um aus dem Abstand der Abtastwerte von der Entscheidungsschwelle auf die Fehlerwahrscheinlichkeit schließen zu können. Wesentlich günstiger ist hier die Darstellung des Zeitverlaufes im sogenannten *Augendiagramm*. Wie aus Bild 4.6 hervorgeht, wird dazu das Datensignal im zeitlichen Abstand T oder auch nT übereinandergeschrieben. Diese Darstellung ist aber nur dann möglich, wenn das Sendesignal ausschließlich Impulse der Dauer nT (n ganze Zahl) enthält (isochrones Datensignal). Die in Bild 4.5b eingezeichneten Abtastzeitpunkte zu den Zeitpunkten $t \neq 0$ ermöglichen nur, den Abtastwert zum jeweiligen Zeitpunkt zu ermitteln. Aus dem

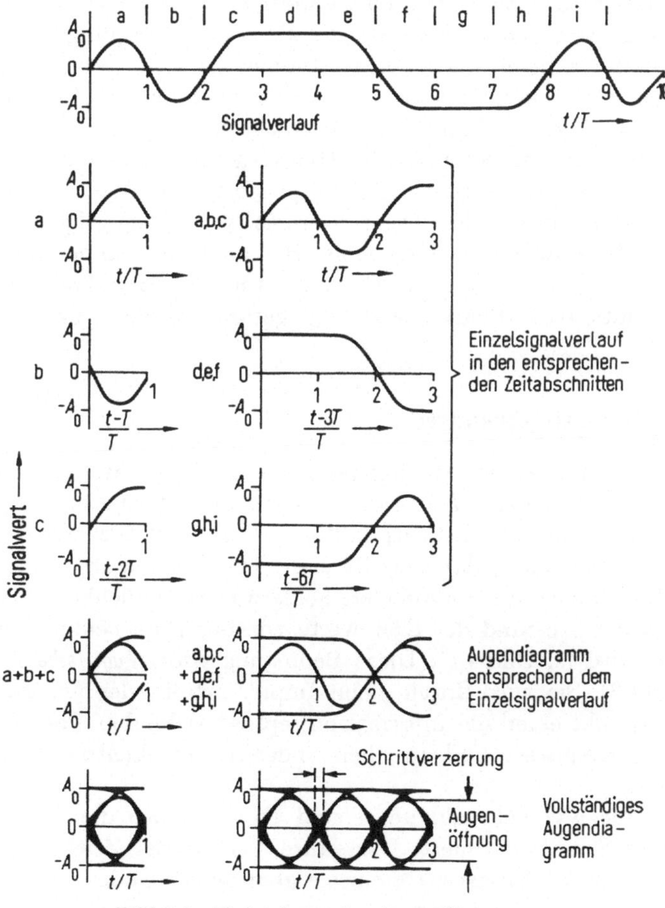

Bild 4.6 Entstehung des Augendiagramms.

Augendiagramm kann der minimale Abstand der Abtastwerte von der Entscheidungsschwelle im Abtastzeitpunkt direkt abgelesen werden. Die Summe der Abstände von der Entscheidungsschwelle für beide Kennwerte des Signals bezeichnet man als Augenöffnung (vgl. Bild 4.6). Ebenso kann man aus der horizontalen Öffnung des Auges die Schrittverzerrung ermitteln.

Die Verformung der Rechteckimpulse ist abhängig davon, wie eng die Bandbegrenzung ist oder, anders ausgedrückt, mit welcher Geschwindigkeit $v = 1/T$ über einen Übertragungsweg bestimmter Bandbreite übertragen wird. Die Verformung der Impulse nimmt mit zunehmender Bandbegrenzung zu und ist natürlich auch abhängig von der Form der Bandbegrenzung (vgl. Bild 4.4). Dabei müssen immer die Wirkungen aller bandbegrenzenden Übertragungselemente im Sender, Empfänger und auf dem Übertragungsweg betrachtet werden.

Es hängt von den Anforderungen an das Übertragungssystem ab, welche Verformungen und welche Intersymbol-Interferenz in Kauf genommen werden können, d. h. bis zu welcher maximalen Geschwindigkeit übertragen werden kann. Diese Betrachtung ist wichtig für Systeme zur Übertragung von Daten mit beliebig längerer Schrittdauer T als die durch die maximale Geschwindigkeit gegebene kürzeste Schrittdauer (anisochrone Datensignale). Diese Systeme werden im allgemeinen als *geschwindigkeitstransparent* bezeichnet. Bei ihnen müssen besondere Anforderungen an die aus der Intersymbol-Interferenz und anderen Einflüssen resultierende Schrittverzerrung gestellt werden (vgl. Band II, Abschn. 7).

4.1.4 Die Nyquistbedingungen

Für eine bestimmte Übertragungsgeschwindigkeit v müssen nur zu den Zeitpunkten im Abstand $T = 1/v$, zu denen die Information abgetastet werden soll — den Abtastzeitpunkten — die Beiträge der Nachbarimpulse verschwinden; dann erhält man eine Übertragung ohne Intersymbol-Interferenz mit minimaler Fehlerwahrscheinlichkeit, da diese nur durch den Abstand der Kennwerte von der Entscheidungsschwelle bestimmt wird (s. Bild 4.5). Diese Bedingung wird *Nyquistbedingung I* genannt [4.3]. Sie wird durch einen Impuls erfüllt, der nur zu einem Abtastzeitpunkt einen die Information repräsentierenden, von Null verschiedenen Kennwert und zu allen anderen Abtastzeitpunkten Nullstellen hat.

Durch die Nyquistbedingung I sind aber lediglich die Abtastwerte $g(nT)$ eines Signals definiert. Der ganze Verlauf der Zeitfunktion $g(t)$ ist dann durch die Abtastwerte eines Signals $g(nT)$ eindeutig bestimmt, wenn die Fouriertransformierte $G(\omega)$ nur innerhalb des Bereichs $\omega \leqq \pi/T$

von Null verschieden ist. Dies ist die Aussage des Abtasttheorems von Shannon [4.4].

Aus dem Abtasttheorem folgt für die Signalfunktion

$$g(t) = \sum_{n=-\infty}^{\infty} g(nT) \frac{\sin[(\pi/T)(t - nT)]}{(\pi/T)(t - nT)} \tag{4.5}$$

und für die Spektralfunktion

$$\begin{aligned} G(\omega) &= T \sum_{n=-\infty}^{\infty} g(nT)\, \mathrm{e}^{-\mathrm{j}nT\omega} \text{ im Bereich } |\omega| \leqq \pi/T, \\ G(\omega) &= 0 \quad \text{im Bereich } |\omega| > \pi/T. \end{aligned} \tag{4.6}$$

Man nennt den Bereich $|\omega_N| \leqq \pi/T$ bzw. $|f_N| \leqq 1/2\,T$ das *Nyquistband*, die Frequenz $f_N = 1/2\,T$ die *Nyquistfrequenz* und den Zeitabstand $T_N = T$ das *Nyquistintervall*.

Im Einklang mit der Nyquistbedingung I lassen sich die Abtastwerte eines Signals in folgendem Schema darstellen:

n	...	-3	-2	-1	0	1	2	3	...
$g(nT)$	...	0	0	0	d	0	0	0	...

Hierbei repräsentiert der Kennwert d den Informationsgehalt des Signalimpulses. Durch Einsetzen von $g(nT)$ in (4.5) und (4.6) ergibt sich für die Signalfunktion

$$g(t) = d\, \frac{\sin[(\pi/T)t]}{(\pi/T)\,t} \tag{4.7}$$

und für die Spektralfunktion[1]

$$G(\omega) = dT, \qquad |\omega| \leqq \pi/T. \tag{4.8}$$

Die Funktionen $g(t)$ und $G(\omega)$ sind in Bild 4.7 dargestellt. Die Teilfunktion $|G(-\omega)|$ ist in diesem Bild weggelassen, weil $|G(-\omega)| = |G(\omega)|$. Die Übertragungsfunktion des Systems entspricht einem rechteckförmigen Tiefpaß ((4.8) und Bild 4.7b). Phase und Gruppenlaufzeit sind linear bzw. konstant (4.6).

Die Signalfunktion (4.7) ergibt sich aber nur dann als Impulsantwort dieses Tiefpasses, wenn als Eingangsimpuls ein unendlich schmaler Rechteckimpuls, ein sogenannter *Diracstoß*, verwendet wird, dessen

[1] Außerhalb der angegebenen Grenzen ist die Spektralfunktion $G(\omega) = 0$. Diese Angabe wird auch bei den folgenden Betrachtungen weggelassen.

Spektralfunktion sich über den gesamten Frequenzbereich von $-\infty$ bis ∞ erstreckt und konstant ist [4.2]. Werden andere Eingangsimpulse verwendet, so ist deren Spektralfunktion in (4.8) einzubeziehen. Das gilt auch für die weiteren Ausführungen.

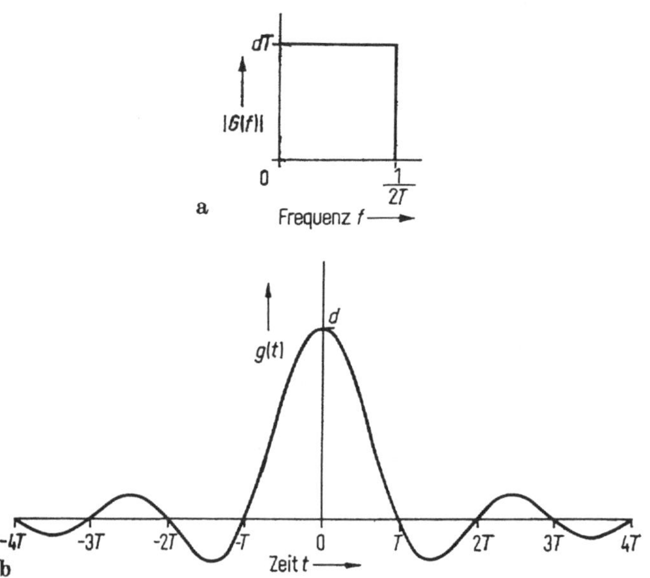

Bild 4.7 Eigenschaften eines die Nyquist-Bedingung I erfüllenden Impulses. a) Betrag der Spektralfunktion $G(f)$; b) Signalfunktion $g(t)$.

Unabhängig davon ergibt sich die Schwierigkeit, Signale, die der Nyquistbedingung I entsprechen, zu realisieren, da sich Signale, deren Spektralfunktion auf einen endlichen Frequenzbereich beschränkt ist, von $t = -\infty$ bis $t = \infty$ erstrecken. Solche Signalfunktionen sind unrealistische Empfangssignale, weil sie mit Rücksicht auf das Kausalgesetz ein Sendesignal bei $t = -\infty$ voraussetzen. Auch die Interpretation von $G(\omega)$ in der Form von (4.6) als Frequenzgang eines Filtersystems ist im Prinzip unrealistisch, u. a. deshalb, weil (4.7) keine rationale Funktion darstellt und weil von den Filtern $G(\omega) = 0$ für $\omega > \pi/T$ gefordert wird.

Selbst wenn der $\sin x/x$-Impuls (4.7) realisierbar wäre, könnte er nicht verwendet werden, da er eine sehr genaue Einhaltung der Abtastzeitpunkte erfordert. Auch bei einer nur geringen Abweichung von den Sollabtastzeitpunkten konvergiert nämlich die Reihe der entstehenden störenden Abtastwerte nicht, d. h. sie ergeben eine so große Intersymbol-Interferenz, daß die Kennwerte verfälscht werden. Bei beliebiger Folge von $\sin x/x$-Impulsen kann dann die Information nicht zurückgewonnen werden. Trotzdem verwendet man diesen Impuls bei theoretischen Systemüberlegungen, um Grenzwerte abschätzen zu können.

Im folgenden werden nun Impulse untersucht, die zumindest näherungsweise realisierbar sind [z. B. 4.5]. Die dabei betrachteten Impulse sind idealisiert, d. h. sie dauern von $t = -\infty$ bis $t = \infty$ wie der

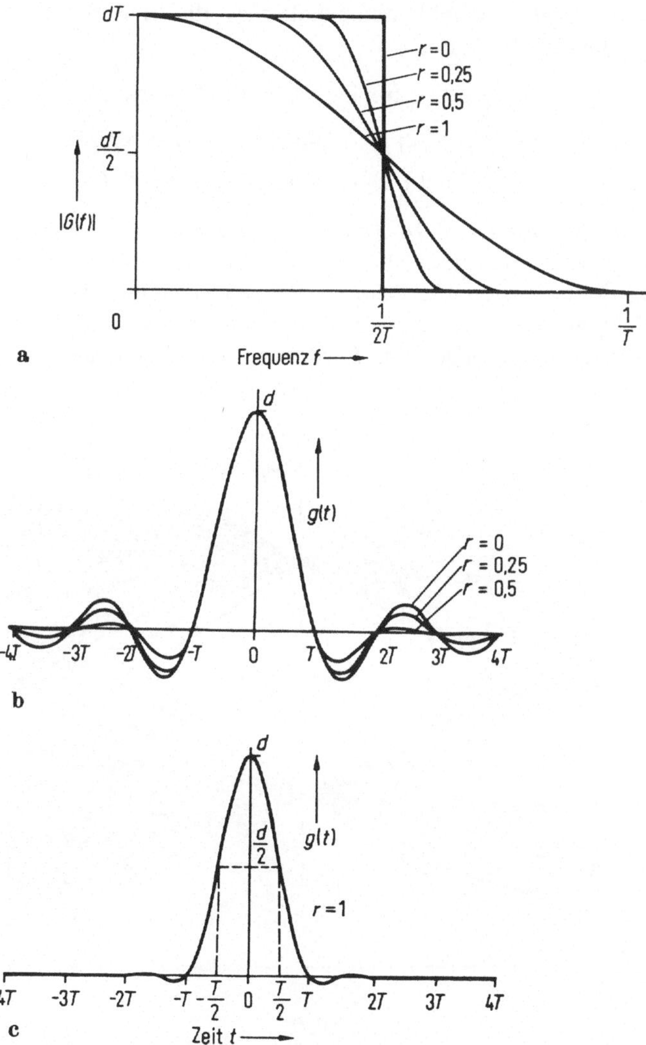

Bild 4.8 Veränderung der Signalfunktion $g(t)$ bei cosinusförmiger Abflachung der Spektralfunktion $G(f)$.

a) Betrag der Spektralfunktion $G(f)$; b) Signalfunktion $g(t)$; erfüllt nur die Nyquistbedingung I; c) Signalfunktion $g(t)$; erfüllt die Nyquistbedingungen I und II.

$\sin x/x$-Elementarimpuls. Sie können aber auf ein endliches Zeitintervall beschränkt werden mit näherungsweise den Spektren, die in diesem Abschnitt betrachtet werden.

Durch eine cosinusförmige Abflachung (Roll-Off) des rechteckförmigen Spektrums entsteht ein Signal, das ebenso wie der angegebene $\sin x/x$-Elementarimpuls (4.7) die Nyquistbedingung I erfüllt [4.6]. Anstelle des Rechteckspektrums erhält man die in Bild 4.8 dargestellte Form der Spektralfunktion

$$G(\omega) = \begin{cases} dT & \text{für } |\omega| < (\pi/T)(1-r), \\ d(T/2)\{1 - \sin[(T/2r)(\omega - \pi/T)]\} & \\ \text{für } (\pi/T)(1-r) \leqq \omega \leqq (\pi/T)(1+r). & \end{cases} \tag{4.9}$$

(4.9) gilt für einen *Roll-Off-Faktor* r zwischen $0 < r \leqq 1$, der Spektralbereich ist also um maximal 100% breiter als das Nyquistband. (Für $r = 0$ gilt (4.8).) Die neue Signalfunktion erfüllt zwar die Nyquistbedingung I, sie ist jedoch nicht mehr eindeutig nur durch ihre Abtastwerte $g(nt)$ bestimmt, weil ihr Spektrum entgegen der Forderung des Abtasttheorems über das

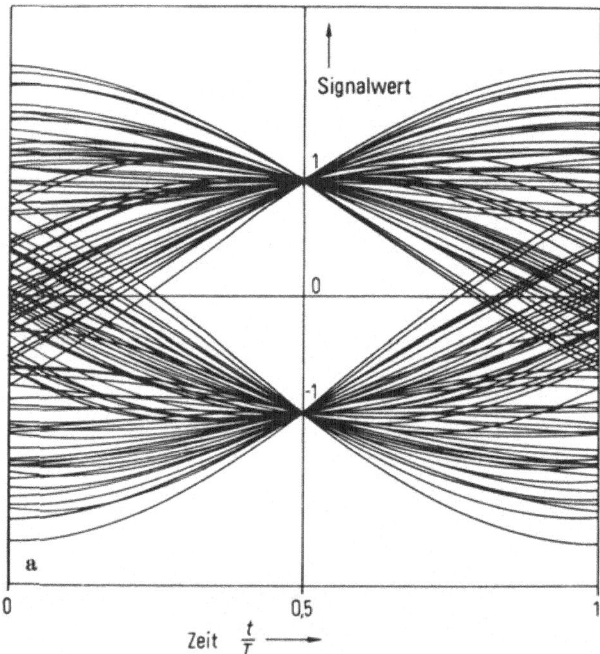

Bild 4.9 Augendiagramme bei verschiedenen Roll-off-Faktoren r, ermittelt durch Simulation mit quasistochastischem Text der Länge 63 bit bei Berücksichtigung von 10 Vor- und 10 Nachschwingern.
a) $r = 0{,}1$; b) $r = 0{,}5$; c) $r = 1{,}0$.

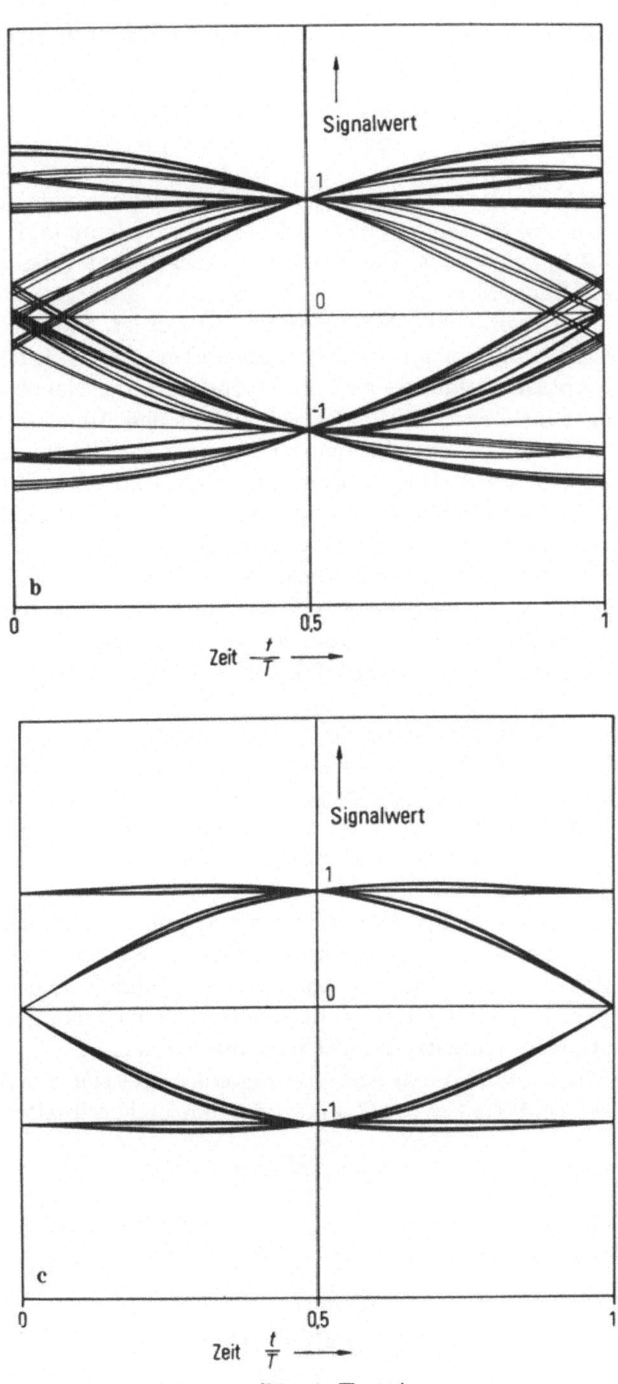

Bild 4.9 (Forts.)

Nyquistband hinausreicht. Als Signalfunktion ergibt sich aus (4.4) und (4.9)

$$g(t) = \frac{\sin(\pi t/T)}{\pi t/T} \cdot \frac{\cos(\pi t/T)}{1 - (4r^2/T^2)\,t^2}. \tag{4.10}$$

Diese Signalfunktion wird z. B. im Basisbandbereich von Restseitenbandsystemen und Systemen mit Quadraturamplitudenmodulation (vgl. Abschn. 4.3.1.3) verwendet. Die Vor- und Nachschwinger dieses Signals nehmen, wie Bild 4.8 zeigt, umso stärker ab, je größer der Roll-Off-Faktor, d. h. je breiter das belegte Frequenzband ist. Dadurch werden die Impulskennwerte unempfindlicher gegenüber einer zeitlichen Versetzung der Abtastzeitpunkte, weil die Störbeiträge der Nachbarimpulse immer weniger ins Gewicht fallen. Das geht aus den Augendiagrammen (Bild 4.9) hervor, d. h. sowohl aus der horizontalen Breite des Auges für Impulse mit $r = 0{,}1$ (Bild 4.9a) und $r = 0{,}5$ (Bild 4.9b) als auch aus schneller größer werdenden Abweichungen vom Kennwert in vertikaler Richtung bei Abweichungen vom optimalen Abtastzeitpunkt bei $T/2$.

Bei $r = 1$ erhält der Impuls zusätzliche Nullstellen zwischen den Abtastzeitpunkten, so daß nicht nur die Signalwerte zu den Abtastzeitpunkten, sondern auch die Momentanwerte in der Mitte zwischen zwei Abtastzeitpunkten verzerrungsfrei bestimmt werden können. Außerdem fällt die Amplitude d des Hauptimpulses nach der Zeit $t = \pm T/2$ auf den halben Wert $d/2$ (Bild 4.8).

Dieser Impuls erfüllt die *Nyquistbedingung II* [4.6], bei der gefordert wird, daß im Abstand $-T \geqq t \geqq +T$ vom Abtastzeitpunkt Nullstellen für $t = \pm(nT)/2$ mit $n = 2, 3, \ldots$ auftreten und die Signalwerte bei $\pm T/2$ vom Abtastzeitpunkt aus gerechnet die Hälfte der Amplitude des Hauptimpulses betragen.

Mit diesem Impuls kann also auch die ursprüngliche zeitliche Dauer des Sendeimpulses im Empfänger wiedererkannt werden, d. h. es tritt keine Schrittverzerrung auf, wie auch das Augendiagramm Bild 4.9c zeigt. Aus dem Augendiagramm geht ebenfalls hervor, daß Abweichungen vom optimalen Abtastzeitpunkt hier unkritisch sind.

Für die Übertragung binär codierter Signale ergibt sich aus der Übertragungsgeschwindigkeit $v = 1/T$ und der Frequenzbandbreite

$$f = 1/2 \cdot (1/T + r/T)$$

die Bandbreiteausnutzung, d. h. die je Bandbreiteeinheit erreichbare Übertragungsgeschwindigkeit

$$\frac{v}{f} = \frac{2}{1 + r} \quad \text{angegeben in} \quad \frac{\text{bit/s}}{\text{Hz}}.$$

Da der Roll-Off-Faktor r zwischen Null und Eins liegt, ist die Bandbreiteausnutzung hier kleiner als Zwei, das theoretische Maximum, das sich für den sin x/x-Impuls ergäbe.

Kleine Roll-Off-Faktoren zur Erreichung einer hohen Bandbreiteausnutzung sind wegen der Genauigkeitsforderungen an den Abtasttakt nur schwer realisierbar. Zum Beispiel sind Systeme mit einem Roll-Off-Faktor von 0,16 aus der Literatur bekannt [4.7]. Der Wert r = 0,16 entspricht einer Bandbreiteausnutzung von 1,72 bit/s je Hz.

Ähnliche Roll-Off-Faktoren werden bei Übertragungseinrichtungen für 9600 bit/s für festgeschaltete Verbindungen mit Sprachbandbreite angewendet (vgl. Band II, Abschn. 7.3).

Es ist natürlich möglich, andere, nur näherungsweise die Nyquist-

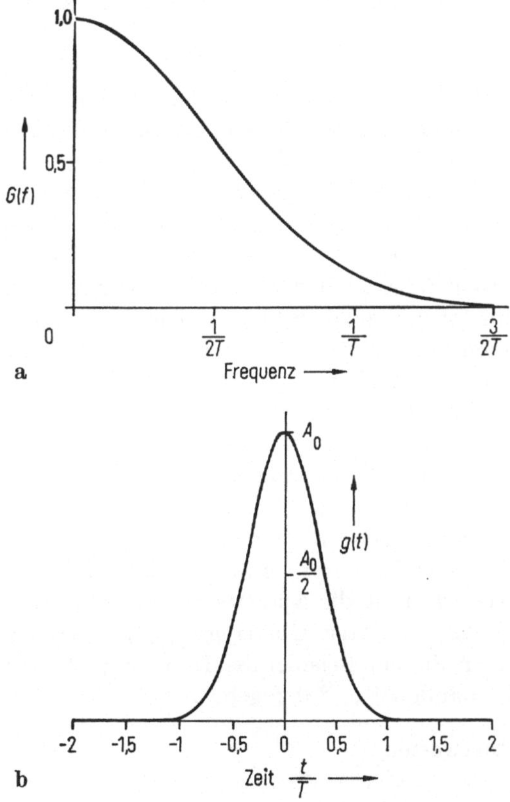

Bild 4.10 Eigenschaften eines Impulses mit glockenförmiger Spektralfunktion $G(f)$ [4.8].

a) Spektralfunktion $G(f) = e^{-0,54(2fT)^2}$; b) Signalfunktion $g(t)$ (Amplitude bei $t/T = \pm 1$ auf 0,01 A_0 abgesunken).

bedingungen I oder II erfüllende Impulse zu verwenden. Dabei benötigt man jedoch im allgemeinen mehr Bandbreite als bei den „Roll-Off-Impulsen". Ein Beispiel dafür ist der Impuls, den das Bild 4.10 zeigt [4.8]. Das Spektrum erstreckt sich hier bis $3/2T$. Die Vor- und Nachschwinger nehmen sehr rasch ab. Derartige Impulse können z. B. für die Basisbandübertragung (Abschn. 4.2) verwendet werden, da für diese Anwendung die Bandbreiteausnutzung keine so große Rolle spielt.

4.1.5 Partial-Response-Verfahren

Mit den Impulsen, die die Nyquistbedingung I erfüllen, ist es nur im Grenzfall möglich, die Bandbreiteausnutzung von 2 bit/s je Hz zu erzielen.

Zur Realisierung des Maximalwertes für die Frequenzbandausnutzung 2 bit/s je Hz bei der Übertragung binär codierter Signale wurde eine Reihe von Verfahren — duobinäre, polybinäre, biternäre und Partial-Response-Verfahren [4.9 bis 4.15] — entwickelt, die alle unter dem Sammelbegriff *Partial-Response-Verfahren* [4.15] zusammengefaßt werden können.

Hierfür sind Signalimpulse kennzeichnend, die sich bei einer Schrittgeschwindigkeit $1/T$ über zwei oder mehr Schrittlängen T erstrecken (Vor- und Nachschwinger bleiben hier außer Betracht). Eine Reihe von wichtigen Impulsformen zeigt Bild 4.11. Die Einteilung der Klassen 1 bis 5 geht auf einen Vorschlag von Kretzmer [4.15] zurück, die Impulsform der Klasse 6 wurde in [4.16] angegeben. Zur Realisierung der Frequenzbandausnutzung 2 bit/s je Hz ist es notwendig, die Spektralfunktion auf das Nyquistband zu beschränken. Damit sind nach dem Abtasttheorem die Impulse durch ihre Abtastwerte eindeutig bestimmt. Wie Bild 4.11 zeigt, wird jede Impulsklasse durch einen Satz von m Koeffizienten $\{k_l\}$, $l = 1, \ldots, m$ charakterisiert, mit denen der informationstragende Kennwert b_i des jeweiligen Impulses bewertet wird. Zum Beispiel sind die Impulse der Klasse 4 durch die Abtastwerte $k_l b_i = \{1 \cdot b_i, 0 \cdot b_i, -1 \cdot b_i\}$ definiert. Bei binär codierter Übertragung mit den Kennwerten $\{b_i\} = \{d, 0\}$ werden in diesem Beispiel die Impulse $\{d, 0, -d\}$ und $\{0, 0, 0\}$ den logischen Zuständen 1 und 0 zugeordnet.

Mit den Abtastwerten

n	…	-3	-2	-1	0	1	2	3	…
$g(nT)$	…	0	0	d	0	$-d$	0	0	…

Impuls-klasse	Impulskoeffizienten $k_1\,k_2\,k_3\,k_4\,k_5$	Signalfunktion $g(t)$	Spektralfunktion $G(\omega)$ für $\lvert\omega\rvert \leq \frac{\pi}{T}$	Zahl der Abtastwerte bei der Übertragung binär codierter Impulse
1	1 1		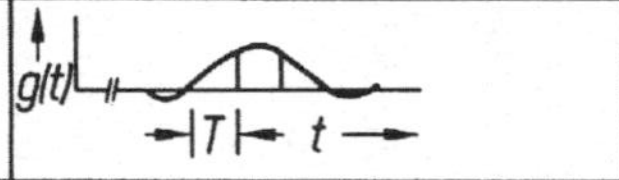 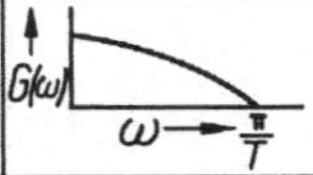 $2T \cos(\omega T/2)$	3
2	1 2 1		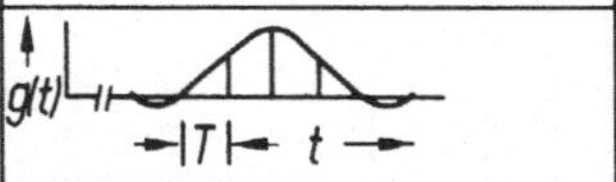 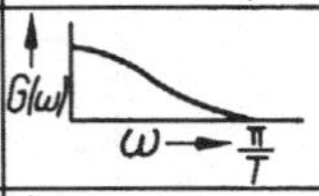 $4T \cos^2(\omega T/2)$	5
3	2 1 -1		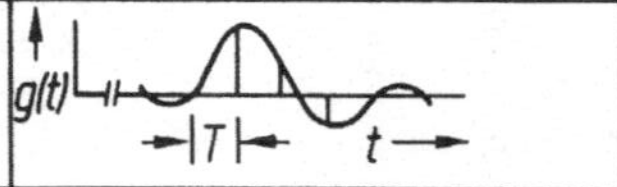 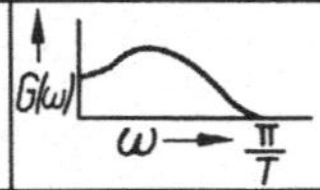 $T(2+\cos(\omega T)-\cos(2\omega T))$ $+jT(\sin(\omega T)-\sin(2\omega T))$	5
4	1 0 -1		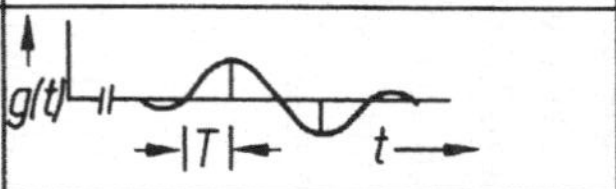 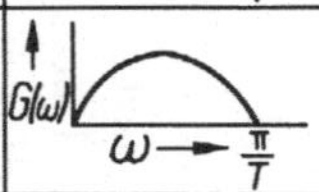 $2jT \sin(\omega T)$	3
5	-1 0 2 0 -1		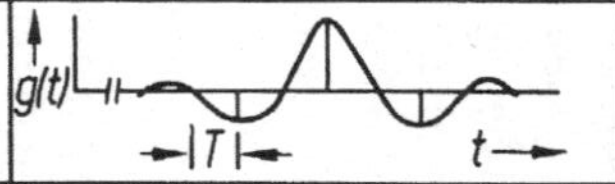 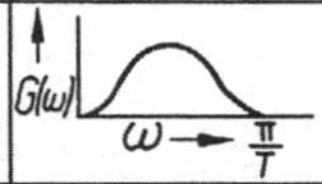 $4 \sin^2(\omega T)$	5
6	1 0 0 0 -1		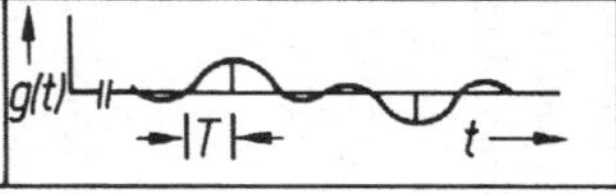 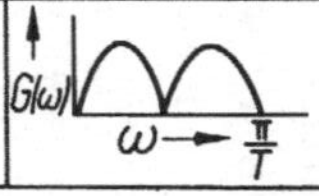 $2jT \sin(2\omega T)$	3

Bild 4.11 Einteilung von Partial-Response-Impulsen.

erhält man aus (4.5) und (4.6) für den Partial-Response-Impuls der Klasse 4 die Signalfunktion

$$g(t) = d\left(\frac{\sin[(\pi/T)(t+T)]}{(\pi/T)(t+T)} - \frac{\sin[(\pi/T)(t-T)]}{(\pi/T)(t-T)}\right)$$
$$g(t) = \frac{2d\sin(\pi t/T)}{\pi[(t/T)^2 - 1]} \tag{4.11}$$

und die Spektralfunktion

$$G(\omega) = dT(e^{-j\omega T} - e^{j\omega T}),$$
$$G(\omega) = 2jdT\sin(\omega T), \quad |\omega| \leqq \pi/T. \tag{4.12}$$

Die in den Abständen T aufeinanderfolgenden Impulse überlagern sich schon auf der Sendeseite, weil sich jeder Impuls über mehrere Schrittlängen T erstreckt. Durch die Überlagerung entstehen neue Abtastwerte, die sich aus Beiträgen von m aufeinanderfolgenden Einzelimpulsen zusammensetzen, wenn die betreffende Impulsklasse durch m Koeffizienten k_l gekennzeichnet ist. Die Rückgewinnung der Information im Empfänger wird dadurch erschwert. Der Kennwert eines Einzelimpulses kann aus dem Abtastwert nur dann richtig abgeleitet werden, wenn die $(m - 1)$ Kennwerte der vorausgegangenen Einzelimpulse fehlerfrei erkannt wurden. Übertragungsfehler können sich also unbegrenzt fortpflanzen. Um dies zu verhindern, wird das Sendesignal so vorcodiert, daß aus jedem Abtastwert des Empfangssignals ein Kennwert des ursprünglichen Sendesignals ohne Kenntnis vorausgegangener Kennwerte abgeleitet werden kann [4.17].

Zum Beispiel wird für Partial-Response-Signale der Klasse 4 zunächst aus dem binären Eingangssignal $\{a_n\}$ für $d = 1$ entsprechend der Codiervorschrift

$$b_n = (a_n + b_{n-2}) \bmod 2 \tag{4.13}$$

das Binärsignal $\{b_n\}$ gebildet. Dieses Signal hat dann entsprechend den Koeffizienten k_l der Klasse 4 (vgl. Bild 4.11) die Abtastwerte

$$c_n = k_1 b_n + k_2 b_{n-1} + k_3 b_{n-2}$$
$$c_n = b_n - b_{n-2}. \tag{4.14}$$

Da die $\{b_n\}$ die beiden Werte $d = 1$ und 0 haben können (entsprechend den logischen Zuständen 1 und 0), ergibt die Überlagerung gemäß (4.14) die drei möglichen Werte $+1$, 0, -1 für die $\{c_n\}$.

Mit Hilfe von (4.13) und (4.14) sind zwei Fälle zu unterscheiden:

$$b_n = b_{n-2} \text{ für } a_n = 0 : c_n = 0$$
$$b_n \neq b_{n-2} \text{ für } a_n = 1 : c_n = \pm 1.$$

Es gilt also

$$c_n \bmod 2 = |c_n| = a_n,$$

d. h. jeder Kennwert des Eingangssignals kann ohne Mitwirkung anderer Kennwerte aus dem Empfangssignal bestimmt werden. Das ist zur Veranschaulichung in Bild 4.12 dargestellt.

Bei der Übertragung von auf der Sendeseite binär codierten Signalen müssen also im Empfänger drei informationstragende Signalzustände c_n ausgewertet werden. Diese Zahl steigt beim Einsatz von mehrwertig codierten Signalen (siehe Abschn. 4.1.6) an, so daß bisher nur die Reali-

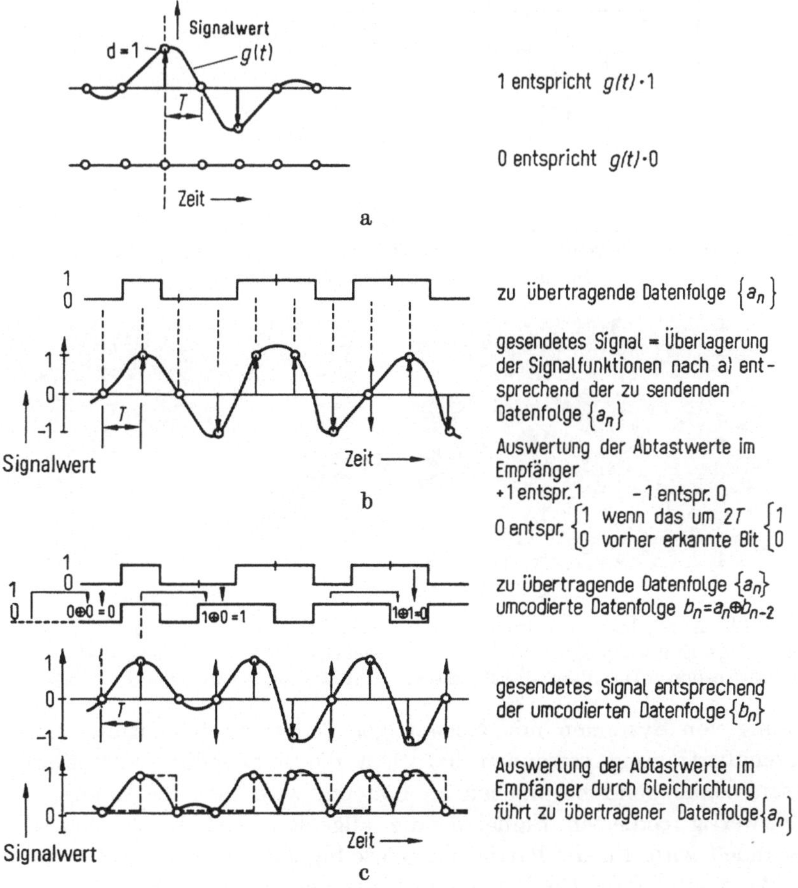

Bild 4.12 Signale bei Verwendung von binären Partial-Response-Impulsen der Klasse 4.

a) Signalelemente; b) Signale ohne Vorcodierung; c) Signale mit Vorcodierung.

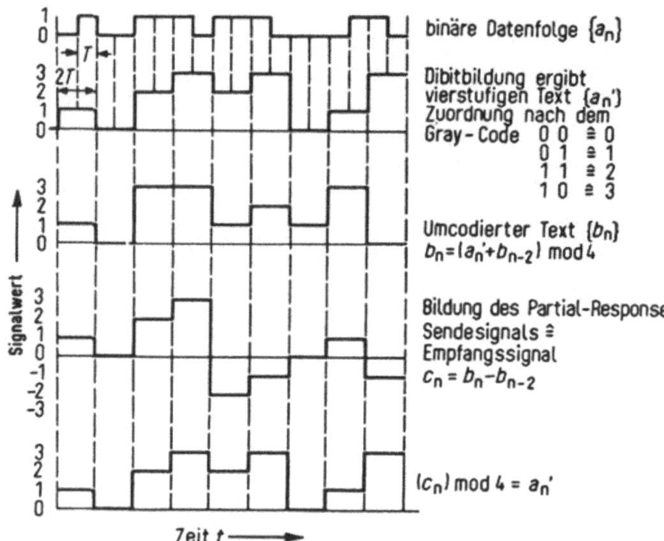

Bild 4.13 Vierwertige Partial-Response-Impulse der Klasse 4 mit Vorcodierung (Index n bezeichnet den betrachteten Abtastwert, $n-2$ den um $2 \cdot 2T$ (Dibitbildung) davorliegenden Abtastwert).

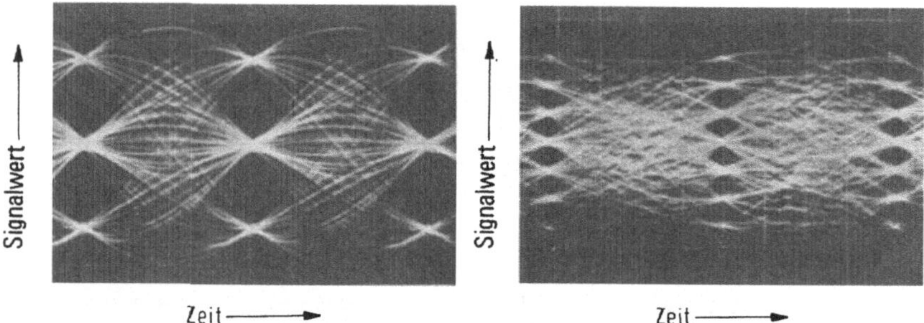

Bild 4.14 Augendiagramm für das dreiwertige Empfangssignal bei Partial-Response-Impulsen der Klasse 4.

Bild 4.15 Augendiagramm für das siebenwertige Empfangssignal bei Partial-Response-Impulsen der Klasse 4.

sierung von Systemen mit vierwertiger Codierung Bedeutung für die Datenübertragung gewonnen hat. Um die notwendige Vorcodierung zusammenhängend besprechen zu können, wird die Übertragung mit mehrwertig codierten Signalen, die allgemein erst in Abschn. 4.1.6 behandelt wird, für die Partial-Response-Signale hier vorweggenommen.

Bei vierwertiger Codierung wird aus der primären Binärfolge $\{a_n\}$ nach der Einteilung in Bitpaare (Dibits) ein vierwertiges Signal $\{a_n'\}$ mit den Kennwerten $\{0, 1, 2, 3\}$ erzeugt und nach der Vorschrift

$$b_n = (a_n' + b_{n-2}) \bmod 4$$

vorcodiert. Durch die Überlagerung entsteht ein siebenwertiges Signal $\{c_n\}$, aus dem die ursprüngliche Binärfolge mit der Decodiervorschrift

$$c_n \bmod 4 = a_n'$$

abgeleitet wird. Zum besseren Verständnis zeigt Bild 4.13 die entsprechenden Signale.

Allgemein ergibt sich bei der Impulsform der Klasse 4 für ein Sende-Signal mit n-Kennwerten ein $(2n - 1)$-wertiges Empfangssignal. Bei der Partial-Response-Technik sind entsprechend dem $(2n - 1)$-wertigen Signal die Anforderungen an die Taktgenauigkeit hoch. Das zeigen die Augendiagramme Bild 4.14 und 4.15 für $n = 2$ und 4, d. h. für ein dreiwertiges und ein siebenwertiges Empfangssignal der Klasse 4.

Neben dem Impuls der Klasse 4 hat auch der Impuls der Klasse 1 übertragungstechnische Bedeutung. Unter anderem basiert auf diesem Impuls das von Lender [4.9] eingeführte Duobinär-Konzept. Die Vorcodierung bei der Übertragung binär codierter Signale wird hier nach der Vorschrift

$$b_n = (a_n + b_{n-1}) \bmod 2$$

durchgeführt.

Die Partial-Response-Verfahren bieten neben der Möglichkeit, eine besonders hohe Bandausnutzung zu realisieren, den Vorteil, daß Nullstellen des Spektrums an übertragungstechnisch bedeutsamen Punkten des Frequenzbandes erzeugt werden können. Die Nullstelle bei der Frequenz Null (z. B. bei der Impulsklasse 4) ist bei der Durchführung von Einseitenbandübertragung (vgl. Abschn. 4.3.1.2) notwendig, um ein Seitenband in einfacher Weise abtrennen zu können.

Zur Datenübertragung in der Primärgruppe (60 bis 108 kHz) wurde der Vorschlag gemacht, eine Nullstelle der Spektralfunktion in der Mitte des Frequenzbandes zur Übertragung des Gruppenpilots vorzusehen [4.16], wenn dieser nicht in einen Frequenzbereich außerhalb desjenigen für die Datenübertragung benutzten Bereichs verschoben wird (s. Abschn. 3.2.3). Diese Forderung wird vom Impuls der Klasse 6 erfüllt.

4.1.6 Übertragung mehrwertiger Signale

Die bisherigen Überlegungen haben gezeigt, daß für die binäre Übertragung isochroner Datensignale mit der Geschwindigkeit $v = 1/T$ mindestens das Nyquistband 0 bis $\omega_N = \pi/T$ oder 0 bis $f_N = 1/2T$ nötig ist. Man erhält daraus für die Ausnutzung des verfügbaren Frequenzbandes den Bereich

$$v/f_N \leqq 2 \text{ bit/s je Hz}.$$

Der Grenzwert von 2 bit/s je Hz kann praktisch nur mit der Partial-Response-Technik erzielt werden.

Alle bisherigen Betrachtungen zur Ausnutzung des verfügbaren Frequenzbandes galten für die *binäre* Übertragung isochroner Daten, bei der die Kennwerte $\{b_l\}$ (vgl. Abschn. 2.2.3.1) die Werte 0 und d oder $-d$ und $+d$ entsprechend den logischen Zuständen 1 und 0 haben. Faßt man n Bits zu einer Bitgruppe zusammen, so benötigt man $m = 2^n$ Kennwerte zu ihrer Übertragung. Man spricht dann von *mehrwertiger* Übertragung. Sie ist bei allen Übertragungsverfahren anwendbar. Die Bandbreiteausnutzung beträgt hierbei

$$b_m = n(v/f_N)$$

Bei mehrwertiger Übertragung wählt man die Kennwerte $\{b_l\}$ so, daß alle benachbarten Kennwerte denselben Abstand voneinander haben, z. B. bei achtwertiger Übertragung:

$$\{b_l\} = \{+7d,\, 5d,\, +3d,\, +d,\, -d,\, -3d,\, -5d,\, -7d\}.$$

Die Wahrscheinlichkeit, daß ein Kennwert durch eine Störung in den Nachbarwert gefälscht wird, ist dann jeweils gleich (s. Abschn. 4.5.1). Für die Zuordnung der Bitgruppen zu den Kennwerten wird meist der Gray-Code verwendet; dabei unterscheiden sich die benachbarten Kennwerte $\{b_l\}$ nur in einem Bit. Bei achtwertiger Übertragung codiert man z. B. nach der Vorschrift:

Bitgruppe	011	001	000	100	101	111	110	010
Kennwert	$7d$	$5d$	$3d$	d	$-d$	$-3d$	$-5d$	$-7d$

Durch diese Zuordnung wird erreicht, daß bei einer Fälschung eines Kennwerts in einen benachbarten Kennwert nur ein Bit gefälscht wird.

Auf die Besonderheiten bezüglich der Vorcodierung bei mehrwertiger Übertragung mit dem Partial-Response-Verfahren wurde schon im Abschn. 4.1.5 eingegangen.

4.2 Basisbandübertragungsverfahren

In diesem Abschnitt werden Datenübertragungsverfahren für solche Übertragungswege betrachtet, die das Frequenzband oberhalb von 0 Hz oder oberhalb einer bestimmten, sehr niedrigen Grenzfrequenz zur Verfügung stellen. Das sind heute fast ausschließlich Adernpaare in unpupinisierten oder pupinisierten Kabeln oder auch Freileitungen (Abschn. 3.1).

Im allgemeinen bieten die Adernpaare eine galvanische Verbindung zwischen Sender und Empfänger der Datenübertragungseinrichtung, d. h. es können Signale übertragen werden, die einen Gleichstromanteil besitzen. Hier lassen sich also die schon seit Beginn der Telegrafieübertragung bekannten sogenannten *Einfach-* und *Doppelstromimpulse* verwenden.

Sind Trennübertrager im Verlauf der Verbindung enthalten (vgl. Abschn. 3.1.5), so müssen spezielle Übertragungsverfahren verwendet werden, bei denen die verwendeten Signale keinen Gleichstromanteil besitzen; es kann aber auch im Empfänger durch entsprechende Maßnahmen dafür gesorgt werden, daß der Gleichstromanteil wiederhergestellt wird. Im allgemeinen wird durch entsprechende Codierung der zu übertragenden Daten der Gleichstromanteil beseitigt. Da die Codierung eine Taktbindung erfordert, ist mit solchen Verfahren nur die Übertragung isochroner Datensignale möglich. Die wichtigsten angewandten Verfahren sind: das *AMI*(Alternate Mark Inversion)-Verfahren, das *HDB*- und das *CHDB*-Verfahren, das *Splitphase*- und die *Diphase*-Verfahren sowie das schon im vorigen Abschnitt behandelte *Partial-Response*-Verfahren. Weitere Codierungsverfahren finden sich z. B. in [4.18].

Bei der folgenden Betrachtung der einzelnen Verfahren, die unter dem Namen *Basisbandübertragungsverfahren* zusammengefaßt werden, wird von rechteckförmigen Sendesignalen ausgegangen. Das geschieht nicht nur zur Vereinfachung, sondern entspricht durchaus der Praxis. In Basisbandübertragungssystemen können häufig rechteckförmige Sendesignale tatsächlich verwendet werden, da hier die Übertragungswege meist einen im Verhältnis zur Übertragungsgeschwindigkeit großen Frequenzbereich zur Verfügung stellen. Auch die Verformung der Impulse und die daraus resultierende Intersymbol-Interferenz ist hier oft ausreichend klein. Natürlich läßt sich durch Verwendung der im vorhergehenden Abschnitt diskutierten Impulsformen und durch Entzerrung des Empfangssignals (s. Abschn. 5.3) die Intersymbol-Interferenz verringern und damit die Übertragungsqualität erhöhen. Ein Beispiel zur Impulsformung wird im Abschnitt über das Coded-Diphase-Verfahren behandelt.

Da in Kabeln viele Adernpaare zusammengefaßt sind, muß bei der Auswahl eines bestimmten Übertragungsverfahrens das durch kapazitive und induktive Kopplung verursachte Nebensprechen der auf einem Adernpaar übertragenen Datensignale auf andere Adernpaare berücksichtigt werden. Einerseits dürfen die Datensignale durch Nebensprechen die Systeme, die auf den übrigen Adernpaaren eines Kabels betrieben werden, nicht unzulässig stören, und andererseits muß auch die Beeinflussung der Datensignale durch diese Fremdsysteme so gering wie möglich gehalten werden.

Eine allgemein gültige Bewertung der Basisbandübertragungsverfahren im Hinblick auf ihre Einsatzmöglichkeit auf Kabeln mit verschiedenen Nachrichtensystemen läßt sich nicht durchführen. Sie hängt nämlich nicht nur von der Art der Fremdsysteme, sondern auch von der Datenübertragungsgeschwindigkeit ab. Es ist lediglich möglich, die Basisbandübertragungsverfahren einzeln durch die Leistungsdichte in Abhängigkeit von der Frequenz zu kennzeichnen. Durch Integration über den Frequenzbereich des Systems, das nicht gestört werden soll, und nach Bewertung mit der Übertragungsfunktion dieses Systems und der Nebensprechdämpfung kann die Störleistung bei einer bestimmten Sendespitzenspannung ermittelt werden.

Ausgegangen wird bei den Basisbandübertragungsverfahren immer von binärer Übertragung, die bei einigen Codierungsverfahren zu einem dreiwertigen Sende- und Empfangssignal führt. Mehrwertige Übertragung wird hier im allgemeinen nicht verwendet, da es speziell bei unpupinisierten Kabeln nicht auf eine gute Ausnutzung des großen zur Verfügung stehenden Frequenzbereiches ankommt. Die Sendespitzenspannung muß im Hinblick auf die zulässige Störung von Fremdsystemen gewählt werden; sie bestimmt dann zusammen mit der Dämpfung des Übertragungsweges und der Amplitude der auftretenden Störungen die Fehlerwahrscheinlichkeit des Basisbandübertragungssystems.

4.2.1 Verfahren mit Einfach- und Doppelstromimpulsen

Im einfachsten Fall der Basisbandübertragung werden die Datensignale direkt als rechteckförmige *Einfachstrom-* oder *Doppelstromsignale*, wie in Bild 4.16 gezeigt, übertragen. Die Übertragung mit Doppelstromsignalen ist vorteilhafter, da amplitudenunabhängig bei der Entscheidungsschwelle Null abgetastet werden kann (Bild 4.16b). Bei Einfachstromsignalen ist die Entscheidungsschwelle abhängig von der Empfangsamplitude A_E und muß auf den Wert $A_E/2$ eingeregelt werden (Bild 4.16a).

Da die Einfach- und Doppelstrom-Signale einen Gleichstromanteil besitzen (vgl. Abschn. 4.1.1), muß der Übertragungsweg gleichstromdurchlässig sein, d. h. es müssen Sender und Empfänger galvanisch durchverbunden sein.

Die Leistungsdichte in Abhängigkeit von der Frequenz für eine stochastische Folge von Doppelstromrechteckimpulsen ist im Rahmen der Übersicht in Bild 4.24 gezeigt (Kurve 1).

Die Verformung der Signale auf unpupinisierten Kabeln und die daraus resultierende Intersymbol-Interferenz ist bei den am häufigsten in Betracht kommenden Geschwindigkeiten von bis zu 10 kbit/s und

Reichweiten von einigen Kilometern noch so gering, daß die Verzerrung der Rechtecksignale in Kauf genommen werden kann. Daher können in diesen Fällen auch anisochrone Datensignale übertragen werden. Natürlich läßt sich die Verzerrung vermindern und die Reichweite erhöhen, wenn die Leitung entzerrt wird (vgl. Abschn. 5.3 sowie Band II, Abschn. 7.3.1.1 und 7.4.1.2).

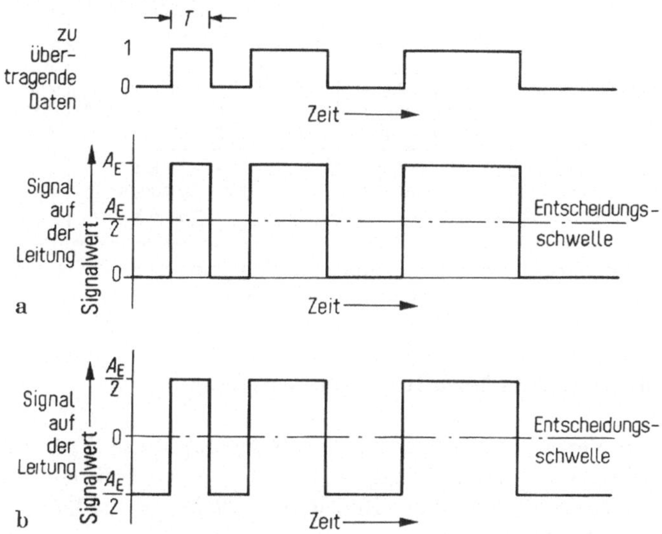

Bild 4.16 Basisband-Übertragungsverfahren mit Einfachstrom-Rechteckimpulsen (a) und mit Doppelstrom-Rechteckimpulsen (b).

Die Verwendung spezieller Impulsformen auch für die Übertragung anisochroner Daten ist möglich. Ohne Intersymbol-Interferenz können aber nur isochrone Daten übertragen werden (vgl. Abschn. 4.1.1). Bei taktgebundener Übertragung kann im Empfänger während der Übertragung einer längeren Folge von 0 oder 1 infolge des Ausbleibens von Schrittumschlägen der Synchronismus zwischen Takt und Daten nicht mehr aufrechterhalten werden. Durch entsprechende Maßnahmen, z. B. durch Verwürfelung der zu übertragenden Daten (s. Abschn. 4.4.1) muß dafür gesorgt werden, daß immer genügend Schrittumschläge auftreten, um den Synchronismus aufrecht erhalten zu können.

Einfachstrom- und Doppelstromsignale können aber auch über nicht gleichstromdurchlässige Übertragungswege übertragen werden, wenn im Empfänger das Hochpaßverhalten des Übertragungsweges entzerrt, d. h. der Gleichstromanteil des Signals zurückgewonnen wird. Dies ist mit einer entscheidungsrückgekoppelten Schaltung möglich (Bild 4.17); diese besitzt im Rückkopplungsweg einen Tiefpaß, der komplementär wirkt zu dem Hochpaßverhalten des Übertragungsweges. Nachteilig bei diesem Verfahren ist seine Empfindlichkeit gegenüber Störungen und Verzerrungen des Empfangssignals [4.8].

Die im folgenden beschriebenen Verfahren vermeiden von vornherein den Gleichstromanteil.

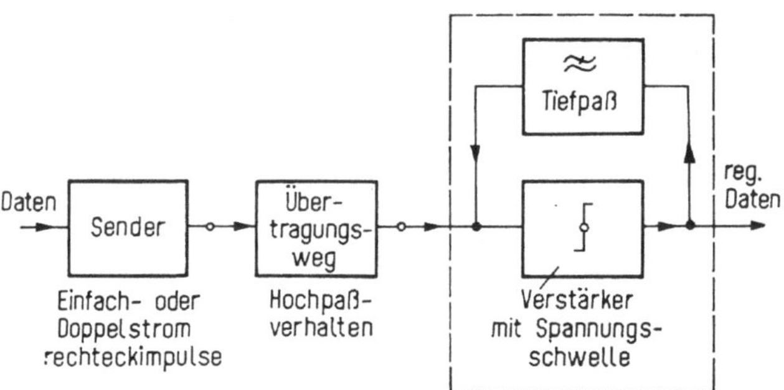

Bild 4.17 Empfänger mit Entscheidungsrückkopplung zur Rückgewinnung des Gleichstromanteils.

4.2.2 AMI (Alternate Mark Inversion)-Verfahren

Bei diesem Verfahren wird der 0 die Sendeamplitude *Null* und der 1 alternierend die Sendeamplitude $+A$ oder $-A$ zugeordnet. Den Zeitverlauf des Sendesignals zeigt Bild 4.18 (*full bauded AMI*[1]). Die Leistungsdichte in Abhängigkeit von der Frequenz für eine stochastische Folge von Datensignalen ist im Rahmen der in Bild 4.24 gegebenen Übersicht wiedergegeben (Kurve 2). Es ergeben sich Nullstellen bei der Frequenz Null und der doppelten Nyquistfrequenz $2f_N$. Eine Übertragung

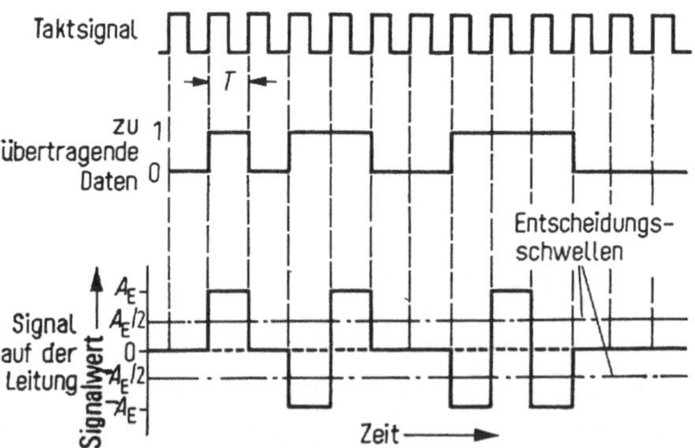

Bild 4.18 AMI-Verfahren, Tastverhältnis 1.

[1] In Deutschland ist für dieses Verfahren die Bezeichnung *Bipolar-Verfahren* eingeführt.

über eine Verbindung, welche Trennübertrager enthält, ist also möglich. Das Maximum der Leistungsdichte ergibt sich bei rechteckförmigen Impulsen etwas unterhalb der Nyquistfrequenz f_N.

Zur Rückgewinnung der Information im Empfänger müssen bei einem Empfangssignal mit den Amplituden $\pm A_E$ und *Null* die Entscheidungsschwellen auf den Wert $\pm A_E/2$ geregelt werden.

Durch diese Codierung ist nur taktgebundene Übertragung möglich. Eine 0-Folge ergibt ein Sendesignal der Amplitude Null; im Empfänger kann dann die Taktphase nicht nachgeregelt werden. Um den Synchronismus zwischen Daten und Takt im Empfänger aufrecht zu erhalten, muß daher z. B. durch Verwürfelung der zu übertragenden Daten (siehe Abschn. 4.4.1) dafür gesorgt werden, daß keine längeren 0-Folgen im Sendesignal auftreten.

Bei einer Variante des AMI-Verfahrens ist der Rechteckimpuls kürzer als die Schrittdauer (z. B. gleich der halben Schrittdauer; *half bauded AMI*[1]) und daher der Ausschwingvorgang bis zu dem Zeitpunkt, zu dem ein neuer Impuls gesendet wird, bereits weitgehend abgeklungen. Den Zeitverlauf zeigt Bild 4.19, und die Leistungsdichte in Abhängigkeit von der Frequenz geht aus Bild 4.24 hervor (Kurve 3).

Bei gleicher Sendespitzenspannung ist die Höhe des Maximums der Leistungsdichte wesentlich geringer als die des full bauded AMI-Verfahrens; dadurch werden zwar Fremdsysteme weniger gestört, die Empfindlichkeit gegenüber Störungen ist allerdings größer als bei dem full bauded AMI-Verfahren.

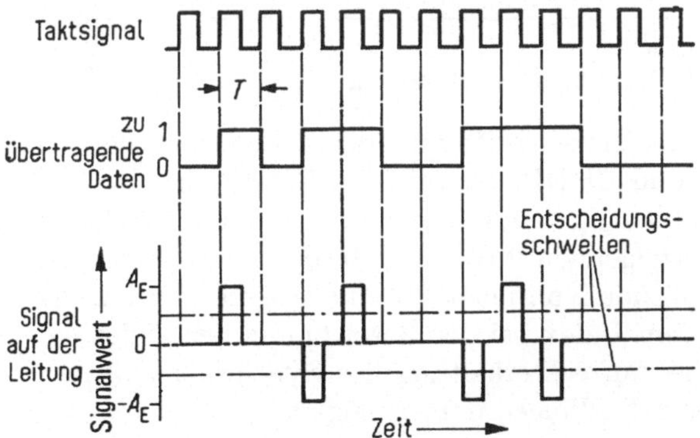

Bild 4.19 AMI-Verfahren, Tastverhältnis 1/2.

[1] In Deutschland ist für dieses Verfahren die Bezeichnung *Pseudoternär-Verfahren* eingeführt; die schließt aber nach CCITT alle Verfahren ein, bei denen jedes binäre Signalelement in ein ternäres übergeführt wird.

4.2.3 Verfahren mit dem Bipolar-Code hoher Dichte

Die Codes dieser Verfahren [4.19] werden in der Literatur als *High Density Bipolar-Code* (*HDB_n-Code*) und *Compatible HDB_n-Code* (*$CHDB_n$-Code*) der Ordnung n bezeichnet.

Sowohl bei HDB_n- als auch bei $CHDB_n$-Codierung wird die gleiche Codierung verwendet wie bei dem AMI-Verfahren. Auch für die 0 hat das Sendesignal die Amplitude *Null*, solange die Anzahl n von 0-Bits nicht überschritten wird; die Größe von n wird durch den Index bei den Bezeichnungen HDB_n oder $CHDB_n$ angezeigt. Wird die Anzahl n von 0-Bits überschritten, so wird die Codiervorschrift des bipolaren Verfahrens verletzt (in der amerikanischen Literatur: *bipolar violation*) und ein besonderer Impulszug gesendet, um die Daueramplitude Null im Sendesignal zu vermeiden. Das Sendesignal ist abhängig davon, ob seit der vorhergehenden Verletzung der bipolaren Codiervorschrift eine gerade oder eine ungerade Anzahl von 1-Bits vorlag (dabei gilt die Anzahl von null 1-Bits als gerade).

$(n + 1)$ 0-Bits werden ersetzt:

	bei gerader Anzahl von zu übertragenden 1-Bits seit dem letzten Violation-Impuls durch	bei ungerader Anzahl von zu übertragenden 1-Bits seit dem letzten Violation-Impuls durch
HDB_n	B00...00V	000...00V
$CHDB_n$	000...BOV	000...00V

V: Violation-Impuls,
B: Impuls entsprechend bipolarer Codierung.

Aus dieser Codiervorschrift geht der Unterschied der beiden Codierungen HDB_n und $CHDB_n$ hervor: Bei $CHDB_n$ ist der Decodierer im Empfänger unabhängig vom Index n, d. h. von der Anzahl der zugelassenen aufeinanderfolgenden 0-Bits. Bei beiden Verfahren tritt ein Sendesignal der Amplitude Null nicht für eine längere Zeit auf als der Dauer der n Bits — dem Index bei der Bezeichnung der Codes — entspricht. Dadurch ist die Aufrechterhaltung des Synchronismus im Empfänger auch bei längeren Nullfolgen immer möglich.

Den Zeitverlauf der Signale für HDB_2- (auch bei PCM-Übertragung — Abschn. 3.2.1 — verwendet und in der amerikanischen Literatur als B3ZS — bipolar with three-zeros substitution — bezeichnet) und $CHDB_2$- sowie für $CHDB_3$-Codierung zeigt Bild 4.20. Für $n = 2$ sind beide Codierungen identisch. (Für $n = \infty$ gehen die Codierungen in die des AMI-Verfahrens über.)

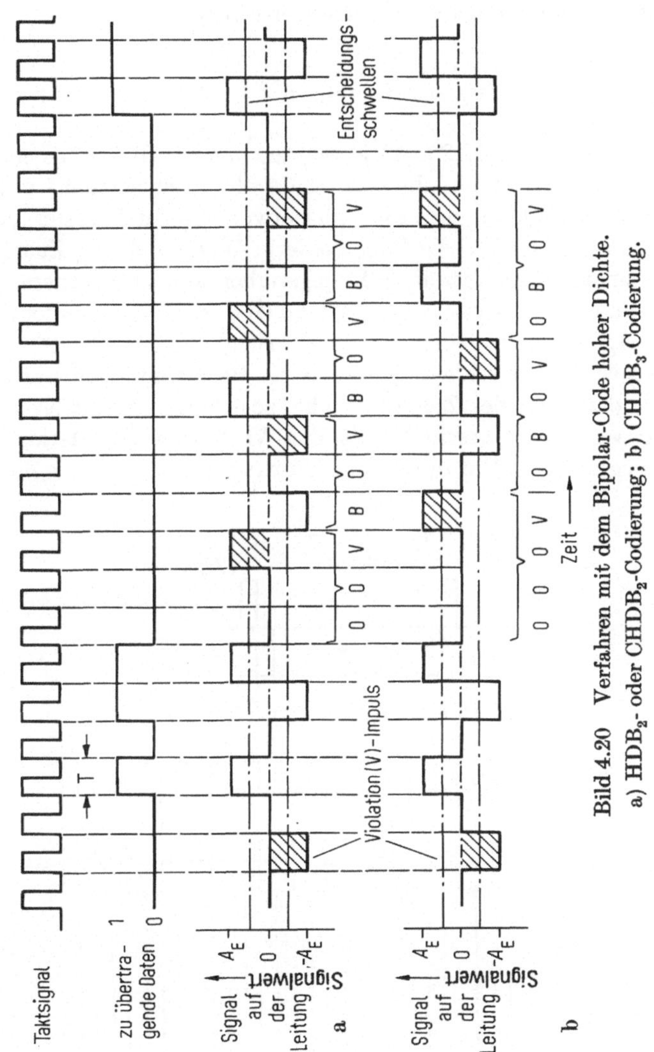

Bild 4.20 Verfahren mit dem Bipolar-Code hoher Dichte.
a) HDB_2- oder $CHDB_2$-Codierung; b) $CHDB_3$-Codierung.

Der Verlauf der Leistungsdichte in Abhängigkeit von der Frequenz weicht beim Index $n = 2$ am stärksten vom Verlauf derjenigen der beiden Varianten des AMI-Verfahrens ab (Bild 4.24, Kurve 4). Es ergibt sich ein scharf ausgeprägtes Maximum in der Gegend der Nyquistfrequenz f_N. Mit wachsendem Index n geht der Verlauf der Leistungsdichte allmählich in denjenigen des AMI-Verfahrens über.

4.2.4 Diphase- oder Splitphase-Verfahren

Bei diesem Verfahren [4.20, 4.21] werden die in Bild 4.21a gezeigten Signalelemente verwendet, die sich dadurch unterscheiden, daß eines gegenüber dem anderen um 180° phasenverschoben ist. Die zu übertragenden Daten werden wie folgt codiert: Wenn sich der Zustand der Datenbits zu einem Abtastzeitpunkt gegenüber dem zum vorhergehenden Abtastzeitpunkt geändert hat, so wird die Übertragung mit einem Signalelement fortgesetzt, das gegenüber dem vorhergehenden um 180° phasenverschoben ist (daher erklärt sich auch die Bezeichnung für dieses Verfahren). Ändert sich der Zustand nicht, so erfolgt kein Phasensprung. Infolge dieser Codiervorschrift hat das Verfahren die Merkmale der „Impulstelegraphie": Ein durch eine Störung vorgetäuschter Zustands-

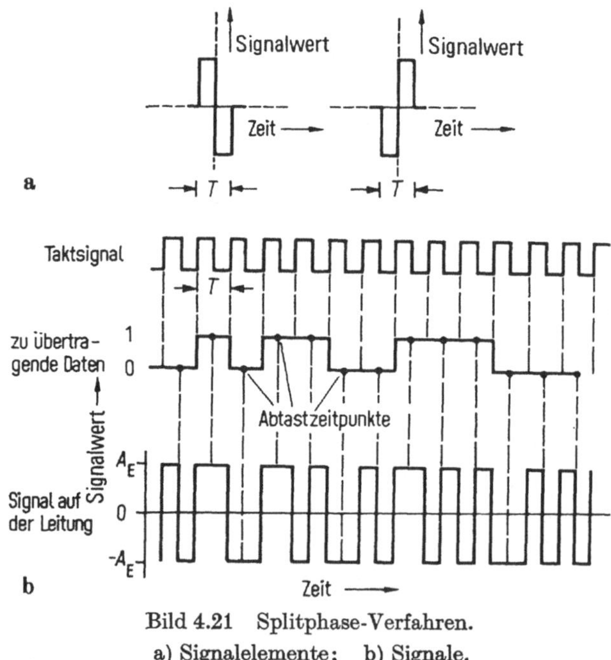

Bild 4.21 Splitphase-Verfahren.
a) Signalelemente; b) Signale.

wechsel führt nicht nur zu einem einzigen Fehler, sondern dieser pflanzt sich bis zur nächsten Störung fort; die ausgegebenen Daten sind zu den gesendeten in diesem Zeitraum invers. Vorteilhaft ist bei diesem Verfahren jedoch die Taktübertragung, da — wie aus Bild 4.21 hervorgeht — entweder im Abstand $T/2$ oder T ein Polaritätswechsel des Signals auf der Leitung erfolgt. Der Schrittsynchronismus kann im Empfänger also unabhängig von der übertragenen Nachricht hergestellt werden. Da das Empfangssignal aus Doppelstromimpulsen besteht, benötigt man keine geregelten Entscheidungsschwellen. Dieser Vorteil wird allerdings durch ein sehr breites Spektrum erkauft, wie Bild 4.24, Kurve 5 zeigt. Es ergeben sich Nullstellen bei der Frequenz Null und dem Vierfachen der Nyquistfrequenz. Das Leistungsdichtemaximum ergibt sich zwischen f_N und $2f_N$.

4.2.5 Coded-Diphase-Verfahren

Gegenüber dem Diphase- oder Splitphaseverfahren bietet das *Coded-Diphase-Verfahren* [4.20, 4.22] den Vorteil, daß vorgetäuschte Zustandswechsel nicht zu einer Fehlerfortpflanzung führen.

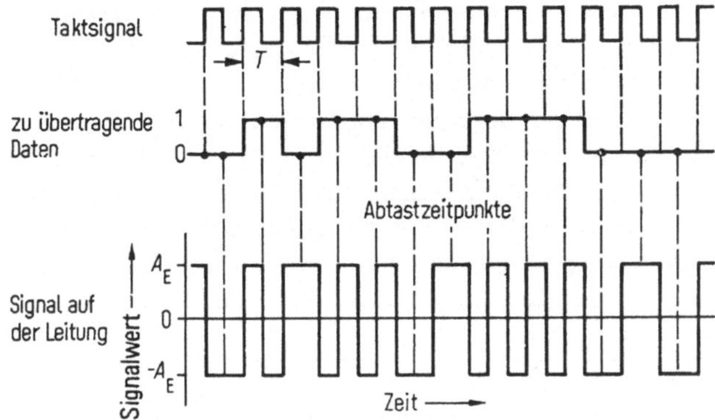

Bild 4.22 Coded-Diphase-Verfahren (Signalelemente vgl. Bild 4.21 a).

Die zu übertragenden Daten werden bei diesem Verfahren so codiert, daß immer bei einem 0-Bit ein Phasensprung des Signalelements erfolgt und bei einem 1-Bit kein Phasensprung (Bild 4.22). Im Empfänger ist also die 1 eindeutig durch einen Polaritätswechsel zum Abtastzeitpunkt gekennzeichnet, die 0 durch das Ausbleiben eines Polaritätswechsels zum Abtastzeitpunkt.

Das Diphase- (oder Splitphase-) Verfahren und das Coded-Diphase-Verfahren unterscheiden sich nicht bezüglich der Rückgewinnung des

Taktes aus dem Empfangssignal und bezüglich ihrer Spektren bei stochastischer Datenfolge. Sie unterscheiden sich bezüglich ihrer Spektren für spezielle Datenfolgen. Beim Diphase- oder Splitphase-Verfahren entsteht bei den Dauerlagen 0 oder 1 eine Spektrallinie bei $f = 2f_N = 1/T$. Beim Coded-Diphase-Verfahren entsteht für die Dauerlage ebenfalls eine Spektrallinie bei $f = 2f_N = 1/T$, während bei der Dauerlage 0 eine Spektrallinie bei $f = f_N = 1/2T$ entsteht. Das Spektrum für eine stochastische Impulsfolge erstreckt sich wie beim Diphase-Verfahren von 0 Hz bis zum Vierfachen der Nyquistfrequenz (Bild 4.24, Kurve 5).

Bei beiden Verfahren ist eine im Hinblick auf die Überlagerung von benachbarten Impulsen vorteilhafte Impulsformung möglich.

Impulsformung bei den Diphase-Verfahren

Nach Übertragung rechteckförmiger Impulse über bandbegrenzte Übertragungswege erfolgen die Polaritätswechsel im allgemeinen nicht zu den Sollzeitpunkten, also im zeitlichen Abstand $T/2$ oder T, sondern zu Zeitpunkten, die sich aus der Verformung der Signalelemente ergeben (Intersymbol-Interferenz, vgl. Abschn. 4.1.3). Die Intersymbol-Interferenz bei allen Basisbandübertragungsverfahren kann verringert werden, wenn bandbegrenzte Impulse benutzt werden, wie sie in Abschn. 4.1 erläutert wurden. Als Beispiel wird hier die günstigste Impulsform bei den Diphase-Verfahren behandelt.

Bei diesen Verfahren muß der Doppelrechteckimpuls in einen solchen Impuls umgewandelt werden, dessen durch die Bandbegrenzung hervorgerufene Vor- und Nachschwinger mindestens in den Abständen $T/2$ in hinreichendem Ausmaß verschwinden. Die Zeit- und Spektralfunktion dieses geformten Impulses erhält man durch Einsetzen der Abtastwerte

n	...	-2	-1	0	1	2	...
$g(nT)$	...	0	d	0	$-d$	0	...

aus dem Abtasttheorem (4.5) und (4.6):

$$g(t) = d\left(\frac{\sin[(4\pi/T)(t+T/4)]}{(4\pi/T)(t+T/4)} - \frac{\sin[(4\pi/T)(t-T/4)]}{(4\pi/T)(t-T/4)}\right),$$

$$G(\omega) = d(T/4)(e^{-j\omega T/4} - e^{j\omega T/4})$$

$$= jd(T/2)\sin(\omega T/4), \qquad |\omega| \leqq 4\pi/T.$$

Zeitverlauf und Spektralfunktion sind in Bild 4.23a und b dargestellt.

Die Funktion $g(t)$ entspricht formal dem Partial-Response-Impuls der Klasse 4, vgl. (4.11). Im Gegensatz zum Partial-Response-Verfahren überlagern sich hier jedoch nicht die Kennwerte benachbarter Impulse, da jeder Impuls (abgesehen von Vor- oder Nachschwingern) auf eine

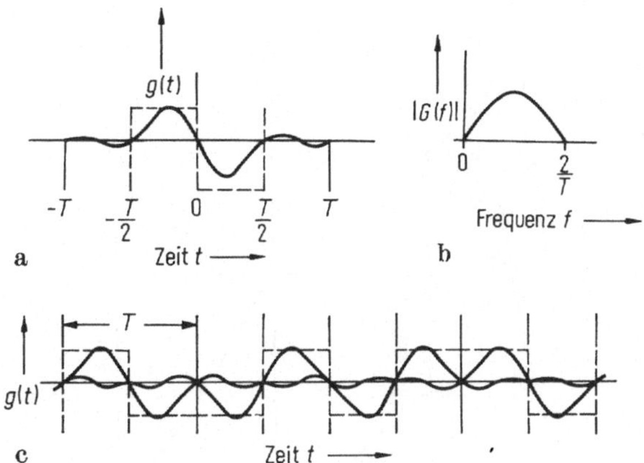

Bild 4.23 Diphase-Verfahren mit geformten Impulsen.
a) Signalfunktion $g(t)$; b) Betrag der Spektralfunktion $|G(f)|$; c) Überlagerung beim Coded-Diphase-Verfahren.

Bitlänge T beschränkt ist (Bild 4.23a). Aus diesem Grund kommt es hier auch nicht zur Ausbildung von drei informationstragenden, im Empfänger auszuwertenden Signalzuständen. Die Signalamplitude Null enthält im Gegensatz zum Partial-Response-Verfahren keine übertragenen Daten, sondern markiert nur die Impulsmitten (Bild 4.23c), so daß im Empfänger der Schrittsynchronismus unabhängig von der übertragenen Nachricht hergestellt werden kann.

Das Leistungsdichtespektrum mit geformten Impulsen hat wie die Spektren des Diphase- und Coded-Diphase-Verfahrens mit Doppelrechteckimpulsen Nullstellen bei 0 Hz und dem Vierfachen der Nyquistfrequenz; es erstreckt sich jedoch nicht auf das Gebiet außerhalb dieses Bereiches.

4.2.6 Partial-Response-Verfahren

Diese Verfahren, die eine besonders gute Ausnutzung des zur Verfügung stehenden Frequenzbereiches, nämlich 2 bit/s je Hz ermöglichen, wurden bereits in Abschn. 4.1.5 besprochen. Sie können auch für die Datenübertragung über Niederfrequenz-Kabel vorteilhaft sein, wenn nämlich in den Frequenzbereich von Systemen auf Nachbaradern nur sehr geringe Spektralanteile fallen dürfen und daher der in Anspruch genommene Frequenzbereich möglichst klein sein soll.

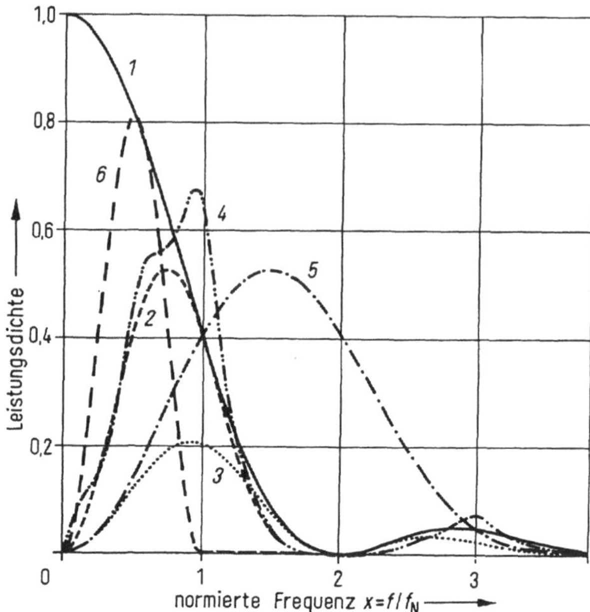

Bild 4.24 Leistungsdichte $r_N(x)$ verschiedener Basisband-Übertragungsverfahren als Funktion der normierten Frequenz $x = f/f_N$ für verschiedene stochastische Folgen mit der Amplitude $A = 1/\sqrt{T}$.
f: Frequenz, f_N: Nyquist-Frequenz, T: Schrittlänge, $x = 2f \cdot T = f/f_N$: normierte Frequenz ($x = 1$ für $f = 1/2T = f_N$).

Kurve	Verfahren	Leistungsdichte $r_N(x)$
1	Doppelstrom	$\left[\frac{\sin \pi(x/2)}{\pi(x/2)}\right]^2$
2	AMI, Tastverhältnis 1	$\left[\frac{\sin^2 \pi(x/2)}{\pi(x/2)}\right]^2$
3	AMI, Tastverhältnis 1/2	$\left[\frac{\sin \pi(x/2) \cdot \sin \pi(x/4)}{\pi(x/4)}\right]^2$
4	mit $CHDB_2$-Codierung	nicht als Quadrat der Spektralfunktion angebbar; s. Fußnote[1], S. 99; [4.19]
5	Splitphase, Coded Diphase	$\left[\frac{\sin^2 \pi(x/4)}{\pi(x/4)}\right]^2$
6	mit Partial-Response-Impulsen der Klasse 4 (bandbegrenzt)	$[0{,}9 \sin(\pi x)]^2$

Als Beispiel ist für den gleichstromfreien Partial-Response-Impuls der Klasse 4 in Bild 4.24 die Leistungsdichte in Abhängigkeit von der Frequenz eingetragen (Kurve 6).

Bei den Partial-Response-Verfahren muß allerdings wie beim AMI- und bei den HDB-Verfahren ein dreiwertiges Signal im Empfänger ausgewertet werden. Daher sind zwei regelbare Entscheidungsschwellen erforderlich, und die Empfindlichkeit dieser Verfahren ist höher als die von durchweg binären Verfahren.

Während der Übertragung einer Dauerfolge 0 ist auch das Sendesignal Null, im Empfänger kann dann der Takt nicht nachgeregelt werden. Um bei beliebigen Datenfolgen den Synchronismus des Empfängers aufrechtzuerhalten, müssen also beispielsweise die Daten verwürfelt werden. Außerdem ergeben sich höhere Forderungen an die Genauigkeit des Abtastzeitpunktes als bei den übrigen in Abschn. 4.2 diskutierten Verfahren, wie es auch aus dem Augendiagramm Bild 4.14 hervorgeht und in Abschn. 4.1.5 bereits erläutert wurde.

4.3 Übertragungsverfahren mit moduliertem Träger

Wenn bei der in Abschn. 4.2 besprochenen Basisbandübertragung die zu übertragenden Datensignale einen Gleichstromanteil besitzen, muß der Übertragungsweg gleichstromdurchlässig sein; wenn jedoch die zu übertragenden Datensignale so umcodiert werden, daß sie keinen Gleichstromanteil haben, muß nur die untere Grenzfrequenz der Übertragungsfunktion des Übertragungsweges klein gegenüber der Nyquistfrequenz sein. Vorausgesetzt wurde bei der Basisbandübertragung weiter, daß der Übertragungsweg nach höheren Frequenzen hin das Spektrum der zu übertragenden Datensignale nicht wesentlich beschneidet. Diese Voraussetzungen werden, wie bereits diskutiert (s. Abschn. 3.1), im allgemeinen von den Adernpaaren von Kabeln erfüllt.

Übertragungswege, wie z. B. eine Fernsprechverbindung mit der Bandbreite eines Sprachkanals, stellen dagegen nur ein begrenztes Frequenzband zur Verfügung (s. Abschn. 3.2). Insbesondere die untere Grenzfrequenz ist bei diesen Übertragungswegen nicht genügend klein, um eine Basisbandübertragung zu erlauben, und zu höheren Frequenzen hin steigt die Dämpfung sehr schnell an. Es steht also nur ein scharf begrenztes Frequenzband zur Verfügung. Die zu übertragenden Datensignale müssen daher so umgeformt werden, daß ihre wesentlichen Spektralanteile in dem für die Datenübertragung geeigneten Frequenzband liegen. Das erreicht man durch Modulation einer Trägerschwingung

$$f(t) = A \cos(\omega_0 t + \varphi)$$

mit dem zu übertragenden Datensignal. Dabei besteht die Möglichkeit, die Amplitude A, die Frequenz $\omega = \mathrm{d}(\omega_0 t + \varphi)/\mathrm{d}t$ oder die Phase φ der Trägerschwingung mit einem aus den zu übertragenden Daten gewonnenen Basisbandsignal zu modulieren. Die wesentlichen Spektralanteile dieses Basisbandsignals liegen dann in der Umgebung der Trägerfrequenz ω_0.

Um die verschiedenen Modulationsverfahren und die sich ergebenden Spektren zu veranschaulichen, wurden ihre wesentlichen Merkmale in Bild 4.25 zusammengestellt [4.23]. Zur Vereinfachung der Darstellung wurde angenommen, daß eine periodische Folge 1010... mit der Geschwindigkeit $v = 1/T$ zu übertragen ist. Bereits im Abschn. 4.1.4 wurde erläutert, daß für die Übertragung mit der Geschwindigkeit v minimal das Frequenzband *Null* bis $\omega_N = \pi/T$ (oder $f_N = 1/2T$), das *Nyquistband*, nötig ist. In der Folge 1010... ist, wie in Zeile 1, Bild 4.25 gezeigt, die Grundwelle der Frequenz $f_p = 1/2T$ enthalten. Diese Spektrallinie, deren Frequenz der *Nyquistfrequenz* ω_N bzw. f_N entspricht, muß mindestens noch übertragen werden, um die Information im Empfänger zurückgewinnen zu können. Sie ist in Bild 4.25 in der Darstellung der Spektren daher stark ausgezogen.

Ändert man die Amplitude, Frequenz oder Phase einer Trägerschwingung entsprechend dem rechteckförmigen Verlauf des Basisbandsignals sprungartig, so ergeben sich für die verschiedenen Modulationsverfahren unterschiedliche Zeitverläufe und Spektren (in Bild 4.25 für die dort angenommene periodische Folge gezeigt). Bei zwei Zuständen des modulierenden Basisbandsignals spricht man von *binärer Modulation*, bei sprunghafter Änderung von Amplitude, Frequenz oder Phase von *harter Tastung*.

In der folgenden Betrachtung der einzelnen Modulationsverfahren wird auch auf die Ausnutzung des verfügbaren Frequenzbandes eingegangen, die für die Basisbandsignale bereits in Abschn. 4.1 diskutiert wurde. Wie aus Bild 4.25 hervorgeht, treten bei der Übertragung mit moduliertem Träger zwei Seitenbänder auf. Die Ausnutzung des verfügbaren Frequenzbandes halbiert sich also gegenüber derjenigen bei der Basisbandübertragung. Welche Möglichkeiten der höheren Bandbreiteausnutzung sich hier ergeben, durch Restseitenband- oder Einseitenbandübertragung oder mit speziellen Übertragungsverfahren, wie der Übertragung mit zwei zueinander um 90° phasenverschobenen Trägern und mit mehrwertigen Signalen, wird in den folgenden Abschnitten diskutiert.

Bei verschiedenen dieser Verfahren muß der zur optimalen Demodulation nötige Träger aus dem Datensignal oder aus mitübertragenen Pilottönen im Empfänger ermittelt werden. Das ist insbesondere deswegen notwendig, weil bei Übertragung der Signale über Fernsprech-

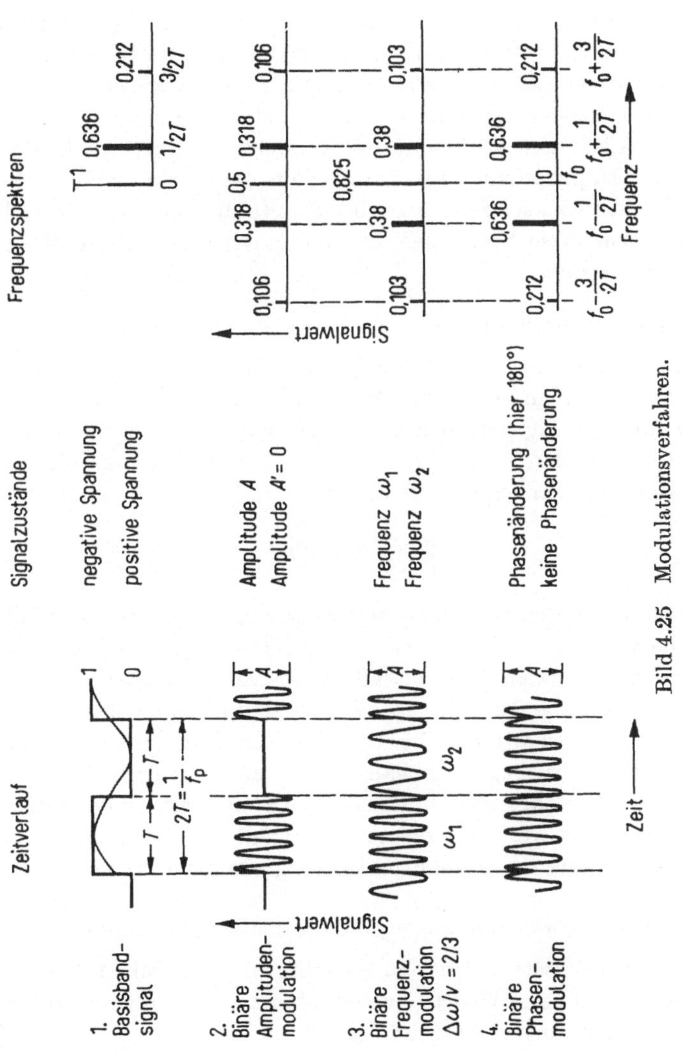

Bild 4.25 Modulationsverfahren.

verbindungen eine Frequenzverwerfung auftritt (vgl. Abschn. 3.2.2.6). Auf die Probleme der Rückgewinnung der Frequenz und Phase der Trägerschwingung bei diesen Verfahren wird in Abschn. 4.4.2 noch näher eingegangen.

Ebenso wird die Fehlerwahrscheinlichkeit bei den verschiedenen Modulationsverfahren — auch im Zusammenhang mit mehrwertigen Signalen — getrennt in Abschn. 4.5 behandelt. Dabei kann ein allgemeiner Vergleich bereits aus den Spektren, die in Bild 4.25 gezeigt sind, gezogen werden. Bei Phasenmodulation sind die ersten Seitenlinien bei $\omega_0 \pm \pi/T$ bzw. $f_0 \pm 1/2T$ am höchsten, dann folgen Frequenzmodulation und schließlich Amplitudenmodulation. Schon diese sehr einfache Betrachtung erlaubt Rückschlüsse auf die Empfindlichkeit der Modulationsverfahren gegenüber Störungen, die in den folgenden Abschnitten weiter ausgeführt werden.

4.3.1 Amplitudenmodulation

Bei der in Bild 4.25, Zeile 2 gezeigten binären Amplitudenmodulation wurde angenommen, daß die Amplitude A für eine logische 1 und $A' = 0$ für eine logische 0 ausgesendet wird. Bei binärer Amplitudenmodulation mit den Amplituden A und A' definiert man allgemein als Modulationsgrad, angegeben in Prozent:

$$\left|\frac{A - A'}{A}\right| 100\% .$$

Für die Datenübertragung wird fast ausschließlich der — in Bild 4.25, Zeile 2 dargestellte — Modulationsgrad 100% verwendet. Aus Bild 4.25 kann auch entnommen werden, daß das Basisbandspektrum bis auf einen Faktor 2 — gegeben durch die bei der Modulation entstehenden zwei Seitenbänder — erhalten bleibt. Im folgenden wird zunächst genauer die Zweiseitenbandübertragung behandelt, ehe auf die Möglichkeiten höherer Bandbreiteausnutzung durch Restseitenbandübertragung, durch Übertragung mit zwei um 90° versetzten geträgerten Signalen im gleichen Frequenzband und durch mehrwertige Signale eingegangen wird.

4.3.1.1 Amplitudenmodulation mit Zweiseitenbandübertragung

Um die folgende Betrachtung zu erleichtern, ist in Bild 4.26 der grundsätzliche Aufbau eines Übertragungssystems mit Amplitudenmodulation mit den Bezeichnungen der Signale und Spektren gezeigt.

Angenommen wird, daß eine Bandbreite $2\omega_g$ zur Verfügung steht und daß die Trägerfrequenz ω_0 der Trägerschwingung

$$f(t) = A \cos \omega_0 t$$

in der Mitte des Übertragungsbandes liegt.

Damit ergibt sich für den verfügbaren Frequenzbereich:

$$\omega_0 - \omega_g \leqq \omega \leqq \omega_0 + \omega_g. \tag{4.15}$$

In diesen Frequenzbereich ist das Basisbandspektrum $F_B(\omega)$ umzusetzen.

Durch Modulation der Trägerschwingung $\cos \omega_0 t$ mit dem Basisbandsignal $f_B(t)$ ergibt sich die Spektralfunktion

$$F_M(\omega) = A \int\limits_{t=-\infty}^{\infty} f_B(t) \cos \omega_0 t \, e^{-j\omega t} \, dt$$

$$= \frac{1}{2} [F_B(\omega + \omega_0) + F_B(\omega - \omega_0)]. \tag{4.16}$$

Dabei wird angenommen, daß das Basisbandsignal $f_B(t)$ entsprechend den Überlegungen in Abschn. 4.1 durch ein Filter BSF, wie es in Bild 4.26 gezeigt ist, bandbegrenzt wird, um Übersprechen in benachbarte Frequenzgebiete zu vermeiden. Unter der Voraussetzung, daß dieses Filter das Basisbandspektrum $F_B(\omega)$ auf den Bereich $\omega_m \leqq 2\omega_0 - \omega_g$ beschränkt (Bild 4.27a), treten im Übertragungsband keine Anteile der Komponente $F_B(\omega + \omega_0)$ in (4.16) auf. Man erhält dann zwei Seitenbänder, die in ihrem Amplitudenverlauf symmetrisch und in ihrem Phasenverlauf schiefsymmetrisch zu ω_0 liegen (vgl. Bild 4.27b, rechte Hälfte). Bei der folgenden Betrachtung muß die Komponente $F_B(\omega + \omega_0)$ neben $F_B(\omega - \omega_0)$ jedoch weiter betrachtet werden, denn sie liefert bei der Demodulation einen Beitrag zum Basisbandspektrum.

Der in Bild 4.26 eingezeichnete Modulator M wirkt meist als Schalter, der das Basisbandsignal in den Zeitabständen π/ω_0 umpolt. Gleichung (4.16) gilt unter der Voraussetzung, daß auch die bei der Modulation

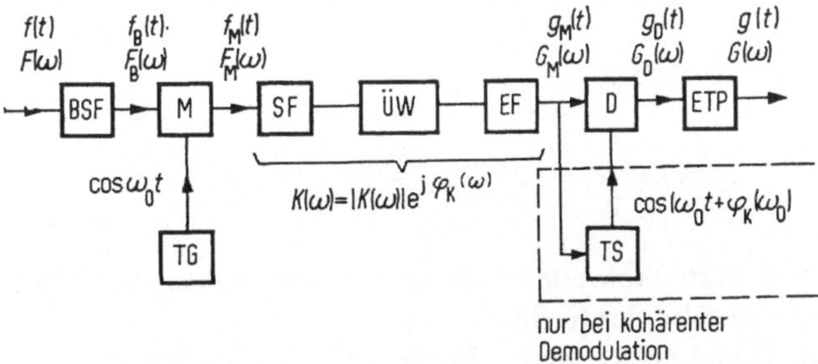

Bild 4.26 Amplitudenmodulationssystem mit Zweiseitenbandübertragung.

BSF: Filter zur Bandbegrenzung des Basisbandsignals, M: Modulator, SF: Sendefilter, ÜW: Übertragungsweg, EF: Empfangsfilter, D: Demodulator, ETP: Empfangstiefpaß, TG: Trägergenerator, TS: Trägersynchronisierung.

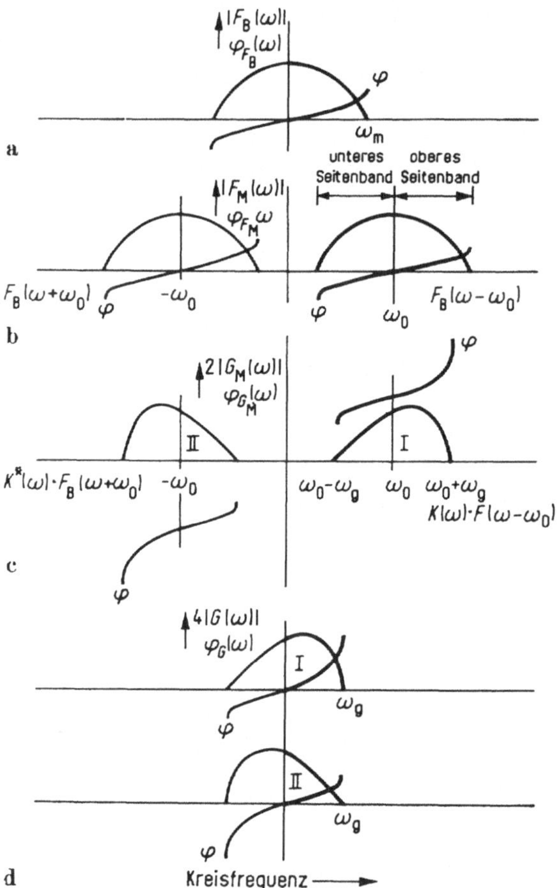

Bild 4.27 Betrag und Phase von Basisbandsignal und moduliertem Signal bei Zweiseitenbandübertragung über ein Amplitudenmodulationssystem.

mit diesem rechteckförmigen Träger

$$\cos \omega_0 t - \frac{1}{3} \cos 3\omega_0 t + \frac{1}{5} \cos 5\omega_0 t - \dots$$

entstehenden Signalkomponenten in der Umgebung von $3\omega_0$, $5\omega_0 \dots$ durch das Sendefilter unterdrückt werden.

Wie in Bild 4.26 gezeigt, durchläuft das modulierte Sendesignal $f_M(t)$ Sendefilter, Übertragungsweg und Empfangsfilter mit der resultierenden Frequenzcharakteristik

$$K(\omega) = |K(\omega)| \, e^{j\varphi_K(\omega)}.$$

Mit (4.16) erhält man dann für die Fouriertransformierte $G_M(\omega)$ des modulierten Empfangssignals am Eingang des Demodulators

$$G_M(\omega) = \frac{1}{2}[K^*(\omega)\,F_B(\omega + \omega_0) + K(\omega)\,F_B(\omega - \omega_0)].$$

Die Fourierkomponente $F_B(\omega + \omega_0)$ wird mit der konjugiert komplexen Frequenzcharakteristik $K(-\omega) = K^*(\omega)$ bewertet, weil $G_M(t)$ damit die für die Fouriertransformierte des reellen Empfangssignals $G_M(t)$ notwendige Bedingung erfüllt (vgl. Abschn. 4.1.1):

$$G_M(-\omega) = G_M{}^*(\omega).$$

Wie auch in Bild 4.27c dargestellt, besitzt das Empfangsspektrum $K(\omega)\,F_B(\omega - \omega_0)$ die Symmetrieeigenschaften von $F_B(\omega - \omega_0)$ nicht mehr, da im allgemeinen reale Filter und Übertragungswege eine unsymmetrische Frequenzcharakteristik haben.

Zur Rückgewinnung des Basisbandsignals $g_B(t)$ muß das Empfangssignal $g_M(t)$ im Empfänger demoduliert werden.

Bei *Zweiseitenbandübertragung* besteht hierzu die besonders einfache Möglichkeit der Einhüllendendemodulation durch Doppelweggleichrichtung unter der Voraussetzung, daß ein Trägerrest mitübertragen wird, dessen Amplitude größer oder gleich der höchsten Amplitude des Basisbandsignals ist. Bei der Datenübertragung benutzt man jedoch hauptsächlich die kohärente, d. h. trägersynchrone Demodulation, bei der im Empfänger ein trägersynchrones Signal $\cos[\omega_0 t + \varphi_K(\omega_0)]$ aus dem Datensignal zurückgewonnen wird. Bei der Einhüllendendemodulation treten nämlich größere Verformungen des demodulierten Basisbandsignals durch Dämpfungs- und Gruppenlaufzeitverzerrung der Filter oder des Übertragungsweges auf und führen zu einer größeren Störempfindlichkeit [4.8] als bei kohärenter Demodulation.

Zur kohärenten Demodulation muß das Empfangssignal $g_M(t)$ im Demodulator mit der frequenz- und phasenrichtigen Trägerschwingung $\cos(\omega_0 t + \varphi_K(\omega_0)$, s. Abschn. 4.4.2) multipliziert werden.

$$\begin{aligned} G_D(\omega) &= \int\limits_{t=-\infty}^{\infty} g_M(t) \cos[\omega_0 t + \varphi_K(\omega_0)]\, e^{-j\omega t}\, dt \\ &= \frac{1}{2}\,[G_M(\omega + \omega_0)\, e^{-j\varphi_K(\omega_0)} + G_M(\omega - \omega_0)\, e^{j\varphi_K(\omega_0)}] \\ &= \frac{1}{4}\,[K(\omega + \omega_0)\, F_B(\omega)\, e^{-j\varphi_K(\omega_0)} + K(\omega - \omega_0)\, F_B(\omega)\, e^{j\varphi_K(\omega_0)} \\ &\quad + \text{Fkt}\,(\omega \pm 2\omega_0)]. \end{aligned}$$

Die höherfrequenten Anteile von $G_D(\omega)$, nämlich Fkt $(\omega \pm 2\omega_0)$, werden durch den Empfangstiefpaß ETP (Bild 4.26) unterdrückt; man erhält für das Spektrum $G(\omega)$ des Basisbandsignals $g(t)$ die Beziehung

$$\begin{aligned} G(\omega) &= \frac{1}{4}\big(K(\omega+\omega_0)\,F_B(\omega)\,\mathrm{ETP}\,(\omega)\,\mathrm{e}^{-\mathrm{j}\varphi_K(\omega_0)} \\ &\quad + K^*(\omega-\omega_0)\,F_B(\omega)\,\mathrm{ETP}\,(\omega)\,\mathrm{e}^{\mathrm{j}\varphi_K(\omega_0)}\big) \\ &= \frac{1}{4}\,|K(\omega_0+\omega)|\,F_B(\omega)\,\mathrm{ETP}\,(\omega)\,\mathrm{e}^{\mathrm{j}(-\varphi_K(\omega_0)+\varphi_K(\omega_0+\omega))} \\ &\quad + \frac{1}{4}\,|K(\omega_0-\omega)|\,F_B(\omega)\,\mathrm{ETP}\,(\omega)\,\mathrm{e}^{\mathrm{j}(\varphi_K(\omega_0)-\varphi_K(\omega_0-\omega))}. \end{aligned} \tag{4.17}$$

Die beiden Komponenten von $G(\omega)$ sind zur Verdeutlichung in Bild 4.27d untereinander dargestellt. Sie entstehen aus den Spektralanteilen I und II in Bild 4.27c durch Verschiebung um $-\omega_0$ bzw. $+\omega_0$. Das Amplitudenmodulationssystem ist einem durch (4.17) beschriebenen Tiefpaß äquivalent, der aus zwei Komponenten besteht. Die beiden Komponenten repräsentieren den Amplitudenverlauf beider Seitenbänder bzw., abgesehen vom Vorzeichen, den Phasenverlauf beider Seitenbänder des Systems.

Damit erfüllen Systeme, welche Amplitudenmodulation mit Zweiseitenbandübertragung verwenden, die im Abschn. 4.1 aufgestellten Forderungen, z. B. die Nyquistbedingungen, wenn jedes der beiden Seitenbänder einzeln den Nyquistbedingungen entspricht.

Die Überlegungen zu Impulsformung und Bandbreiteausnutzung, auch zur Übertragung mit mehrwertigen Signalen, die im Abschn. 4.1 durchgeführt wurden, sind hier also anwendbar. Da die Bandbreiteausnutzung infolge der beiden zu übertragenden Seitenbänder jedoch nur halb so groß ist wie die bei Basisbandübertragung, gewinnen die im folgenden betrachteten Möglichkeiten einer höheren Bandbreiteausnutzung besondere Bedeutung.

4.3.1.2 Amplitudenmodulation mit Einseitenband- und mit Restseitenbandübertragung

Bei der Amplitudenmodulation mit Zweiseitenbandübertragung enthalten beide Seitenbänder die volle Information des Ausgangssignales. Eine Übertragung beider Seitenbänder bedeutet damit einerseits eine Verschwendung von Sendeleistung, andererseits aber auch, was wesentlicher ist, eine Verschwendung von Bandbreite. Eine bessere Ausnutzung der zur Verfügung stehenden Bandbreite erzielt man durch die einleitend bereits erwähnte *Einseitenband-* und die *Restseitenbandübertragung*. Im folgenden sollen die Unterschiede gegenüber der Zweiseitenbandübertragung aufgezeigt werden.

Zur Erleichterung der folgenden Betrachtungen wird zunächst die Hilbert-Transformation H eingeführt. Sie ist definiert durch die Beziehung

$$H\{f(t)\} = \hat{f}(t) = \frac{1}{\pi} \int_{\tau=-\infty}^{\infty} \frac{f(\tau)}{t-\tau} \mathrm{d}\tau .$$

Besonders wichtig ist die Auswirkung dieser Transformation im Frequenzbereich. Ist $F(\omega)$ die Fouriertransformierte von $f(t)$, so ergibt sich für die Fouriertransformierte $F_{\mathrm{h}}(\omega)$ der Funktion $\hat{f}(t)$

$$F_{\mathrm{h}}(\omega) = -\mathrm{j}F(\omega) \operatorname{sign}(\omega),$$

d. h. das Amplitudenspektrum bleibt unverändert, nur das Phasenspektrum wird frequenzunabhängig um 90° gedreht.

Berechnet man die Hilberttransformierte eines amplitudenmodulierten Signales, so ergibt sich

$$H[f_{\mathrm{B}}(t) \sin \omega_0 t] = -f_{\mathrm{B}}(t) \cos \omega_0 t,$$

bzw.

$$H[f_{\mathrm{B}}(t) \cos \omega_0 t] = +f_{\mathrm{B}}(t) \sin \omega_0 t,$$

wobei $F_{\mathrm{B}}(\omega) = 0$ für $|\omega| > |\omega_0|$, d. h. ein bandbegrenztes Basisbandsignal vorausgesetzt ist.

Mit diesen Eigenschaften der Hilbert-Transformation läßt sich einfach zeigen [4.24, 4.25], daß die bei Amplitudenmodulation mit *Einseitenbandübertragung* (ESB) auftretende Signalform durch die Beziehung

$$[f_{\mathrm{M}}(t)]_{\mathrm{ESB}} = \frac{1}{2} f_{\mathrm{B}}(t) \cos \omega_0 t \pm \frac{1}{2} \hat{f}_{\mathrm{B}}(t) \sin \omega_0 t \tag{4.18}$$

beschrieben wird, wobei das positive Vorzeichen bei Übertragung des unteren Seitenbandes gilt, das negative für das obere Seitenband. Voraussetzung ist auch hier, daß $f_{\mathrm{B}}(t)$ — und damit auch $\hat{f}_{\mathrm{B}}(t)$ — bandbegrenzte Funktionen mit $F_{\mathrm{B}}(\omega) = 0$ für $|\omega| > |\omega_0|$ sind.

Das bei einer Amplitudenmodulation mit Zweiseitenbandübertragung (ZSB) entstehende Signal hat dagegen die Form

$$[f_{\mathrm{M}}(t)]_{\mathrm{ZSB}} = f_{\mathrm{B}}(t) \cos \omega_0 t . \tag{4.19}$$

Das bedeutet, daß ein Einseitenbandsignal als halbe Summe bzw. Differenz eines üblichen Zweiseitenbandsignals und des aus der hilberttransformierten Zeitfunktion und einem um 90° verschobenen Träger erzeugten Zweiseitenbandsignals beschrieben werden kann.

Gleichzeitig steht hiermit ein vorteilhaftes Verfahren zur Erzeugung eines Einseitenbandsignals zur Verfügung, wenn eine einzelne bekannte Impulsform $f_B(t)$ für die Übertragung verwendet werden soll (Bild 4.28).

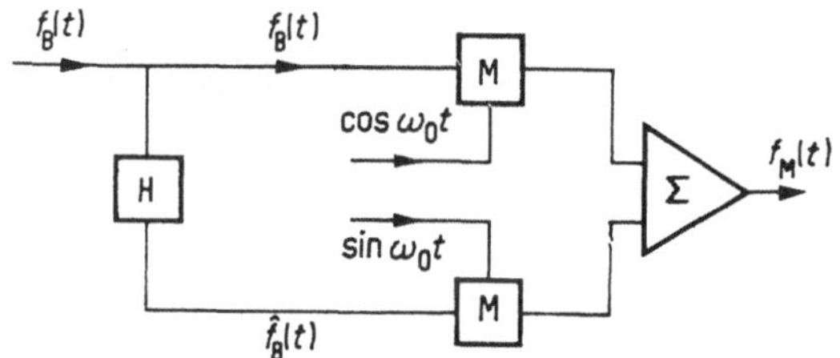

Bild 4.28 Erzeugung eines Einseitenbandsignals $f_M(t)$ mit Hilfe der Hilbert-transformierten $\hat{f}_B(t)$ des Basisbandsignals $f_B(t)$.
H: Hilbert-Filter (frequenzunabhängige Phasendrehung um 90°), M: Modulator.

Dieser Fall ist aber gerade bei der Übertragung von Daten gegeben. Voraussetzung dabei ist jedoch, daß die Impulsform $f_B(t)$ so gewählt wird, daß ihre Spektralfunktion eine Nullstelle bei der Frequenz Null hat. Nach der Modulation tritt diese Nullstelle bei der Frequenz des Trägers auf, so daß auch ein Pilotton an dieser Stelle übertragen werden kann. Ein Impuls, der diese Forderung erfüllt, ist z. B. der Partial-Response-Impuls der Klasse 4 (s. Abschn. 4.1.5). Bei der praktischen Ausführung dieses Verfahrens ist es dabei in der Regel günstiger, statt den hilbert-transformierten Impuls $\hat{f}_B(t)$ aus der Funktion $f_B(t)$ zu gewinnen, direkt jeweils die Impulse $f_B(t)$ und $\hat{f}_B(t)$ zu erzeugen, z. B. mit Hilfe eines einfachen Digitalfilters [4.26]. Hiermit steht dann ein Verfahren zur Verfügung, mit dem sich eine Einseitenbandübertragung realisieren läßt, ohne daß Forderungen gestellt werden müssen, die bei der Datenübertragung schwer zu erfüllen sind, wie das Abtrennen des unerwünschten Seitenbandes mit einem Filter.

Im folgenden wird auf die Besonderheiten bei der Demodulation eines Einseitenband- bzw. Restseitenbandsignals eingegangen. Da hierbei kein Trägerrest im Spektrum des amplitudenmodulierten Signals enthalten ist, dessen Amplitude gleich oder größer ist als die höchste Amplitude des Basisbandsignals, kommt nur kohärente Demodulation in Frage.

Multipliziert man das empfangene Signal

$$g_M(t) = a(t)\cos\omega_0 t + b(t)\sin\omega_0 t \tag{4.20}$$

mit einer Trägerschwingung $\cos(\omega_0 t + \Theta)$, so ergibt sich daraus das Basisbandsignal

$$g_B(t) = \frac{1}{2}[a(t)\cos\Theta - b(t)\sin\Theta], \tag{4.21}$$

wobei alle nicht ins Basisband fallenden unerwünschten Anteile vernachlässigt werden, da sie durch einen Tiefpaß abgetrennt werden können, wie bei Zweiseitenbandübertragung bereits gezeigt wurde.

Ein Vergleich von (4.19) und (4.20) zeigt, daß für Zweiseitenbandübertragung $a(t) = f_B(t)$ und $b(t) = 0$ ist. Bei einem Trägerphasenfehler $\Theta \neq 0$ wird demnach zwar die Amplitude des Basisbandsignals verfälscht, aber die für die Übertragung wichtigen Nullstellen des ursprünglichen Impulses $f_B(t)$ bleiben im demodulierten Signal enthalten. Die Trägerphase ist damit unkritisch und kann einfach durch Regelung auf maximales Ausgangssignal gefunden werden.

Bei einem Einseitenbandsignal trifft das nicht mehr zu. Hier wird $a(t) = f_B(t)$ und $b(t) = \hat{f}_B(t)$, d. h. bei $\Theta \neq 0$ erscheint am Ausgang des Demodulators eine Linearkombination aus gewünschtem Impuls und dem dazu hilberttransformierten Impuls. Daher ist zur Demodulation eine spezielle Trägerphase erforderlich. Ein einfaches Kriterium zur Einstellung der Trägerphase steht jedoch nicht zur Verfügung. Auch die Phase eines etwa mitübertragenen Pilottons liefert, wie einleitend bereits diskutiert wurde, bei einem Übertragungskanal mit Gruppenlaufzeitverzerrung keinen Hinweis auf die für die Demodulation optimale Trägerphase. In dieser Empfindlichkeit gegenüber Trägerphasenfehlern bei der Demodulation liegt der Hauptnachteil einer Einseitenbandübertragung. Speziell bei mehrwertiger Übertragung können bereits Trägerphasenfehler von wenigen Grad zu unzulässig hohen Fehlerhäufigkeiten führen, wie später noch gezeigt wird.

Einen Kompromiß zwischen dem geringen Bandbreitebedarf der Einseitenbandübertragung und der Trägerphasenunempfindlichkeit der Zweiseitenbandübertragung bietet die *Restseitenbandübertragung*. Bei ihr wird ein Seitenband übertragen und zusätzlich ein Rest des anderen Seitenbandes [4.24]. Der mitzuübertragende Rest soll im Basisband durch die Funktion

$$F_R(\omega) = \begin{cases} -2\mathrm{j}\, G(\omega), & |\omega| \leqq \omega_R, \\ -\mathrm{j}\, \mathrm{sign}\,(\omega), & |\omega| > \omega_R \end{cases}$$

bestimmt sein, wobei $G(\omega)$ eine beliebige ungerade Funktion von ω mit $G(\omega_R) = 1/2$ sein darf. Bei einem Basisbandimpuls $f_B(t)$ mit dem zugehörigen Spektrum $F_B(\omega)$ erhält man dann eine Impulsform

$$f_R(t) = \frac{1}{2\pi} \int\limits_{\omega=-\infty}^{\infty} F_R(\omega)\, F_B(\omega)\, e^{\mathrm{j}\omega t}\, d\omega ,$$

mit deren Hilfe sich die Zeitfunktion des Restseitenbandsignals mit der Trägerfrequenz ω_0 als

$$f_{\mathrm{MR}}(t) = \frac{1}{2} f_{\mathrm{B}}(t) \cos \omega_0 t + \frac{1}{2} f_{\mathrm{R}}(t) \sin \omega_0 t$$

ergibt, wenn nur ein Rest des oberen Seitenbandes übertragen wird. Mit $\omega_{\mathrm{R}} \to 0$ erhält man hieraus das schon bekannte Einseitenbandsignal. Bild 4.29a zeigt das Spektrum eines Restseitenbandsignals, wenn als

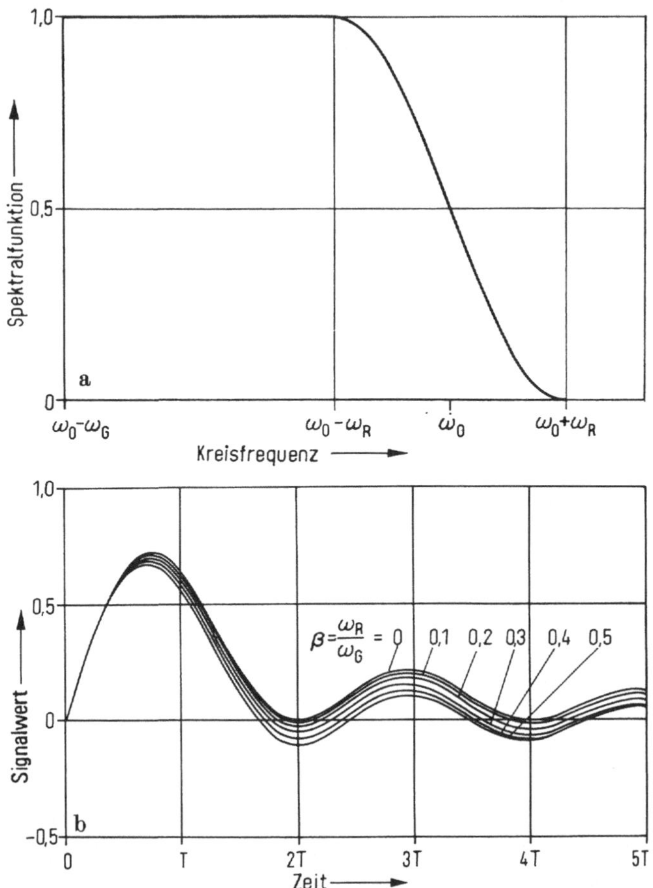

Bild 4.29 Restseitenbandübertragung.

a) Spektralfunktion $F(\omega)$ für einen Restseitenbandanteil $\beta = \omega_{\mathrm{R}}/\omega_{\mathrm{G}} = 0{,}3$ und $\sin x/x$-förmigen Basisbandimpuls; b) Impulsform $f_{\mathrm{R}}(t)$ zur Erzeugung eines Restseitenbandsignals mit Hilfe einer Anordnung nach Bild 4.28 für verschiedene Restseitenbandanteile β.

Basisbandimpuls ein Impuls der Form

$$f(t) = \frac{\sin \omega_G t}{\omega_G t} \tag{4.22}$$

gesendet wird, bei $G(\omega) = 0{,}5 \sin (\pi\omega_R/2\omega_G)$, d. h. für einen sinusförmig mit der Frequenz abnehmenden Teil des Restseitenbandes. Verwendet man zur Erzeugung des Restseitenbandsignals die Anordnung nach Bild 4.28, so muß für $f(t)$ der Impuls (4.22) gesendet werden und für $\hat{f}(t)$ der in Bild 4.29b für verschiedene Werte von $\beta = \omega_R/\omega_G$ gezeigte Impuls $f_R(t)$.

In Bild 4.30 ist die Verringerung der Empfindlichkeit gegen Trägerphasenfehler durch Restseitenbandübertragung an Hand der Bitfehlerwahrscheinlichkeit gezeigt. Es zeigt sich, daß zwar eine Verringerung der Bitfehlerwahrscheinlichkeit durch Mitübertragung eines Restseitenbandes erreicht werden kann, daß eine nennenswerte Verbesserung aber erst auftritt, wenn ein erheblicher Teil des zweiten Seitenbandes mitübertragen wird. Es bleibt daher in jedem Fall zu überlegen,

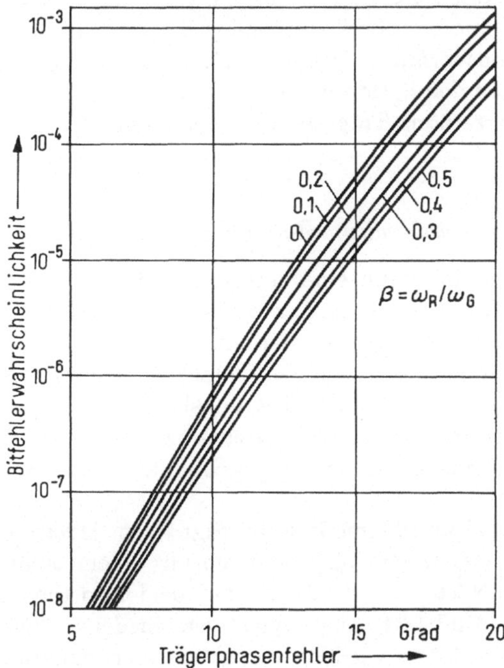

Bild 4.30 Bitfehlerwahrscheinlichkeit bei Restseitenbandübertragung für verschiedene Restseitenbandanteile β in Abhängigkeit vom Trägerphasenfehler. Störer: weißes Rauschen im Nyquist-Band, Signal/Störabstand: 16 dB.

ob nicht beispielsweise die Auswahl von speziellen Basisbandimpulsformen — z. B. von Partial-Response-Impulsen (Abschn. 4.1.5) — und die Ausnutzung der gesamten verfügbaren Bandbreite zur Einseitenbandübertragung vorteilhafter ist als eine Restseitenbandübertragung.

Sowohl bei Einseitenband- als auch bei Restseitenbandübertragung kann die Frequenz und Phase der Trägerschwingung für die Demodulation aus einem mitübertragenen Pilotton zurückgewonnen werden. Das Basisbandspektrum muß dann so gewählt werden, daß im Empfänger Pilot und Datensignal ohne wesentliche gegenseitige Störung getrennt werden können. In Abschn. 4.4.2 wird darauf noch eingegangen.

Das Verfahren der Amplitudenmodulation gehört unabhängig von Einseitenband-, Zweiseitenband- oder Restseitenbandübertragung zu den *linearen* Modulationsverfahren, da bei der Übertragung das Basisbandspektrum im wesentlichen unverändert bleibt; es wird lediglich verschoben und mit den Eigenschaften des Übertragungskanals bewertet. Daher läßt sich der Effekt des Übertragungskanals für jede Spektralkomponente leicht angeben, so daß sich in allen Fällen insgesamt für die Übertragungsstrecke ein äquivalenter Basisbandkanal ergibt, wie er in (4.17) für die Zweiseitenbandübertragung abgeleitet wurde (vgl. Bild 4.27).

Zu den für eine bandbreitesparende Übertragung geeigneten Amplitudenmodulationsverfahren gehört auch noch die im folgenden behandelte Amplitudenmodulation in zwei Kanälen im gleichen Frequenzband mit um 90° versetzten Trägern, die sogenannte *Quadraturamplitudenmodulation*.

4.3.1.3. Quadraturamplitudenmodulation

Wie bereits erwähnt, kann eine bessere Bandausnutzung als bei Zweiseitenbandübertragung ferner durch *Orthogonal-* oder *Quadraturamplitudenmodulation* (QAM) erreicht werden.

Die Übertragungsgeschwindigkeit eines Zweiseitenbandsystems läßt sich ohne Verbreiterung des Übertragungsbandes verdoppeln, wenn zwei additiv überlagerte Signale im gleichen Frequenzbereich übertragen werden, deren Träger um 90° gegeneinander phasenverschoben sind [4.27].

Das binär amplitudenmodulierte Signal in jedem Kanal enthält Phasensprünge von 180°; es ist identisch mit einem binär phasenmodulierten Signal. Nach der Addition der beiden orthogonalen Signale existieren, wie Bild 4.31 zeigt, vier verschiedene Phasenlagen. Das System unterscheidet sich jedoch von einer Anordnung mit vierwertiger Phasenmodulation durch die Codierung, d. h. die Regel, nach der die Bitfolge den Modulationszuständen zugeordnet wird (s. Abschn. 4.3.3.).

Das Prinzipschaltbild eines QAM-Systems ist in Bild 4.32 dargestellt.

Das ursprüngliche Sendesignal $f_0(t)$ wird im Codierer CD in zwei Sendesignale $f_1(t)$ und $f_2(t)$ mit halber Geschwindigkeit aufgespalten, die in den beiden Zweigen des Systems getrennt moduliert ($M_{1,2}$), demoduliert ($D_{1,2}$), abgetastet und regeneriert ($AR_{1,2}$) werden. Im Decodierer DC

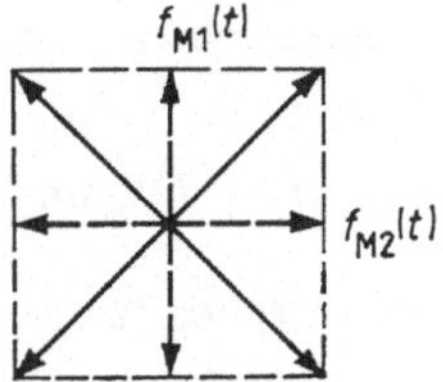

Bild 4.31 Bildung der Phasenlagen bei Quadraturamplitudenmodulation durch Addition der orthogonalen Signale $f_{M1}(t)$ und $f_{M2}(t)$.

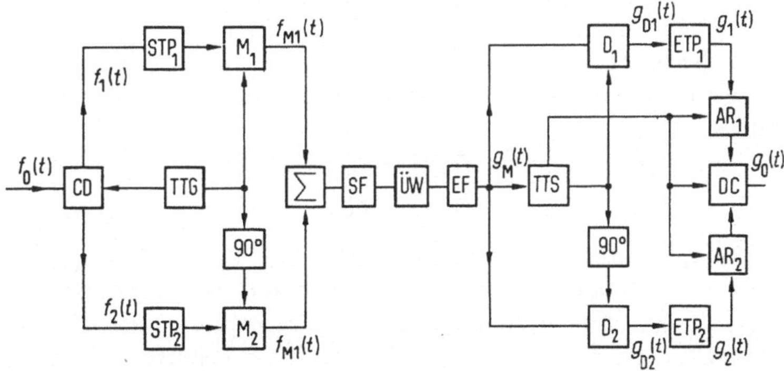

Bild 4.32 Übertragungssystem mit Quadraturamplitudenmodulation.
CD: Codierer, DC: Decodierer, STP: Sendetiefpaß, ETP: Empfangstiefpaß, M: Modulator, D: Demodulator, SF: Sendefilter, EF: Empfangsfilter, ÜW: Übertragungsweg, AR: Schrittabtastung und -regenerierung, TTG: Takt- und Trägergenerator, TTS: Takt- und Trägersynchronisierung.

wird die ursprüngliche Bitfolge durch bitweise Verschachtelung der beiden Empfangssignale wiederhergestellt. Infolge der Aufspaltung in zwei voneinander unabhängige Signalzweige kann bei der Schrittgeschwindigkeit $1/T$ mit der doppelten Übertragungsgeschwindigkeit $2/T$ gearbeitet werden. Die durch Geschwindigkeitswandlung erforderlichen Bit- und Schrittakte werden aus dem lokalen Generator TTG abgeleitet. Die Signalformung wird im wesentlichen für beide Zweige getrennt durch Sendetiefpässe vor den Modulatoren und durch Tiefpässe hinter den Demodulatoren durchgeführt, wobei die Ausgangsspektren meistens den in Abschn. 4.1.4 diskutierten cosinusförmigen Roll-Off erhalten. Das für beide Zweige gemeinsame Sendefilter dient hauptsächlich zur Unterdrückung unerwünschter Modulationsprodukte. Aufgabe des gemeinsamen Empfangsfilters ist neben der Impulsformung vor allem die möglichst gute Befreiung von Störsignalen des Übertragungsweges.

Zur Rückgewinnung der Information wird das Empfangssignal

$$g_M(t) = a(t) \cos \omega_0 t + b(t) \sin \omega_0 t$$

durch Multiplikation mit phasenrichtigen orthogonalen Trägerschwingungen demoduliert:

$$\begin{aligned} g_{D1}(t) &= a(t) \cos^2 (\omega_0 t) + b(t) \sin (\omega_0 t) \cos (\omega_0 t) \\ &= \frac{1}{2} [a(t) + a(t) \cos (2\omega_0 t) + b(t) \sin (2\omega_0 t)] \\ g_{D2}(t) &= b(t) \sin^2 (\omega_0 t) + a(t) \cos (\omega_0 t) \sin (\omega_0 t) \\ &= \frac{1}{2} [b(t) - b(t) \cos (2\omega_0 t) + a(t) \sin (2\omega_0 t)]. \end{aligned}$$

Nach der Unterdrückung der höherfrequenten Signalanteile in den Empfangstiefpässen sind die Signale der beiden Kanäle vollständig getrennt:

$$g_{B1}(t) = a(t),$$
$$g_{B2}(t) = b(t).$$

Störkomponenten des jeweils anderen Kanals treten jedoch in $g_{B1}(t)$ bzw. $g_{B2}(t)$ auf, wenn die Trägerphasen von ihren Sollwerten abweichen. Zur Synchronisierung der Trägerphase im Empfänger (Abschn. 4.4.2) wird entweder ein Pilotton in Bandmitte in einer eigens erzeugten Lücke des Signalspektrums verwendet, oder es wird aus dem Datensignal ein Fehler abgeleitet, der der Phasenabweichung proportional ist.

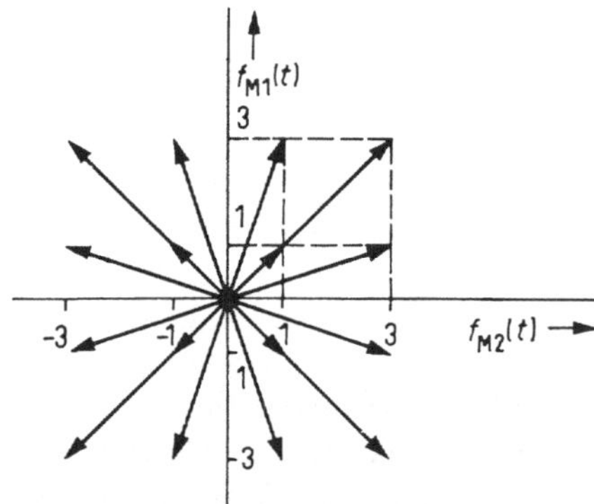

Bild 4.33 Bildung der Phasenlagen bei Quadraturamplitudenmodulation durch Addition der vierwertig amplitudenmodulierten orthogonalen Signale $f_{M1}(t)$ und $f_{M2}(t)$.

Für QAM-Systeme mit mehrwertigen Signalen können die Signalvektoren in verschiedener Weise angeordnet werden [4.28]. Ein Beispiel zeigt Bild 4.33 und ein weiteres Beispiel wird in Band II, Abschn. 7.3.2.2 für die Übertragung mit 9600 bit/s über festgeschaltete Fernsprechverbindungen behandelt. Die verschiedenen QAM-Systeme haben eine, wenn auch nur wenig, unterschiedliche Empfindlichkeit gegenüber Störungen. Der Grund dafür liegt darin, daß abhängig von der Lage der Signalvektoren der für die Störempfindlichkeit maßgebende Abstand der Sollzustände zu den jeweils benachbarten Sollzuständen unterschiedlich ist.

4.3.1.4 Bandbreiteausnutzung bei Amplitudenmodulation

Bei allen Verfahren mit Amplitudenmodulation können mehrwertige Signale verwendet werden, um die Bandbreiteausnutzung zu verbessern.

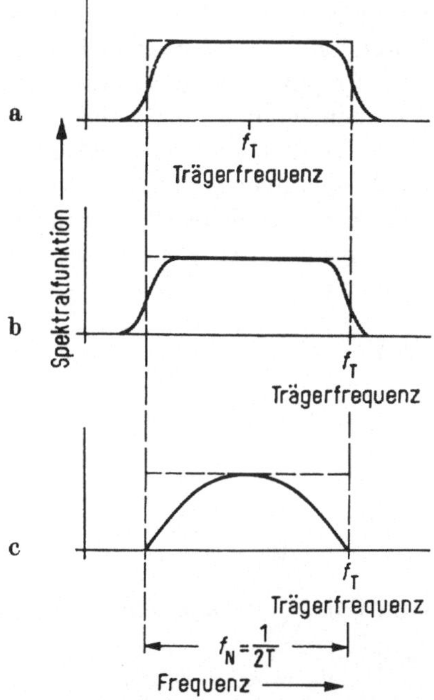

Bild 4.34 Betrag der Spektralfunktion $|G(\omega)|$ von Amplitudenmodulationsverfahren mit einer Bandbreiteausnutzung b um 2 bit/s je Hz.

a) Quadraturamplitudenmodulation (Verwendung von Roll-off-Impulsen), b etwas unterhalb 2 bit/s je Hz; b) Amplitudenmodulation mit Restseitenbandübertragung (Verwendung von Roll-off-Impulsen); b etwas unterhalb 2 bit/s je Hz; c) Amplitudenmodulation mit Einseitenbandübertragung und bei Verwendung von Partial-Response-Impulsen der Klasse 4, $b = 2$ bit/s je Hz.

Zusätzlich bieten die Verfahren der Einseitenband- und der Restseitenbandübertragung von amplitudenmodulierten Signalen und die Quadraturamplitudenmodulation die Möglichkeit, in der Ausnutzung der zur Verfügung stehenden Bandbreite mit Binärsignalen zumindest nahe an den Maximalwert von 2 bit/s je Hz (s. Abschn. 4.1.6) heranzukommen. Um einen Vergleich der Übertragungsverfahren mit Amplitudenmodulation zu ermöglichen, sind in Bild 4.34 die Verfahren zusammengestellt, die mit Binärsignalen eine Bandbreiteausnutzung um 2 bit/s je Hz erlauben. Daraus geht hervor, daß es unter diesen Verfahren nur die Einseitenbandübertragung mit Partial-Response-Impulsen gestattet, den Maximalwert von 2 bit/s je Hz zu erreichen.

4.3.2 Frequenzmodulation

Frequenzmodulation wird vor allem für die Übertragung von Daten mit niedrigen und mittleren Geschwindigkeiten angewendet; denn Systeme, die Frequenzmodulation benutzen, lassen sich mit weniger Aufwand realisieren als solche, die Amplituden- oder Phasenmodulation anwenden. Allerdings ist bei Frequenzmodulationssystemen eine Erhöhung der Bandbreiteausnutzung wesentlich problematischer.

Um den Unterschied gegenüber Amplitudenmodulation aufzuzeigen, werden zunächst einige grundsätzliche Überlegungen vorangestellt. Als Zeitfunktion des modulierten Signals $f(t)$ mit der Amplitude A und der Trägerfrequenz ω_0 erhält man

$$f(t) = A \cos\left[\omega_0 t + \varphi_0 + \varphi(t)\right].$$

Daraus ergibt sich als Momentanfrequenz ω_M dieser modulierten Trägerschwingung

$$\omega_M = \frac{\mathrm{d}[\omega_0 t + \varphi_0 + \varphi(t)]}{\mathrm{d}t} = \omega_0 + \frac{\mathrm{d}\varphi(t)}{\mathrm{d}t}.$$

Mit dem Basisbandsignal $f_B(t)$ und einem Proportionalitätsfaktor k erhält man

$$\omega_M = \omega_0 + k f_B(t).$$

Damit ergibt sich als frequenzmoduliertes Signal aus den vorstehenden Gleichungen

$$f(t) = A \cos\left(\omega_0 t + \varphi_0 + k \int_{\tau=t_0}^{t} f_B(\tau)\,\mathrm{d}\tau\right). \tag{4.23}$$

Aus (4.23) wird deutlich, daß bei einem frequenzmodulierten Signal nicht wie bei einem amplitudenmodulierten Signal eine einfache lineare Umsetzung des Basisbandsignals in ein trägerfrequentes Signal erfolgt, sondern daß der Zusammenhang nichtlinear ist. Daher muß man auch bei der Berechnung der Spektralfunktion direkt das trägerfrequente Signal betrachten.

Die Berechnung der Spektralfunktion für ein beliebiges Basisbandsignal $f_B(t)$ kann man durchführen [4.2]. Sie ist aber kompliziert und im Zusammenhang mit den für die Datenübertragung verwendeten Systemen nicht notwendig. Bei den für die Datenübertragung in Frage kommenden Systemen wird im Modulator das rechteckförmige Datensignal selbst verwendet, um das trägerfrequente Signal in seiner Frequenz „hart" umzuschalten. Die Impulsformung erfolgt dann im Sendefilter und in den bandbegrenzenden Übertragungselementen im Empfänger (vgl. Bild 4.35).

Da in realisierbaren, hart tastenden Frequenz-Modulatoren (siehe Band II, Abschn. 7.2.1) ohne störende Phasensprünge die Frequenz momentan geändert werden kann, genügt es zunächst, die Spektralfunktion für ein Signal zu betrachten, das in seiner Frequenz momentan geändert wird (vgl. Bild 4.25, Zeile 3) und dann die bandbegrenzenden Übertragungselemente des Systems durchläuft (Bild 4.35). Wie Bild 4.25 zeigt, sind bei binärer Übertragung den beiden logischen Zuständen die beiden Kreisfrequenzen ω_1 und ω_2 bzw. die Frequenzen f_1 und f_2 zugeordnet. Diese Frequenzen werden als *Kennfrequenzen* bezeichnet; sie werden oft entsprechend der Bezeichnung der binären Kennzustände mit A und Z auch F_A und F_Z genannt (vgl. Abschn. 2, Tab. 2.3).

Die Trägerfrequenz tritt hier nicht selbst in Erscheinung; man bezeichnet den Mittelwert der Kennfrequenzen $\omega_M = (\omega_1 + \omega_2)/2$ als *Mittenfrequenz* ω_M und den halben Abstand der Kennfrequenzen als *Frequenzhub* $\Delta\omega = |(\omega_1 - \omega_2)/2|$. Der auf die Übertragungsgeschwindigkeit v bezogene Abstand der Kennfrequenzen, also das Verhältnis $\Delta\omega/(\pi v)$, wird *Modulationsindex* genannt. Nach der Beschränkung auf rein rechteckförmige Modulation der Trägerschwingung können die Spektren relativ einfach berechnet werden. Da für die Untersuchung nichtlinearer Übertragungssysteme die Simulation mit einer kurzen, periodisch wiederholten Datenfolge eine große Rolle spielt, wird im folgenden zunächst nur auf die Berechnung der Fourierreihe des mit einer periodischen Datenfolge frequenzmodulierten Signals eingegangen [4.8]. Diese Methode ist auch für die phasenmodulierten Signale anwendbar [4.29].

Das frequenzmodulierte Signal kann man darstellen als

$$f(t) = A_0 \cos(\Phi(t) + \Phi_0)$$

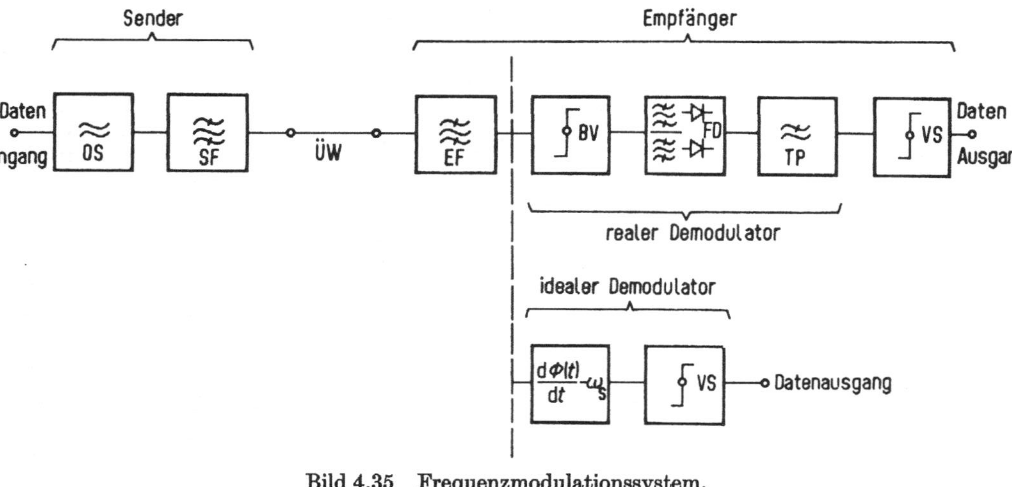

Bild 4.35 Frequenzmodulationssystem.
OS: geschalteter Oszillator, SF: Sendefilter, ÜW: Übertragungsweg, EF: Empfangsfilter, BV: Begrenzerverstärker, FD: Frequenzdiskriminator, TP: Tiefpaß, VS: Verstärker mit Spannungsschwelle.

oder als Realteil von

$$f_c(t) = A_0\, e^{j[\Phi(t)+\Phi_0]}.$$

In Bild 4.36 ist nun zunächst in Zeile a eine periodische Datenfolge gezeigt und in Zeile b der Phasenverlauf des modulierten Signals, wobei $\Phi_0 = 0$ gesetzt wurde, da eine konstante Phasenverschiebung nicht betrachtet werden muß.

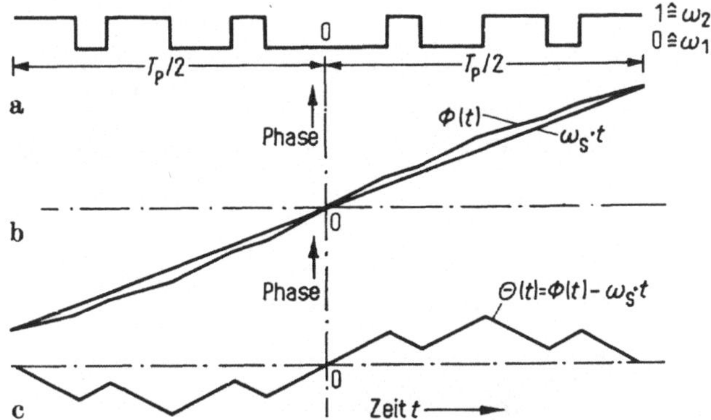

Bild 4.36 Phasenverlauf eines periodischen, frequenzmodulierten Datensignals. a) Hart getastetes periodisches Datensignal; b) Phasenverlauf des Datensignals nach Zeile a; c) Periodischer Anteil im Phasenverlauf.

Die Phase $\Phi(t)$ hat einen periodischen Anteil $\Theta(t)$ relativ zu einer Trägerphase $\omega_s t$, einer Trägerschwingung mit der sogenannten *Schwerpunktsfrequenz* ω_s. Daher kann man schreiben

$$f_c(t) = A_0 e^{j[\Theta(t)+\omega_s t+\Phi_0]}.$$

Berechnet man nun die Fourierkoeffizienten von $\Theta(t)$ (vgl. Abschn. 4.1.2), so erhält man

$$C_N = \frac{1}{T_p} \int\limits_{t=-\frac{T_p}{2}}^{\frac{T_p}{2}} e^{j\Theta(t)} e^{-j2\pi N \cdot \frac{t}{T_p}}\, dt. \tag{4.24}$$

Das Integral in (4.24) läßt sich einfach berechnen, da $\Theta(t)$, wie aus Bild 4.36 hervorgeht, stückweise linear abhängig von der Zeit ist. Für eine periodische Datenfolge — in Bild 4.36 symmetrisch zum Zeitpunkt $t = 0$ angenommen — ergibt sich bei n-wertiger rechteckförmiger Umtastung zwischen den Frequenzen ω_ν mit der Schrittdauer T_ν für die

Schwerpunktsfrequenz ω_s einer Datenfolge mit der Periode T_P:

$$\omega_s \doteq \frac{\sum\limits_{\nu=1}^{m} \omega_\nu T_\nu}{\sum\limits_{\nu=1}^{m} T_\nu}$$

und für die Fourierkoeffizienten

$$C_N = \frac{2 \sin\left[\left(\omega_1 - \omega_s - N \cdot \dfrac{2\pi}{T_P}\right) T_1\right]}{\left(\omega_i - \omega_c - N \cdot \dfrac{2\pi}{T_P}\right) T_P} + \sum_{\nu=1}^{m} \frac{2[\sin (S1) - \sin (S2)]}{\left(\omega_\nu - \omega_s - N \dfrac{2\pi}{T_P}\right) T_P}$$

mit

$$S1 = \sum_{k=1}^{\nu} \omega_k T_k - \sum_{k=1}^{\nu} T_k \left(\omega_s + N \frac{2\pi}{T_P}\right)$$

und

$$S2 = \sum_{k=1}^{\nu-1} \omega_k T_k - \sum_{k=1}^{\nu-1} T_k \left(\omega_s + N \frac{2\pi}{T_P}\right).$$

Damit erhält man als Fourierreihe für das frequenzmodulierte Signal

$$f(t) = A_0 \sum_{N=-\infty}^{\infty} C_N \cos \left[\omega_s t + N \frac{2\pi t}{T_P} + \Phi_0\right]. \qquad (4.25)$$

Nach Bewertung der einzelnen Spektrallinien entsprechend (4.25) nach Betrag B_F und Phase Φ_F von Sende- und Empfangsfilter (Bild 4.35) steht am Ausgang des Empfangsfilters das Empfangsspektrum des bandbegrenzten frequenzmodulierten Datensignals zur Verfügung:

$$f(t) = A_0 \sum_{N=N_1}^{N_2} C_N B_{F_N} \cos \left[\left(\omega_s t + N \frac{2\pi t}{T_P}\right) + \Phi_0 + \Phi_{F_N}\right]. \qquad (4.26)$$

Zur Demodulation wird das bandbegrenzte Empfangssignal durch einen Begrenzerverstärker amplitudenbegrenzt (Bild 4.35). Die Information ist dann nur noch im zeitlichen Abstand der Nulldurchgänge enthalten und kann mit einem der in Band II, Abschn. 7.2 beschriebenen Demodulatoren in eine leichter weiter auswertbare elektrische Größe (z. B. eine Spannung) umgesetzt werden.

Diese Demodulatoren arbeiten alle nichtkohärent und messen näherungsweise die Momentanfrequenz. Systeme mit kohärenter Demodulation wären ebenfalls möglich, werden aber wegen des höheren Aufwandes nicht verwendet. Für die Berechnung der Momentanfrequenz muß ein idealer Demodulator — unterer Teil von Bild 4.35 — vorausgesetzt werden. Dazu wird das Signal nach (4.26) in allgemeiner Form dargestellt:

$$f(t) = A(t) \cos\left(\omega_s t + \Phi(t) + \Phi_0\right).$$

Daraus kann man ableiten [4.8]

$$f(t) = P(t) \cos(\omega_s t + \Phi_0) - Q(t) \sin(\omega_s t + \Phi_0). \tag{4.27}$$

Man erhält dann mit (4.26)

$$\begin{aligned} P(t) &= A_0 \sum_{N=N_1}^{N_2} C_N B_{F_N} \cos\left(N \frac{2\pi t}{T_P} + \Phi_{F_N}\right), \\ Q(t) &= A_0 \sum_{N=N_1}^{N_2} C_N B_{F_N} \sin\left(N \frac{2\pi t}{T_P} + \Phi_{F_N}\right). \end{aligned} \tag{4.28}$$

Die Phase des Signals nach (4.27) mit (4.28) ergibt sich als

$$\Phi(t) = \arctan\left(\frac{Q(t)}{P(t)}\right) + \omega_s t + \Phi_0. \tag{4.29}$$

Mit (4.29) kann aus dem Spektrum eines phasenmodulierten Signals auch der Zeitverlauf bestimmt werden.

Für die Momentanfrequenz des frequenzmodulierten Signals ergibt sich aus (4.29)

$$\omega_M(t) = \frac{P(t)\,\dot{Q}(t) - \dot{P}(t)\,Q(t)}{P(t)^2 + Q(t)^2} + \omega_s.$$

Das demodulierte Basisbandsignal erhält man als Differenz der Momentanfrequenz zur Schwerpunktsfrequenz:

$$\omega_{M_D}(t) = \omega_M(t) - \omega_s.$$

Mit Hilfe des so berechneten Zeitverlaufes des demodulierten Signals kann man bei der Simulation des Systems die optimale Auslegung von Sende- und Empfangsfilter zusammen bestimmen [4.30].

Die Frage der Optimierung der Empfindlichkeit des Systems gegenüber Störungen ist hier allerdings nicht so einfach zu lösen wie bei den linearen Übertragungssystemen, wo eine gleiche Aufteilung der Impulsformung durch die bandbegrenzenden Sende- und Empfangsfilter am günstigsten ist (vgl. Abschn. 4.5). Eine ungleiche Aufteilung der Bandbegrenzung auf Sender und Empfänger ist günstiger [4.32]. Daher ist der Modulationsindex und die Bandbegrenzung des Demodulators einschließlich des Demodulationstiefpasses zur Unterdrückung der trägerfrequenten Anteile bei der Rückgewinnung des Basisbandsignals zu berücksichtigen. Eine Gesamtoptimierung des Systems ist möglich durch Simulation im Zeitbereich. Sie ist aber nur sinnvoll durchzu-

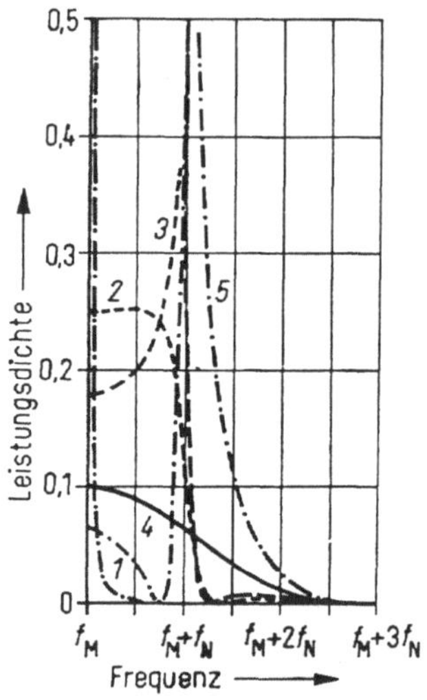

Bild 4.37 Spektrale Leistungsdichte stochastischer Folgen von binären, frequenzmodulierten Signalen für verschiedene Werte des Modulationsindex $h = \frac{\Delta\omega}{\pi v} = \frac{2\Delta f}{v}$ [4.33].

f_M Mittenfrequenz, $f_N = \frac{1}{2T}$ Nyquistfrequenz

Kurve	Modulationsindex h
1	0,1
2	$2/\pi$
3	0,75
4	1
5	1,25

führen für das Einschwingverhalten [4.31]. Eine Optimierung bezüglich der Empfindlichkeit gegenüber Störungen würde einen zu großen Aufwand an Rechenzeit bei der Optimierung erfordern.

Bisher wurde das Frequenzmodulationssystem sehr allgemein betrachtet. Für die Empfindlichkeit des Systems gegenüber Störungen ist aber die richtige Wahl des Modulationsindex entscheidend. Nur wenn die wesentliche Leistung des frequenzmodulierten Signals innerhalb des Frequenzbandes $f_M \pm f_N$ (f_M Mittenfrequenz, f_N Nyquistfrequenz, Abschn. 4.1.4) liegt, ist die geringste Empfindlichkeit gegenüber Störungen zu erwarten. Wie aus Bild 4.37 hervorgeht, hängen die Leistungsdichtespektren stark vom Modulationsindex ab [4.33]; ein Modulationsindex in der Gegend von $2/\pi$ erweist sich als am günstigsten.

4.3.2.1 Bandbreiteausnutzung bei Frequenzmodulation

Frequenzmodulierte Systeme werden speziell dann angewendet, wenn es nicht auf besonders gute Bandbreiteausnutzung ankommt. Sie werden darüber hinaus praktisch nur für Systeme verwendet, die „geschwindigkeitstransparent“ sind, also die zumindest näherungsweise Rückgewinnung der zeitlichen Lage der Schrittumschläge (Nyquistbedingung II) gestatten. Bei Erfüllung der Nyquistbedingung II ist die Bandbreiteausnutzung 1 bit/s je Hz Bandbreite im Basisband, bei der hier vorliegenden Zweiseitenbandmodulation die Hälfte, also 0,5 bit/s je Hz. Bei nur näherungsweiser Erfüllung der Nyquistbedingung wird abhängig vom Modulationsindex in der Praxis eine etwas höhere Bandbreiteausnutzung erzielt.

Von Lender [4.9] ist auch ein System vorgeschlagen und realisiert worden, das unter Verwendung der Partial-Response-Technik eine mindestens um den Faktor 2 gegenüber den obengenannten Werten höhere Bandbreiteausnutzung erlaubt (vgl. a. Abschn. 4.1.5).

Ebenfalls wurde mehrwertige Frequenzmodulation im Hinblick auf Fehlerwahrscheinlichkeit und Bandbreiteausnutzung diskutiert. Hier sind zwei Gesichtspunkte wesentlich. Wählt man den Modulationsindex so, daß man auch bei mehrstufigen Systemen eine günstige Fehlerwahrscheinlichkeit erreicht, so benötigt man ein gegenüber dem Nyquistband breites Frequenzband [4.24]. Beschränkt man sich in etwa auf das Nyquistband, so wird der Modulationsindex sehr ungünstig und damit die Fehlerwahrscheinlichkeit größer als die anderer Übertragungssysteme mit moduliertem Träger und mehrwertigen Signalen. Darauf wird noch in Abschn. 4.5 eingegangen. Mehrwertige Frequenzmodulation hat sich deshalb auch nur dort durchgesetzt, wo es nicht auf Bandbreiteausnutzung ankommt, sondern auf geringe Fehlerwahrscheinlichkeit. Spezielle Systeme dieser Art werden in Band II, Abschn. 7.2 beschrieben.

Die Möglichkeit, zumindest einen Teil eines Seitenbandes zu unterdrücken und so gegenüber der Zweiseitenbandübertragung zu einer höheren Bandbreiteausnutzung zu kommen, wurde bisher nicht erwähnt. Einseitenbandübertragung ist nicht möglich, da in den beiden Seitenbändern nicht immer die gleiche Information enthalten ist; bei

Dauerlagen, also der Bitfolge 111... oder 000..., befindet sie sich sogar jeweils nur in einem der beiden Seitenbänder. Restseitenbandübertragung wäre möglich, dabei müßte allerdings der Modulationsindex — abhängig vom Restseitenbandanteil — sehr klein, also ungünstig gewählt werden (vgl. Bild 4.37), damit beide Kennfrequenzen noch im Übertragungsbereich um die Mittenfrequenz liegen.

4.3.3 Phasenmodulation

Systeme, die phasenmodulierte Signale verwenden, sind sowohl für binäre als auch für mehrwertige Modulation realisiert worden. Durchgesetzt haben sich vier- und achtwertige Phasendifferenzmodulation für mittlere Übertragungsgeschwindigkeiten (vgl. Band II, Abschn. 7.2.1 und 7.3.2) wegen ihrer günstigen, wenig aufwendigen digitalen Realisierbarkeit. In Bild 4.25, Zeile 4 ist nur eines der möglichen binär phasenmodulierten Signale gezeigt. Auf die genaueren Definitionen und Zusammenhänge wird im folgenden eingegangen. Dabei wird nicht mehr die Berechnung der Spektren und des zeitlichen Verlaufs der Momentanphase geschildert — für die auch hier wichtige Simulation des Systems [4.29] —, da das bereits im Zusammenhang mit der Diskussion der frequenzmodulierten Signale (vgl. Abschn. 4.3.2) geschehen ist.

Bei der Datenübertragung mit phasenmodulierten Signalen definiert man als Träger der Information entweder die Signalphasendifferenz zwischen zwei Abtastzeitpunkten oder die auf die Phase der unmodulierten Trägerschwingung bezogene Signalphase. Zur Veranschaulichung sind in Bild 4.38 phasenmodulierte Signale schematisch dargestellt.

Bei *Phasendifferenzmodulation* (PhDM) (Bild 4.38 b) definiert man als Kennwert entweder

$$\Phi_n^{\mathrm{E}} = \varphi_n^{\mathrm{S}} - \varphi_{n-1}^{\mathrm{S}}, \tag{4.30}$$

d. h. die Differenz der Signalphasen φ_n^{S} und $\varphi_{n-1}^{\mathrm{S}}$ zwischen den Abtastzeitpunkten t_n und t_{n-1} oder den Phasensprung

$$\Phi_n^{\mathrm{T}} = \varphi_n^{\mathrm{S}} - \varphi_{n-1}^{\mathrm{S}} - \frac{2\pi}{k}. \tag{4.31}$$

Diese Gleichung folgt aus der gemäß Bild 4.39 geltenden Beziehung

$$\Phi_n^{\mathrm{T}} = \varphi_n^{\mathrm{S}} - \varphi_{n-1}^{\mathrm{S}} - \omega_0 T_{\mathrm{S}}, \tag{4.32a}$$

wobei ω_0 die Trägerkreisfrequenz und T_{S} die Dauer eines Modulationsschrittes ist. Dabei wird angenommen, daß die Schrittdauer T_{S} außer einer ganzen Anzahl m von Trägerperioden T_0 noch den k-ten Teil einer

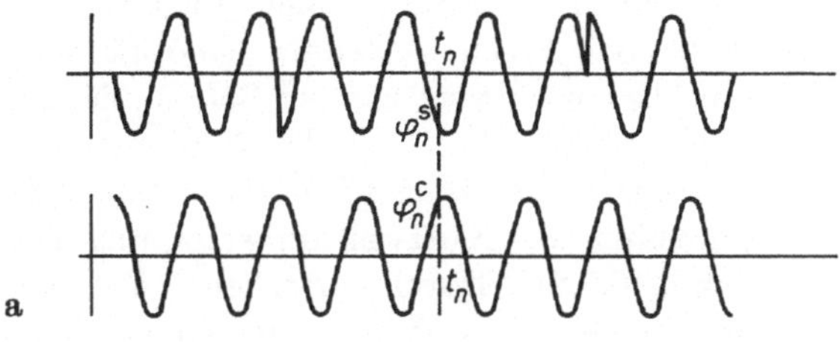

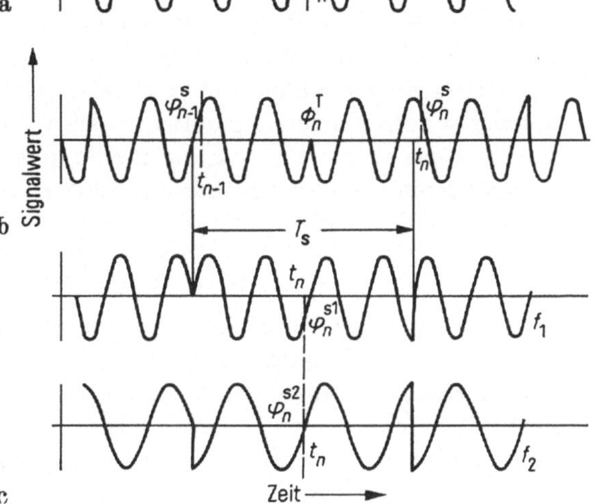

Bild 4.38 Phasenmodulierte Signale.

a) Phasenmodulation (PM)

$\Phi_n{}^P = \varphi_n{}^S - \varphi_n{}^C$;

b) Phasendifferenzmodulation (PhDM)

$\Phi_n{}^E = \varphi_n{}^S - \varphi_{n-1}^S$,

$\Phi_n{}^T = \varphi_n{}^S - \varphi_{n-1}^S - \omega_0 T_S$;

c) Frequenzdifferentielle Phasenmodulation (FPhDM)

$\Phi_n{}^F = \varphi_n{}^{S_1} - \varphi_n{}^{S_2}$.

Trägerperiode enthält:

$$T_S = mT_0 + \frac{1}{k} T_0 \qquad (4.32\,\mathrm{b})$$

mit $T_0 = 2\pi/\omega_0$. Im Unterschied dazu ist die *Phasenmodulation* (PM), Bild 4.38a, gekennzeichnet durch

$$\Phi_n{}^P = \varphi_n{}^S - \varphi_n{}^C.$$

Hier wird die Signalphase $\varphi_n{}^S$ auf die Phase $\varphi_n{}^C$ des unmodulierten Trägers zum gleichen Zeitpunkt bezogen.

Voraussetzung für die Rückgewinnung der Information nach der Übertragung ist bei dieser Art der Codierung die Kenntnis der Absolutphase $\varphi_n{}^C$ im Empfänger. Zur Regenerierung der absoluten Trägerphase im Empfänger muß (vgl. Abschn. 4.4.2) entweder ein Pilotton oder eine vorgegebene Synchronisierbitfolge ausgewertet werden. Diese Schwierigkeit ist durch Anwendung der PhDM gemäß (4.30) oder (4.31) zu umgehen, da hier die Trägerphase nicht in Erscheinung tritt. Da jedoch bei der Rückgewinnung der Information ohne Mitwirkung eines Trägers eine gewisse Einbuße an Störsicherheit unvermeidlich ist (vgl. Abschn. 4.5), wurden auch für PhDM trägersynchrone Demodulationsverfahren entwickelt. Bei diesen Verfahren benötigt man die Trägerphase nicht in ihrem absoluten Wert wie bei PM, sondern nur bis auf eine Konstante.

Eine weitere Variante der Phasenmodulation, die *frequenzdifferentielle Phasenmodulation* (FDPhM) (Bild 4.38c), ist speziell auf die Gegebenheiten der Kurzwellenübertragung zugeschnitten (vgl. Band II, Abschn. 10.3.2). Durch plötzliche Veränderung der reflektierenden Schichten der Ionosphäre können hier zwischen zwei Taktzeitpunkten erhebliche Weglängenänderungen auftreten, so daß bei Anwendung von (zeitdifferentieller) PhDM die Phase $\varphi_n{}^{\mathrm{S}}$ gegenüber dem Wert $\varphi_{n-1}^{\mathrm{S}}$ eine untragbar hohe Verzerrung aufwiese. Diese Verzerrung wird bei FDPhM durch gleichzeitige Übertragung zweier phasenmodulierter Signale mit benachbarten Trägerfrequenzen f_1 und f_2 eliminiert. Die Darstellung der Information lautet

$$\Phi_n{}^{\mathrm{F}} = \varphi_n{}^{\mathrm{S}_1} - \varphi_n{}^{\mathrm{S}_2},$$

wobei $\varphi_n{}^{\mathrm{S}_1}$ und $\varphi_n{}^{\mathrm{S}_2}$ wie in Bild 4.38c die Phasen der modulierten Signale mit den Trägerfrequenzen f_1 bzw. f_2 darstellen. Erfahrungsgemäß ist bei Kurzwellenübertragung die störungsbedingte Phasenverzerrung für beide Signale genügend genau gleich, wenn sich die Trägerfrequenzen um weniger als 100 Hz unterscheiden. Die Phasenmodulation der Trägerschwingung erfolgt entweder in „harter" Tastung durch Einfügen von Phasensprüngen und anschließende Bandbegrenzung oder in „weicher" Tastung, bei der die Bandbegrenzung schon vor der Modulation durchgeführt wird.

In Bild 4.39a ist der Verlauf der Phase und in Bild 4.39b der Verlauf der Signalfunktion eines phasenmodulierten Signals gezeigt. Zum Vergleich ist jeweils der Verlauf für ein nicht bandbegrenztes, hart getastetes Signal (ausgezogen) und ein bandbegrenztes Signal (gestrichelt) eingezeichnet.

Es wird angestrebt, daß — wie in Bild 4.39 — die Phasen des bandbegrenzten Signals in den Abtastzeitpunkten genau die Kennwerte erreichen. Die Form der Bandbegrenzung entspricht derjenigen in Zweiseitenband-Amplitudenmodulationssystemen bzw. Quadraturamplitudenmodulationssystemen, weil das phasenmodulierte Signal als Quadraturamplitudenmodulationssignal interpretiert werden kann (vgl. Abschn. 4.3.1.3).

Im Empfänger kann die Information entweder durch Produktdemodulation, also durch Wiederherstellung und Auswertung des Basisbandsignals oder durch unmittelbaren Vergleich der Phasen der trägerfrequenten Signale zurückgewonnen werden. Das klassische Verfahren ist die Produktdemodulation, d. h. die Multiplikation des Empfangssignals mit einer Referenzschwingung [4.34]. Man spricht von *kohärenter* Demodulation, wenn als Referenzschwingung die synchrone Trägerschwingung

$$z(t) = \cos\left(\varphi^{\mathrm{C}}(t)\right)$$

verwendet wird (vgl. Bild 4.40). Setzt man für das Empfangssignal die Form

$$g_{\mathrm{M}}(t) = A(t) \cos \varphi^{\mathrm{S}}(t),$$

wobei $A(t)$ die Einhüllende des Signals darstellt, so ergibt sich durch Produktdemodulation — nach Tiefpaß-Unterdrückung der nicht in den

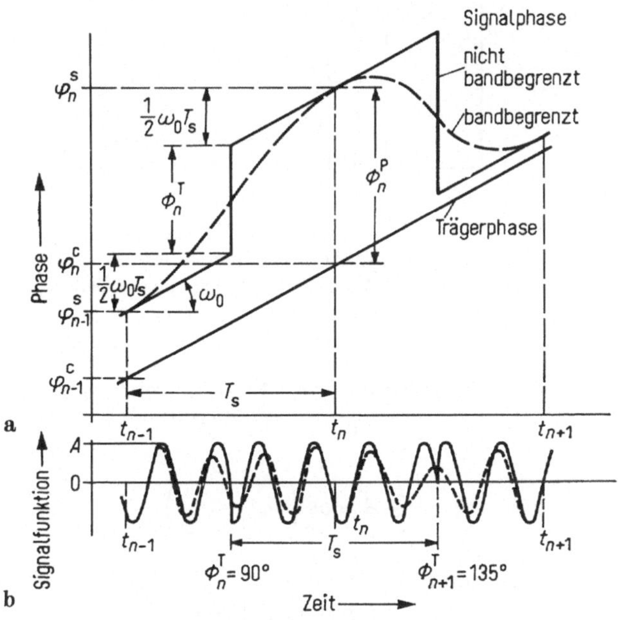

Bild 4.39 Phasenmoduliertes Signal.
a) Phasenverlauf; b) Signalfunktion.

Basisbandbereich fallenden Modulationsprodukte — im Abtastzeitpunkt t_n

$$g(t_n) = \frac{1}{2} A(t_n) \cos\left[\varphi^{\mathrm{S}}(t_n) - \varphi^{\mathrm{C}}(t_n)\right]$$

oder in verkürzter Schreibweise

$$g_n = \frac{1}{2} A_n \cos\left(\varphi_n{}^{\mathrm{S}} - \varphi_n{}^{\mathrm{C}}\right) = \frac{1}{2} A_n \cos \Phi_n{}^{\mathrm{P}}. \tag{4.33}$$

Bei der Demodulation binär codierter Signale sind die Kennwerte $\Phi_i{}^{\mathrm{P}} = 0$ oder π dem Vorzeichen der cos-Funktion in (4.33) eindeutig zugeordnet. Mehrwertig codierte Signale erfordern die zusätzliche

Demodulation des Empfangssignals mit definiert phasenverschobenen Trägerschwingungen. Diese Phasenverschiebung hat z. B. den Wert $\pi/2$

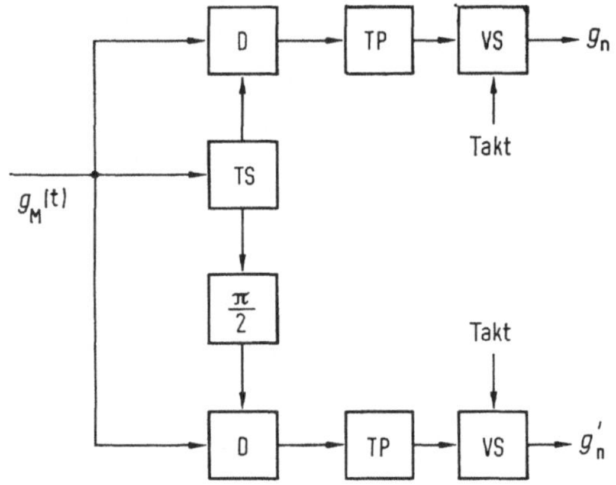

Bild 4.40 Produktdemodulator für phasenmodulierte Signale $g_M(t)$ (kohärente Demodulation; bei differentiell kohärenter Demodulation anstelle der *Trägersynchronisierung* ein Verzögerungsglied für die Zeit T_s).
TS: Trägersynchronisierung, D: Demodulator, TP: Tiefpaß, VS: Abtastschaltung.

bei der Decodierung vierwertiger Signale mit den Kennwerten $\Phi_i^P = \pm\pi/4, \pm 3\pi/4$, und es ergibt sich zusätzlich zu (4.33) im Abtastzeitpunkt t_n

$$g_n' = \frac{1}{2} A_n \cos\left(\Phi_n^P - \frac{\pi}{2}\right). \tag{4.34}$$

Jeder Vorzeichenkombination der cos-Funktionen in (4.33) und (4.34) ist ein Phasenkennwert Φ_n^P nach dem Schema

Φ_n^P	$\pi/4$	$3\pi/4$	$-3\pi/4$	$-\pi/4$
$\cos(\Phi_n^P)$	+	−	−	+
$\cos\left(\Phi_n^P - \frac{\pi}{2}\right)$	+	+	−	−

zugeordnet.

Zur Demodulation von PhDM-Signalen genügt es, anstatt des synchronen Trägers das um ein Taktintervall T_S verzögerte Signal selbst als Referenzschwingung zu verwenden [4.35]. In diesem Fall spricht man von *differentiell kohärenter* Demodulation. Im Unterschied zur kohärenten Demodulation ist das entstehende Signal proportional $\cos(\varphi_n{}^{S} - \varphi_{n-1}^{S})$ bzw. $\cos \Phi_n{}^{E}$.

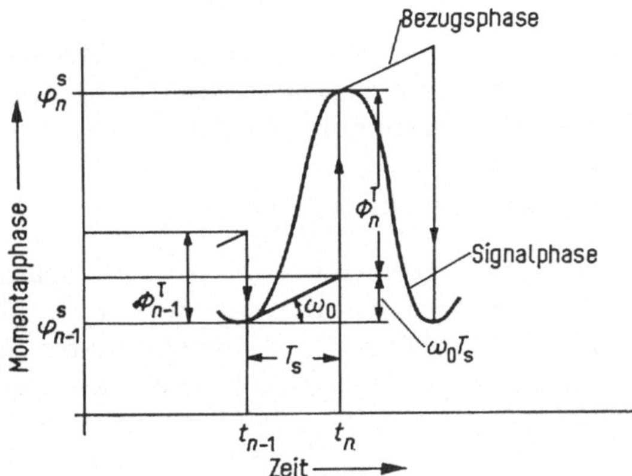

Bild 4.41. Demodulation eines PhDM-Signals durch Phasenvergleich mit einer Bezugsschwingung.

Die Alternative zur Produktdemodulation ist der unmittelbare Phasenvergleich der trägerfrequenten Signale gemäß (4.30) bzw. (4.31) [4.36].

Eine unmodulierte Bezugsschwingung (Kreisfrequenz ω_0), die wie in Bild 4.41 im Taktzeitpunkt t_{n-1} die Phase φ_{n-1}^{S} des modulierten Signals erhält, hat im nächsten Taktzeitpunkt $t_n = t_{n-1} + T_S$ die Phase $\varphi_{n-1}^{S} + \omega_0 T_S$. Bildet man im Taktzeitpunkt t_n die Phasendifferenz zwischen dieser Bezugsschwingung und der modulierten Schwingung (Phase $\varphi_n{}^{S}$), dann ergibt sich gemäß (4.31) und (4.32) der Wert $\Phi_n{}^{T}$ des informationstragenden Phasenübergangs.

Bei differentiell kohärenter Demodulation ist der zum Erreichen einer vorgegebenen Bitfehlerrate benötigte Signal/Störabstand größer als bei kohärenter Demodulation. Es ist daher vorteilhaft, auch PhDM-Signale kohärent zu demodulieren und sie dadurch unempfindlicher gegenüber Störspannungen auf dem Übertragungsweg zu machen. Hierbei braucht im Unterschied zur kohärenten Demodulation von PM-Signalen nicht die absolute Trägerphase, sondern nur die Differenz zweier Trägerphasen bekannt zu sein. Die Demodulationsvorschrift lautet z. B.

$$\Phi_n{}^{T} = (\varphi_n{}^{S} - \varphi_n{}^{C}) - (\varphi_{n-1}^{S} - \varphi_{n-1}^{C}), \tag{4.35}$$

d. h., das PhDM-Signal und der unmodulierte Träger verschieben sich zwischen zwei Abtastzeitpunkten gegeneinander in der Phase um den Wert des Phasensprungs bzw. Phasenübergangs $\Phi_n{}^{T}$. Weil der Absolutwert der Trägerphase wegen der Differenzbildung in (4.35) eliminiert wird, können alle Synchronisierkriterien aus dem empfangenen Datensignal ohne Hilfe von Pilottönen oder Synchronisiertexten abgeleitet werden.

Auch frequenzdifferentiell phasenmodulierte Signale werden kohärent demoduliert. Die Produktdemodulation wird hier für jede der beiden Signalfrequenzen einzeln durchgeführt.

4.3.3.1 Bandbreiteausnutzung bei Phasenmodulation

In Abschn. 4.3.3 wurde bereits erwähnt, daß für phasenmodulierte Signale die gleiche Bandbegrenzung wie für amplitudenmodulierte Signale verwendet wird. Abhängig vom Roll-Off-Faktor (Abschn. 4.1.4) erhält man bei zweiwertiger Übertragung eine Bandbreiteausnutzung bei der hier vorliegenden Zweiseitenbandübertragung zwischen 0,5 bit/s je Hz und 1 bit/s je Hz. Sie läßt sich durch die bereits diskutierte Verwendung mehrwertiger Signale erhöhen (vgl. Abschn. 4.1.6).

4.4 Rückgewinnung von Takt und Träger

Übertragungssysteme mit binärer Codierung, bei denen also Übertragungs- und Schrittgeschwindigkeit gleich sind und die zumindest eine näherungsweise zeitgerechte Rückgewinnung der Schrittumschläge aus dem Empfangssignal erlauben (Nyquistbedingung II, vgl. Abschn. 4.1.4), werden meistens ohne Taktbindung betrieben. In jedem Fall muß jedoch in der Datenendeinrichtung das Datensignal abgetastet werden, um mehrere aufeinanderfolgende Bits gleicher Polarität unterscheiden zu können.

In den sogenannten Start/Stop-Systemen fügt man dazu jedem zu übertragenden Zeichen — bestehend aus einer vorgegebenen Anzahl von Bits — ein Startbit und ein oder mehrere Stopbits zu. Ausgehend vom Übergang von Startpolarität zu Stoppolarität können die einzelnen Bits des Zeichens dann mit einer lokal erzeugten Taktfrequenz abgetastet werden. Der Frequenzunterschied zwischen Sendetakt und lokal in der empfangenden Datenendeinrichtung erzeugtem Takt darf dabei nur so groß sein, daß das letzte Bit des Zeichens noch mit zu vernachlässigendem Fehler richtig abgetastet wird. Hier muß also nur die Phase des Abtasttaktes aus dem speziell dafür mitübertragenen Startbit zurückgewonnen werden.

In Systemen, bei denen keine zusätzlichen Bits für die richtige Zuordnung von Takt und Empfangssignal verwendet werden und in Systemen, bei denen die Datenübertragung mit mehrwertig codierten

Signalen erfolgt (Abschn. 4.1.6), muß auch die Frequenz des Taktes, mit dem das Empfangssignal abgetastet wird, mit der des Sendetaktes übereinstimmen. Ein Frequenzunterschied würde zunächst zu einer mit der Zeit zunehmenden Abweichung vom richtigen Abtastzeitpunkt und schließlich zu Schlupf, d. h. Bithinzufügung oder Bitverlust, führen, wobei die Zeit, nach der das eintritt, von der Größe des Frequenzunterschiedes bestimmt wird.

Auf die Verfahren zur Rückgewinnung von Taktfrequenz und Taktphase wird im Abschn. 4.4.1 eingegangen.

Neben dem Abtasttakt muß im Empfänger auch der Träger nach Frequenz und Phase zur Verfügung stehen, wenn das Empfangssignal kohärent demoduliert werden soll oder muß, wie es bei Einseitenbandübertragung, Quadraturamplitudenmodulation oder Phasenmodulation notwendig ist (vgl. Abschn. 4.3). Auf die dafür nötigen Verfahren wird im Abschn. 4.4.2 eingegangen.

4.4.1 Rückgewinnung von Taktfrequenz und Taktphase

Um die folgende Betrachtung zu erleichtern, wird zunächst ein System betrachtet, bei dem das empfangene Datensignal zumindest näherungsweise die Nyquistbedingung II erfüllt, so daß also das Datensignal auch bezüglich seiner zeitlichen Dauer im Empfänger zurückgewonnen werden kann.

In Bild 4.42 sind die entsprechenden Signale gezeigt. Ganz links ist ein einzelner unverzerrter Schritt dargestellt. Daraus geht auch die bereits im Abschn. 4.1.3 diskutierte zeitliche Lage des Abtastzeitpunktes hervor, nämlich $\pm T/2$ entfernt von den Übergängen des digitalen Sende- oder Empfangssignals von einem in den anderen Zustand, also in Schrittmitte.

Für den restlichen Verlauf des Empfangssignals (Zeile 3 in Bild 4.42) wurde eine zeitliche Abweichung t_{a1} bis t_{a4} von den Sollzeitpunkten, die durch die Übergänge AUS nach EIN des Empfangstaktsignals gegeben sind, angenommen. Sie können z. B. durch Störungen auf dem Übertragungsweg verursacht worden sein. Sie entsprechen aber auch der zeitlichen Abweichung des Empfangstaktsignals, wenn dieses nicht, wie für den ersten Schritt angenommen, bereits richtig einsynchronisiert ist.

In Bild 4.42 wurde angenommen, daß bei beliebiger Abweichung vom Sollzeitpunkt das Empfangstaktsignal zeitlich um einen konstanten Betrag t_{d} korrigiert wird. Das ist bei den praktisch verwendeten Systemen der Fall, wenn der Empfangstakt durch Teilung aus einer entsprechend hohen Frequenz erzeugt wird. Die Korrekturschritte werden dann durch Einfügen oder Weglassen eines Impulses in der hohen Frequenz-

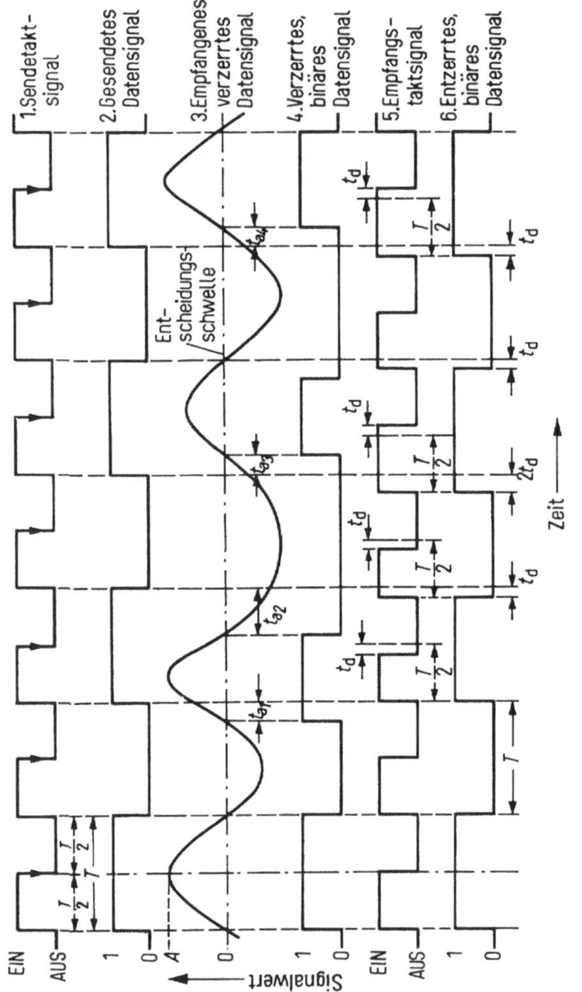

Bild 4.42 Binäres Datensignal bei taktgebundener Übertragung (Signallaufzeiten sowie entzerrungsbedingte Verzögerung des Signals in Zeile 6 nicht dargestellt).

lage erzeugt. Macht man die Anzahl der Impulse abhängig von der Größe der Abweichung vom Sollzeitpunkt, so kann man bei großer zeitlicher Ablage des Empfangstaktes eine schnellere Einsynchronisierung erreichen.

Wie aus dem Vergleich der Zeilen 4 und 6 in Bild 4.42 hervorgeht, wird das Empfangssignal entzerrt. Die zeitlichen Abweichungen des mit dem Empfangstaktsignal (Zeile 5) an der Schnittstelle übergebenen binären Datensignals (Zeile 6) sind geringer als die des aus dem analogen Empfangssignal (Zeile 3) zurückgewonnenen binären Datensignals (Zeile 4).

Man kann die Verstellung des Empfangstaktes aber auch nur dann durchführen, wenn eine vorgegebene Anzahl von Abweichungen vom Sollzeitpunkt überschritten wird [4.37]. Das hat den Vorteil, daß bei durch stochastische Störungen bedingten Abweichungen die zeitlichen Änderungen des Empfangstaktsignals geringer bleiben und damit auch das Datensignal mit weniger Schrittverzerrung an der Schnittstelle übergeben wird.

Diese zwar sehr günstig realisierbare Möglichkeit, den Abtastzeitpunkt zu finden, erfüllt jedoch nur näherungsweise den Wunsch, das Empfangssignal in Zeitpunkten abzutasten, in denen sich die geringste minimale Fehlerwahrscheinlichkeit ergibt (*maximum-likelihood-Regelung*). Einfache Regelkriterien sind bei binärer Übertragung das oben beschriebene Verfahren und daraus abgeleitet für alle Übertragungsverfahren die Regelung auf ein Minimum von Schwellenkreuzungen in der Umgebung der maximalen Augenöffnung [4.38]. Angewendet werden auch Regelungen auf minimale zeitliche Änderung des Datensignals im Abtastzeitpunkt [4.39]. Realisierungen derartiger Regelungen hängen jedoch erheblich vom Übertragungsverfahren ab.

Die jeweiligen Regelungen ermöglichen nicht nur eine richtige Einstellung der Taktphase, sondern auch der Taktfrequenz. Erfolgen nämlich z. B. dauernde einseitige Abweichungen vom Sollzeitpunkt bei Systemen, die die Nyquistbedingung II erfüllen, so entspricht das einer Frequenzabweichung. Es muß dann nur entsprechend der Frequenzabweichung nachgeregelt werden. Da die Frequenzabweichung des Taktsignals nach CCITT-Empf. V. 5, V. 6 und V. 36 [4.40 bis 4.42] in jedem Fall kleiner als 10^{-4} ist, gelingt das im allgemeinen. Andere Systeme, bei denen die Taktfrequenz wegen zu großer Frequenzabweichungen aus mitübertragenen Pilottönen zurückgewonnen werden müßte, werden praktisch nicht verwendet.

Besonders wichtig ist eine genaue Regelung des Abtastzeitpunktes bei Systemen, die adaptive Entzerrer verwenden. Ein Grund dafür ist, daß bei derartigen Systemen meist der adaptive Entzerrer nur die Abtastwerte verarbeitet, d. h. vom Empfangstakt gesteuert wird (vgl. Abschn. 5.3.2).

Ein weiterer Grund gerade bei der Taktsteuerung des Entzerrers ist, daß der Empfangstakt meist aus einem sehr stark verzerrten Signal zurückgewonnen werden muß; denn der Vorteil des adaptiven Entzerrers ist ja eben, daß man nicht ein wenigstens einigermaßen offenes „Auge“ wie bei den Systemen ohne adaptive Entzerrung für eine im ungestörten Fall fehlerfreie Übertragung voraussetzen muß. Bei derartigen Systemen wird meist eine Startprozedur vorgesehen — z. B. mit Einzelimpulsen —, in der man den Takt zumindest grob auch bei stark verzerrtem Empfangssignal zurückgewinnen kann und auch der adaptive Entzerrer grob eingestellt wird.

Bei der weiteren „Fein“-Regelung kann man die Einstellkriterien für die Taktregelung und die Regelung der Koeffizienten des adaptiven Entzerrers kombinieren. Mögliche unterschiedliche Regelkriterien führten dabei zu verschiedenen Realisierungen; so wird in [4.43] die Regelung auf einen optimalen Schätzwert diskutiert und in [4.44] die Regelung auf kleinsten mittleren quadratischen Fehler. Die Wahl und praktische Ausführung der Regelschleife hängen hier außer vom Übertragungsverfahren auch noch stark von der gewählten Entzerrerstruktur ab.

Wenn ohnehin ein adaptiver Entzerrer verwendet wird, besteht auch die Möglichkeit, auf eine Taktphasenregelung ganz zu verzichten und diese Arbeit dem adaptiven Entzerrer zu überlassen [4.45]. Eine exakte Analyse dieses an sich wünschenswerten Verfahrens muß jedoch den praktisch beschränkten Regelbereich der Einstellglieder des Entzerrers berücksichtigen, was auf Grund der damit verbundenen Nichtlinearität höchstens mit Simulationen möglich ist. Praktische Erfahrungen mit einem derartigen System sind bisher nicht bekannt.

Bei den bisher diskutierten Verfahren muß auf jeden Fall sichergestellt sein, daß genügend Information zur Taktrückgewinnung im Datensignal enthalten ist. Bei den Basisbandübertragungsverfahren kann man durch spezielle Codierung des Datensignals dafür sorgen, daß das immer der Fall ist (vgl. Abschn. 4.2). Man muß dabei aber immer „bezahlen“, z. B. bei den Diphase-Verfahren mit einer größeren Bandbreite, bei den HDB-Verfahren mit einer Fehlervervielfachung.

Häufig angewandt wird eine Verwürfelung der zu übertragenden Daten mit einem *Verwürfler* (in der englischsprachigen Literatur: *Scrambler*), die aus einer beliebigen Datenfolge eine Pseudozufallfolge erzeugt [4.46]. Im Empfänger muß dann diese Umcodierung wieder rückgängig gemacht werden mit einem *Entwürfler* (*Descrambler*).

Wesentlicher Teil des Verwürflers ist das in Bild 4.43 dargestellte rückgekoppelte Schieberegister. Das Datensignal, d. h. die Bitfolge a_n, wird durch das Schieberegister nach der Beziehung

$$b_n = a_n \oplus (b_{n-6} \oplus b_{n-7}) \qquad (4.36)$$

(hier als Beispiel mit einem siebenstufigen Schieberegister) in die ausgesendete Binärfolge b_n umgewandelt. Aus dieser Binärfolge wird im Empfänger mit einem im Entwürfler enthaltenen gleichartigen Schieberegister die Bitfolge c_n nach der Beziehung

$$c_n = b_n \oplus (b_{n-6} \oplus b_{n-7}) \tag{4.37}$$

gebildet.

Wenn im Übertragungskanal keine Bitfehler entstanden sind, ist die Bitfolge c_n am Ausgang des Entwürflers mit der ursprünglichen Bitfolge a_n identisch. Dies ergibt sich nach der Umformung von (4.36):

$$a_n = b_n \oplus (b_{n-6} \oplus b_{n-7}) \tag{4.38}$$

durch Vergleich von (4.36) und (4.37).

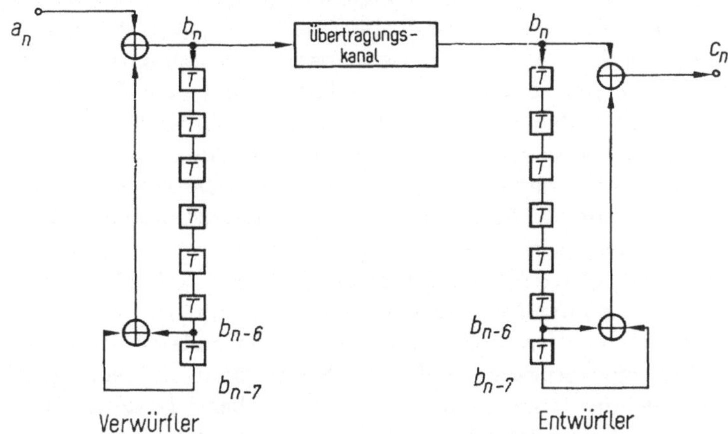

Bild 4.43 Verwürfler und Entwürfler.

Besondere Maßnahmen zur Synchronisierung von Verwürfler und Entwürfler sind nicht erforderlich, weil nach dem Durchgang der ersten 7 Bits beide Schieberegister denselben Inhalt haben.

Bei besonders ungünstigen Bitfolgen können jedoch auch die durch das Schieberegister umcodierten Daten unerwünschte Binärfolgen aufweisen. Um dies zu verhindern, enthalten Verwürfler und Entwürfler Überwachungsschaltungen, die gegebenenfalls zusätzliche Umpolungen in den Binärfolgen auslösen (z. B. nach CCITT-Empf. V. 27 ter [4.47] und V. 36 [4.42]; [4.48]).

Wenn im Übertragungskanal in der Binärfolge b_n ein Bit verfälscht wird, so ist, wie aus (4.38) und Bild 4.43 hervorgeht, auch das folgende sechste und siebente Bit im Beispiel falsch. Bei den Entwürflern tritt für isolierte Fehler eine Fehlervervielfachung, hier um den Faktor drei, auf. Sie kann bei Bündelfehlern — wenn gerade wie im Beispiel das sechste oder siebente Bit gefälscht wird — geringer als drei sein.

Fehlervervielfachung, hier um den Faktor drei, auf. Sie kann bei Bündelfehlern — wenn gerade wie im Beispiel das sechste oder siebente Bit gefälscht wird — geringer als drei sein.

4.4.2 Rückgewinnung von Trägerfrequenz und Trägerphase

Außer der Taktrückgewinnung erfordern viele Verfahren zur Demodulation von amplituden- und phasenmodulierten Signalen die Bereitstellung einer frequenz- und phasenrichtigen Trägerschwingung im Empfänger.

Für die Rückgewinnung der *Frequenz* können ein oder mehrere zusätzlich zum Datensignal übertragene Pilottöne ausgewertet werden, was vor allem für sehr empfindliche Übertragungsverfahren, z. B. die Amplitudenmodulation mit Einseitenbandübertragung (vgl. Abschn. 4.3.1.2), vorteilhaft ist. Die günstigste Träger- und auch Takt*phase* muß dagegen in aller Regel direkt aus dem Datensignal zurückgewonnen werden, da die Phase etwa mitübertragener Pillottöne höchstens in Sonderfällen hinreichend genau mit der optimalen Träger- oder Taktphase übereinstimmt. Falls aus dem Datensignal hinreichende Information über die optimale Phasenlage gewonnen werden kann, können diese Phasenregelungen gleichzeitig die Frequenzregelung übernehmen. Während dies häufig für Taktregelungen zutrifft, wo meist nur sehr geringe Frequenzdifferenzen ausgeregelt werden müssen, kann man für die Trägerfrequenzrückgewinnung höchstens dann auf eine getrennte Frequenzregelung verzichten, wenn das Übertragungsverfahren in dieser Hinsicht unempfindlich ist, da auf den Übertragungsstrecken erhebliche Frequenzverschiebungen auftreten können und zusätzlich oft Trägerphasenschwankungen ausgeregelt werden müssen (vgl. Abschn. 3.2.2.6).

Die Einflüsse von Takt- und Trägerphase auf die Rückgewinnung des Datensignals sind in der Regel nicht unabhängig voneinander, wobei ihre Verkopplung jedoch erheblich vom Übertragungsverfahren abhängt. Der Einfluß von Takt- und Trägerphasenfehlern auf die Übertragungsqualität soll im folgenden am Beispiel einer Einseitenbandübertragung mit Amplitudenmodulation und Partial-Response-Impulsen der Klasse 4 näher erläutert werden.

Mit der Impulsform des Partial-Response-Impulses

$$g(t) = 2\pi \frac{\sin \dfrac{\pi t}{T}}{\left(\dfrac{\pi t}{T}\right)^2 - \pi^2}$$

und der dazu hilberttransformierten Impulsform

$$\hat{g}(t) = -2\pi \frac{1 + \cos \dfrac{\pi t}{T}}{\left(\dfrac{\pi t}{T}\right)^2 - \pi^2}$$

und mit (4.21) ergibt sich für das Signal hinter dem Demodulator (vgl. Abschn. 4.3.1.2) [4.49]:

$$g_S(t) \sim \frac{1}{\Phi^2 - \pi^2} [\sin \Phi \cos \Theta - \sin \Theta(1 + \cos \Phi)],$$

wobei $\Phi = \pi t/T$ die Taktphase bedeutet und Θ die Trägerphase. Verzerrungen des Übertragungskanals werden hier nicht betrachtet.

Diese Gleichung zeigt die Verkopplung von Träger- und Taktphaseneinstellung. Es gibt für einen gegebenen Trägerphasenfehler Θ eine optimale Taktphase Φ, bei der der entstehende Fehler am kleinsten wird.

Um diesen Zusammenhang zu verdeutlichen, ist in den Bildern 4.44a und b der mittlere quadratische Fehler (MQF) eines demodulierten dreistufigen und siebenstufigen Partial-Response-Signals abhängig von Träger- und Taktphase angegeben.[1]

Man erkennt in den beiden Bildern deutlich ein „Tal" des MQF, das näherungsweise entlang der Ebene $\Phi = 2\Theta$ verläuft, die der Übersichtlichkeit halber als rechte Grenze des dargestellten Ausschnitts gewählt wurde. Eine Träger- und Taktphasenregelung muß diesen Funktionsverlauf berücksichtigen, um eine möglichst genaue Regelung zu erreichen.

Die praktische Ausführung der Träger- und Taktphasenregelungen hängt stark von der Empfindlichkeit des gewählten Übertragungsverfahrens ab. Während bei unempfindlichen Verfahren u. U. die Phase eines mitübertragenen Pilottons als Phase für die Demodulation benutzt werden kann — hierzu legt man den Pilotton zweckmäßig in die Bandmitte, was z. B. mit QAM leicht möglich ist —, muß man für empfindlichere Verfahren zumindest eine fest vom Übertragungskanal abhängige

[1] Als mittlerer quadratischer Fehler (vgl. Abschn. 5.1.2) ist dabei die Summe der Quadrate der Abweichungen des empfangenen Signals von den möglichen idealen Abtastwerten definiert. Wenn Fehler auftreten, die größer sind als der halbe Abstand zweier Abtastwerte, wird der Abtastwert falsch bestimmt. Ausgehend vom Minimum des mittleren quadratischen Fehlers bei optimaler Takt- und Trägerphase nimmt daher der mittlere quadratische Fehler nicht stetig zu. Vielmehr ändert er sich nicht mehr nennenswert, wenn die durch Takt- und Trägerphasenfehler verursachte Intersymbol-Interferenz so groß wird, daß Entscheidungsfehler auftreten.

Phasenverschiebung zwischen Pilottonphase und der Phase des demodulierenden Trägers vorsehen. Als weitere Verbesserung wird diese Phasenverschiebung während der Übertragung nachoptimiert oder ein Teil der

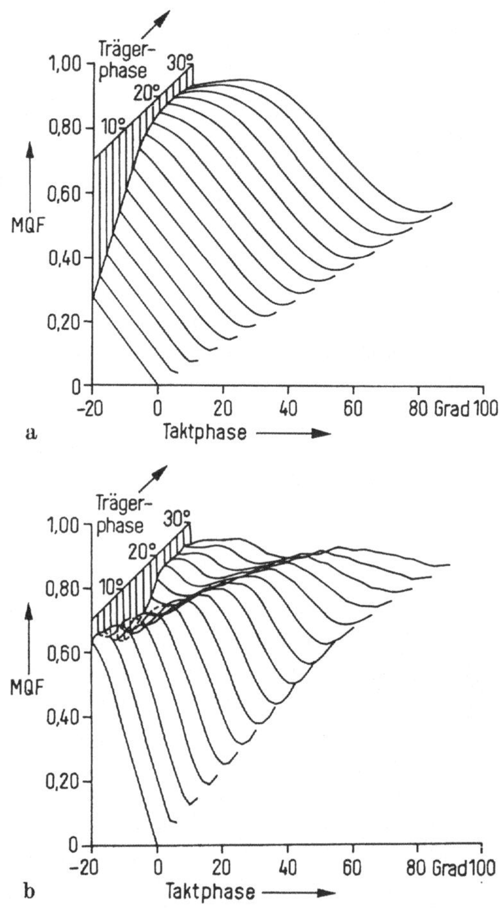

Bild 4.44 Einfluß der Takt- und Trägerphasenfehler auf den mittleren quadratischen Fehler *MQF* bei Amplitudenmodulation mit Einseitenbandübertragung und Verwendung von Partial-Response-Impulsen der Klasse 4.

a) dreiwertiges Empfangssignal; b) siebenwertiges Empfangssignal.

Trägerphasenregelung wird vom adaptivem Entzerrer ausgeführt (vgl. Abschn. 5.3.2). Für Verfahren mit mehrwertig codierten Impulsen muß die Trägerphase sehr genau eingeregelt werden [4.49], wie auch der Vergleich der Bilder 4.44a und b zeigt.

Die Empfindlichkeit gegenüber Trägerphasenfehlern von Systemen mit Amplitudenmodulation und Einseitenband- oder Restseitenbandübertragung und von Systemen, die Quadraturamplitudenmodulation verwenden, zeigen die Bilder 4.30, 4.45 und 4.46. Dabei wurde jeweils von gleicher Bitfehlerwahrscheinlichkeit ohne Trägerphasenfehler bei einem bestimmten Signal/Störabstand ausgegangen. Hierbei erweist sich Quadraturamplitudenmodulation als am günstigsten.

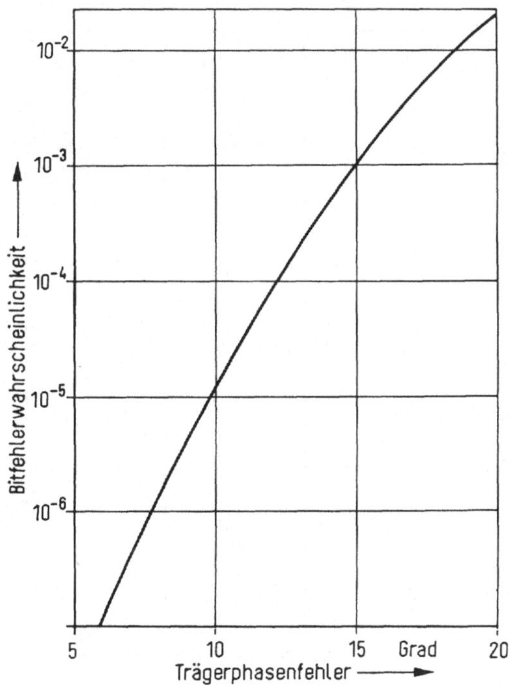

Bild 4.45 Bitfehlerwahrscheinlichkeit bei Amplitudenmodulation mit Einseitenbandübertragung und Verwendung von Partial-Response-Impulsen der Klasse 4 in Abhängigkeit vom Trägerphasenfehler. Störer: weißes Rauschen im Nyquist-Band, Signal/Störabstand: 18,1 dB.

Aus phasenmodulierten Datensignalen kann die Trägerphase nur bis auf Vielfache des kleinsten vorkommenden Phasenkennwerts zurückgewonnen werden, weil die Trägerphasenregelung von den modulationsbedingten Signalphasenübergängen zwischen den Abtastpunkten unabhängig sein muß. Dieser Phasenfehler, der, von Störungen abgesehen, während einer Übertragung konstant bleibt, ist unerheblich in Systemen mit phasendifferenzmodulierten Signalen, weil die absolute Trägerphase bei der Rückgewinnung der Information durch Differenzbildung eliminiert wird.

Im Gegensatz dazu ist in Systemen mit phasenmodulierten Signalen die Kenntnis der absoluten Trägerphase im Empfänger unbedingt notwendig, weil die Information gerade in der auf die Trägerphase bezogenen Signalphase enthalten ist. In diesen Fällen muß der von der Phasenregelung nicht erfaßbare Phasenfehler gesondert ermittelt und korrigiert werden. Dies geschieht durch Auswertung eines vorgegebenen Synchronisiertextes, der jedem Datenblock vorgeschaltet ist [4.50].

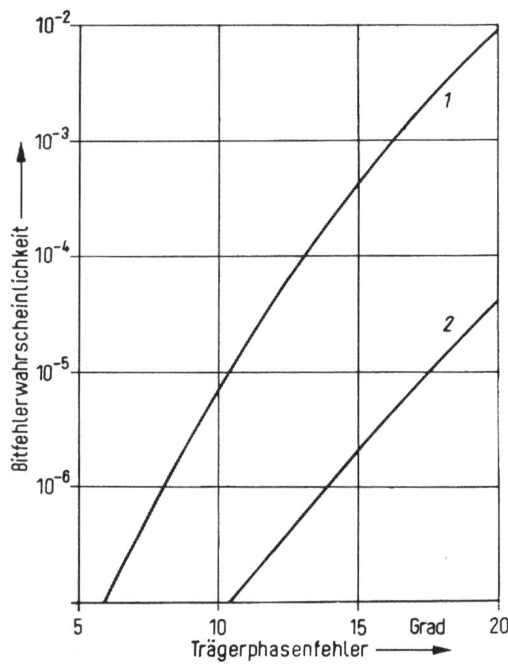

Bild 4.46 Bitfehlerwahrscheinlichkeit bei Quadraturamplitudenmodulation in Abhängigkeit vom Trägerphasenfehler. Störer: weißes Rauschen im Nyquist-Band. Kurve 1: Partial-Response-Impulse der Klasse 4, Signal/Störabstand: 18,1 dB; Kurve 2: Roll-off-Impulse mit Roll-off-Faktor r, $0 < r \leq 1$, Signal/Störabstand 16 dB.

4.5 Fehlerwahrscheinlichkeit bei Rauschen

Störquellen, die die Datenübertragung beeinträchtigen, sind z. B Übersprechen aus anderen Übertragungskanälen oder stochastisch variierende Übergangswiderstände von Kontakten (s. Abschn. 3.2.2.7). Durch die Vielzahl dieser unterschiedlichen, stochastisch auftretenden Störungen auf echten Übertragungswegen kann man ihren Einfluß auf die Datenübertragung mit vernünftigem Aufwand nur abschätzen, wenn man ein Störmodell aufstellt, bei dem die Rauschquelle weißes Rauschen, d. h. eine im gesamten interessierenden Frequenzband konstante Rauschleistungsdichte N_0, liefert. Diese Rauschquelle denkt man sich am Empfängereingang konzentriert (Bild 4.47). Als Verteilung der Wahr-

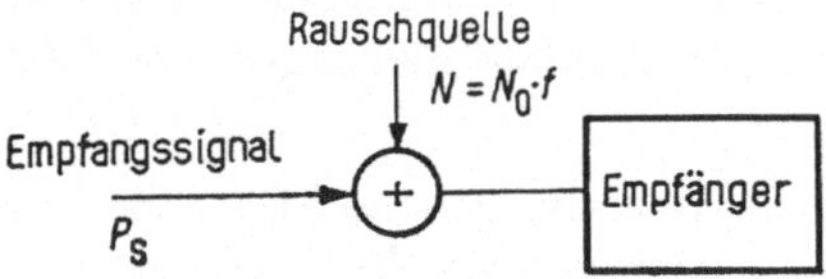

Bild 4.47 Störmodell.

scheinlichkeitsdichte $p(x)$ der Rauschamplitude x nimmt man eine Gaußverteilung an [4.51]:

$$p(x) = \frac{1}{\sigma\sqrt{2\pi}}\, e^{-x^2/2\sigma^2}. \tag{4.39}$$

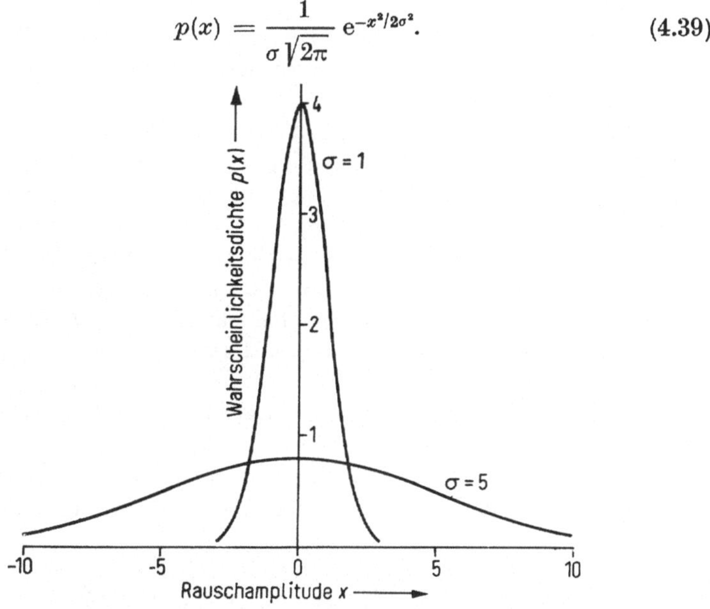

Bild 4.48 Gaußverteilung der Rauschamplitude.

Dabei bezeichnet man σ als Standardabweichung — sie ist gleich dem Effektivwert der Rauschamplitude — und σ^2 als Varianz der Verteilung. Bild 4.48 zeigt, daß mit zunehmender Varianz große Werte von x wahrscheinlicher werden, d. h., daß sich die Wahrscheinlichkeitsdichte über einen breiteren Bereich verteilt. Für dieses zunächst anscheinend willkürliche Störmodell spricht vor allem, daß entsprechend dem zentralen Grenzwertsatz unter bestimmten, nicht sehr einschränkenden

Voraussetzungen die Summe sehr vieler unabhängiger Zufallsgrößen näherungsweise eine Gaußverteilung besitzt [4.52]. Darüber hinaus werden sehr viele Rauschprozesse durch das angenommene Störmodell exakt beschrieben, z. B. thermisches Rauschen und Schrotrauschen. Schließlich hat auch die Erfahrung gezeigt, daß das gewählte Störmodell die Unterschiede der Störempfindlichkeit verschiedener Übertragungsverfahren gut beschreibt.

Im folgenden wird das angegebene Störmodell deshalb benutzt, um den Einfluß von Rauschen auf die Übertragung abzuschätzen.

4.5.1 Fehlerwahrscheinlichkeit bei einem nur durch Rauschen gestörten Übertragungskanal

Nimmt man einen völlig verzerrungs- und störungsfreien Übertragungskanal an, so treten am Empfänger zu den Abtastzeitpunkten exakt die Sollwerte des übertragenen Signals auf. Welcher Sollwert vorhanden ist, wird vom Empfänger mit Hilfe von Schwellenschaltungen entschieden. Beeinflußt Rauschen die Übertragung — praktisch ist das immer der Fall —, so wird der Sollwert mit einer endlichen Wahrscheinlichkeit derart verfälscht, daß er im Empfänger einem anderen Sollwert zugeordnet wird als dem ursprünglich gesendeten; d. h. es tritt ein Fehler auf.

Um entscheiden zu können, wie groß die Wahrscheinlichkeit für das Auftreten eines derartigen Fehlers bei einem praktischen System ist, soll zunächst das Verhalten eines Basisband-Übertragungssystems untersucht werden.

Unter der Annahme, daß mit n unterschiedlichen Amplituden übertragen werden soll, die die Werte $\pm(2i - 1)\, d$, $i = 1, 2, \ldots n/2$ annehmen können und gleich häufig vorkommen, ergibt sich die mittlere Leistung P_{m} der die Daten beschreibenden stufenförmigen Zeitfunktion [4.53]:

$$P_{\mathrm{m}} = \frac{2}{n} \sum_{i=1}^{n/2} [d(2i - 1)]^2 = d^2 \, \frac{n^2 - 1}{3}. \qquad (4.40)$$

Das unendlich breite Spektrum der zugehörigen Zeitfunktion muß im Sender noch bandbegrenzt werden, um die Sendeleistung auf den benutzbaren Frequenzbereich des Übertragungsweges zu begrenzen. Gleichzeitig ist jedoch auch am Empfänger eine Bandbegrenzung wünschenswert, um die der Empfangsfilterbandbreite proportionale Rauschleistung klein zu halten.

Es wird für die folgende Betrachtung ein Basisbandübertragungssystem angenommen mit der Gesamtübertragungsfunktion

$$F(\omega) = \begin{cases} T, & |\omega| \leqq \dfrac{\pi}{T}, \\ 0, & |\omega| > \dfrac{\pi}{T}, \end{cases}$$

also eine rechteckförmige Bandbegrenzung.

Da, wie oben ausgeführt, ein Filter sowohl am Eingang als auch am Ausgang der Übertragungsstrecke vorteilhaft ist, jedoch die gesamte Übertragungsfunktion $F(\omega)$ vorgegeben ist, wird man die Übertragungsfunktion in zwei Faktoren aufteilen, von denen einer das Sendefilter $F_{\mathrm{S}}(\omega)$, der andere das Empfangsfilter $F_{\mathrm{E}}(\omega)$ beschreibt. Bei linearen Übertragungsverfahren erhält man die optimale Aufteilung unter der Voraussetzung beschränkter Eingangsleistung des Kanals, wenn Sende- und Empfangsfilter gleichen Verlauf des Betrages der Übertragungsfunktion aufweisen [4.24]:

$$|F_{\mathrm{S}}(\omega)| = |F_{\mathrm{E}}(\omega)| = |F(\omega)|^{1/2}. \tag{4.41}$$

Die Phasenverläufe von Sende- und Empfangsfilter sind dabei beliebig, solange ihre Summe dem durch das gewählte Übertragungsverfahren geforderten Verlauf von $F(\omega)$ entspricht. Bei Anwendung nichtlinearer Modulationsverfahren, wie Frequenz- und Phasenmodulation läßt sich die optimale Aufteilung nicht mehr in so einfacher Weise angeben [4.32].

Mit der obigen Voraussetzung ergibt sich — bei idealem Kanal — die Signalleistung am Empfänger als [4.24]

$$P_{\mathrm{S}} = \frac{P_{\mathrm{m}}}{2\pi T} \int_{-\infty}^{\infty} |F_{\mathrm{S}}(\omega)|^2 \, \mathrm{d}\omega$$

und mit (4.40)

$$P_{\mathrm{S}} = \frac{d^2}{T} \frac{n^2 - 1}{3}. \tag{4.42}$$

Werden beim Empfänger die Entscheidungsschwellen an die Stellen $a_i = \pm 2i \cdot d$, $i = 0, \ldots (n/2) - 1$ gelegt, so entsteht immer dann ein Fehler, wenn die Amplitude des Rauschens zum Abtastzeitpunkt den Wert d überschreitet. Für die Varianz des Rauschens an der Entscheidungsstufe des Empfängers, die entsprechend dem in Bild 4.49 angedeuteten Entscheidungsschema zu den Zeitpunkten t_n den Wert des Signals $f(t)$ dem nächstliegenden Sollwert zuordnet, erhält man nach Bewertung des Eingangsrauschspektrums durch das Empfangsfilter, vgl. (4.41), und mit der Rauschleistungsdichte N_0

$$\sigma^2 = \frac{N_0}{2\pi} \int\limits_{\omega=-\infty}^{\infty} |F_{\mathrm{E}}(\omega)|^2 \, \mathrm{d}\omega .$$

Mit (4.39) ergibt sich die Fehlerwahrscheinlichkeit p_e, d. h. die Wahrscheinlichkeit, daß die Rauschamplitude den Wert d überschreitet:

$$p_e = 2\left(1 - \frac{1}{n}\right) \frac{1}{\sqrt{2\pi}} \int\limits_{x=d/\sigma}^{\infty} \mathrm{e}^{-x^2/2} \, \mathrm{d}x . \tag{4.43}$$

Ebenso wird selbstverständlich auch noch mit endlicher, aber kleinerer Wahrscheinlichkeit die übernächste Schwelle fälschlich überschritten. Bei allen Fehlerwahrscheinlichkeiten, bei denen Datenübertragung noch sinnvoll ist, ist die Wahrscheinlichkeit dafür jedoch um Größenordnungen kleiner als für das Überschreiten der benachbarten Schwelle, so daß sie vernachlässigt werden kann.

Der Faktor 2 berücksichtigt dabei, daß ein Fehler entsteht, wenn die Rauschamplitude größer als $+d$ oder kleiner als $-d$ ist und $p(x)$ eine gerade Funktion ist; der Faktor $1 - 1/n$ erscheint, weil bei den äußeren

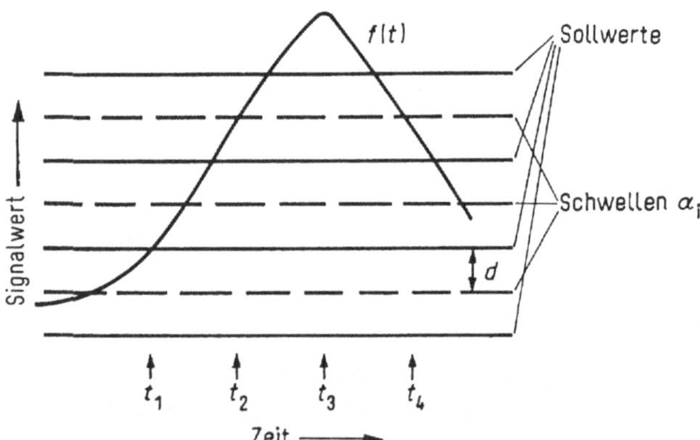

Bild 4.49 Entscheidungsschema des Empfängers für ein vierwertiges Signal.

Sollwerten kein Fehler auftritt, wenn die Störgröße den Wert d „nach außen" überschreitet, wie es in Bild 4.49 für den Abtastzeitpunkt t_3 angedeutet ist. Da vorausgesetzt ist, daß alle Sollwerte gleich häufig auftreten, ergibt sich für das Auftreten dieser beiden äußeren Sollwerte die Wahrscheinlichkeit $1/n$.

Berücksichtigt man, daß die Rauschleistung P_N am Empfängereingang im interessierenden Frequenzbereich $-\pi/T$ bis π/T

$$P_N = \frac{1}{2\pi} \int_{\omega=-\pi/T}^{+\pi/T} N_0 \, d\omega = \frac{N_0}{T}$$

ist, so erhält man als Verhältnis der Signalleistung zur Rauschleistung am Empfänger mit (4.42)

$$\frac{P_S}{P_N} = \frac{d^2(n^2-1)}{3N_0}$$

und damit durch Auflösen dieser Gleichung nach d und Einsetzen dieses Wertes in (4.43)

$$p_e = 2\left(1 - \frac{1}{L}\right) \cdot Q\left(\frac{3}{L^2-1}\,\frac{P_S}{P_N}\right)^{1/2}$$

als Fehlerwahrscheinlichkeit bei linearer Übertragung mit L-wertigen Signalen. Dabei ist

$$Q(x) = \frac{1}{\sqrt{2\pi}} \int_{t=x}^{\infty} e^{(-t^2/2)} \, dt$$

eine z. B. in [4.51] tabellierte Funktion.[1]

Die hier angegebene Fehlerwahrscheinlichkeit ist die Schrittfehlerwahrscheinlichkeit, bezogen auf einen Modulationsabschnitt. Sie ist bei zweiwertiger Übertragung identisch mit der Bitfehlerwahrscheinlichkeit. Bei der mehrwertigen Übertragung hängt die Bitfehlerwahrscheinlichkeit von der Schrittfehlerwahrscheinlichkeit entsprechend der verwendeten Codierung ab (s. Abschn. 4.1.6). Daher wird im folgenden für mehrwertige Signale die Schrittfehlerwahrscheinlichkeit angegeben.

[1] Häufig wird an dieser Stelle auch die Funktion erfc $(Z) = 1 - \text{erf}\,(Z) = \frac{2}{\sqrt{\pi}} \times \int_{t=Z}^{\infty} e^{-t^2}\,dt$ benutzt [4.51]. Es gilt $Q(X) = 0{,}5 \cdot \text{erfc}\,(X/\sqrt{2})$.

Die Abhängigkeit der Schrittfehlerwahrscheinlichkeit vom Signal/Störabstand für zwei- und vierwertige Signale ist in Bild 4.50 gezeigt. Häufig ist jedoch nicht nur die Schrittfehlerwahrscheinlichkeit bei gegebenem Signal/Störabstand von Interesse, sondern umgekehrt der für eine geforderte Schrittfehlerwahrscheinlichkeit nötige Signal/Störabstand. Für diesen Fall lassen sich einfache und meistens hinreichende genaue Näherungsformeln angeben [4.51, S. 933].

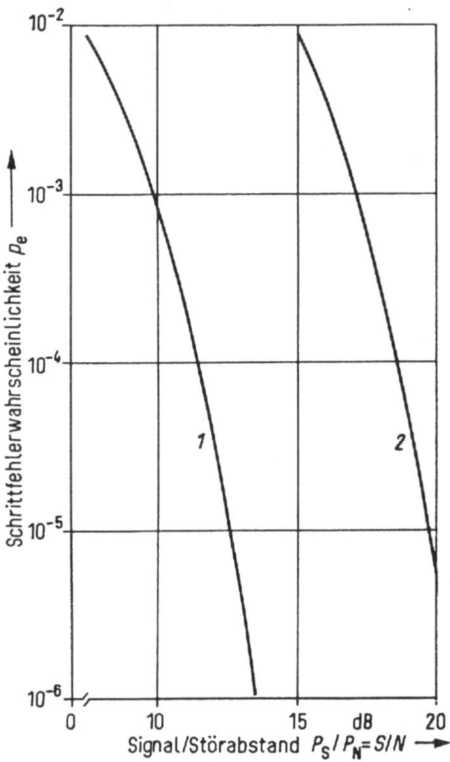

Bild 4.50 Schrittfehlerwahrscheinlichkeit bei Basisbandübertragung. Kurve 1: zweiwertige Signale; Kurve 2: vierwertige Signale.

4.5.2 Fehlerwahrscheinlichkeit bei Berücksichtigung linearer Verzerrungen

Zur Berechnung der Fehlerwahrscheinlichkeit wurde im Rahmen des Störmodells bisher nur der Einfluß des Rauschens berücksichtigt. Um die Fehlerwahrscheinlichkeit des gesamten Übertragungssystems zu berechnen, müssen jedoch auch noch alle anderen störenden Einflüsse berücksichtigt werden, denen der Übertragungskanal unterliegt. Ganz besonders wichtig sind hier die *linearen Verzerrungen*, die Intersymbol-Interferenz verursachen, wie es in Abschn. 5.2 erläutert wird. Durch sie erhöht sich die Fehlerwahrscheinlichkeit, da jetzt auch das rauschfreie Signal zum Abtastzeitpunkt nicht mehr den Sollwert annimmt, so daß bereits kleinere Rauschamplituden, als sie dem Abstand zwischen Sollwert und Entscheidungsschwelle entsprechen, zu Fehlern führen können.

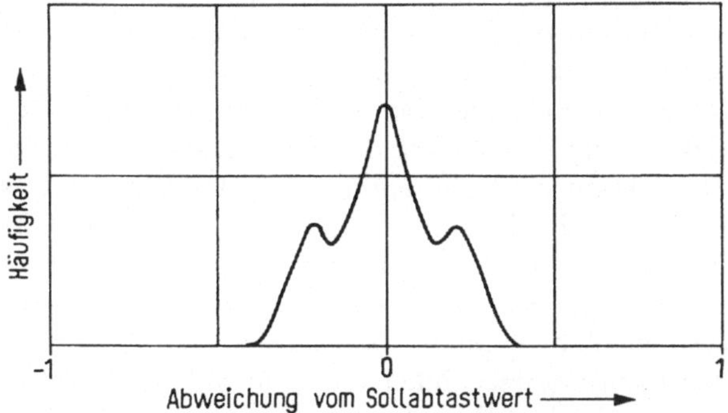

Bild 4.51 Häufigkeit des Auftretens einer Abweichung vom Sollabtastwert für einen Partial-Response-Impuls der Klasse 4 bei linearem Anstieg der Gruppenlaufzeit von $\tau/T = 0{,}9$ im Nyquist-Band.

Ebenso wie beim Rauschen handelt es sich auch bei der Intersymbol-Interferenz um einen Zufallsprozeß, bedingt durch die zufällige Aufeinanderfolge der Daten. Anders als beim Rauschen kann man jedoch hier nicht auf ein befriedigendes Modell zurückgreifen; vielmehr muß die Verteilung erst aus den Eigenschaften des zu untersuchenden Übertragungskanals und -verfahrens bestimmt werden. Die Verteilung der Intersymbol-Interferenz kann dabei in der Regel auch nicht näherungsweise durch eine Gaußverteilung ersetzt werden. Bild 4.51 zeigt als Beispiel die Verteilung der durch Intersymbol-Interferenz verursachten Verzerrung, wenn ein zweiwertiges Partial-Response-Signal über einen Übertragungsweg mit linearem Anstieg der Gruppenlaufzeit übertragen wird.

Die Schwierigkeit bei der rechnerischen Erfassung des Einflusses der Intersymbol-Interferenz auf die Fehlerwahrscheinlichkeit hat zu den verschiedensten Näherungsverfahren Anlaß gegeben. Eine naheliegende Möglichkeit besteht darin, den Beitrag der k einem interessierenden Impuls benachbarten Abtastwerte zur Fehlerwahrscheinlichkeit für jede mögliche Kombination der k Werte zu berechnen. Bei n Sendeamplituden sind dann n^k Kombinationen der Nachbarimpulse möglich. Ein Wert von $k = 10$ ist etwa die untere Grenze für einen schnell abnehmenden Sendeimpuls — für praktische Kanäle muß k oft wesentlich größer gewählt werden. Obwohl der Rechenaufwand noch durch „Quantisierung" der Verteilungsfunktion, d. h. Approximation der Wahrscheinlichkeitsdichte durch eine Treppenfunktion gesenkt werden kann [4.54], ist der verbleibende Rechenaufwand immer noch erheblich; man kommt schnell zu so hohem Rechenaufwand, daß die Methode auch bei Verwendung moderner Rechenanlagen kaum mehr anwendbar ist. Praktische Bedeutung hat sie daher hauptsächlich zur Beurteilung der Güte eines Näherungsverfahrens.

Eine wesentliche Verringerung des Rechenaufwandes wird erzielt, wenn man sich auf die Berechnung der worst-case-Fehlerwahrscheinlichkeit beschränkt. Dazu wird die ungünstigste Folge der k Bits ermittelt und die zugehörige Fehlerwahrscheinlichkeit berechnet. Die daraus resultierende Information zur Beurteilung eines Übertragungssystems ist jedoch nur gering; vor allem ist ein Vergleich unterschiedlicher Übertragungsverfahren nicht sinnvoll, da keineswegs sichergestellt ist, daß die worst-case-Fehlerwahrscheinlichkeit zur exakten Fehlerwahrscheinlichkeit immer im gleichen Verhältnis steht.

Das gilt auch für das Chernoff-Bound-Verfahren [4.55, 4.56], obwohl es durch Abschätzung einer oberen Grenze für die Fehlerwahrscheinlichkeit ein besseres Ergebnis liefert, als es durch einfache Berechnung einer worst-case-Datenfolge erreichbar ist. Bei diesem Verfahren entfällt die u. U. schwierige Ermittlung einer worst-case-Kombination der gesendeten Daten, und es ist möglich, eine sinnvolle Fehlerwahrscheinlichkeit auch für solche Impulsformen anzugeben, die so langsam abnehmen, daß die Reihe der Intersymbol-Interferenz nicht konvergiert. Eine typische Impulsform, bei der dieser Fall eintritt, ist der ($\sin x/x$)-Impuls, für den bereits ein beliebig kleiner Fehler des Abtastzeitpunktes theoretisch zu Fehlern führt, da die resultierende, mit $1/x$ abnehmende Reihe der Abtastwerte nicht konvergiert.

Eine auch für einen Vergleich ähnlicher Übertragungsverfahren oder die Optimierung eines Übertragungssystems hinreichend genaue Berechnung der Fehlerwahrscheinlichkeit ist mit Hilfe von Reihenentwicklungen möglich [4.57 bis 4.64]. Auf diese vor allem in letzter Zeit angewandten, mathematisch etwas anspruchsvollen Verfahren soll hier jedoch nicht näher eingegangen werden. Ihre Bedeutung liegt hauptsächlich darin, daß mit ihrer Hilfe mit vertretbarem Aufwand ein genauer Einblick in den Einfluß unterschiedlicher Parameter auf die Übertragungsqualität erhalten werden kann.

4.5.3 Fehlerwahrscheinlichkeit bei Berücksichtigung des Modulations-/Demodulationsprozesses

Die bisherigen Rechnungen galten für eine direkte Übertragung des Basisbandsignals, eine Übertragungsart, die aber in vielen wichtigen Fällen nicht möglich ist. Vielmehr muß häufig eine Modulation durchgeführt werden, um das Basisbandsignal in den Übertragungsbereich des zur Verfügung stehenden Kanals umzusetzen. Soweit es sich dabei um lineare Modulationsverfahren handelt, läßt sich die Berechnung der Fehlerwahrscheinlichkeit mit den geschilderten Methoden ohne Schwierigkeiten im äquivalenten Basisband durchführen (vgl. Abschn. 4.3). Zu berücksichtigen ist dann lediglich der Effekt eines Trägerphasenfehlers bei kohärenter Demodulation, der einen zusätzlichen Beitrag zur Intersymbol-Interferenz liefert.

Nicht mehr ohne weiteres anwendbar sind die beschriebenen Verfahren zur Berechnung der Fehlerwahrscheinlichkeit bei nichtlinearen Modulationsverfahren wie Frequenz- und Phasenmodulation. Beide Verfahren haben die Eigenschaft, daß die Bandbreite des modulierten Signals, abhängig von Kenngrößen der Modulation wie Frequenz- und Phasenhub, u. U. wesentlich über die Bandbreite des Basisbandes hinausgeht. Das hat am Empfänger einen nichtlinearen Zusammenhang zwischen dem Signal/Störabstand am Ausgang des Empfangsfilters und dem Signal/Störabstand hinter dem Demodulator zur Folge, wobei der letztere wesentlich größer sein kann [4.63]. Daher bieten diese Verfahren vor allem bei schlechtem Signal/Störabstand Vorteile gegenüber Amplitudenmodulation, wenn die erforderliche Bandbreite zur Verfügung steht.

Über die erreichbaren Fehlerwahrscheinlichkeiten steht eine umfangreiche Literatur zur Verfügung [4.8, 4.24, 4.32 und 4.65]. Unterschiedliche Annahmen über die Begrenzung des — theoretisch unendlich breiten — Spektrums nach der Modulation (z. B. die Übertragung nur eines oder mehrerer Seitenbänder), über die Filter am Empfänger (z. B. theoretisch optimale oder mit vertretbarem Aufwand realisierbare Filter) und über den Demodulationsprozeß selbst führen dabei zu teilweise etwas verschiedenen Ergebnissen. Vor allem bei mehrwertiger Übertragung scheidet Frequenzmodulation bei der Datenübertragung über bandbegrenzte Kanäle häufig wegen ihres für möglichst störunempfindliche Übertragung höheren Bandbreitebedarfs aus [4.24].

Die Berücksichtigung linearer Verzerrungen durch den Übertragungskanal ist wegen des mathematisch komplizierten nichtlinearen Modulations-Demodulationsprozesses höchstens näherungsweise möglich; Verfahren, wie sie z. B. für Amplitudenmodulation und Basisbandübertragung in diesem Abschnitt genannt wurden, sind nicht bekannt. Zur

Optimierung praktischer Übertragungsverfahren ist daher die Rechnersimulation ein besonders wertvolles Hilfsmittel.

Als ein Beispiel ist in Bild 4.52 für n-wertige Frequenzmodulation die Schrittfehlerwahrscheinlichkeit in Abhängigkeit vom Signal/Störabstand S/N unter der Voraussetzung gleicher Bandbreite aufgetragen (d. h. für $n > 2$ muß der Modulationsindex $\approx 1/n$ gewählt werden, vgl. Abschn. 4.3.2). Im Vergleich dazu zeigt Bild 4.53 die Schrittfehlerwahrscheinlichkeit bei n-wertiger Phasenmodulation und bei gleicher Bandbreite. Der Vergleich von Frequenz- und Phasenmodulation an Hand dieser Bilder liefert ein für Frequenzmodulation ungünstiges Ergebnis, das allerdings im wesentlichen auf der hier getroffenen Voraussetzung gleicher Bandbreite beruht. Bei theoretisch optimaler Auslegung — also ohne Rücksicht auf erforderliche Bandbreite und Aufwand — sind Frequenz- und Phasenmodulation hinsichtlich ihrer Störempfindlichkeit als Über-

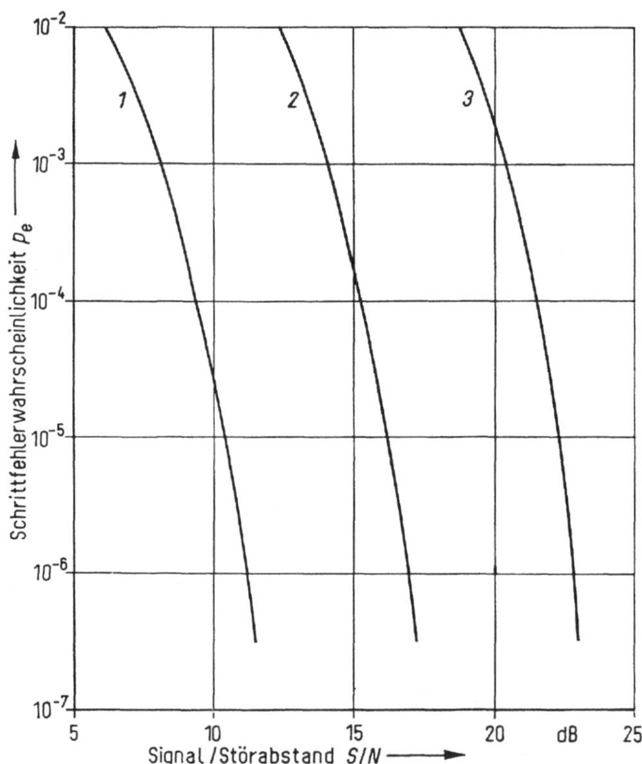

Bild 4.52 Schrittfehlerwahrscheinlichkeit bei Frequenzmodulation. Kurve 1: zweiwertige Signale; Kurve 2: vierwertige Signale; Kurve 3: achtwertige Signale.

tragungsverfahren nahezu gleichwertig; bei der Auswahl des Übertragungsverfahrens sind deshalb Randbedingungen wie verfügbare Bandbreite und Aufwand von entscheidender Bedeutung.

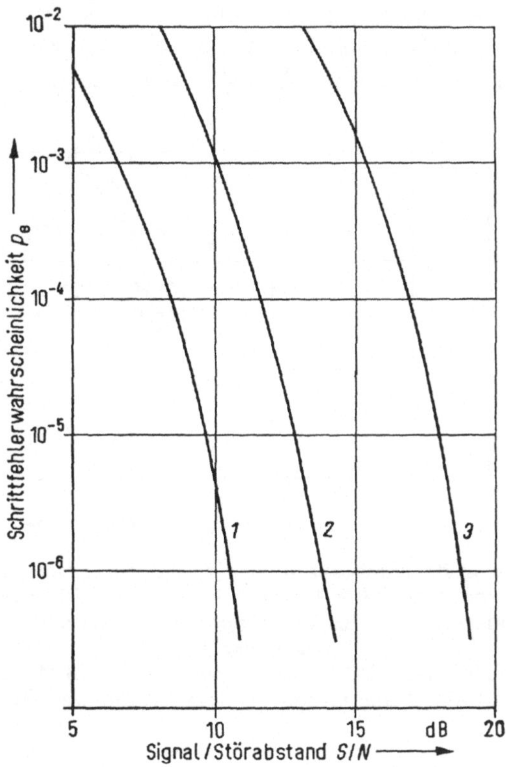

Bild 4.53 Schrittfehlerwahrscheinlichkeit bei Phasenmodulation. Kurve 1: zweiwertige Signale; Kurve 2: vierwertige Signale; Kurve 3: achtwertige Signale.

Zum Abschluß dieses Abschnittes sind in Bild 4.54 nochmals die für die Datenübertragung wichtigsten Übertragungsverfahren zusammengestellt (s. a. [4.8]). Daraus wird deutlich, daß Amplitudenmodulation mit Einseitenbandübertragung eine besonders hohe Bandausnutzung ermöglicht; Phasenmodulation eignet sich besonders für eine Übertragung bei niedrigerem Signal/Störabstand, während Phasendifferenzmodulation und Frequenzmodulation hauptsächlich wegen ihrer vorteilhaften Realisierungsmöglichkeit Bedeutung haben.

Es soll jedoch ausdrücklich darauf hingewiesen werden, daß der durch Bild 4.54 gegebene Vergleich nur mit Vorsicht angewendet werden sollte. Einmal wurden die Eigenschaften des Übertragungskanals nicht berücksichtigt, zum anderen hängt der Vergleich vor allem bei Frequenz- und Phasenmodulation auch stark vom Aufbau des Empfängers ab. So lassen sich, wie schon erwähnt, u. U. mit Frequenzmodulation nahezu gleichwertige Ergebnisse wie bei Phasenmodulation erzielen. Ebenso blieben bei dem Vergleich auch Gesichtspunkte des Aufwandes und der praktischen Realisierbarkeit außer Betracht.

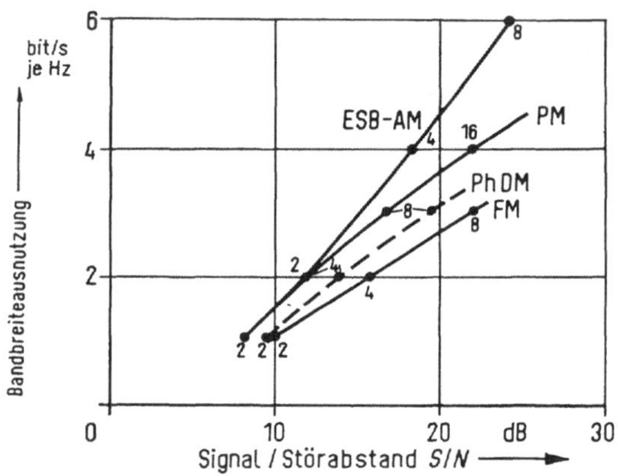

Bild 4.54 Erzielbare Bandbreiteausnutzung verschiedener Übertragungsverfahren in Abhängigkeit vom Signal/Störabstand für eine Schrittfehlerwahrscheinlichkeit von 10^{-4}. Die Ziffern an den Kurven bezeichnen die Anzahl der Sollwerte der Sendesignale.
FM: Frequenzmodulation, PM: Phasenmodulation, PhDM: Phasendifferenzmodulation, ESB-AM: Amplitudenmodulation mit Einseitenbandübertragung.

5 Berücksichtigung der Eigenschaften realer Übertragungswege bei der Datenübertragung

In Abschn. 4 wurden die Bedingungen betrachtet, unter denen eine möglichst störunempfindliche Übertragung von Daten möglich ist. Dazu muß je nach Übertragungsverfahren sowohl der Frequenzverlauf der Leistungsdichte des Signals auf dem Übertragungsweg als auch der zeitliche Verlauf des Empfangssignals betrachtet werden. Neben der entsprechenden Wahl der Parameter des Übertragungssystems ist dabei ein bestimmter Verlauf des Betrages der Spektralfunktion und ein linearer Verlauf der Phase erforderlich. Die Filter eines Übertragungssystems kann man so auslegen, daß die Gesamtübertragungsfunktion die gewünschte Spektralformung nach Betrag und Phase zumindest sehr gut annähert. Als Forderung an die Übertragungswege zwischen Sender und Empfänger des Systems ergibt sich dann, wenn die gesamte Spektralformung bereits im Übertragungssystem durchgeführt wird — was bei wechselnden Übertragungswegen auch unbedingt erforderlich ist —, daß im benutzten Frequenzbereich die Dämpfung konstant ist — die absolute Dämpfung des Empfangssignals spielt nur für den Empfangsspielraum des Empfängers eine Rolle — und daß der Phasenverlauf linear bzw. die Gruppenlaufzeit konstant ist.

Die für die Datenübertragung zur Verfügung stehenden Übertragungswege erfüllen jedoch in vielen Fällen diese Forderungen nicht. Daher werden in Abschn. 5.2.1 die Einflüsse von Dämpfungs- und Gruppenlaufzeitverzerrung bei der Übertragung von Datensignalen betrachtet. Auch bei Entzerrung des Übertragungsweges durch Kompromißentzerrer (Abschn. 5.3.1.1) oder wenn bei höherer Bandbreiteausnutzung der Einsatz einstellbarer Entzerrer (Abschn. 5.3.1.2) erforderlich ist, bleibt eine Restverzerrung von Dämpfung und Gruppenlaufzeit übrig. Besonders eingegangen wird in Abschn. 5.3.2 auf die automatische adaptive Entzerrung im Zeitbereich des durch den Dämpfungs- und Gruppenlaufzeitverlauf des Übertragungsweges verzerrten Empfangssignals, die eine optimale Anpassung insbesondere an wechselnde Übertragungswege gestattet.

Wichtig bei der Übertragung mit moduliertem Träger sind außerdem die Frequenzverwerfung und die Phasenschwankungen, die in Trägerfrequenzsystemen der Weitverkehrsübertragungstechnik auftreten können (vgl. Abschn. 3.2). Ihre Einflüsse auf die Übertragung von Datensignalen werden in Abschn. 5.2 betrachtet.

Auch über die Einflüsse echter Störungen auf die Signalübertragung werden in Abschn. 5.2.4 einige allgemeine Angaben gemacht.

Um die Einflüsse der genannten Eigenschaften der Übertragungswege werten zu können, müssen Beurteilungskriterien zur Verfügung stehen, die zunächst vorgestellt werden, soweit das nicht bereits im Abschn. 4 geschehen ist.

5.1 Beurteilungskriterien

Für die Beurteilung der Einflüsse eines Übertragungsweges auf die Datenübertragung ist die Abweichung des zeitlichen Verlaufs des übertragenen Signals vom erwünschten Verlauf von primärem Interesse. Den Einfluß der Gruppenlaufzeitverzerrung von TF-Abschnitten auf den Signalverlauf zeigt im Vergleich mit dem idealen Signalverlauf als Beispiel das Bild 5.1.

Daher benutzt man besondere, den Abweichungen vom zeitlichen Sollverlauf des Empfangssignals angepaßte Beurteilungskriterien.

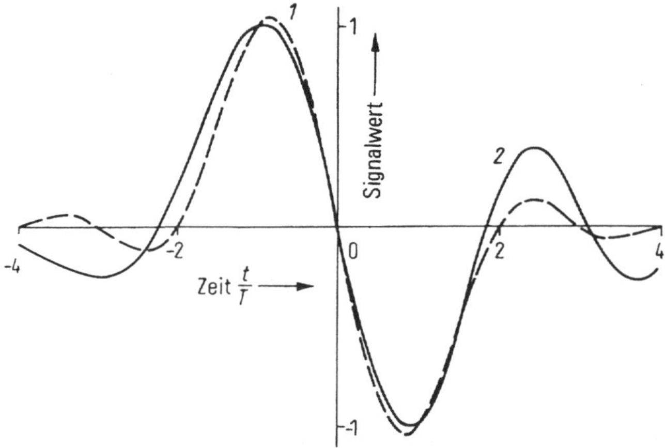

Bild 5.1 Partial-Response-Impuls der Klasse 4.
Kurve 1: ideal; Kurve 2: nach Einseitenbandübertragung über 3 TF-Abschnitte; Trägerfrequenz: 2,9 kHz; Übertragungsgeschwindigkeit: 4800 bit/s.

5.1.1 Fehlerwahrscheinlichkeit

Die die Übertragungsqualität am besten kennzeichnende Größe ist die *Fehlerwahrscheinlichkeit*. Durch den Einfluß linearer Verzerrungen wird sie erhöht, da der Sollabtastwert des Signals durch Intersymbol-Interferenz, d. h. durch unerwünschte Beiträge vor- oder nacheilender Impulse in Richtung auf einen in der Amplitude benachbarten Sollwert verändert werden kann; daher ist dann schon eine verringerte Störamplitude ausreichend, daß das empfangene Signal zum Abtastzeitpunkt im Empfänger einem falschen Sollwert zugeordnet wird. Der Nachteil der Fehlerwahrscheinlichkeit als Maß zur Beurteilung der Übertragungsqualität ist jedoch der bereits hohe Aufwand, den ihre Berechnung wie auch ihre Messung erfordert, wenn man nur weißes Rauschen als reproduzierbare Störung voraussetzt (vgl. Abschn. 4.5). Setzt man echte Störungen auf dem Übertragungsweg voraus, so ist man auf sehr umfangreiche Messungen angewiesen (Abschn. 5.2.4), da diese Störungen, von Einzelfällen spezieller Störsignale abgesehen, in ihrer Gesamtheit nicht genügend genau reproduzierbar sind.

5.1.2 Mittlerer quadratischer Fehler des Abtastwertes

Für viele Zwecke ist es jedoch ausreichend, die Übertragungsqualität an Hand einfacherer Kriterien zu beurteilen. Eine häufig benutzte Größe ist der *mittlere quadratische Fehler* MQF, der als Summe der quadrierten Abweichungen des Abtastwertes vom Sollwert geteilt durch die Anzahl n der zu berücksichtigenden Messungen definiert ist:

$$\mathrm{MQF} = \frac{1}{n} \sum_{i=1}^{n} [a(iT) - a_{\mathrm{Soll}}(iT)]^2. \qquad (5.1)$$

Dabei ist $a(iT)$ der zum Abtastzeitpunkt iT vorhandene Wert des empfangenen Signals und $a_{\mathrm{Soll}}(iT)$ der zugehörige unverzerrte Wert.

Bei einem linearen Übertragungsverfahren, d. h. bei einer Basisbandübertragung oder bei Verwendung von Amplitudenmodulation und binärer Übertragung mit den Sollwerten $\pm A$, ergibt sich MQF auch durch Summation über die Abweichungen von den Sollabtastwerten eines verzerrten Einzelimpulses, wie er z. B. in Bild 5.1 dargestellt ist:

$$\mathrm{MQF} = \sum_{i=-\infty}^{\infty} [a(iT) - a_{\mathrm{Soll}}(iT)]^2. \qquad (5.2)$$

Da die Mehrzahl der Sollabtastwerte bei für die Datenübertragung verwendeten Impulsformen Null ist, ist (5.2) häufig einfacher auszuwerten als (5.1).

Wegen seiner relativ einfachen Bestimmung und der guten Erfassung der „mittleren" Übertragungsqualität ist der mittlere quadratische Fehler heute eine vor allem für die rechnerische Beurteilung der Qualität, z. B. bei der Optimierung eines Übertragungskanals, sehr häufig verwendete Größe [5.1]. Da der mittlere quadratische Fehler jedoch keine unmittelbare, anschauliche Bedeutung hat und es in der Regel nicht möglich ist, ohne detaillierte Kenntnis von Übertragungsverfahren und Übertragungseinrichtungen von einem gemessenen mittleren quadratischen Fehler auf die Übertragungsqualität zu schließen, wird er als Meßgröße zur Beurteilung der Qualität eines Übertragungssystems praktisch nicht benutzt.

5.1.3 Augendiagramm

Für die meßtechnische Beurteilung der Übertragungsqualität hat vielmehr das *Augendiagramm* die größte Bedeutung (vgl. Abschn. 4.1.3). Der Ursprung dieser Bezeichnung wird noch einmal deutlich an Hand von Bild 5.2, wo im unverzerrten Fall (Bild 5.2a) zwei übereinanderliegende rhombusförmige Öffnungen, die „Augenöffnungen" zu sehen sind. Das Bild entsteht durch Überlagerung des Signalverlaufs während einer Abtastperiode bei sehr vielen unterschiedlichen Datenkombinationen (vgl. Bild 4.6). Bild 5.2 stellt eine derartige Überlagerung bei dem Partial-Response-Signal dar, dessen verzerrte und unverzerrte Einzelimpulse in Bild 5.1 wiedergegeben sind. Im unverzerrten Fall erkennt man die für binäre Übertragung mit Hilfe von Partial-Response-Impulsen charakteristischen 3 Abtastwerte (vgl. Abschn. 4.1.1.5). Unter dem Einfluß von Verzerrungen (Bild 5.2, b und c) werden aus diesen diskreten Stufen Bereiche, in die das Signal zum Abtastzeitpunkt fallen kann; das Auge „schließt sich" mit zunehmender Verzerrung. Die horizontale Öffnung des Auges bietet dabei ein Maß für die — in Abschn. 5.1.4 erläuterte — Schritt- oder Telegrafieverzerrung und für die Empfindlichkeit der Übertragung gegenüber Abweichungen vom optimalen Abtastzeitpunkt; die vertikale Augenöffnung bietet ein Maß für die Empfindlichkeit gegen Störsignale.

Für die Bewertung einer rechnerisch erfaßten Augenöffnung im Hinblick auf die Übertragungsqualität ist zu berücksichtigen, daß es bestimmte, selten auftretende Datenkombinationen geben kann, für die zwar die Augenöffnung nur sehr klein ist, die aber trotzdem wegen ihres seltenen Auftretens die Übertragungsqualität nicht allzusehr beeinträchtigen. Will man jedoch die Häufigkeit ihres Auftretens berücksichtigen, geht die Einfachheit der Rechnung verloren. Außerdem erfordert die Berechnung eines kompletten Augendiagramms, das auch

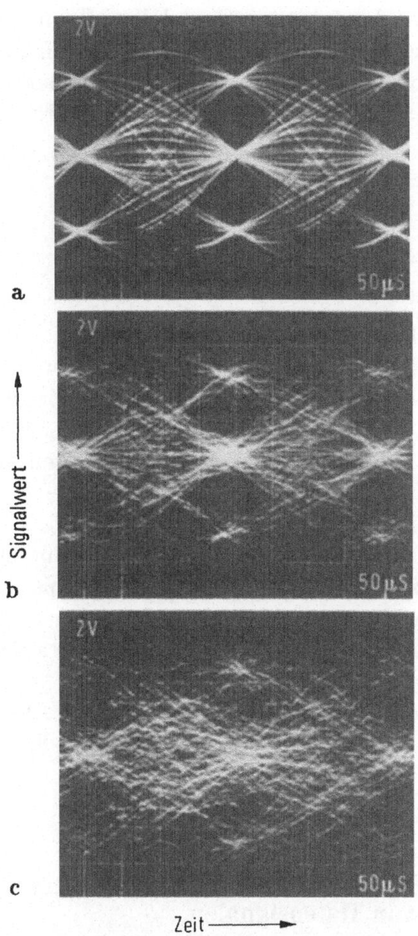

Bild 5.2 Augendiagramme für das dreiwertige Empfangssignal bei Partial-Response-Impulsen der Klasse 4 nach Einseitenbandübertragung; Trägerfrequenz: 2,9 kHz; Übertragungsgeschwindigkeit: 4800 bit/s.
a) Übertragung im Kurzschluß; b) Übertragung über 1 TF-Abschnitt; c) Übertragung über 2 TF-Abschnitte

Auskunft über die Empfindlichkeit gegenüber Verschiebungen des Abtastzeitpunktes, d. h. über den gesamten analogen Signalverlauf über viele Abtastperioden geben würde, einen Aufwand, der es als einfaches Kriterium für die rechnerische Behandlung ausschließt. Bei der Messung läßt sich hingegen das analoge Signal leicht auf einem Oszillografen darstellen, und seltene, ungünstige Datenkombinationen werden auf Grund der endlichen Nachleuchtdauer üblicher Oszillografenbildröhren ohnehin nur gemäß der Häufigkeit ihres Auftretens berücksichtigt (vgl. Bild 5.2).

5.1.4 Schrittverzerrung

Bereits bei der Diskussion des Augendiagramms und in Abschn. 4.1 wurde auf die zeitliche Abweichung des empfangenen Datensignals vom gesendeten Datensignal eingegangen. Bei taktgebundener Übertragung mit Impulsen, die das Nyquistkriterium II nicht erfüllen, und bei mehrwertiger Übertragung können diese systembedingten Abweichungen nach der Taktrückgewinnung bis auf eine verbleibende Taktschwankung (Taktjitter) eliminiert werden (Abschn. 4.4.1).

Bei geschwindigkeitstransparenten Übertragungssystemen dagegen, bei denen Datensignale beliebiger Schrittlänge bis zu einer durch die maximale Übertragungsgeschwindigkeit festgelegten kürzesten Schrittdauer $T = 1/v$ übertragen werden können, spielen abhängig vom System die verschiedenen Arten der *Schrittverzerrung* (s. Band II, Abschn. 11.3.1.1) eine wesentliche Rolle. Daher wird in Abschn. 5 nur soweit notwendig darauf eingegangen. Systembedingte Eigenschaften werden in Band II, Abschn. 7 behandelt.

5.2 Einfluß der Eigenschaften der Übertragungswege auf die Übertragung von Datensignalen

An Hand einiger der in Abschn. 5.1 erläuterten Kriterien zur Beurteilung der Güte eines Datenübertragungssystems werden im folgenden die Einflüsse der Eigenschaften der Übertragungswege diskutiert. Dabei wird insbesondere auf die Auswirkung der Dämpfungsverzerrung eingegangen. Weiter wird der Einfluß der Gruppenlaufzeitverzerrung diskutiert, und es werden die wichtigsten Einflüsse von Übertragungswegen auf das empfangene Datensignal, die Frequenzwerfung, die Phasenschwankungen und die Störungen, beschrieben.

5.2.1 Dämpfungs- und Gruppenlaufzeitverzerrung

Von den in Abschn. 5.1 diskutierten Kriterien zur Beurteilung der Güte eines Datenübertragungssystems wird zunächst am Beispiel eines ideal bandbegrenzten Impulses ($\sin x/x$-Verlauf, vgl. Abschn. 4.1.4) die Auswirkung eines linearen Dämpfungsanstiegs auf die Augenöffnung, den mittleren quadratischen Fehler und die Fehlerwahrscheinlichkeit gezeigt.

Die Spektralfunktion ergibt sich als

$$G(\omega) = \begin{cases} T\,\mathrm{e}^{-a|\omega|}, & |\omega| \leqq \dfrac{\pi}{T}, \\[2ex] 0, & |\omega| > \dfrac{\pi}{T}. \end{cases}$$

Die Größe a bestimmt den Dämpfungsanstieg mit der Frequenz. Die zugehörige Zeitfunktion $g(t)$ ergibt sich mit Hilfe der Fouriertransformation als

$$g(t) = \frac{1}{2\pi} \int\limits_{\omega=-\pi/T}^{\pi/T} T\,\mathrm{e}^{a|\omega|}\,\mathrm{e}^{\mathrm{j}\omega t}\,\mathrm{d}\omega\,,$$

$$g(t) = \frac{1}{\pi}\left[\frac{\mathrm{e}^{-a\pi/T}}{a^2+t^2}\left(t \sin\frac{\pi t}{T} - a\cos\frac{\pi t}{T}\right) + \frac{a}{a^2+t^2}\right].$$

Bild 5.3 zeigt die Verformung des Impulses für einen Dämpfungsanstieg von 0 dB (ideal) bis zu 20 dB. Bei steigender Dämpfungsverzerrung wird der Impuls zunehmend breiter, und die Nullstellen des Impulses verschieben sich. Die Auswirkung dieser Impulsverformung auf die Augenöffnung zeigt Bild 5.4 für die zweiwertige Übertragung. Die Augenöffnung ergibt sich dabei aus der aufgetragenen maximalen Abweichung M vom Sollabtastwert entsprechend:

$$\text{Augenöffnung} = (1 - M) \cdot 100 \text{ in } \%.$$

Wenn die maximale Abweichung vom Sollabtastwert den Wert 1 übersteigt, hier bei etwa 14 dB Dämpfungsanstieg, ist das Auge geschlossen, und es treten auch ohne zusätzliche Störungen Übertragungsfehler auf.

Der Verlauf des mittleren quadratischen Fehlers MQF ist für das gewählte Beispiel in Bild 5.5 als Funktion des Dämpfungsanstiegs a aufgetragen.

Den Einfluß des Dämpfungsanstiegs auf die Schrittfehlerwahrscheinlichkeit zeigt Bild 5.6. Hier sind für Dämpfungsanstiege von 0, 4 und 8 dB die Schrittfehlerwahrscheinlichkeiten bei zwei- und vierwertiger Übertragung abhängig vom Signal/Störabstand S/N bei weißem Rauschen als Störer angegeben. Das Bild zeigt deutlich, daß ein Dämpfungsanstieg von 4 dB, der die Übertragungsqualität bei zweiwertiger Übertragung noch nicht allzusehr beeinträchtigt, bei vierwertiger Übertragung, also der doppelten Übertragungsgeschwindigkeit, nahezu untragbar ist.

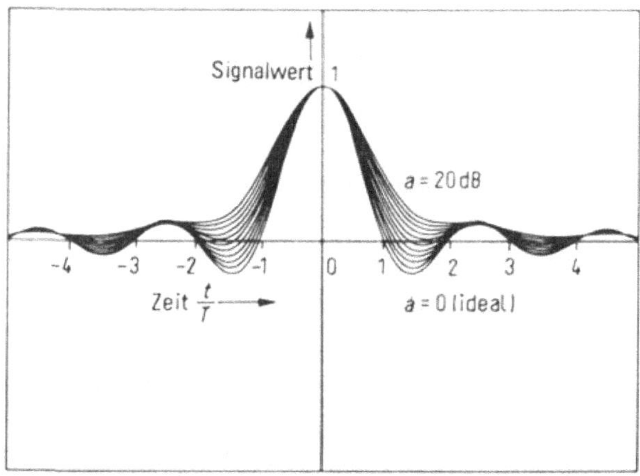

Bild 5.3 Auf die Amplitude 1 normierter sin x/x-Impuls bei linearem Anstieg der Dämpfung a um 0, 2, 4 ... 20 dB im Nyquist-Band $f_N = 1/2\ T$.

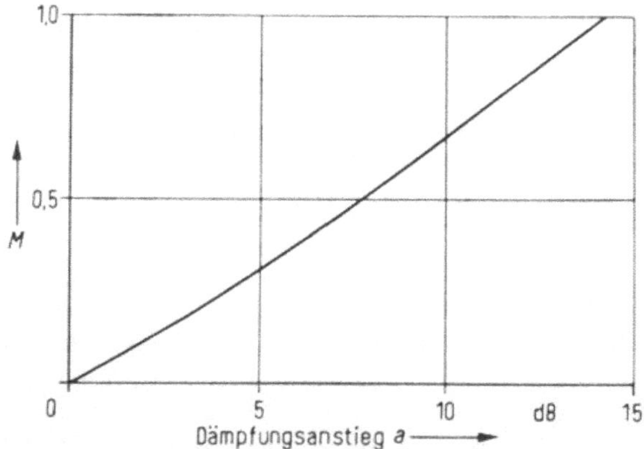

Bild 5.4 Maximale Abweichung M vom Sollabtastwert eines sin x/x-Impulses bei linearem Anstieg der Dämpfung im Nyquist-Band.

Die Verformung des empfangenen Signals hängt außer vom genauen Verlauf von Dämpfung und Laufzeit noch wesentlich von dem gewählten Übertragungsverfahren ab. Allgemeine Aussagen über die Art der Verformung eines Impulses lassen sich nur bei linearen Übertragungsverfahren und auch hier nur für spezielle, einfache Verzerrungen machen; z. B. für linearen oder parabelförmigen Dämpfungs- oder Gruppenlaufzeitverlauf [5.2]. Derartige „Verzerrungsmodelle" ermöglichen zwar einen Vergleich verschiedener Übertragungsverfahren, wie er in [5.3, 5.4] durchgeführt wird; über die bei praktischen Übertragungskanälen auftretende Impulsverformung geben sie jedoch naturgemäß keinen Aufschluß. Eine vorteilhafte rechnerische Behandlung der Verzerrungen ist bei diesen linearen Übertragungssystemen durch Transformation eines bei Übertragung mit moduliertem Träger vorhandenen Bandpaßkanals in den zugehörigen äquivalenten Tiefpaßkanal möglich [5.5] (vgl. Abschn. 4.3.1).

Für eine sinusförmige Welligkeit von Dämpfung und Laufzeit liefert die Theorie der paarigen Echos [5.6] die Aussage, daß bei gleichem Betrag der Verzerrung die Impulsverformung um so kleiner ist, je mehr Wellen im Übertragungsbereich auftreten. Bei zahlreichen Wellen im Übertragungsbereich — z. B. acht bis zehn, wie sie bei einer Entzerrung der Gruppenlaufzeit eines Primärgruppendurchschaltefilters nach dem in Abschn. 3.2.3.1 angegebenen Toleranzschema auftreten (Bild 3.25) — wird der gesendete Impuls einigermaßen unverzerrt übertragen; jedoch treten in größerem Abstand vom Hauptimpuls kleine Echos auf, die

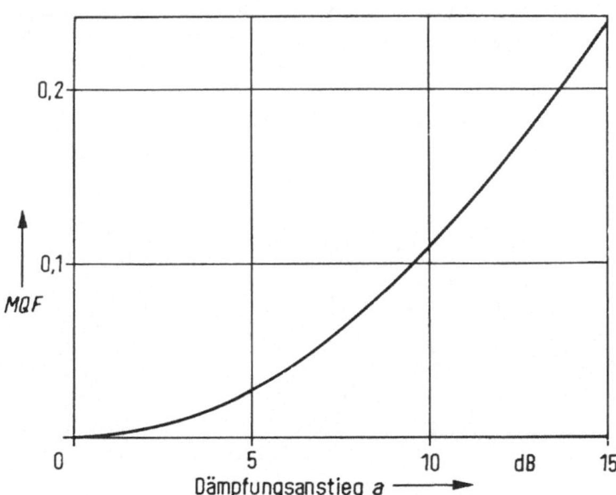

Bild 5.5 Mittlerer quadratischer Fehler MQF eines sin x/x-Impulses bei linearem Anstieg der Dämpfung im Nyquist-Band.

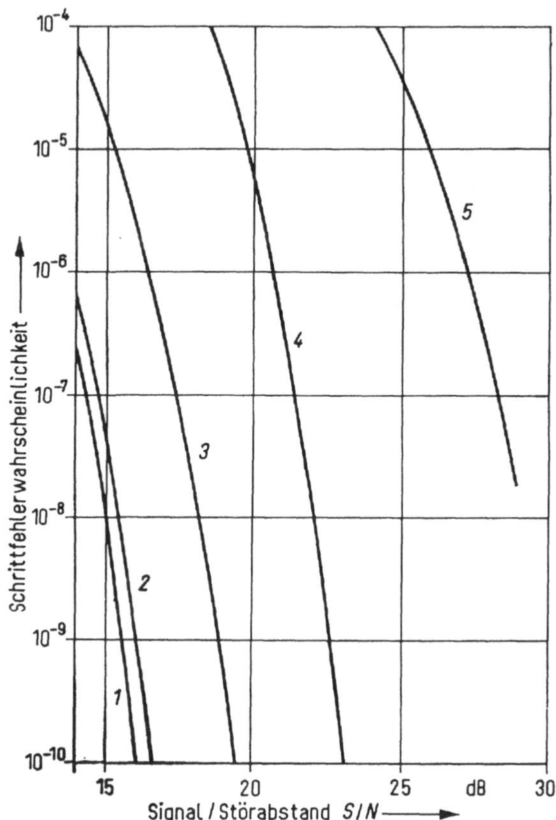

Bild 5.6 Schrittfehlerwahrscheinlichkeit bei Übertragung von zwei- und vierwertigen sin x/x-Impulsen bei linearem Anstieg der Dämpfung im Nyquist-Band.

Kurve	Anstieg der Dämpfung im Nyquist-Band (dB)	sin x/x-Impuls
1	0	2-wertig
2	4	2-wertig
3	8	2-wertig
4	0	4-wertig
5	4	4-wertig

aber in der Regel nicht allzusehr stören. Auf diese Weise läßt sich auch der Effekt einer Tschebyscheff-artigen Gruppenlaufzeit- oder Dämpfungswelligkeit abschätzen, wie sie gerade bei entzerrten Übertragungswegen, wie z. B. den obengenannten Primärgruppenverbindungen, vorkommen kann. Für die Untersuchung des Einflusses spezieller praktischer Übertragungskanäle ist dagegen die Simulation des Übertragungssystems mit Hilfe einer Datenverarbeitungsanlage erforderlich.

Bei nichtlinearen Modulationsverfahren wie Phasen- und Frequenzmodulation ist die Simulation des Übertragungssystems unentbehrlich, wenn der Einfluß eines Übertragungsweges auf die Übertragungsqualität berechnet werden soll; es stehen keine einfachen Näherungsverfahren zur Verfügung. Auch hier benutzt man in der Regel einfache Verzerrungsmodelle, um ein Maß für die relative Empfindlichkeit der Übertragungsverfahren zu gewinnen.

Eine derartige Simulation nichtlinearer Übertragungssysteme spielt darüber hinaus eine wichtige Rolle bei der Optimierung praktischer Übertragungseinrichtungen [5.7, 5.8], insbesondere bei nichtlinearen Übertragungsverfahren.

Insgesamt zeigt sich, daß die bei praktischen Übertragungswegen auftretende Dämpfungsverzerrung die Übertragungsqualität in der Regel erheblich weniger beeinträchtigt als die Gruppenlaufzeitverzerrung. Das ist eine Folge der Tatsache, daß bei primär für Sprachübertragung vorgesehenen Übertragungskanälen die Gruppenlaufzeit von untergeordneter Bedeutung ist, so daß diese weit mehr vom Idealverlauf abweicht als die Dämpfung.

Eine detaillierte Diskussion des Effekts von linearen Verzerrungen bei verschiedenen Übertragungsverfahren findet sich in [5.2 bis 5.4]. Einen Vergleich zeigen die aus [5.3] entnommenen Bilder 5.7 und 5.8. Die Problematik eines solchen Vergleichs zeigt sich jedoch bereits darin, daß z. B. bei quadratischen Gruppenlaufzeitverzerrungen Frequenzmodulation weniger empfindlich ist als Amplitudenmodulation, bei linearen Gruppenlaufzeitverzerrungen jedoch umgekehrt Amplitudenmodulation Vorteile zeigt (vgl. Bilder 5.7 und 5.8). Da auch bestimmte Übertragungsverfahren gegenüber linearen Verzerrungen empfindlich sein können, aber unempfindlich gegenüber anderen Einflüssen des Übertragungskanals — und umgekehrt —, ist es nicht möglich, allein auf der Basis einer zu wählenden speziellen linearen Verzerrung sinnvolle Aussagen über die Eignung eines Übertragungsverfahrens im Vergleich zu einem anderen zu machen. Für eine spezielle Anwendung kann jedoch einem solchen Vergleich bei sonst ähnlicher Leistungsfähigkeit von zwei Übertragungsverfahren durchaus entscheidende Bedeutung zukommen. Hierfür bieten dann die in [5.2, 5.3] angestellten ausführlichen Untersuchungen eine nützliche Grundlage.

Die Einflüsse von linearen Verzerrungen, der Dämpfungs- und Gruppenlaufzeitverzerrung und auch Echos, die bisher nicht besonders genannt wurden, lassen sich insbesondere durch adaptive Entzerrung weitgehend rückgängig machen (s. Abschn. 5.3).

Bei stationärer Messung mit Sinussignalen wirken sich Echos wie Dämpfungs- und Gruppenlaufzeitverzerrung aus. Die Datenübertragung ist aber kein stationärer Vorgang; deshalb haben Echos primär einen von der Amplitude und der Laufzeit sowie vom Übertragungsverfahren abhängigen Einfluß auf das empfangene Datensignal. Sie bedingen je nach Echoamplitude und -laufzeit und Übertragungsver-

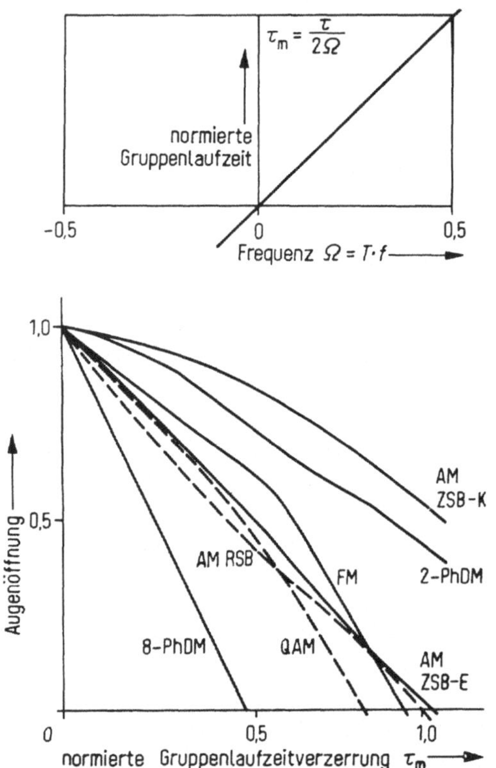

Bild 5.7 Augenöffnung bei verschiedenen Übertragungsverfahren und linearer, auf die Schrittlänge T bezogener Gruppenlaufzeitverzerrung.
AM: Amplitudenmodulation mit ZSB-E: Zweiseitenbandübertragung und Einhüllenden-Demodulation; mit ZSB-K: Zweiseitenübertragung und kohärenter Demodulation; mit RSB: Restseitenbandübertragung.
QAM: Quadraturamplitudenmodulation; FM: Frequenzmodulation; 2-PhDM: zweiwertige Phasendifferenzmodulation; 8-PhDM: achtwertige Phasendifferenzmodulation.

fahren eine höhere Empfindlichkeit gegenüber Störungen. Ihr Einfluß kann, wie oben ausgeführt, durch adaptive Entzerrung verringert werden. Dabei ist die Echolaufzeit (s. Abschn. 3.2.2.5) von ausschlaggeben-

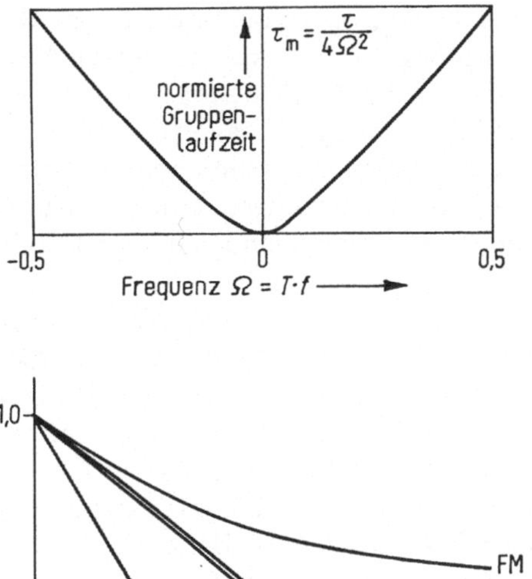

Bild 5.8 Augenöffnung bei verschiedenen Übertragungsverfahren und quadratischer, auf die Schrittlänge T bezogener Gruppenlaufzeitverzerrung. Bezeichnung der Kurven vgl. Bild 5.7.

der Bedeutung für den Aufwand. Beispielsweise ergibt sich bei der Übertragung mit 4800 bit/s und vierwertiger Restseitenbandübertragung [5.9] ein Entzerrer mit etwa 50 Laufzeitgliedern, um ein Echo mit bis zu 15 ms Laufzeit zu kompensieren.

Die Einflüsse der linearen Verzerrungen auf die Schrittverzerrung des Empfangssignals, wie sie sich bei Wählverbindungen im Netz der Deutschen Bundespost ergeben, werden in Band II, Abschn. 7.2 bei den entsprechenden Systemen behandelt.

5.2.2 Frequenzverwerfung

Eine Frequenzverwerfung tritt auf bei der Übertragung über Trägerfrequenzsysteme des Fernsprechnetzes (vgl. Abschn. 3.2.2.6).

Die Frequenzverwerfung spielt eine wesentliche Rolle bei der Dimensionierung von Empfängern, die mit trägersynchroner Demodulation arbeiten. Wie in Abschn. 4.4.2 näher ausgeführt, ist es dabei notwendig, die im Empfänger lokal erzeugte Trägerfrequenz aus dem Datensignal bzw. einem mitübertragenen Pilotton entsprechend zu regeln. Diese Regelungen werden so dimensioniert, daß der Einfluß der Frequenzverwerfung auf die Fehlerwahrscheinlichkeit praktisch keine Rolle mehr spielt.

Bei geschwindigkeitstransparenter Übertragung mit Frequenzmodulation wirkt sich die Frequenzverwerfung auf die Schrittverzerrung und natürlich auch auf die Fehlerwahrscheinlichkeit aus, wenn der Frequenzhub nicht groß ist gegenüber der zu erwartenden Frequenzverwerfung. Das ist z. B. der Fall bei gewissen Übertragungseinrichtungen für Datennetze für niedrige Übertragungsgeschwindigkeiten, den Wechselstromtelegrafie-Systemen (s. Band II, Abschn. 7.4.2.2) und bei den Modems für niedrige Übertragungsgeschwindigkeiten (s. Band II, Abschn. 7.2.1).

Durch die Frequenzverwerfung wird das Empfangsspektrum verschoben, d. h. die Momentanfrequenz entspricht nicht den Sollwerten. Bild 5.9 zeigt den zeitlichen Verlauf des demodulierten Datensignals – des Basisbandsignals – ohne und mit Frequenzverwerfung $-\Delta f$ zur Veranschaulichung stark übertrieben.

Die Frequenzverwerfung bewirkt, daß die Spektralfunktion eines empfangenen Signals um einen bestimmten Betrag gegenüber derjenigen des gesendeten Signals abweicht. Die daraus resultierende Schrittverzerrung wäre untragbar, wenn, wie im Fall der Wechselstromtelegrafie-Systeme, mehrere solcher Strecken hintereinander geschaltet werden (vgl. Band II, Abschn. 9.3.1.1 und 11.1). Im Falle der Modems – nur ein Übertragungsabschnitt von Teilnehmer zu Teilnehmer – spielt sie eine nicht so schwerwiegende Rolle (vgl. Band II, Abschn. 7.2).

Wie in Bild 5.9 angedeutet, muß die Momentanfrequenz zur Auswertung des Datensignals in eine elektrisch meßbare Größe, z. B. eine Spannung U umgesetzt werden. Bei der Betrachtung sieht man, daß sich bei dem durch die Frequenzverwerfung verzerrten Signal der Gleichstrommittelwert verschiebt, wenn man die Entscheidungsschwelle als Null-Linie verwendet. Ebenso ändern sich die Abstände zwischen Entscheidungsschwelle und Abtastwerten zu den Abtastzeitpunkten. Damit ergibt sich die Möglichkeit, durch Regelung auf den Gleichstrommittelwert Null oder gleiche Abtastwerte, die durch die Frequenzverwerfung bedingte Schrittverzerrung weitgehend rückgängig zu machen.

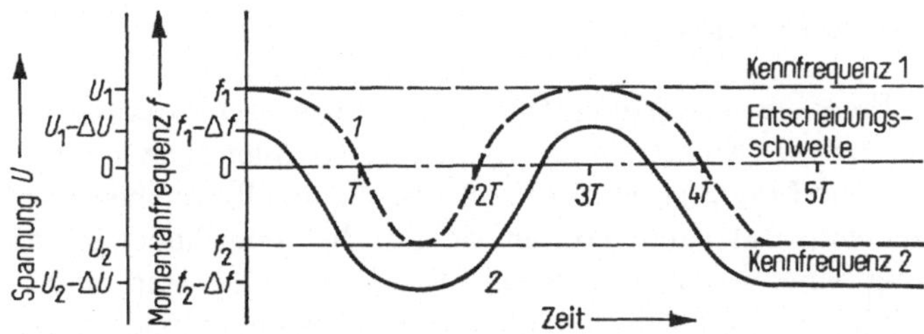

Bild 5.9 Einfluß der Frequenzverwerfung auf ein frequenzmoduliertes Signal. Kurve 1: Signal ohne Frequenzverwerfung; Kurve 2: Signal mit Frequenzverwerfung $-\Delta f$.

Für die Größe der Schrittverzerrung δ_F, die durch eine bestimmte Frequenzverwerfung Δf entsteht, ist die Steigung des Signals beim Durchgang durch die Entscheidungsschwelle maßgebend. Die Steigung eines der Nyquistbedingung II in etwa gehorchenden Impulses entspricht bei kleiner Frequenzverwerfung und bei auf 1 normierter Amplitude U bzw. Momentanfrequenz f ungefähr 45° (vgl. Abschn. 4.1.4); sie ist ansonsten der Bandbreite B umgekehrt proportional. Damit gilt näherungsweise für die durch Frequenzverwerfung bewirkte Schrittverzerrung δ_F bei Frequenzmodulation mit einer Schrittgeschwindigkeit $v = 1/T$ und einem Frequenzhub h

$$\delta_F \approx |\Delta f| \, \frac{1}{h} \, \frac{v}{B} \, 100 \text{ in } \%.$$

Natürlich nimmt mit der Frequenzverwerfung auch die Empfindlichkeit gegenüber Störungen zu, da sich das Empfangsspektrum gegenüber der fest vorgegebenen Übertragungsfunktion der Filter des Empfängers verschiebt. Dagegen hilft die obengenannte Maßnahme nicht, den Gleichstrommittelwert des demodulierten Datensignals auf Null zu regeln. Vielmehr muß das Empfangssignal vor der Bandbegrenzung in einen anderen Frequenzbereich umgesetzt und die Umsetzerfrequenz abhängig vom Gleichstrommittelwert oder von der (gemessenen) Frequenzablage eines mitübertragenen Pilottones so geregelt werden, daß das Empfangsspektrum immer optimal in dem durch die Filter des Empfängers gegebenen Frequenzbereich liegt.

Auf ein spezielles Beispiel für die sehr systembedingten Einflüsse der Frequenzverwerfung auf das Empfangssignal bei Frequenzmodulation wird in Band II, Abschn. 7.2.1 eingegangen.

5.2.3 Phasenschwankungen

Wie die Frequenzverwerfung treten die Phasenschwankungen (phase jitter) nur bei der Übertragung über Trägerfrequenzsysteme des Fernsprechnetzes auf (vgl. Abschn. 3.2.2.6). Da sie im allgemeinen nicht mehr als einige Grad betragen, spielen sie nur bei sehr hoher Bandbreiteausnutzung eine wesentliche Rolle. Beispiele dafür sind mehrwertige Phasendifferenzmodulation, Quadraturamplitudenmodulation und Amplitudenmodulation mit Restseitenband- oder Einseitenbandübertragung. Die Empfindlichkeit gegenüber Phasenschwankungen bei diesen Verfahren ist proportional ihrer Empfindlichkeit gegenüber Phasenfehlern bei der trägersynchronen Demodulation (vgl. Abschn. 4.4.2). Es zeigt sich, daß Quadraturamplitudenmodulation in dieser Hinsicht günstiger als die anderen Verfahren ist.

Den Einfluß von Phasenschwankungen kann man dadurch verringern, daß man den für die trägersynchrone Demodulation erforderlichen Träger die gleichen Phasenschwankungen mitmachen läßt wie das Datensignal. Das gelingt jedoch nicht ausreichend, wenn man versucht, hierfür einen mitübertragenen Pilotton zu verwenden. Es ist zwar vielfach möglich, die Bandbreite der Pilottonfilter entsprechend der Frequenz (etwa 150 Hz) zu wählen, unterhalb derer die wesentlichen Phasenschwankungen auftreten; aber es ist nur schwer möglich, die Laufzeit des Datensignals und des Pilottons bis zum Demodulator mit hinreichender Genauigkeit gleich zu halten.

Hier bleibt nur der Ausweg, den lokal erzeugten Träger nach einem aus dem Datensignal gewonnenen Kriterium (vgl. Abschn. 4.4.2) zu regeln. Das ist bei den Datenübertragungseinrichtungen für Primärgruppenverbindungen (vgl. Band II, Abschn. 7.3.3) möglich. Bei den Modems für das Sprachband steht jedoch nicht genügend Zeit zur Verfügung, um den momentanen Wert der Phasenschwankung zu ermitteln, da der Unterschied in der Frequenz von Phasenschwankung und Datensignal zu gering ist. Sind Phasenschwankungen als Störeinfluß bei diesen Modems zu berücksichtigen, so muß das Übertragungsverfahren selbst, trotz dieses Störeinflusses, eine Übertragung mit ausreichend geringer Fehlerwahrscheinlichkeit gewährleisten.

In Band II, Abschn. 7.3 werden bei den entsprechenden Datenübertragungseinrichtungen Werte für den Einfluß von Phasenschwankungen angegeben.

5.2.4 Einfluß echter Störungen

Den Einfluß echter, auf den Übertragungswegen auftretender Störungen auf das Empfangssignal kann man wegen ihrer Vielfalt praktisch nur durch Messung ermitteln. Unter Störungen sind hier nicht nur stochastisch auftretende, dem Nutzsignal additiv überlagerte Störspannungen zu verstehen, sondern auch Pegelsprünge, Unterbrechungen, Phasen- und Frequenzsprünge.

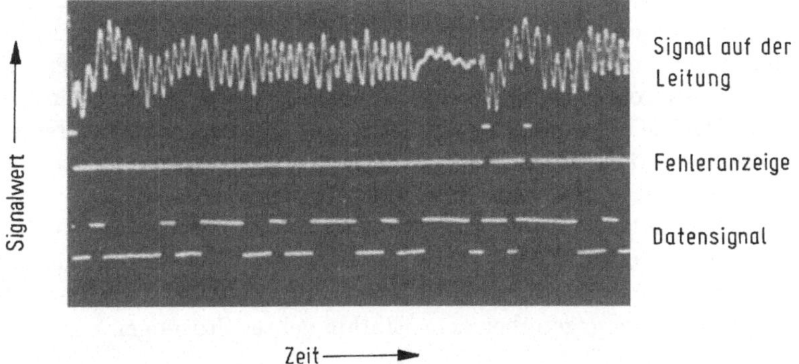

Bild 5.10 Kurzdauernde Unterbrechungen der Übertragung eines frequenzmodulierten Signals mit der Übertragungsgeschwindigkeit 1200 bit/s.
Die Aufnahmen zu Bild 5.10 und 5.11 wurden freundlicherweise vom Fernmeldetechnischen Zentralamt der DBP, Referat A 37, zur Verfügung gestellt.

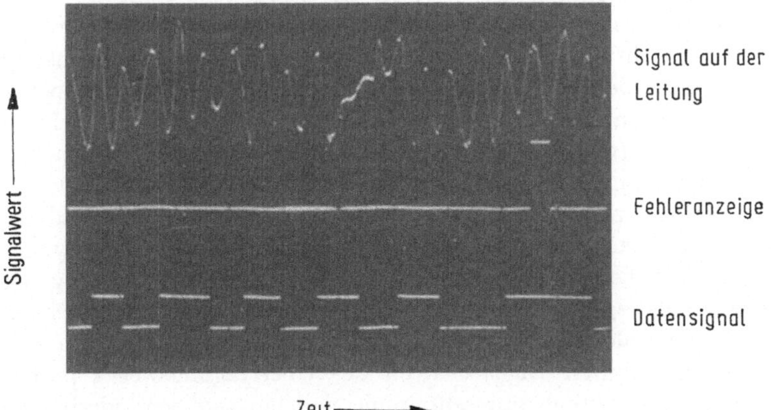

Bild 5.11 Einzelner Störimpuls (nicht sichtbar), der bei der Übertragung eines frequenzmodulierten Signals mit der Übertragungsgeschwindigkeit 1200 bit/s zu einer kurzzeitigen Unterdrückung des Datensignals führt.

Um die Vielfalt der möglichen auftretenden Störungen zu veranschaulichen, zeigen die Bilder 5.10 und 5.11 zwei Beispiele der Störung eines frequenzmodulierten Signals. Diese beiden Beispiele sollen verdeutlichen, daß es sehr schwierig ist, die Empfindlichkeit der einzelnen Übertragungsverfahren gegenüber speziellen Störungen rechnerisch zu ermitteln. Wegen der Vielfalt der Störeinflüsse wird daher häufig ein allgemeiner Vergleich herangezogen, die Empfindlichkeit der Verfahren gegenüber weißem Rauschen (vgl. Abschn. 4.5).

Darüber hinaus sind Versuche durchgeführt worden, Störmodelle zu finden, insbesondere im Zusammenhang mit der Untersuchung von fehlererkennenden und fehlerkorrigierenden Codes [5.10 bis 5.12] und für die meßtechnische Untersuchung [5.13]. Diese Störmodelle erlauben jedoch keinen genügend genauen Vergleich der Übertragungsverfahren.

Für einzelne Übertragungsverfahren, wie sie in Datenübertragungseinrichtungen für verschiedene Übertragungsgeschwindigkeiten verwendet werden, sind umfangreiche Messungen durchgeführt worden (vgl. Band II, Abschn. 7.2 und 7.4), z. B. insbesondere von der Deutschen Bundespost für Basisbandübertragungsverfahren [5.14, 5.15]. Nur solche aufwendigen Messungen erlauben einen Vergleich der einzelnen Übertragungsverfahren gegenüber dem Einfluß echter Störungen.

5.3 Entzerrung des empfangenen Datensignals

Im Abschn. 5.2 wurden die Einflüsse der Eigenschaften der Übertragungswege auf die Übertragung von Datensignalen diskutiert. Der Einfluß der stochastisch auftretenden Störungen kann durch entsprechende Auslegung der bandbegrenzenden Netzwerke der Übertragungseinrichtung minimiert werden. Die zeitlich praktisch konstanten Eigenschaften der Übertragungswege — Dämpfungs- und Gruppenlaufzeitverzerrungen, Echos, Frequenzverwerfungen und periodische Phasenschwankungen (phase jitter) — führen zu Verformungen des Empfangssignals und damit — abhängig vom Übertragungsverfahren und der Übertragungsgeschwindigkeit — zu einer größeren Empfindlichkeit gegenüber stochastischen Störungen. Die Verformung des übertragenen Signals kann bei hoher Ausnutzung der Bandbreite eines gegebenen Übertragungsweges so groß werden, daß bereits ohne zusätzliche Störungen eine fehlerfreie Übertragung nicht mehr möglich ist. Da jedoch die oben erwähnten Eigenschaften des Übertragungsweges praktisch konstant, d. h. zeitlich nur sehr wenig und langsam veränderlich sind, kann ihr Einfluß auf das übertragene Signal durch Maßnahmen zur Entzerrung des Empfangssignals weitgehend rückgängig gemacht werden. Hierbei muß unterschieden werden zwischen der Entzerrung des empfangenen analogen Signals und des aus diesem zurückgewonnenen binären Datensignals.

Ehe die Entzerrung des analogen Empfangssignals behandelt wird, sei vorab kurz auf die Entzerrung des binären Datensignals eingegangen. Wie in Bild 4.42, Abschn. 4.4.1 dargestellt, durchläuft das dort in Zeile 4 gezeigte, verzerrt empfangene analoge Datensignal die Entscheidungsschwelle mit den zeitlichen Abweichungen t_{a1} bis t_{a4} von den Sollzeitpunkten. Bezogen auf die Sollschrittlänge T ergibt sich daraus die Schrittverzerrung des bezüglich der Flankensteilheit regenerierten Datensignals (Zeile 6).

In den Datennetzen ohne Taktsteuerung werden mehrere, nicht taktgebunden arbeitende Übertragungsabschnitte hintereinandergeschaltet (Band II, Abschn. 9.3.1.1); die Schrittverzerrungen addieren sich also (Band II, Abschn. 11.1). Wenn die auf einer Verbindung zu erwartende Schrittverzerrung zu hoch ist, so können nach einem oder mehreren Abschnitten Entzerrer eingesetzt werden, die die mit Start- und Stopschritt übertragenen Zeichen regenerieren. Jedes empfangene, verzerrte Zeichen wird dabei ausgehend von der Startflanke abgetastet und unverzerrt wieder ausgesendet. Diese Entzerrung ist geschwindigkeits-, in vielen Fällen auch zeichenrahmengebunden.

Bei taktgebundener Übertragung wird prinzipiell das Datensignal entzerrt. Neben der Schrittverzerrung des Datensignals müssen bei taktgebundener Übertragung auch die Taktschwankungen betrachtet werden. Mit Taktschwankungen werden dabei die auf die Sollschrittdauer T bezogenen maximalen zeitlichen Abweichungen der Taktzeitpunkte von den Sollzeitpunkten bezeichnet. Sowohl die Schrittverzerrung des entzerrten Datensignals als auch die Taktschwankungen hängen vom Synchronisierverfahren ab (Abschn. 4.4.1).

Bei dem in Bild 4.42, Abschn. 4.1.4, gezeigten empfangenen analogen Datensignal wurde nur eine Verzerrung solcher Größe angenommen, daß sie noch nicht zu Fehlentscheidungen führt. Die bei größeren Verzerrungen auftretenden Fehler im zurückgewonnenen binären digitalen Datensignal können lediglich mit Hilfe fehlererkennender oder -korrigierender Codes rückgängig gemacht werden. Solche Fehlentscheidungen lassen sich jedoch vermeiden, wenn bereits das analoge Datensignal entzerrt wird.

Der Einfluß der zeitlich wenig und langsam veränderlichen Eigenschaften der Übertragungswege auf das übertragene Datensignal beruht im wesentlichen auf der Dämpfungs- und der Gruppenlaufzeitverzerrung. (Dabei sind auch Echos, die sich nach Abschn. 3.2.2.5 als periodische Schwankungen im Frequenzverlauf der Dämpfungs- und Gruppenlaufzeitverzerrung äußern, miterfaßt.) In den folgenden beiden Abschnitten werden die Verfahren zur Verminderung des Einflusses der Dämpfungs-

und Gruppenlaufzeitverzerrung der Übertragungswege auf das Empfangssignal im Frequenzbereich und im Zeitbereich geschildert.

Die Verfahren zur Verringerung des Einflusses der periodischen Phasenschwankungen und der Frequenzverwerfung wurden bereits in Abschn. 5.2.2 und 5.2.3 betrachtet.

5.3.1 Entzerrung des empfangenen Datensignals im Frequenzbereich

Bei der Entzerrung des Empfangssignals im Frequenzbereich geht man von der aus Abschn. 4.1.1 hervorgehenden Forderung nach konstanter Dämpfung und Gruppenlaufzeit des Übertragungsweges in dem für die Übertragung benutzten Frequenzbereich aus.

In Tab. 5.1, Zeile 3 ist als Beispiel für die Dämpfungsentzerrung die Übertragungsfunktion eines einfachen RC-Netzwerkes angegeben. Daraus ist ersichtlich, daß bei diesem Netzwerk nicht nur die Dämpfung frequenzabhängig ist, sondern auch die Gruppenlaufzeit. Das gilt für

Tabelle 5.1 Netzwerke zur Entzerrung von Dämpfung und Gruppenlaufzeit

Netzwerk	Übertragungsfunktion[1]	Gruppenlaufzeit	Dämpfung
	$\frac{U_2(p)}{U_1(p)} = \frac{U_{\text{Ausgang}}(p)}{U_{\text{Eingang}}(p)}$	$\tau(\omega) = \frac{d\varphi(\omega)}{d\omega}$	$a(\omega) = \left\|\frac{U_2(\omega)}{U_1(\omega)}\right\|$
Allpaß mit einer Übertragungsfunktion 1. Grades	$\frac{U_2(p)}{U_1(p)} = C \cdot \frac{p - \sigma_1}{p + \sigma_1}$	$\tau(\omega) = \frac{2\sigma_1}{\sigma_1^2 + \omega^2}$	unabhängig von ω
Allpaß mit einer Übertragungsfunktion 2. Grades	$\frac{U_2(p)}{U_1(p)} = C \cdot \frac{p^2 - 2\sigma_1 p + (\omega_1^2 + \sigma_1^2)}{p^2 + 2\sigma_1 p + (\omega_1^2 + \sigma_1^2)}$	$\tau(\omega) = \frac{2\sigma_1}{\sigma_1^2 + (\omega_1 - \omega)^2} + \frac{2\sigma_1}{\sigma_1^2 + (\omega_1 + \omega)^2}$	unabhängig von ω
Hochpaß mit einer Übertragungsfunktion 1. Grades (Realisierung mit RC-Glied)	$\frac{U_2(p)}{U_1(p)} = C \cdot \frac{p}{p + \sigma_1}$	$\tau(\omega) = \frac{\sigma_1}{\sigma_1^2 + \omega^2}$	$\left\|\frac{U_2(\omega)}{U_1(\omega)}\right\| = C \cdot \frac{\omega}{\sqrt{\omega^2 + \sigma_1^2}}$

[1] $p = \sigma + j\omega$ ist die komplexe Frequenz, σ_1 und ω_1 sind Realteil und Imaginärteil der Pole bzw. Nullstellen der komplexen Übertragungsfunktion [5.16].

alle minimalphasigen Netzwerke zur Dämpfungsentzerrung, d. h. für solche Netzwerke, die keine Allpässe enthalten, und muß bei der Auslegung der Netzwerke zur Gruppenlaufzeitentzerrung mitberücksichtigt werden.

Die Gruppenlaufzeitverzerrung der Übertragungswege läßt sich demgegenüber unabhängig von der Dämpfungsverzerrung mit Hilfe von Allpässen [5.16] ausgleichen. Die Frequenzabhängigkeit der Gruppenlaufzeit von Allpaßgrundgliedern mit einer Übertragungsfunktion 1. und 2. Grades ist aus den Zeilen 1 und 2 der Tab. 5.1 ersichtlich. Die Dämpfung eines Allpasses, der Betrag der Übertragungsfunktion, ist frequenzunabhängig, wie ebenfalls aus Tab. 5.1 hervorgeht.

Ausführungsformen von passiven und aktiven Allpaßgrundgliedern zeigt Bild 5.12. Durch Hintereinanderschaltung mehrerer solcher Grundglieder über Entkopplungsverstärker oder durch Netzwerke höheren Grades kann ein beliebiger frequenzabhängiger Verlauf der Gruppenlaufzeit angenähert werden.

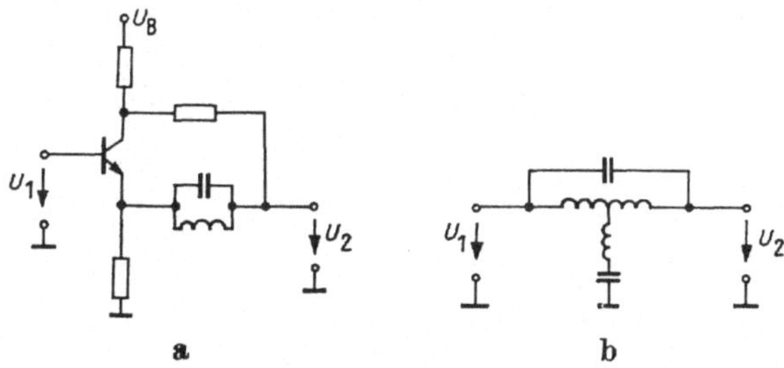

Bild 5.12 Realisierung von Allpässen mit einer Übertragungsfunktion 2. Grades. a) aktive Realisierung; b) passive Realisierung.

Für die Entzerrung eines Übertragungsweges müssen also Netzwerke verwendet werden, die die Frequenzabhängigkeit von Dämpfung und Gruppenlaufzeit des Übertragungsweges bis auf einen Restfehler ausgleichen, der durch den Aufwand, den man für das Netzwerk treibt, gegeben ist. (Der Restfehler, d. h. die Abweichung der Istkurve von der Sollkurve, der sich für eine Entzerrung der Gruppenlaufzeit ergibt, ist z. B. aus Bild 5.16a zu ersehen.)

Im allgemeinen wird bei den aus unterschiedlichen Abschnitten — z. B. Niederfrequenz-Kabel, Pupinkabel und TF-Abschnitte — zusammengesetzten Übertragungswegen die Summe der Eigenschaften am Empfangsort entzerrt. Hierfür gibt es verschiedene Arten von im Frequenzbereich arbeitenden Entzerrern, die in Abschn. 5.3.1.1 und 5.3.1.2 beschrieben werden. Die aufwendigere abschnittweise Entzerrung verwendet man nur bei den festgeschalteten Primärgruppenverbindungen (vgl. Abschn. 3.2.3).

5.3.1.1 Kompromißentzerrer

In einem Netz oder bei einer bestimmten Anzahl von Übertragungswegen kann man den Mittelwert und den Streubereich der Dämpfungs- und Gruppenlaufzeitverzerrung ermitteln (vgl. Abschn. 3.2).

Gleicht man die mittlere Dämpfungs- und Gruppenlaufzeitverzerrung einer Anzahl von Übertragungswegen mit einem der Datenübertragungseinrichtung zugeordneten Entzerrer — einem *Kompromißentzerrer* — aus, so bleibt nur noch der Streubereich der Dämpfungs- und Gruppenlaufzeitverzerrung im für die Übertragung benutzten Frequenzbereich übrig. Das ist zur Verdeutlichung in Bild 5.13 für die Gruppenlaufzeit gezeigt.

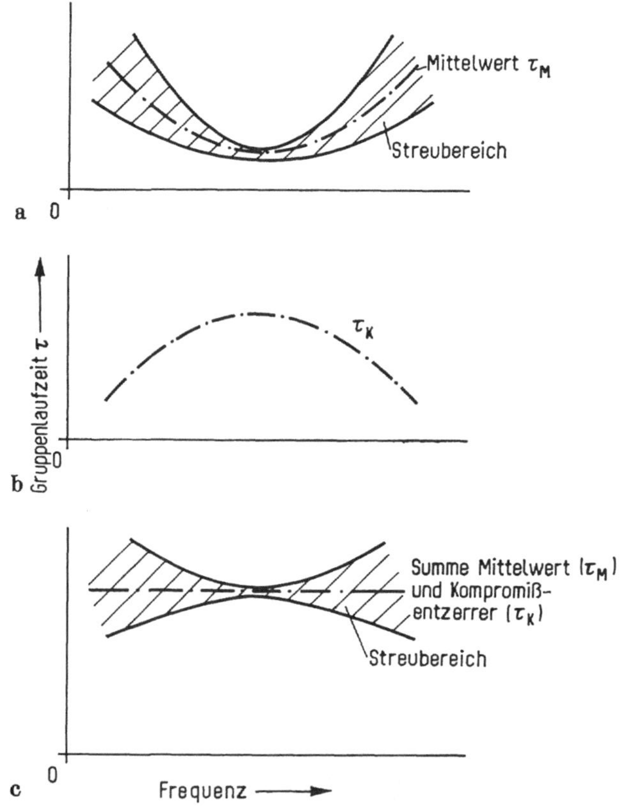

Bild 5.13 Entzerrung der mittleren Gruppenlaufzeitverzerrung mit einem Kompromißentzerrer.

a) Mittlere Gruppenlaufzeit; b) Gruppenlaufzeit des Kompromißentzerrers; c) entzerrte Gruppenlaufzeit.

Als Beispiel für eine Kompromißentzerrung zeigen die Bilder 5.14 und 5.15 einen für die Übertragung mit einem Modem für 1200 bit/s nach CCITT-Empf. V. 23 [5.17] über Fernsprechwählverbindungen günstigen Verlauf von Gruppenlaufzeit und Dämpfung. Dieser Verlauf entspricht etwa dem inversen Mittelwert (Sollkurve in Bild 5.15) der bei Fernsprechwählverbindungen im Netz der Deutschen Bundespost auftretenden Gruppenlaufzeit- und Dämpfungsverzerrung. Der Gruppenlaufzeitverlauf in Bild 5.15 wurde durch drei Allpaßglieder mit einer Übertragungsfunktion 2. Grades realisiert. Der in Bild 5.14 eingetragene Verlauf der Dämpfung kann mit einem RC-Glied realisiert werden. Dieser Kompromißentzerrer wird üblicherweise dem Empfänger zugeordnet.

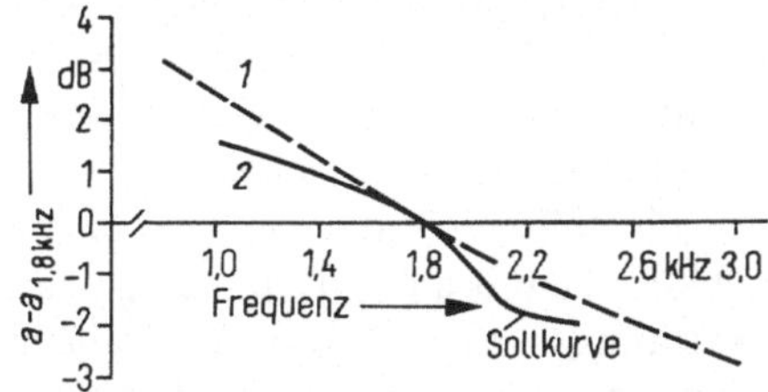

Bild 5.14 Dämpfung des Kompromißentzerrers (Kurve 1) und inverse mittlere Dämpfungsverzerrung (Kurve 2) im Fernsprechwählnetz der DBP.

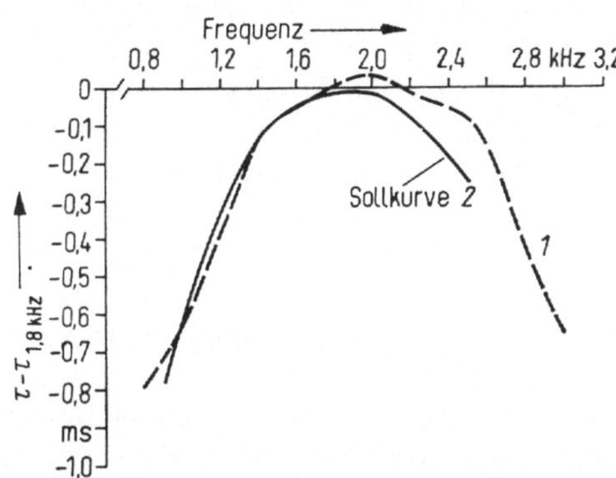

Bild 5.15 Gruppenlaufzeit des Kompromißentzerrers (Kurve 1) und inverse mittlere Gruppenlaufzeitverzerrung (Kurve 2) im Fernsprechwählnetz der DBP.

Wie aus Abschn. 3.2.2 hervorgeht, unterscheiden sich die Mittelwerte von Dämpfungs- und Gruppenlaufzeitverzerrung von Fernsprechwählverbindungen in verschiedenen Ländern. Bei Datenübertragung zwischen benachbarten Ländern wäre es möglich, die für das nationale Netz ausgelegten Entzerrungsmittel so aufzuteilen, daß im Sender und im Empfänger jeweils die Hälfte der notwendigen nationalen Entzerrung vorgesehen ist. Für grenzüberschreitenden Verkehr könnte man dann eine Kompromißentzerrung für die beiden unterschiedlichen Netze erreichen. Bei nicht benachbarten Ländern erhält man allerdings eine zusätzliche Verzerrung durch die Übertragungswege der dazwischenliegenden Länder.

5.3.1.2 Einstellbare Entzerrer für die Entzerrung des empfangenen Datensignals im Frequenzbereich

Wenn die durch eine Kompromißentzerrung verbleibenden Streubereiche der Dämpfungs- und Gruppenlaufzeitverzerrung zu groß sind, um bei einem bestimmten Übertragungsverfahren und der vorgesehenen Übertragungsgeschwindigkeit eine ausreichende Übertragungsqualität zu erreichen, müssen einstellbare Entzerrer verwendet werden.

Eine erste Möglichkeit dazu besteht darin, die gewünschte Entzerrung einer gegebenen Dämpfungs- oder Gruppenlaufzeitkurve entsprechend den theoretischen Forderungen — konstante Dämpfung und Gruppenlaufzeit des Übertragungsweges im für die Übertragung benutzten Frequenzbereich — durch eine Anzahl einstellbarer Einzelnetzwerke zu erreichen. Das ist im Prinzip für die Entzerrung einer gegebenen Gruppenlaufzeitkurve in Bild 5.16a und b gezeigt. Die Abhängigkeit der Gruppenlaufzeit von der Frequenz für die Einzelnetzwerke ergibt sich aus Tab. 5.1. Die Form der in Bild 5.16b gezeigten Kurven von Allpaßgliedern mit einer Übertragungsfunktion 2. Grades ist durch die Einstellung zweier Parameter (σ_1 und ω_1) bestimmt, wie aus Tab. 5.1 hervorgeht. Das Bild 5.16a zeigt, daß die gewünschte konstante Gruppenlaufzeit nur angenähert werden kann. Die Annäherung läßt sich durch eine größere Anzahl von Einzelnetzwerken noch verbessern.

Eine hochwertige Entzerrung mit einstellbaren Einzelnetzwerken kann praktisch nur für festgeschaltete Verbindungen angewendet werden. Der Grund dafür liegt darin, daß außer der zeitaufwendigen Messung der Dämpfungs- und Gruppenlaufzeitverzerrung kein einfaches Einstellkriterium zur Verfügung steht, das die Einstellung der Parameter der Einzelnetzwerke gestattet. Das soll noch etwas verdeutlicht werden.

Wie bereits erwähnt, lassen sich zwar die Netzwerke zur Gruppenlaufzeitentzerrung ohne Dämpfungsverzerrung realisieren; bei den gebräuchlichen Netzwerken zur Dämpfungsentzerrung tritt aber eine Gruppenlaufzeitverzerrung auf. Die Gruppenlaufzeitentzerrung muß also verändert werden, wenn die Dämpfungsentzerrung verändert wird.

Bei den Netzwerken zur Gruppenlaufzeitentzerrung wirkt sich ein Einzelnetzwerk im wesentlichen immer nur auf einen geringen Teil des zu entzerrenden Frequenzbereichs aus, wenn es auch den gesamten Frequenzbereich beeinflußt, wie aus Bild 5.16b zu ersehen ist.

Praktisch ausgeführte Entzerrer für Fernsprechverbindungen mit der Bandbreite eines Sprachkanals verwenden etwa zehn Einzelnetzwerke jeweils für die Dämpfungs- und Gruppenlaufzeitentzerrung [5.18].

Diese große Anzahl von Parametern, die teilweise voneinander abhängig sind, ist nur sehr schwer nach einem aus dem Empfangssignal abgeleiteten Kriterium zu bestimmen, da dabei immer der gesamte für

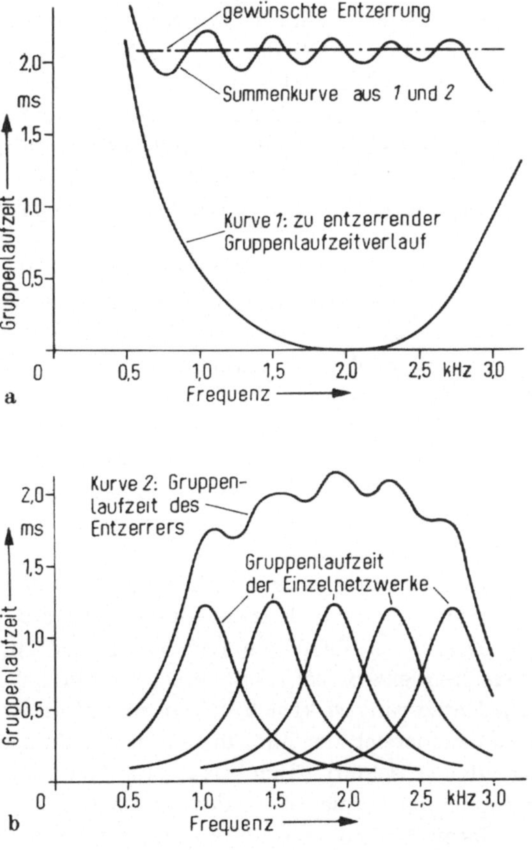

Bild 5.16 Entzerrung einer Gruppenlaufzeitverzerrung (a, Kurve *1*) durch einen Entzerrer (b, Kurve *2*), bestehend aus Einzelnetzwerken.

die Übertragung benutzte Frequenzbereich erfaßt wird. Es ist vorteilhafter, stattdessen für eine gemessene Dämpfungs- und Gruppenlaufzeitverzerrung die günstigste Einstellung der Parameter etwa mit Hilfe einer Datenverarbeitungsanlage zu berechnen [5.19].

Angewendet werden diese einstellbaren Entzerrer vor allem von den Fernmeldeverwaltungen für die Entzerrung festgeschalteter Fernsprechverbindungen mit der Bandbreite eines Sprachkanals auf die Toleranzen von Dämpfung und Gruppenlaufzeit, die in der CCITT-Empf. M. 1020 [5.20] (s. a. Abschn. 3.2.2) für Fernsprechverbindungen besonderer Qualität gefordert werden.

Der Vorteil dieser Ausführungsform von einstellbaren Entzerrern liegt darin, daß sich praktisch beliebige Kurvenformen annähern lassen. Für Fernsprechverbindungen mit der Bandbreite eines Sprachkanals ist jedoch die grundsätzliche Abhängigkeit von Gruppenlaufzeit und Dämpfung von der Frequenz für die einzelnen Übertragungswege im Nah- und im Fernbereich — Niederfrequenz-Kabel, Pupinkabel und TF-Kanäle — bekannt (vgl. Abschn. 3). Darauf basieren Entzerrer, die — in Stufen umschaltbar — jeweils eine bestimmte Anzahl von TF-Abschnitten und bestimmte Längen von unpupinisierten und pupinisierten Kabelleitungen entzerren. Durch die Abstufung verbleibt ein Restfehler der Entzerrung, der durch einen zusätzlichen Feinabgleich verringert werden kann.

Ein Beispiel für einen derartigen Entzerrer und die damit realisierbaren Kurven für die Gruppenlaufzeit und Dämpfung ist in Bild 5.17 gezeigt [5.21]. Dieser Entzerrer gestattet es, Fernsprechverbindungen mit der Bandbreite eines Sprachkanals soweit zu entzerren, daß eine Übertragung mit 4800 bit/s möglich ist [5.22] (vgl. Abschn. 7.4). Nicht entzerrt werden können mit diesem ausgeführten Entzerrer nur längere mittelschwer und schwer pupinisierte Kabel. Das ist jedoch praktisch ohne Bedeutung, da derartige Kabel für die schnelle Datenübertragung wegen der zu niedrigen oberen Grenzfrequenz sowieso nicht in Frage kommen (vgl. Abschn. 3.1.3).

Der Vorteil dieses Entzerrertyps liegt in seiner einfachen Bedienbarkeit. Für eine zusammengesetzte Fernsprechverbindung müssen nur die drei Parameter, Anzahl der TF-Abschnitte, Länge der Pupinkabel und Länge der Niederfrequenz-Kabel (Teilnehmeranschlußleitungen) eingestellt werden. Die Entzerrung wirkt sich auf den gesamten für die Übertragung nötigen Frequenzbereich aus. Zur Einstellung des Entzerrers kommen hier die im folgenden Abschnitt näher erläuterten Kriterien in Frage, die aus dem Empfangssignal abgeleitet werden. Diese Kriterien können im Empfänger der Datenübertragungseinrichtung, die bei der hier vorausgesetzten hohen Bandbreiteausnutzung immer taktgebunden arbeitet, direkt aus dem Augendiagramm abgeleitet werden. Daher werden ein-

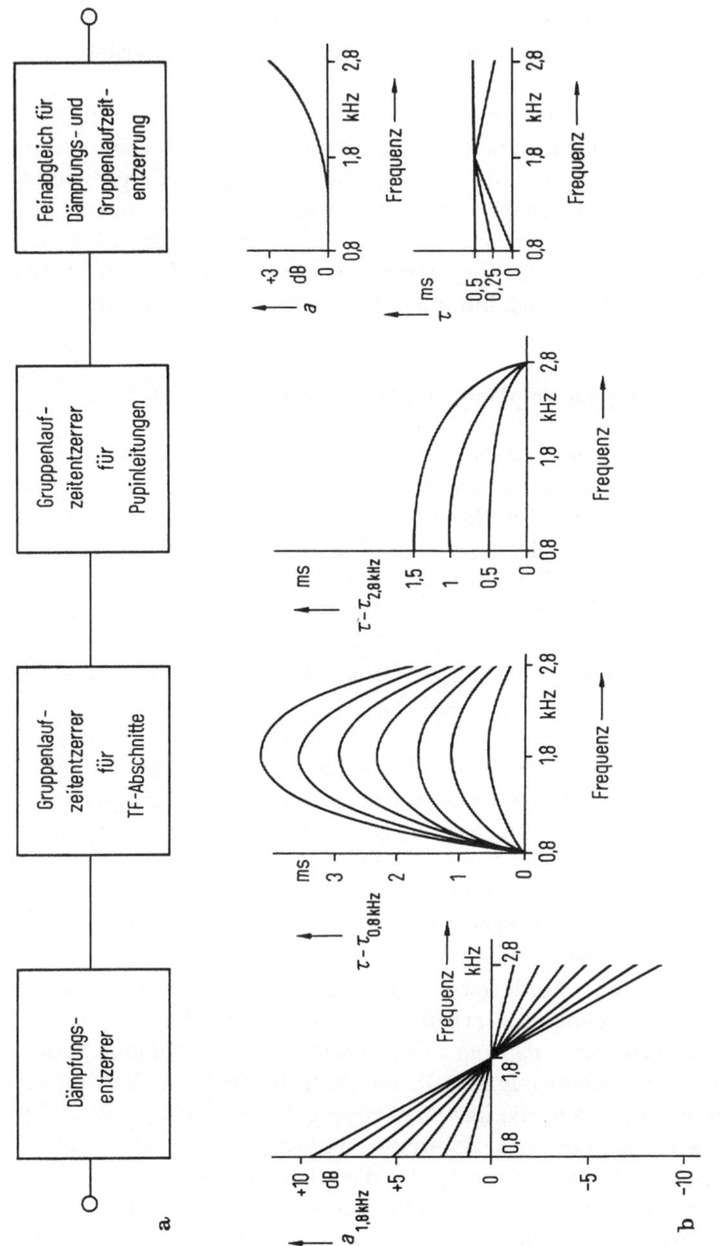

Bild 5.17 Vielseitig einstellbarer Dämpfungs- und Gruppenlaufzeitentzerrer (a) und seine Entzerrerkennlinien (b).

stellbare Entzerrer dem Empfänger zugeordnet. Zur Einstellung eines Entzerrers muß eine genügend lange Pseudo-Zufallsbitfolge (z. B. durch einen Verwürfler erzeugt, vgl. Abschn. 4.4.1) gesendet werden, um den für die Übertragung benutzten Frequenzbereich gleichmäßig mit Energie zu belegen und einen von der übertragenen Datenfolge weitgehend unabhängigen Synchronismus von Takt- und Datensignal zu gewährleisten. Eine nur aus wenigen Bit bestehende Folge würde ein Linienspektrum verursachen mit nur wenigen Spektrallinien im benutzten Frequenzbereich, und auch der Abtastzeitpunkt wäre nur für die spezielle Bitfolge günstig; damit wäre also eine für eine beliebige Datenfolge günstige Einstellung des Entzerrers nicht möglich.

5.3.2 Entzerrung des empfangenen Datensignals im Zeitbereich

Die Forderung nach konstanter Dämpfung und Gruppenlaufzeit des Übertragungsweges kann, wie im vorigen Abschnitt gezeigt wurde, durch Entzerrung des Empfangssignals im Frequenzbereich nur näherungsweise erfüllt werden. Welcher Teil des für die Übertragung benutzten Frequenzbereiches besonders gut entzerrt werden muß und in welchem Teil eine Abweichung von den theoretischen Forderungen auftreten und wie groß diese sein darf, läßt sich nur aus dem übertragenen Signal durch theoretische Berechnung, durch Simulation des Übertragungssystems mit Hilfe einer Datenverarbeitungsanlage oder durch Messung ermitteln.

Für Übertragungsverfahren, die hohe Anforderungen an die Entzerrung des Übertragungsweges stellen, ist es daher günstiger, zur Entzerrung nicht die Dämpfungs- und Gruppenlaufzeitverzerrung, sondern die Abweichungen wesentlicher Größen des Empfangssignals im Zeitbereich von den Sollgrößen zu minimieren.

Besondere Anforderungen an die Güte der Entzerrung des Übertragungsweges ergeben sich nur bei hoher Ausnutzung der zur Verfügung stehenden Bandbreite. Dazu werden Übertragungsverfahren benutzt, die taktgebunden arbeiten, bei denen also im Empfänger der Datenübertragungseinrichtung der Abtasttakt zur Verfügung steht. Als Kriterium zur Entzerrung des Übertragungsweges kann man daher die Abweichung benutzen, die das empfangene Datensignal zu den Abtastzeitpunkten gegenüber den Sollwerten besitzt. Dieser Fehler setzt sich zusammen aus der Abweichung, die der übertragene, verformte Impuls selbst zum Abtastzeitpunkt hat und aus den unerwünschten Beiträgen aller verformter benachbarter Impulse zu diesem Zeitpunkt (Intersymbol-Interferenz). Zur Veranschaulichung wurde bereits in Bild 5.1 ein verformter Impuls gezeigt und in Bild 5.2 die Überlagerung mit benachbarten Impulsen als Augendiagramm. Dieser aus dem Augendiagramm abgeleitete Fehler, ausgewertet als Spitzenwert, als Absolutwert oder als Mittelwert der Quadrate dieses Fehlers über eine bestimmte Anzahl von Abtastzeitpunkten, muß durch Entzerrung der Einflüsse des Übertragungsweges zu einem Minimum gemacht werden, um eine Übertragungsqualität zu erzielen, die möglichst nahe an die herankommt, die ohne diese Einflüsse des Übertragungsweges erzielt werden kann.

Dieses aus dem Augendiagramm abgeleitete Einstellkriterium kann auch dazu benutzt werden, einen Entzerrer im Frequenzbereich manuell einzustellen, wenn die Anzahl der einzustellenden Parameter nicht zu groß ist, das heißt, wenn die Anforderungen an die Entzerrungsgenauigkeit nicht zu hoch sind (vgl. Abschn. 5.3.1.2). Bei hohen Anforderungen an die Entzerrung des Übertragungsweges ist der Zeitaufwand für eine manuelle Einstellung des Entzerrernetzwerkes jedoch zu groß. Automatisch könnte man die Entzerrung im Frequenzbereich zwar auch durchführen; da aber auch dann Aufwand und Einstellzeit zu groß wären, arbeiten üblicherweise automatische Entzerrer im Zeitbereich.

In den folgenden Abschnitten wird auf diese Entzerrer und die Verfahren zu ihrer Einstellung näher eingegangen. Weiter wird untersucht, wie schnell sich ein Entzerrer im Zeitbereich einstellen läßt und unter welchen Bedingungen die Stabilität der Einstellung gewährleistet ist. Die hier für binäre Signale durchgeführten Überlegungen sind natürlich auch auf mehrwertige Signale anwendbar.

5.3.2.1 Struktur eines Entzerrers im Zeitbereich

Vor einer Diskussion der Realisierungsmöglichkeiten und Eigenschaften dieser Entzerrer im einzelnen soll zunächst die Möglichkeit erläutert werden, eine gewünschte Übertragungsfunktion mit Hilfe einer angezapften Laufzeitkette zu realisieren. Eine derartige Laufzeitkette — in Bild 5.20 skizziert — wird als *Transversalfilter* bezeichnet. Die Laufzeitglieder müssen in der Lage sein, ein analoges Signal zu verzögern. Das kann entweder durch eine Kombination von Allpässen geschehen, die gleichmäßig im gesamten interessierenden Frequenzbereich die gewünschte Laufzeit erzeugt, oder aber auch durch Abtastung des ankommenden analogen Signals, wobei dann die Abtastwerte gespeichert und im Rhythmus einer Taktperiode τ geschoben werden, die hinreichend kurz ist, um dem Abtasttheorem (Abschn. 2.2.2) zu genügen. Bei taktgebunden arbeitenden Übertragungsverfahren wird als Schiebetakt in der Regel der ohnehin im Empfänger zur Verfügung stehende Abtasttakt benutzt.

Die Abtastwerte und deren Speicherung über den Zeitraum T zeigt Bild 5.18 für einen unverzerrten Impuls $x(t)$ und einen verzerrten

Impuls $f(t)$. Die Abtastung und Speicherung kann mit einem Abtasthalteglied (eine Möglichkeit ist in Bild 5.19 gezeigt) geschehen. Wird der Schalter S_1 des ersten Abtasthaltegliedes geschlossen, so wird der Kondensator C entsprechend der Eingangsspannung — dem Abtastwert — aufgeladen. Der Aufladevorgang erfolgt mit der Zeitkonstante $R_2 \cdot C$. Wird der Schalter S_1 geöffnet, so wird die Spannung am Kondensator nur durch die Eingangsgrößen des Verstärkers beeinflußt, deren Auswirkung im allgemeinen gering ist; daher bleibt die über den geschlossenen Schalter S_1 angelegte Eingangsspannung — der Abtastwert — über eine gewisse Zeit gespeichert.

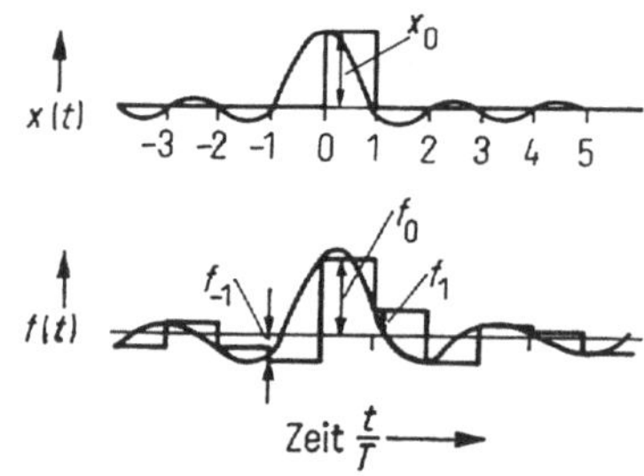

Bild 5.18 Abtastwerte von Impulsen.
$x(t)$ unverzerrter Impuls, $f(t)$ verzerrter Impuls.

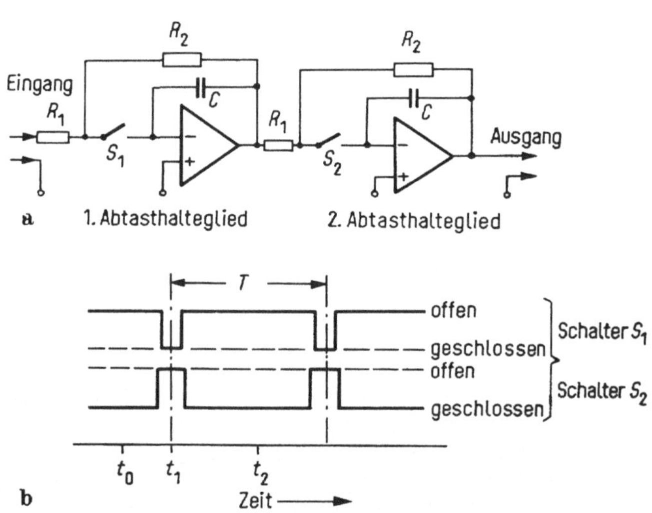

Bild 5.19 Laufzeitglied mit zwei Abtasthaltegliedern.
a) Prinzipschaltung; b) Zeitdiagramm für die Zustände der Schalter S_1 und S_2.

Für ein Laufzeitglied benötigt man zwei Abtasthalteglieder, wie in Bild 5.19a gezeigt. Das Zeitdiagramm für die Schalter S_1 und S_2 ist in Bild 5.19b gezeigt. Geht man vom Zeitpunkt t_0 aus, so ist der Schalter S_1 offen, also ein Abtastwert im ersten Abtasthalteglied gespeichert; der Schalter S_2 ist geschlossen, der Kondensator des zweiten Abtasthaltegliedes wird also auch entsprechend dem Abtastwert aufgeladen. Wird nun erst der Schalter S_2 geöffnet, so bleibt dieser Abtastwert im zweiten Abtasthalteglied erhalten. Schließt man jetzt den Schalter S_1, so kann ein neuer Abtastwert des vorhergehenden Laufzeitgliedes übernommen werden; aus dem zweiten Abtasthalteglied kann der bisher gespeicherte Abtastwert in das nächste Laufzeitglied übernommen werden. Wird nun erst der Schalter S_1 geöffnet, so bleibt der neue Abtastwert im ersten Abtasthalteglied gespeichert; wird der Schalter S_2 geschlossen, so wird dieser neue Abtastwert auch im zweiten Abtasthalteglied gespeichert. Damit ist zum Zeitpunkt t_2 der gleiche Zustand wie zum Zeitpunkt t_0 erreicht. Dieser Vorgang kann periodisch wiederholt werden. Voraussetzung ist dabei, daß die Zeitkonstante R_2C des ersten Abtasthaltegliedes genügend klein ist, um den Abtastwert vom vorhergehenden Laufzeitglied mit vernachlässigbarem Fehler innerhalb der Zeit, in der Schalter S_1 geschlossen ist, zu übernehmen. Weiter müssen die Eingangsgrößen der Verstärker so gewählt werden, daß während der Speicherzeit die Spannung am Kondensator C nicht wesentlich absinkt.

Da es sich bei dieser Anordnung um das Schieben des Abtastwertes von Analogsignalen handelt, spricht man hier von einem *Analogwert-Schieberegister* oder, als Übersetzung aus der amerikanischen Literatur, von einem „Eimerketten-Speicher“ (bucket-brigade).

Außer der bisher beschriebenen Form des Transversalfilters gibt es ähnliche Anordnungen, die z. T. auch mit internen Rückkopplungen arbeiten. In diesem Fall spricht man von *rekursiven Filtern.* Hierbei muß in der Regel eine Quantisierung des Signals vorgenommen werden, d. h. eine Zuordnung des analogen Signals zu diskreten Stufen, um die Schwingneigung des rückgekoppelten Systems zu unterdrücken. Das Bild 5.24 zeigt ein derartiges rekursives Filter mit quantisierter Rückkopplung als Entzerrer. In [5.23] wird ein Überblick über die bestehenden Möglichkeiten gegeben, und in Abschn. 5.3.2.4 wird näher auf diese Ausführungsform eines Entzerrers im Zeitbereich eingegangen.

Die Übertragungsfunktion eines Filters, wie es in Bild 5.20 gezeigt ist, ergibt sich nach [5.1] als

$$\frac{U_2(\omega)}{U_1(\omega)} = \sum_{\nu=-n}^{m} c_\nu \, \mathrm{e}^{-\mathrm{j}\nu\omega t}.$$

Durch Änderung der Koeffizienten c_ν läßt sich eine weitgehend beliebige Übertragungsfunktion realisieren. Der wesentliche Vorteil dieses Transversalfilters gegenüber den LC-Filtern ist, daß eine automatische Änderung der Koeffizienten c_ν eines Transversalfilters weit einfacher zu realisieren ist, als die Änderung von L- oder C-Werten. Sofern die Laufzeitkette hinreichend lang gewählt wird, läßt sich durch Einstellung der Koeffizienten c_ν ein beliebiger Kanal bis auf einen vernachlässigbaren Restfehler entzerren.

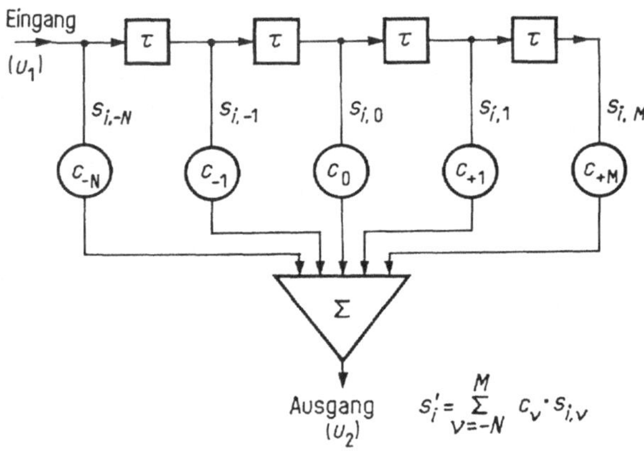

Bild 5.20 Transversalfilter-Entzerrer mit Laufzeitgliedern der Verzögerungszeit τ.

Für eine unendlich lange Laufzeitkette kann der zur Entzerrung notwendige Wert jedes Koeffizienten c_ν direkt aus der gewünschten Übertragungsfunktion berechnet werden. Das heißt, die Dämpfungs- und Gruppenlaufzeitverzerrung des Übertragungsweges kann ideal ohne Restfehler entzerrt werden; damit verschwindet auch der Restfehler im Zeitbereich, der Impuls wird ideal entzerrt. Unendlich lange Laufzeitketten sind jedoch nicht realisierbar. Daher wird nun der Entzerrungsvorgang für ein Transversalfilter endlicher Länge diskutiert (Bild 5.21).

Für die Entzerrung maßgebend ist der Abtastwert des Impulses, der die Information repräsentiert, also bei genügend kleinen Vor- und Nachschwingern der größte Abtastwert, hier kurz *Hauptwert* genannt. Der Zeitpunkt $i = t/T = 0$ ist in Bild 5.21 so gewählt, daß zu diesem Zeitpunkt der Hauptwert mit dem Koeffizienten c_0 bewertet wird. Ist der Impuls nicht verzerrt, so muß $c_0 = 1$ sein; der Hauptwert steht dann unverändert am Ausgang des Transversalfilters zur Verfügung. Alle anderen Koeffizienten $c_\nu(\nu \neq 0)$ müssen Null sein, da sonst der Hauptwert beim Durchlaufen des Transversalfilters zu den Zeitpunkten $i = t/T \neq 0$ einen Beitrag am Ausgang des Transversalfilters liefern würde, der Vor- bzw. Nachschwingern entspräche, die aber bei dem hier vorausgesetzten unverzerrten Impuls am Eingang nicht vorhanden sind.

Im Beispiel von Bild 5.21 sind die mit den Koeffizienten c_ν bewerteten Abtastwerte $s_{i,\nu}$ gezeigt, wenn die Abtastwerte des verzerrten Impulses (Zeile 1) das Transversalfilter (Bild 5.20) durchlaufen. Der Hauptwert des verzerrten Impulses wurde als dem Sollwert entsprechend angenommen, der Koeffizient c_0 muß also Eins sein. Die anderen Koeffizienten wurden so gewählt, daß ein Vor- oder Nachschwinger zum Zeitpunkt, in dem er mit dem Koeffizienten c_0 bewertet wird, durch den mit dem entsprechenden Koeffizienten c_ν bewerteten Hauptwert gerade kompensiert

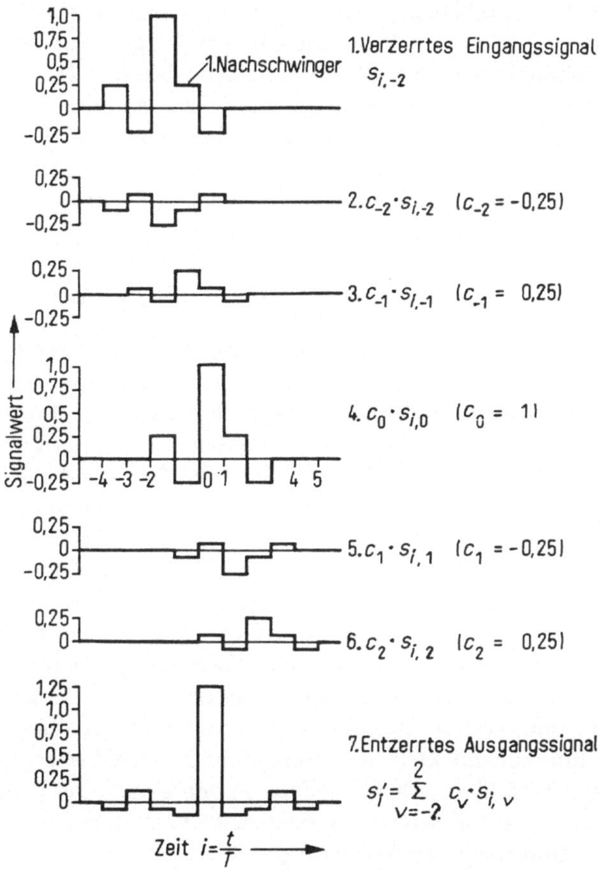

Bild 5.21 Entzerrung eines Eingangssignals $s_{i,-2}$ der Schrittlänge T mit einem Transversalfilter-Entzerrer nach Bild 5.20 ($N = 2$, $M = 2$, $\tau = T$).
Der Index i bezeichnet den Abtastzeitpunkt; zum Zeitpunkt $i = 0$ wird der Hauptwert mit dem Koeffizienten c_0 bewertet.

wird. Zum Beispiel muß, wenn der erste Nachschwinger mit dem Abtastwert $s_i = 0{,}25$ mit dem Koeffizienten $c_0 = 1$ bewertet wird (Zeile 4), der Hauptwert mit dem Koeffizienten $c_1 = -0{,}25$ bewertet werden (Zeile 5), damit am Ausgang die Summe dieser beiden Beiträge Null ergibt. Da nun aber die anderen Koeffizienten c_ν ($\nu \neq 0, 1$) ebenfalls von Null verschieden sein müssen, um die weiteren Vor- und Nachschwinger des verzerrten Impulses zu kompensieren, liefern sie ebenfalls Beiträge im betrachteten Zeitpunkt (Zeilen 3 und 6). Dadurch ergibt sich insgesamt, wie aus den Abtastwerten des entzerrten Ausgangssignals in Bild 5.21, Zeile 7 hervorgeht, nur eine Verringerung des Betrages der Amplitude von Vor- und Nachschwingern (vgl. Zeile 7 und Zeile 1).

Zusätzlich entstehen allerdings noch Vor- und Nachschwinger, die im verzerrten Impuls nicht vorhanden waren. Der auftretende Restfehler ist abhängig von der Länge der Laufzeitkette. Da nun aber die Länge der Laufzeitkette durch praktische Gesichtspunkte begrenzt wird, wie z. B. auch durch die unvermeidliche Ungenauigkeit des Wertes der Koeffizienten c_ν, soll jetzt die Frage diskutiert werden, wie die Koeffizienten eines Transversalfilters einzustellen sind, um den Restfehler möglichst klein zu machen.

5.3.2.2 Einstellkriterien für einen Entzerrer im Zeitbereich

Als Merkmal für die Verzerrung des Übertragungsweges wird die Abweichung, die das empfangene Datensignal zu den Abtastzeitpunkten gegenüber den Sollwerten aufweist, betrachtet. Für die Einstellung der Koeffizienten eines Transversalfilters bedeutet das, daß man diesen Fehler, also die Abweichung des in einem bestehenden Abtastzeitpunkt betrachteten Impulses vom Sollwert und die Beiträge von benachbarten Impulsen zu diesem Zeitpunkt (die Intersymbol-Interferenz) zu einem Minimum machen muß. Dieser Fehler hat jedoch anders als der zeitlich konstante Fehler von Dämpfung und Laufzeit statistischen Charakter, da er außer von der Codierung und der Impulsformung des Sendesignals und den Eigenschaften des Übertragungsweges auch vom gesendeten Bitmuster abhängt. Charakteristisch für einen zu entzerrenden Übertragungskanal ist die Verteilungsfunktion dieses Fehlers. Solange er hinreichend klein ist, führt er nicht zu Übertragungsfehlern im Sinne von Bitfehlern. Er hat jedoch in der Regel eine mathematisch wie auch experimentell schwer zu erfassende Verteilung, die deshalb als Einstellkriterium nicht zur Verfügung steht.

Meßtechnisch zugänglich sind dagegen sowohl der Maximalwert der Abweichung vom Sollwert, als auch die mittlere quadratische Abweichung vom Sollwert, den das empfangene Signal in den Abtastzeitpunkten haben soll. Dementsprechend werden heute im wesentlichen diese beiden Größen zur automatischen Einstellung von Entzerrern herangezogen, d. h. je nach Aufgabe — und auch vertretbarem Aufwand — wird entweder durch den Entzerrer der Spitzenwert der Abweichung vom Sollwert minimiert — in der amerikanischen Literatur wird das als „minimization of peak distortion" oder als „zero forcing algorithm" bezeichnet — oder aber die mittlere quadratische Abweichung vom Sollwert wird möglichst klein gemacht — „mean square error minimization". Zu beiden Möglichkeiten gibt es Varianten mit dem Ziel, aufwandgünstige, aber trotzdem hinreichend funktionsfähige Realisierungen zu finden. Die Einstellung der Koeffizienten des Entzerrers hängt davon ab, welche dieser Fehlerfunktionen benutzt wird.

Die *Minimierung des Maximalwertes der Abweichung vom Sollwert* wurde besonders von Lucky untersucht [5.1, 5.24]. Sie weist die folgenden wesentlichen Eigenschaften auf:

a) Die maximale Abweichung vom Sollwert, die für eine Zeitfunktion $s(t)$ als Fehlerfunktion

$$D = \frac{1}{s_0} \sum_{n \neq 0} |s_n| = D(c_\nu) \tag{5.3}$$

definiert wird, wobei s_n die Abtastwerte der Funktion zu den Zeiten $t \neq 0$ sind und s_0 den Hauptwert der Funktion zur Zeit $t = 0$ bezeichnet, ist eine konvexe Funktion der Koeffizienten c_ν des Transversalfilters: Es gibt ein und nur ein *Minimum der Fehlerfunktion D.*

b) Durch die Entzerrung werden *zu allen Abtastzeitpunkten* außer beim Hauptwert *Nullstellen* im zeitlichen Verlauf der Ausgangsfunktion des Entzerrers erzwungen. Diese Nullstellen entstehen im Zugriffsbereich des Entzerrers; vorher vorhandene Abweichungen von den Sollwerten werden mit verringerter Amplitude zu Abtastzeitpunkten verschoben, die vom Hauptwert s_0 des Impulses entfernter liegen, wie auch aus Bild 5.21 hervorgeht, solange die folgende Bedingung (c) erfüllt ist.

c) Die Konvergenz des Entzerrers ist sichergestellt, solange der *Hauptwert* s_0 größer als die Summe der Beträge aller übrigen Abtastwerte ist: Das zum ankommenden Signal gehörende „Auge" darf nicht geschlossen sein.

Entzerrer nach diesem Prinzip lassen sich einfach aufbauen und sind mit befriedigenden Ergebnissen realisiert worden [5.1].

Da bedingt durch den statistisch variierenden Text u. U. der Maximalwert der Abweichung vom Sollwert nur sehr selten vorkommt, ist die Minimierung dieses Wertes jedoch nicht das einzig sinnvolle Kriterium für eine möglichst günstige Einstellung des Entzerrers. Vielmehr liefert die — in der Realisierung allerdings meist aufwendigere — *Minimierung der mittleren quadratischen Abweichung vom Sollwert* häufig ein günstigeres

Ergebnis. Statt der in (5.3) angegebenen Funktion D muß in diesem Fall die Fehlerfunktion

$$Q = \frac{1}{s_0^2} \sum_{n \neq 0} s_n^2 = Q(c_\nu)$$

zu einem Minimum gemacht werden. Wie in (5.3) bedeuten dabei die s_n die Abtastwerte zu den Zeitpunkten t_n.

Die optimale Einstellung der Koeffizienten c_ν läßt sich als Lösung eines Systems linearer Gleichungen angeben [5.1]. Bei kleinen Verzerrungen $s_n \ll s_0$ für $n \neq 0$ ergeben sich hieraus etwa die gleichen Koeffizienten wie bei der Minimierung des Maximalwertes der Abweichung vom Sollwert. Gerade bei größeren Verzerrungen weist eine Minimierung des mittleren quadratischen Fehlers jedoch Vorteile auf. Konvergenz eines solchen Entzerrers ist auch noch möglich, wenn Verzerrungen $D > 1$ (vgl. vorstehende Forderung c) im empfangenen Signal auftreten. Sie ist erst dann nicht mehr gewährleistet, wenn die Verzerrungen so groß werden, daß am Empfänger der wahre Fehler des ankommenden Signals nicht mehr hinreichend häufig durch Vergleich mit den am Empfänger bekannten möglichen Sollwerten ermittelt werden kann, da zu viele Fehlentscheidungen auftreten. Einzelne Fehlentscheidungen stören nicht, solange sie den Mittelwert des Fehlers nicht wesentlich verfälschen. Außerdem wird bei der Minimierung der mittleren quadratischen Abweichung vermieden, daß bei Einstellung des Entzerrers Fehler des Datensignals nur aus dem Zugriffsbereich des Entzerrers verschoben werden, wie oben unter b) diskutiert.

Häufig stand bisher einer Anwendung des mittleren quadratischen Fehlers als Einstellkriterium der höhere Aufwand bei der Realisierung entgegen, der jedoch heute durch Anwendung komplexer integrierter Schaltkreise verringert werden kann. Daher wird dieses Kriterium zunehmend benutzt. Ein Beispiel einer Schaltung, mit der der mittlere quadratische Fehler minimiert werden kann, zeigt Bild 5.22, auf das später noch eingegangen wird.

5.3.2.3 Automatische Einstellung eines Transversalfilter-Entzerrers

In diesem Abschnitt soll beschrieben werden, wie sich die Koeffizienten des Entzerrers automatisch praktisch optimal einstellen lassen [5.25]. Zur Lösung dieser Aufgabe greift man zweckmäßig auf mathematische Methoden zur Auffindung des Minimums einer Funktion mehrerer Veränderlicher zurück. Das bekannteste Verfahren ist das *Gradientenverfahren*. Dabei wird die partielle Ableitung der zu minimierenden Fehlerfunktion nach jeder Variablen gebildet. Im Falle eines Entzerrers mit der Fehlerfunktion F ermittelt man also die Ausdrücke der $\partial F / \partial c_\nu$.

Der daraus zu bildende Gradient der Funktion F

$$\operatorname{grad} F = \sum_{\nu=1}^{n} \frac{\partial F}{\partial c_\nu} \Delta_\nu$$

weist in Richtung des stärksten Anstiegs der Funktion F, wobei die Einheitsvektoren Δ_ν im n-dimensionalen Raum in Richtung der Achse ν zeigen. Bewegt man sich bei der Änderung der Funktion in zum Gradienten entgegengesetzter Richtung, so ist sicher, daß die Funktion zunächst kleiner wird. Bei hinreichend kleiner Schrittweite nähert man sich demnach in einem iterativen Prozeß mehr und mehr dem gesuchten Minimum. Schließlich, wenn mit der gewählten Schrittweite das Minimum überschritten wurde, wird die Einstellung um das Minimum pendeln, und zwar mit einem um so größeren Fehler, je größer die Schrittweite war. Wird die Schrittweite zu groß gewählt, kann so der anfängliche Fehler nicht nennenswert reduziert werden, wird andererseits eine sehr kleine Schrittweite benutzt, erreicht man das Minimum nur nach sehr vielen Iterationsschritten. Zwischen diesen — unerwünschten — Grenzfällen muß eine optimale Schrittweite liegen, deren Wert vom Verlauf der zu minimierenden Funktion abhängt. Bei einem Entzerrer hängt diese Schrittweite also über die Verzerrung von den Eigenschaften des Übertragungskanals ab. Dabei wird in der Regel die optimale Schrittweite für alle Schritte der Iteration verschieden sein.

Für die Einstellung eines Entzerrers nach einem derartigen Iterationsverfahren muß außer der richtigen Wahl der Schrittweite jedoch noch eine weitere wesentliche Voraussetzung erfüllt sein: Die gewählte Fehlerfunktion, z. B. die mittlere quadratische Abweichung vom Sollwert, muß eine ausreichende Information über die Eigenschaften des zu entzerrenden Kanals enthalten. Das ist keineswegs selbstverständlich. So können gerade bei der Datenübertragung spezielle Bitfolgen vorkommen, die nur eine oder sehr wenige Spektrallinien erzeugen. Das hat zur Folge, daß der Entzerrer sich zwar sehr gut auf den gerade gesendeten Text einstellt, bei Änderung des Textes aber erst eine neue, evtl. ganz andere Einstellung finden muß und bis dahin u. U. Fehler auftreten. In speziellen Fällen kann das auch zur Divergenz der Einstellung des Entzerrers führen. Um diese Schwierigkeit zu vermeiden, wird durch Zusatzmaßnahmen dafür gesorgt, daß zumindest während der anfänglichen Einstellung des Entzerrers die Spektrallinien über den ganzen Übertragungsbereich gleichmäßig verteilt und eng benachbart sind. Dazu werden entweder einzelne, weit auseinander liegende Impulse oder ein Pseudo-Zufallstext gesendet. Um auch während der normalen Übertragung eine Verstellung des Entzerrers infolge spezieller Textfolgen zu verhindern, werden zusätzlich am Sender die zu übertragenden

Daten häufig mit Hilfe eines Verwürflers in eine Pseudo-Zufallsfolge umgewandelt und am Empfänger erst mit Hilfe eines Entwürflers zurückgewonnen. Diese Umwandlung der Daten in eine Pseudo-Zufallsfolge ist in der Regel ohnehin erforderlich, um ausreichende Träger- und Taktphaseninformation im Datensignal sicherzustellen (Abschn. 4.4.1).

Eine wichtige Grundfrage muß noch diskutiert werden: wie die erforderlichen Größen für die optimale Einstellung der Koeffizienten des Entzerrers bestimmt werden können.

Die Antwort hängt selbstverständlich von dem gewählten Entzerrertyp ab. Eine ausführliche Diskussion für einen Entzerrer, bei dem die maximale Verzerrung minimiert wird, findet sich in [5.24]. Die Einstellung der Koeffizienten c_ν zur Minimierung des mittleren quadratischen Fehlers wird in [5.26] für ein Transversalfilter diskutiert. Dabei zeigt sich, daß die zur Einstellung benötigten partiellen Ableitungen direkt durch Kreuzkorrelation der Signale $s(t)$ an den Abgriffen des Transversalfilters mit den Fehlern $s(t) - s_i(t)$ gewonnen werden können:

$$\frac{\partial Q}{\partial c_\nu} = \int\limits_{t=-\infty}^{\infty} 2[s(t) - s_i(t)]\, s_\nu(t)\, \mathrm{d}t, \tag{5.4}$$

wobei $s_i(t)$ der — verzerrungsfreie — Sollwert des Signals ist und $s(t)$ den Wert des Signals am Entzerrerausgang bedeutet. Mit Hilfe dieser Ableitungen und der schon erwähnten Verstellung in der zum Gradienten entgegengesetzten Richtung erhält man für die neuen Koeffizienten

$$c_\nu^{\text{neu}} = c_\nu^{\text{alt}} - \alpha \frac{\partial Q}{\partial c_\nu}. \tag{5.5}$$

Eine Realisierung für eine derartige Einstellung der Koeffizienten zeigt Bild 5.22. Hierbei wird entsprechend (5.4) zunächst mit einer Entscheidungsstufe aus dem Signal $s(t)$ hinter dem Entzerrerausgang der zugehörige Sollwert $s_i(t)$ bestimmt und dann mit Hilfe eines Differenzverstärkers die Abweichung vom Sollwert $e_i(t) = s(t) - s_i(t)$. Diese Fehlergröße e_i wird mit dem Signal s_ν am Abgriff ν der Laufzeitkette multipliziert. Da man eine Integration von $t = -\infty$ bis $t = +\infty$, wie in (5.4) gefordert, natürlich nicht durchführen kann, wird über eine genügend große Anzahl von Abtastzeitpunkten I die partielle Ableitung näherungsweise ermittelt

$$\frac{\partial Q}{\partial c_\nu} \approx \frac{2}{I} \sum_{i=1}^{I} e_i s_{i,\nu}.$$

Nach Bewertung mit der Größe α (5.5) steht die Einstellgröße für den Koeffizienten c_ν zur Verfügung. Die Größe α wurde, wie allgemein

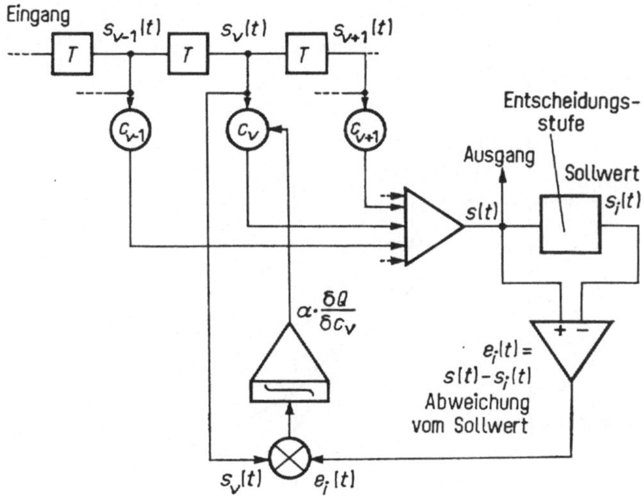

Bild 5.22 Einstellung der Koeffizienten c_ν eines Transversalfilter-Entzerrers entsprechend der mittleren quadratischen Abweichung des betreffenden Abtastwertes vom Sollwert.

üblich, konstant gewählt, um eine einfache Realisierung zu erhalten. Eine Abschätzung für ihren Wert wird z. B. in [5.26] gegeben. Durch entsprechende Wahl von α läßt sich jedoch u. U. die Einstellzeit des Entzerrers erheblich verkürzen, wie in [5.27] und [5.28] gezeigt wird.

Den Einfluß verschiedener Werte von α auf das Einstellverhalten eines Transversalfilter-Entzerrers zeigt Bild 5.23. Während bei zu kleinem α die optimale Einstellung erst nach einer langen Zeit erreicht wird, kann ein zu großes α dazu führen, daß die Entzerrereinstellung divergiert. Das wirkt sich praktisch so aus, daß die Koeffizienten c_ν — zumindest zum Teil — auf die Endwerte ihres Verstellbereichs geregelt werden.

5.3.2.4 *Rekursive Entzerrer*

Eine im Hinblick auf den Aufwand besonders wichtige Form der Entzerrer sind die *rekursiven* Entzerrer, bei denen sich häufig verringerter Aufwand und verbesserte Eigenschaften vereinen lassen. Die Blockschaltung eines derartigen Entzerrers zeigt Bild 5.24. Der Vorteil dieses Entzerrers liegt darin, daß das Signal zunächst einem Quantisierer, d. h. einer Entscheidungsstufe für die Anzahl der Signalwerte des jeweiligen Übertragungsverfahrens zugeführt wird, hinter der als Laufzeitkette eine digitale Verzögerungsleitung benutzt werden kann, deren Realisierung wesentlich einfacher ist als die einer Laufzeitkette für analoge Signale.

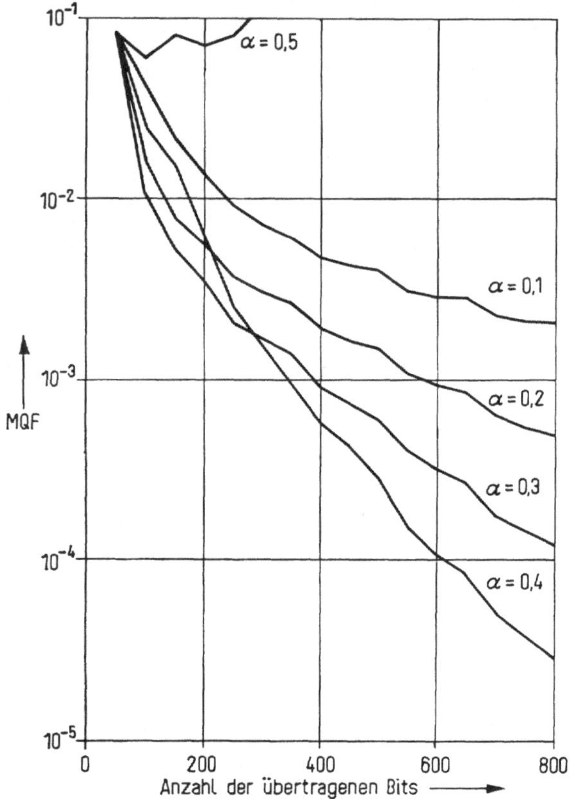

Bild 5.23 Konvergenz eines Transversalfilter-Entzerrers bei verschiedenen Schrittweiten α (vgl. Bild 5.22) der Einstellgrößen.
Periode des verwendeten quasistochastischen Bitmusters: 150 bit; Integrationszeit: 50 Abtastwerte.

Zusätzlich lassen sich mit diesen wenigen quantisierten Signalwerten — bei binärer Übertragung sind es nur zwei — Rechenoperationen zur Einstellung der Koeffizienten viel leichter durchführen. Allerdings können mit rekursiven Entzerrern durch Rückkopplung auf den Eingangssummierer nur Nachschwinger des Signals entzerrt werden, d. h. unerwünschte Signalanteile, die zeitlich nach dem Hauptwert des Signalimpulses folgen, wie in Bild 5.25 gezeigt. Wesentlich dabei ist jedoch, daß alle Nachschwinger, die im Zugriffsbereich des Entzerrers liegen, ohne Restfehler entzerrt werden können, wie ebenfalls aus Bild 5.25 hervorgeht. Um auch die Vorschwinger entzerren zu können, schaltet man vor den rekursiven Entzerrer einen Transversalfilter-Entzerrer nur für die Vorschwinger (Bild 5.26).

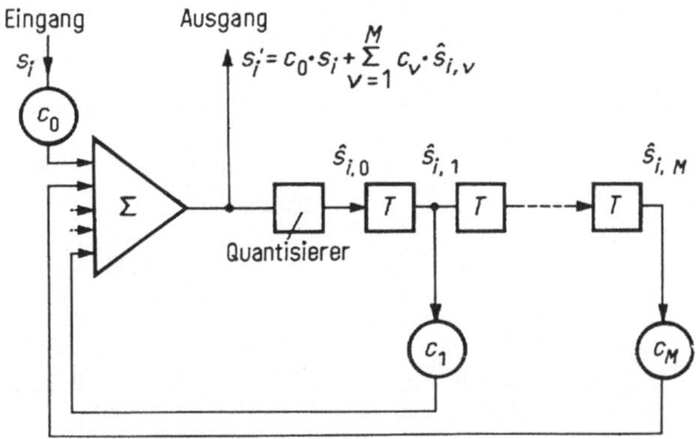

Bild 5.24 Rekursiver Entzerrer (mit quantisierter Rückkopplung).

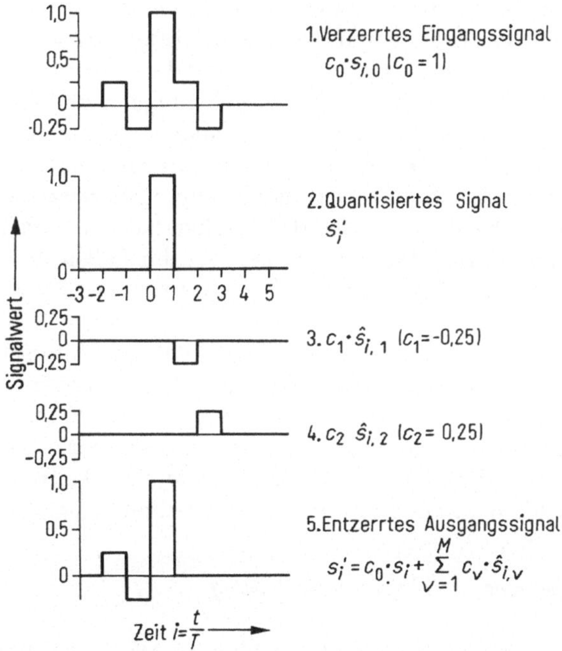

Bild 5.25 Entzerrung eines Eingangssignals $c_0 \cdot s_i$ der Schrittlänge T mit einem rekursiven Entzerrer nach Bild 5.24 ($M = 2$).

Der Index i bezeichnet den Abtastzeitpunkt; zum Zeitpunkt $i = 0$ wird der Hauptwert mit dem Koeffizienten c_0 bewertet.

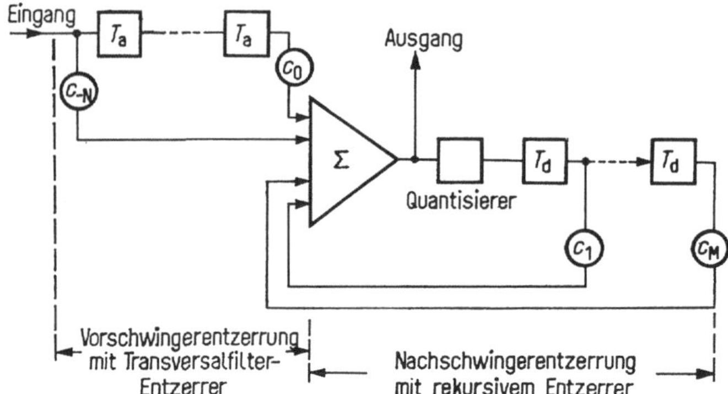

Bild 5.26 Kombination von Transversalfilter-Entzerrer und rekursivem Entzerrer. T_a: Verzögerungszeit der analogen Laufzeitglieder, T_d: Verzögerungszeit der digitalen Laufzeitglieder.

Einen Nachteil haben rekursive Entzerrer durch die quantisierte Rückkopplung auf einem Gebiet, das bisher noch nicht betrachtet wurde. Neben der Intersymbol-Interferenz trägt zur weiteren Störung des Signals auch das Rauschen bei. Besonders bei niedrigem Signal-Rauschverhältnis führt das zu Fehlentscheidungen und damit auch zu einer fehlerhaften Einstellung des rekursiven Entzerrers. Praktisch tritt dieser Effekt jedoch selten störend in Erscheinung, da speziell Fernsprechverbindungen mit der Bandbreite eines Sprachkanals in der Regel ein hinreichend hohes Signal-Rauschverhältnis aufweisen. Das ist auch der Grund dafür, daß man in den meisten Fällen den Einfluß des Rauschens auf das Verhalten eines Entzerrers vernachlässigen kann [5.29].

Da es sich bei den rekursiven Entzerrern im Unterschied zu den bisher untersuchten reinen Transversalfilter-Entzerrern um nichtlineare Entzerrer handelt — infolge des nichtlinearen Entscheidungsprozesses —, ist eine geschlossene theoretische Behandlung schwierig. Hier läßt sich mit Vorteil die Simulation auf einer Datenverarbeitungsanlage anwenden, auf die u. a. auch im folgenden Abschnitt eingegangen wird.

5.3.2.5 Konvergenz der Entzerrereinstellung

Bei Systemen mit automatischem Entzerrer ist in der Regel eine befriedigende Übertragung erst dann möglich, wenn der Entzerrer seine Endeinstellung nahezu erreicht hat. Unter Endeinstellung ist dabei die Einstellung eines Entzerrers zu verstehen, bei der der Fehler, der aus dem empfangenen Signal abgeleitet wird, nicht weiter verringert werden kann.

Die Zeit für die Einstellung geht für die Datenübertragung verloren. Das ist besonders dann hinderlich, wenn der Entzerrer häufig neu eingestellt werden muß, z. B. weil der Übertragungsweg gewechselt wird oder bei Halbduplexbetrieb. Man versucht daher, Einstellverfahren mit besonders schneller Konvergenz zu finden. Dabei ist zu berücksichtigen, daß das Einlaufverhalten nicht nur von den Eigenschaften des Übertragungsweges, sondern auch von der gewählten Impulsform und der gesendeten Bitfolge abhängt. Mit Hilfe von Optimierungsverfahren für *Schrittweite* und *Verstellrichtung* ist es möglich, die aufzuwendende Zeit für die Einstellung des Entzerrers wesentlich gegenüber den üblicherweise bei Realisierungen erreichten Werten zu verkürzen [5.27, 5.28]. Eine derartige Optimierung kann vor allem die Tatsache ausnutzen, daß praktisch keine beliebigen Variationen der Kanaleigenschaften vorkommen. Bei derartigen Verfahren muß man jedoch unterscheiden, ob sie sich nur für eine Einstellung des Entzerrers mit Hilfe spezieller Bitfolgen eignen, oder ob sie auch für eine laufende Anpassung an schwankende Kanaleigenschaften geeignet sind. Schließlich gibt es noch eine Reihe von weiteren interessanten Verfahren, deren Verhalten und Realisierungsmöglichkeiten jedoch noch nicht hinreichend untersucht sind [5.30 bis 5.32].

Wichtig für alle Verfahren ist dabei die für die Einstellung des Entzerrers verwendete Bitfolge. Wie bereits im Abschn. 5.3.1.2 für die Einstellung eines Entzerrers im Frequenzbereich diskutiert wurde, dürfen keine periodischen Bitfolgen verwendet werden, bei denen nur wenige Spektrallinien in dem für die Übertragung benutzten Frequenzbereich auftreten. Auch im Zeitbereich bedeutet das nämlich eine nur für die spezielle Bitfolge gültige Intersymbol-Interferenz der verwendeten Impulse, die auf Grund des daraus abgeleiteten Fehlers zu einer speziellen Einstellung des Entzerrers führt, welche für eine beliebige Bitfolge nicht die günstigste sein muß. Für die Einstellung eines Entzerrers müssen daher weit auseinanderliegende periodische Einzelimpulse oder Pseudo-Zufallsfolgen (Abschn. 4.4.1) verwendet werden, die in dem für die Übertragung wichtigen Frequenzbereich genügend viele Spektrallinien verursachen und damit im Zeitbereich zu einer Überlagerung der Impulse führen, welche es gestattet, einen Fehler abzuleiten, der eine auch für eine beliebige Bitfolge günstige Einstellung des Entzerrers ergibt.

Der Einfluß verschiedener Kenngrößen des Entzerrers auf sein Einlaufverhalten läßt sich vorteilhaft durch Simulation des Entzerrers mit Hilfe einer Datenverarbeitungsanlage untersuchen. Nahezu unentbehrlich wird eine derartige Simulation, wenn praktisch realisierte oder realisierbare Entzerrer untersucht werden sollen; denn hier wird — mit dem Ziel einer Aufwandsverringerung — häufig wesentlich von einer theoretisch optimalen Schaltung abgewichen, und die dabei resultierenden Entzerrerstrukturen und Abgleichalgorithmen sind dann oft analytisch nur schwer zu erfassen.

Praktisch werden adaptive Entzerrer heute in Verbindung mit Übertragungsverfahren angewandt, die eine besonders hohe Bandbreiteausnutzung ermöglichen: Amplitudenmodulation mit Einseitenband- oder Restseitenbandübertragung, Quadraturamplitudenmodulation und mehrwertige Phasendifferenzmodulation. Im Empfänger muß bei diesen Übertragungsverfahren das Empfangssignal aber nicht nur entzerrt werden, sondern außerdem ist es notwendig, die Taktphase und meist auch die Trägerphase mit hoher Genauigkeit wiederzugewinnen (Abschn. 4.4).

Der adaptive Entzerrer kann für diese Aufgaben mitbenutzt werden [5.32 und 5.33]. Wegen der Länge seiner Korrelationszeiten kann er jedoch raschen Änderungen der Signalform, wie sie z. B. Phasenschwankungen hervorrufen, nicht folgen; daher sind zu ihrer Ausregelung zusätzlich Regeleinrichtungen erforderlich.

5.3.2.6 Entzerrer für spezielle Datenübertragungsverfahren

Abgesehen von den bisher betrachteten, von einem speziellen Übertragungsverfahren unabhängigen Eigenschaften adaptiver Entzerrer sind bei der Dimensionierung eines Entzerrers u. U. auch spezielle Eigenarten eines gewählten Übertragungsverfahrens zu beachten. Das soll an Hand von zwei Beispielen kurz erläutert werden.

Partial-Response-Impulse z. B. weisen auch ohne Intersymbol-Interferenz mehrere von Null verschiedene Abtastwerte auf (vgl. Abschn. 4.1.5). Das hat eine Verkopplung der Einstellung der Koeffizienten c_ν zur Folge, da zeitlich aufeinanderfolgende Abtastwerte nicht mehr voneinander unabhängig, d. h. nicht mehr zueinander orthogonal sind; dies kann zu einer Pendelung des Restfehlers um sein Minimum führen und die Konvergenz des Entzerrers wesentlich verlangsamen [5.28]. Diese Nachteile lassen sich durch Erweiterung des Entzerrers um zusätzliche Orthogonalisierungsnetzwerke vermeiden [5.29], durch die die Verkopplung bei der Einstellung der Koeffizienten vermieden wird.

Ein Entzerrer, der speziell die Erfordernisse der Partial-Response-Technik im rekursiven Teil berücksichtigt, wird in [5.34] näher beschrieben.

Eine noch weitergehende Anpassung des Entzerrers an das Übertragungsverfahren wird erforderlich, wenn der zu entzerrende Übertragungsweg gleichzeitig zur Übertragung zweier zueinander orthogonaler Signale ausgenutzt wird, wie z. B. bei der Übertragung mit Quadraturamplitudenmodulation (vgl. Abschn. 4.3.1.3). Durch die linearen Verzerrungen des Übertragungswegs wird die Orthogonalität der beiden unabhängigen Signale gestört, so daß neben der üblichen Intersymbol-Interferenz Übersprechen zwischen den beiden Signalen die Übertragung beeinträchtigt. Dieses Übersprechen läßt sich jedoch beseitigen, indem ein ebenfalls adaptiv einzustellender Anteil jedes Signals in den anderen Kanal so eingekoppelt wird, daß er das störende Übersprechen kompensiert. Unter der in der Regel erfüllten Voraussetzung, daß in den orthogonalen Teilkanälen Nachrichten mit gleicher spektraler Verteilung übertragen werden, läßt sich ein derartiger Entzerrer [5.35] auch ohne wesentlich erhöhten Aufwand realisieren. Auf entsprechende Entzerrer wird in Band II, Abschn. 7.2 und 7.3 eingegangen. In Band II, Abschn. 7.4.1.2 wird auch ein spezieller einfacher automatischer Entzerrer für die Basisbandübertragung beschrieben.

6 Grundlagen der Datenvermittlung

6.1 Aufgaben und Verfahren der Datenübermittlung

6.1.1 Grundsätzliche Aufgaben

In einem Datenfernverarbeitungssystem können Daten auf sehr unterschiedliche Weise übermittelt werden [6.1]. Im einfachsten Fall steht zwei Datenstationen ständig eine Übertragungsleitung zur Verfügung, die ausschließlich für den Datenaustausch zwischen ihnen verwendet wird, eine *Standleitung*.

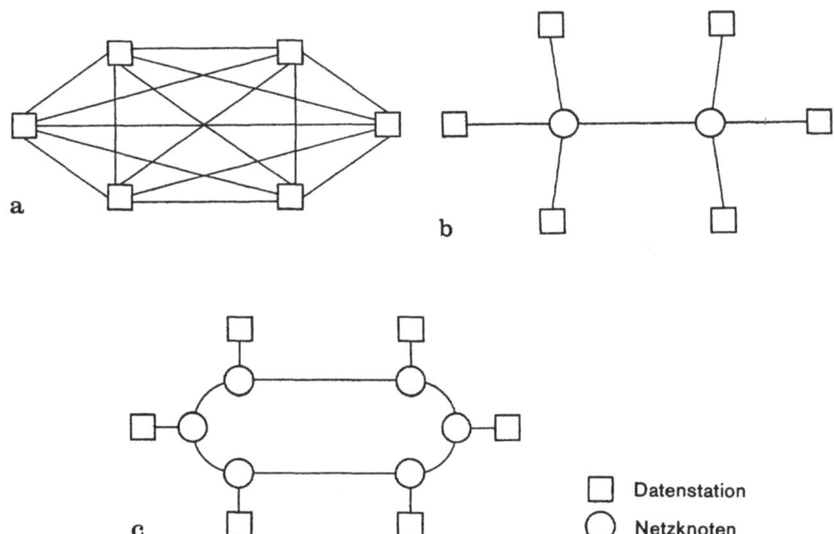

Bild 6.1 Datennetz a) ohne, b) und c) mit Netzknoten.

Werden nur Standleitungen verwendet (Bild 6.1a), dann steigt mit wachsender Anzahl der Datenstationen, die untereinander Daten austauschen wollen, die Anzahl der erforderlichen Übertragungsleitungen und Datenübertragungseinrichtungen sehr rasch an. Geringer ist der Aufwand in einem Datennetz, in dem die Datenstationen über einen oder mehrere *Netzknoten* miteinander verbunden werden. In Bild 6.1b sind Netzknoten gezeigt, an die jeweils mehrere Datenstationen angeschlossen sind; die Übertragungsleitungen oder, wie vereinfachend hier und in Band II, Abschn. 8 gesagt wird, Leitungen zwischen Datenstationen und Netzknoten werden *Anschlußleitungen* genannt, solche zwischen Netzknoten *Verbindungsleitungen*. Daneben finden sich Datennetze, in denen jeder Datenstation eine Anschlußeinrichtung mit Netzknotenfunktionen zugeordnet ist; solche Netze sind oft *Ringnetze* (Bild 6.1c) oder *Liniennetze* (Netze mit einem Bus).

Besonders einfach sind die Funktionen der Netzknoten in den *Knotennetzen*. Diese Netze sind dadurch gekennzeichnet, daß in ihren Netzknoten Leitungen fest zusammengeschaltet werden, so daß die Datenstationen ständig in der gleichen Weise miteinander verbunden sind. Die auf einer Leitung eintreffenden Daten werden jeweils auf allen mit ihr verbundenen Leitungen weitergesendet; eine Zwischenspeicherung ist nicht möglich. Zu einem Zeitpunkt kann nur jeweils eine Datenstation ungestört Daten übermitteln; die Festlegungen für den Zugang zum Netz, d. h. dafür, wann eine Station senden darf, sind ein wesentliches Merkmal eines Knotennetzes.

Den Knotennetzen gegenüber stehen Datennetze, in deren Netzknoten Vermittlungsvorgänge stattfinden [6.2] und die hier als *Vermittlungsnetze* bezeichnet werden: Die *Vermittlungseinrichtungen* ihrer Netzknoten werten Adreßinformation aus, um die zu übermittelnden Daten an das gewünschte Ziel und nur dorthin weiterzuleiten; dabei ist es möglich, eine Nachricht oder Teilnachricht im Netzknoten zwischenzuspeichern. Bei einer Konfiguration wie in Bild 6.1b werden die Netzknoten als *Vermittlungsstellen* bezeichnet, während man bei einem Vermittlungsnetz wie in Bild 6.1c von *verteilter Vermittlung* spricht.

Ein Knotennetz darf keine Maschen enthalten, die es zulassen würden, daß Daten im Kreis laufen. Man braucht aber nur eine kleine Erweiterung der Funktionen in den Netzknoten, um auch Ringnetze zu ermöglichen: In einem Netz entsprechend Bild 6.1c genügt es, daß die Anschlußeinrichtung der sendeberechtigten Datenstation in der Lage ist, den Ring vorübergehend dort aufzutrennen. Netze dieser Art, zwischen Knoten- und Vermittlungsnetzen stehend, sind ebenso wie die Knotennetze wesentlich durch das Verfahren bestimmt, nach dem die Sendeberechtigung zugeteilt wird.

Schließlich sei darauf hingewiesen, daß ein Datennetz aus Elementen unterschiedlicher Netze zusammengesetzt sein kann. Ein Beispiel ist ein Vermittlungsnetz, an dessen Vermittlungsstellen Datenstationen mittels eines Knotennetzes angeschlossen werden können.

Am umfangreichsten sind die Funktionen der Netzknoten in den Vermittlungsnetzen [6.3, 6.4]. Die verschiedenen in solchen Netzen verwendeten Verfahren werden in den folgenden Abschnitten betrachtet.

6.1.2 Vermittlungsverfahren

6.1.2.1 Durchschaltevermittlung

In Datenfernverarbeitungssystemen werden im allgemeinen Daten nicht nur in einer Richtung übertragen. Das einfachste Verfahren hierfür ist, eine durchgehende Verbindung zwischen den an dem Dialog beteiligten Datenstationen herzustellen (circuit switching), vorausgesetzt, Leitungen und Vermittlungsstellen erlauben Duplex- oder Halbduplexbetrieb (Abschn. 2.2.4). *Durchgehend* heißt hier, daß keine Nachrichtenspeicher zwischengeschaltet werden. Bei diesem Verfahren, der *Durchschaltevermittlung* (Bild 6.2a), werden die Daten im Prinzip ohne Verzögerung oder Bearbeitung weitergeleitet.

6.1.2.2 Teilstreckenvermittlung

Für den Betrieb eines Datennetzes können sich jedoch Vorteile daraus ergeben, daß nur jeweils eine Teilverbindung aufgebaut wird und die Daten nur über eine Teilstrecke übertragen werden — von der sendenden Station zu einer Vermittlungsstelle, von dort evtl. zu einer weiteren und schließlich zur empfangenden Station. In den Vermittlungsstellen müssen die Daten zwischengespeichert werden, eine durchgehende Datenverbindung zwischen sendender und empfangender Station gibt es nicht (Bild 6.2b). Dieses Verfahren wird als *Teilstreckenvermittlung* bezeichnet. Im Nachrichtenkopf müssen zumindest die Datenstationen angegeben sein, für welche die Daten bestimmt sind; er wird von den Vermittlungseinrichtungen bearbeitet, d. h. interpretiert und unter Umständen entsprechend der Weitergabe der Daten verändert.

Mit dem erhöhten Aufwand in den Vermittlungsstellen kann zunächst eine höhere Ausnutzung der Leitungen als bei dem Verfahren der Durchschaltevermittlung erreicht werden. Die Übertragungsvorgänge

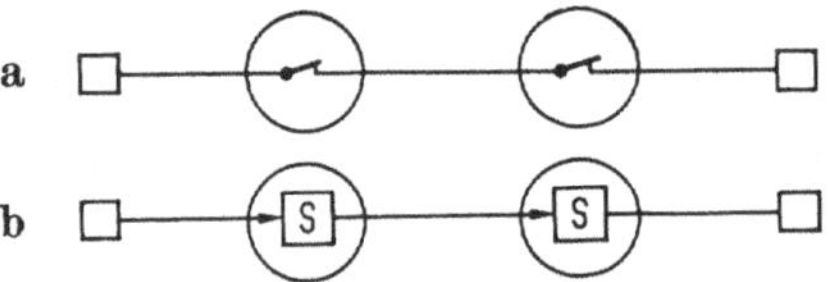

Bild 6.2 Verbindung von zwei Datenstationen (a) mit Hilfe der Durchschaltevermittlung, (b) mit Hilfe der Teilstreckenvermittlung und Speichern S in den Vermittlungseinrichtungen.

können innerhalb der zur Verfügung stehenden Zeit gleichmäßiger verteilt werden, und es kommt nicht — wie in Netzen mit Durchschaltevermittlung — vor, daß zu einem Teil aufgebaute Verbindungen wieder abgebaut werden müssen, weil im nächstfolgenden Übertragungsabschnitt keine Leitung frei ist. Auf Grund der Zwischenspeicherung der Daten gibt es außerdem einfache Lösungen für die Berücksichtigung von Prioritäten und für die Übertragung zu mehreren Datenstationen (Rundsenden); ein wichtiges Merkmal ist schließlich, daß in einfacher Weise ein Datenaustausch zwischen Datenstationen möglich wird, die in Code oder Geschwindigkeit nicht übereinstimmen (Code- und Geschwindigkeitswandlung).

Während bei der *Speichervermittlung* (message switching) vollständige Nachrichten aufgenommen und teilstreckenweise weitergesendet werden, wird bei der *Paketvermittlung* (packet switching) die Nachricht in Teilen bestimmter Größe zwischen den Vermittlungsstellen übertragen [6.4]. Diese *Pakete* werden in den Netzknoten mit den Methoden der Teilstreckenvermittlung behandelt und von Netzknoten zu Netzknoten weitergereicht. Wenn die Übertragungsgeschwindigkeit zwischen den Vermittlungsstellen groß gegenüber der Geschwindigkeit ist, mit der die Daten zu den Datenstationen übertragen werden, und wenn die Größe der Pakete und etwaige Wartezeiten in den Vermittlungsstellen genügend klein sind, gelangen die Daten nur wenig verzögert zur empfangenden Datenstation. Betrachtet man die Zeitverhältnisse (Bild 6.3), dann nimmt die Paketvermittlung eine Mittelstellung zwischen der Durchschalte- und der herkömmlichen Speichervermittlung ein. Sie ermöglicht eine gute Ausnutzung der Verbindungsleitungen bei geringer Verzögerung der zu übertragenden Daten (vgl. Band II, Abschn. 9.4). Besonders einfach ist der Anschluß von Datenstationen (i. allg. Datenverarbeitungsanlagen), welche die Daten unmittelbar in Form von Paketen senden und empfangen. In diesem Fall müssen die Vermittlungsstellen weder Pakete bilden noch diese Pakete wieder zu Nachrichten zusammensetzen.

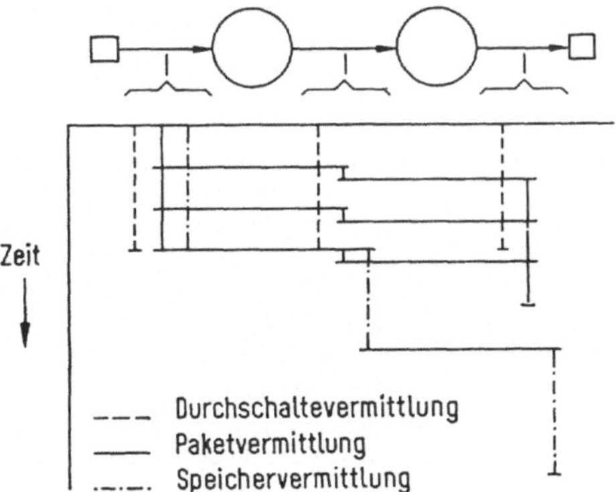

Bild 6.3 Zeitlicher Ablauf der Datenübertragung bei verschiedenen Vermittlungsverfahren (bei Paket- und Speichervermittlung vollständige Zwischenspeicherung der Daten, aber keine weitere Wartezeiten angenommen).

Im einzelnen ist bei der Paketvermittlung zu unterscheiden zwischen der Übermittlung von Datenpaketen als *Datagrammen* oder im Rahmen einer *virtuellen Verbindung*.

Eine virtuelle Verbindung ist bestimmt für Datenpakete, die als zusammengehörend betrachtet und in vorgegebener Reihenfolge übermittelt werden; für diese Pakete wird ein einheitlicher Weg durch das Netz gewählt, und es werden Betriebsmittel im Netz reserviert. Auf den Teilstrecken werden alle Pakete einer virtuellen Verbindung in jeder der Übertragungsrichtungen durch eine Nummer gekennzeichnet, die Nummer des logischen oder virtuellen Kanals; anhand dieser Nummern werden die Pakete in den Vermittlungsstellen weitergeleitet. Eine virtuelle Verbindung kann bei Bedarf aufgebaut werden oder als feste virtuelle Verbindung dauernd bestehen.

Datagramme werden dagegen jeweils für sich übermittelt, einen Zusammenhang mit anderen Datagrammen kann das Netz nicht herstellen. Für jedes Datagramm wird sein Weg neu gewählt, Betriebsmittel werden nicht reserviert. Datagramme werden damit ähnlich behandelt wie Nachrichten in einem Speichervermittlungsnetz, während Paketvermittlung mit virtuellen Verbindungen in manchen Merkmalen mit der Durchschaltevermittlung übereinstimmt.

Einen Überblick über die verschiedenen Netzarten gibt Tab. 6.1. Nicht gezeigt sind Netze zwischen Knoten- und Vermittlungsnetzen, nicht gezeigt sind ferner Vermittlungsverfahren, die zwischen Durchschalte- und Teilstreckenvermittlung liegen (z. B. [6.5]), und schließlich Netze, in denen verschiedene Verfahren nebeneinander eingesetzt werden.

Tabelle 6.1 Netzarten

Knotennetze	Vermittlungsnetze			
	Netze mit Durchschaltevermittlung	Netze mit Teilstreckenvermittlung		
		Speichervermittlungsnetze	Paketvermittlungsnetze	
			mit Datagrammen	mit virtuellen Verbindungen

6.1.3 Durchschalteverfahren

In Vermittlungsstellen mit Durchschaltevermittlung werden Leitungen i. allg. so miteinander verbunden, daß Daten gleichzeitig in beiden Richtungen übertragen werden können; d. h. die Vermittlungseinrichtungen sind auf Duplexbetrieb eingestellt. In Sonderfällen kann aber eine davon abweichende Betriebsart vereinbart werden, z. B. Simplexbetrieb bei einer Verbindung von mehr als zwei Datenstationen derart, daß Daten nur von einer davon empfangen und an die übrigen weitergeleitet werden (Rundsenden).

6.1.3.1 Durchschaltung im Raummultiplex

Besonders übersichtlich ist die Durchschaltung, wenn der Zubringer, d. h. die Leitung, von der aus die Verbindung aufgebaut wurde, für die Dauer der Verbindung ständig mit dem Abnehmer oder den Abnehmern verbunden ist. Eine solche Raummultiplex-Koppelanordnung (Bild 6.4) zeigt unmittelbar die gerade bestehenden Verbindungen, und für die Durchschaltung der Daten sind, wenn eine Verbindung erst einmal aufgebaut ist, keine weiteren Maßnahmen der Vermittlungsstelle erforderlich außer der Überwachung, um das Signal erkennen zu können, welches das Ende der Verbindung anzeigt.

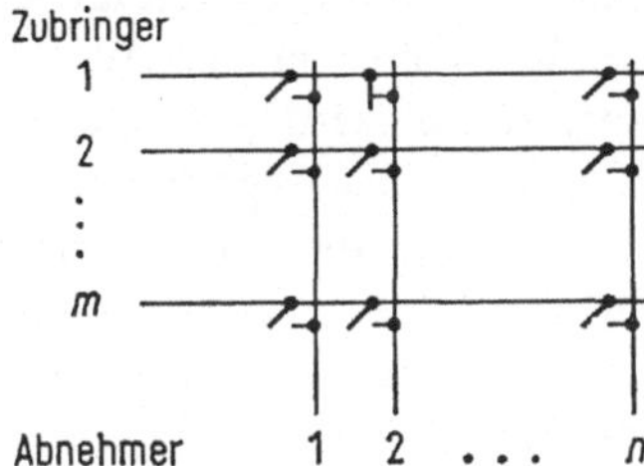

Bild 6.4 Beispiel einer Durchschaltung im Raummultiplex (Verbindung von Zubringer 1 und Abnehmer 2).

6.1.3.2. Durchschaltung im Zeitmultiplex

Neben Raummultiplexverfahren werden bei der Durchschaltung auch Zeitmultiplexverfahren verwendet [6.6]. Da hier Zubringer und Abnehmer nur für kurze Zeitabschnitte miteinander verbunden sind, muß die Zuordnung der miteinander verbundenen Leitungen in einem besonderen Speicher, dem Verbindungsspeicher, festgehalten werden. Im einfachsten Fall wird der am Eingang bei der Abtastung erkannte

Zustand unmittelbar zum entsprechenden Ausgang durchgeschaltet (Bild 6.5). Die Eingangsinformation kann aber auch codiert an den entsprechenden Ausgang übermittelt werden, was bei der Übertragung von Daten mit nur zwei zu unterscheidenden Zuständen besonders

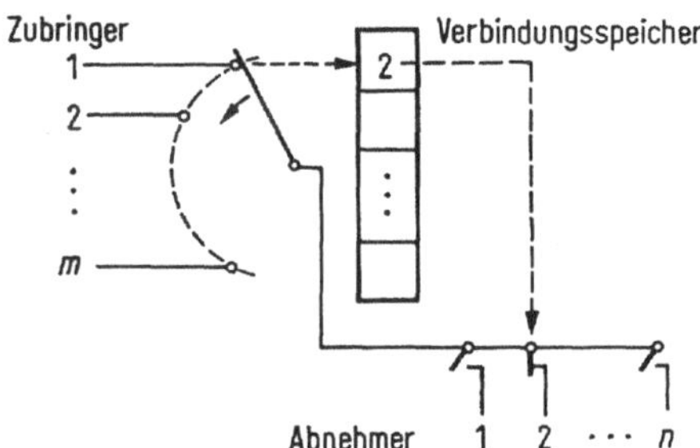

Bild 6.5 Beispiel einer Durchschaltung im Zeitmultiplex (Verbindung von Zubringer 1 und Abnehmer 2).

einfach zu verwirklichen ist (bitserielle Durchschaltung). Außerdem kann auf die regelmäßige Durchschaltung der durch Abtasten gewonnenen Zustandswerte verzichtet werden; es genügt, fallweise die Zustandswechsel durchzuschalten. Wird hierbei am Anschluß einer Leitung ein Zustandswechsel erkannt, dann wird eine Anforderung zum Durchschalten gesetzt; an die Stelle des regelmäßigen Abtastens tritt das Erkennen solcher Anforderungen und die Kennzeichnung der durchzuschaltenden Daten durch eine Adresse (adressengesteuertes Zeitmultiplex oder *Adressenmultiplex*). Der Vorteil besteht darin, daß überflüssige Durchschaltevorgänge vermieden werden.

Bei anderen Verfahren wird darüberhinaus noch berücksichtigt, daß Daten meist als Gruppen von Bits vorliegen, die parallel, d. h. gleichzeitig, statt seriell durchgeschaltet werden können. Am Eingang der Durchschalteeinrichtung findet dazu eine Serien-Parallel-Umsetzung statt, am Ausgang eine Parallell-Serien-Umsetzung; die Durchschaltung geschieht im Zeitmultiplex. Umfang der Bitgruppe und Übertragungsgeschwindigkeit der Daten müssen bekannt sein. Auch hier kann die Bearbeitung der Eingänge in einer vorgegebenen Reihenfolge durch ein Anforderungsverfahren ersetzt werden (Tab. 6.2). Ein Verfahren mit festem Zeitraster ist besonders bei taktgesteuerter Übertragung geeignet, ein Anforderungsverfahren ist auch dort ebenso wie bei nichttaktgesteuerter Übertragung möglich.

Tabelle 6.2 Überblick über Verfahren der Durchschaltung im Zeitmultiplex

Serielle Durchschaltung		Parallele Durchschaltung	
von			
Bits (Zustandswerten)	Zustandswechseln zwischen Bits	Bitgruppen	Bitgruppen
mit			
regelmäßiger Abfrage aller LA	i. allg. unregelmäßigen Anforderungen seitens der LA nach Eintreffen von Zustandswechseln	regelmäßiger Abfrage aller SPU	i. allg. unregelmäßigen Anforderungen seitens der SPU nach Eintreffen von Bitgruppen

LA: Leitungsanschlußschaltung, SPU: Serien-Parallel-Umsetzer.

6.1.3.3. Beziehungen zur Bündelung bei der Übertragung

Bei den bisher genannten Verfahren wurde davon ausgegangen, daß die zu verbindenden Leitungen räumlich getrennt an die Vermittlungseinrichtungen herangeführt werden, auch wenn sie für die Übertragung im Frequenz- oder Zeitmultiplex gebündelt waren (Band II, Abschn. 7.4.2). Eine Durchschaltung im Frequenzmultiplex wird aus Kostengründen bisher nicht verwendet. Im Zeitmultiplex gebündelte Leitungen, d. h. die Kanäle einer Zeitmultiplexleitung, werden aber vorteilhaft auch im Zeitmultiplex durchgeschaltet. Ein Beispiel für eine solche Durchschalteanordung ist in Bild 6.6 dargestellt: Es gibt am Eingang M und am Ausgang N Multiplexleitungen mit je s Kanälen, insgesamt also $M \cdot s$ Zubringer und $N \cdot s$ Abnehmer; die jeweils einem Kanal zugeordneten Zeitabschnitte werden als *Zeitschlitze* bezeichnet. Die Abtastvorrichtung am Eingang läuft einmal je Zeitschlitz um, die N Abtastvorrichtungen am Ausgang einmal während der Dauer von s Zeitschlitzen. Der Verbindungsspeicher enthält neben den Angaben über die räumliche Lage (Anschlußnummer) auch Angaben über die zeitliche Lage der miteinander verbundenen Kanäle (Zeitschlitznummer); neben dem Verbindungsspeicher wird ein Durchschaltespeicher benötigt, um jeweils den Unterschied zwischen der Lage der Zeitschlitze des Zubringers und der des Abnehmers auszugleichen (Zeitlagenwechsel).

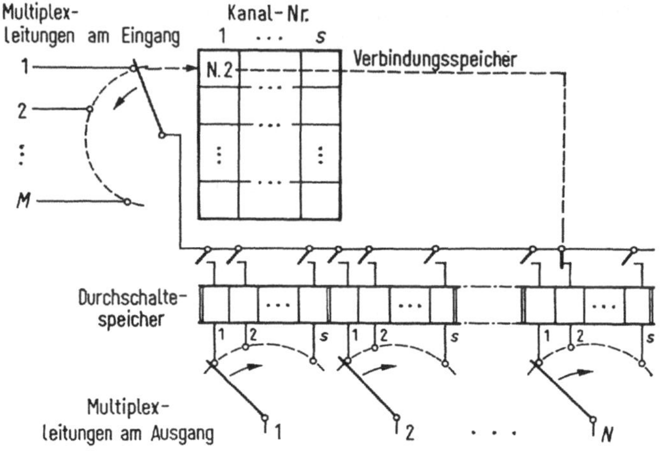

Bild 6.6 Beispiel für Übertragung und Durchschaltung im Zeitmultiplex (Verbindung von Zubringer 1.1, d. h. Multiplexleitung 1, Kanal 1, mit Abnehmer *N*.2; betrachteter Zeitpunkt ist der Beginn von Zeitschlitz 1).

Die in Bild 6.6 gezeigte Anordnung ist, wie betont werden soll, nur ein Beispiel aus einer Vielfalt von Möglichkeiten. So muß der Verbindungsspeicher nicht, wie hier angenommen, den Eingängen zugeordnet sein, und es gibt Anordnungen, die nur die Zeitlage oder nur die räumliche Zuordnung ändern.

Einen Überblick über Durchschalteverfahren in Verbindung mit den Bündelungsverfahren bei der Übertragung gibt Tab. 6.3. Da man stets davon ausgehen muß, daß an einer Vermittlungsstelle Leitungen räumlich von verschiedenen Stellen zusammengeführt werden, ist

Tabelle 6.3 Durchschalteverfahren

Bündelung			
– bei der Übertragung	Raum- und Frequenz-multiplex	Raummultiplex	Raum- und Zeit-multiplex
– am Eingang der Durchschalte-anordnung	✕	Raummultiplex	Raum- und Zeit-multiplex
Durchschaltung	✕	Raummultiplex (Bild 6.4) oder Zeitmultiplex (Bild 6.5)	Zeitmultiplex (Bild 6.6) oder Raum- und Zeit-multiplex

weder ausschließlich Frequenz- noch ausschließlich Zeitmultiplexbündelung am Eingang der Durchschalteanordnung berücksichtigt, sondern nur die Verbindung von Raum- und Zeitmultiplexbündelung. In mehrstufigen Koppelanordnungen werden hierbei Zeitmultiplex- mit Raummultiplexstufen kombiniert [6.7].

6.1.4 Steuerung der Datenübermittlung

6.1.4.1 Funktionsschichtenmodell und Protokolle

Die in den vorangehenden Abschnitten genannten Aufgaben können nur dann wahrgenommen werden, wenn geeignete Verfahren zur gegenseitigen Verständigung von Datenstationen und Netzknoten vorhanden sind. In Knotennetzen müssen sich die Datenstationen untereinander verständigen; in Vermittlungsnetzen kommt die Verständigung zwischen Datenstationen und Netzknoten und zwischen Netzknoten hinzu. Die Verständigung jeweils zwischen zwei zusammenarbeitenden Systemen geschieht nach vereinbarten Regeln, den *Protokollen* [6.8].

In allen Datennetzen bilden übertragungstechnische Funktionen die Grundlage der Datenübermittlung. Zu diesen Funktionen gehört beispielsweise die Synchronisierung bei taktgesteuerter Übertragung. Die darauf aufbauenden Funktionen, z. B. die Adressierung des Empfängers einer Nachricht oder eine zusätzliche Sicherung gegen Übertragungsfehler, sind in den verschiedenen Datennetzen unterschiedlich ausgeprägt und haben zu sehr unterschiedlichen Protokollen geführt. Funktionen und Protokolle lassen sich aber gut zueinander in Beziehung setzen, wenn ein einheitliches Betrachtungsschema verwendet wird, wie es im Referenzmodell der ISO [6.9] für die Kommunikation in offenen Systemen vorliegt [6.10].

Ausgehend von dem Übertragungsmedium und den als physikalisch bezeichneten Basisfunktionen sind in diesem Referenzmodell die Funktionen derart in Schichten angeordnet, daß eine Funktionsschicht jeweils auf der darunter liegenden aufbaut, d. h. die Dienstleistungen dieser Schicht und mittelbar die aller darunter liegenden Schichten in Anspruch nimmt. Die sieben dort definierten Schichten sind, beginnend mit der höchsten, oberhalb derer die Anwendung selbst zu sehen ist:

7. Anwendungsschicht (application layer):
   Kommunikationsfunktionen, die spezifisch für eine Anwendung sind, z. B. für den Zugriff zu einer räumlich entfernten Datei, aber unabhängig z. B. von der Darstellungsform der Daten.

6. Darstellungsschicht (presentation layer):
Funktionen, die eine einheitliche und richtige inhaltliche Interpretation von unterschiedlich dargestellten Daten oder Mitteilungen über den Ablauf der Kommunikation gewährleisten.

5. Kommunikationssteuerungsschicht (session layer):
Funktionen zur Steuerung des Ablaufs der Kommunikation (Herstellen und Beenden der Kommunikationsbeziehung, Steuerung des Dialogs)

4. Transportschicht (transport layer):
Funktionen, durch die eine universelle und optimale — d. h. von den Eigenschaften bestimmter Netze unabhängige und diese optimal nutzende — Möglichkeit zur Datenübermittlung geboten wird. Das Datennetz ist an diesen Funktionen nicht beteiligt.

3. Netzschicht (network layer):
Funktionen zur Übermittlung von Daten über ein Netz, insbesondere Verkehrslenkung (vgl. Abschn. 6.1.4.3) und, soweit verwendet, Aufbau, Aufrechterhalten und Abbau von durchgeschalteten oder virtuellen Verbindungen.

2. Schicht des Übermittlungsabschnitts (data link layer):
Funktionen zur Übermittlung von Daten in einem Übermittlungsabschnitt [6.11] (einschließlich des Aufbaus, des Aufrechterhaltens und des Abbaus entsprechender Verbindungen) und insbesondere zum Erkennen und Beheben von Übertragungsfehlern.

1. Physikalische Schicht (physical layer):
Funktionen zum Übertragen der Information auf einem Übertragungsabschnitt.

Die Schichten 7 bis 5 sind auch anwendungsorientiert, die Schichten 4 bis 1 unmittelbar übermittlungsorientiert. Die Protokolle, die zum Auf- und Abbau und zum Aufrechterhalten von Verbindungen in Vermittlungsnetzen erforderlich sind, gehören zu den Funktionsschichten 3 bis 1; diese Protokolle, vor allem solche für Netze mit Durchschaltevermittlung, werden als *Signalisierungssysteme* bezeichnet, der Austausch der entsprechenden vermittlungstechnischen Signale als *Signalisierung*.

In Bild 6.7 ist ein Ausschnitt aus einem Datennetz mit den dazugehörenden Funktionsschichten und Protokollbeziehungen gezeigt; dabei werden unterschiedliche Netzarten und unterschiedliche Vermittlungs-

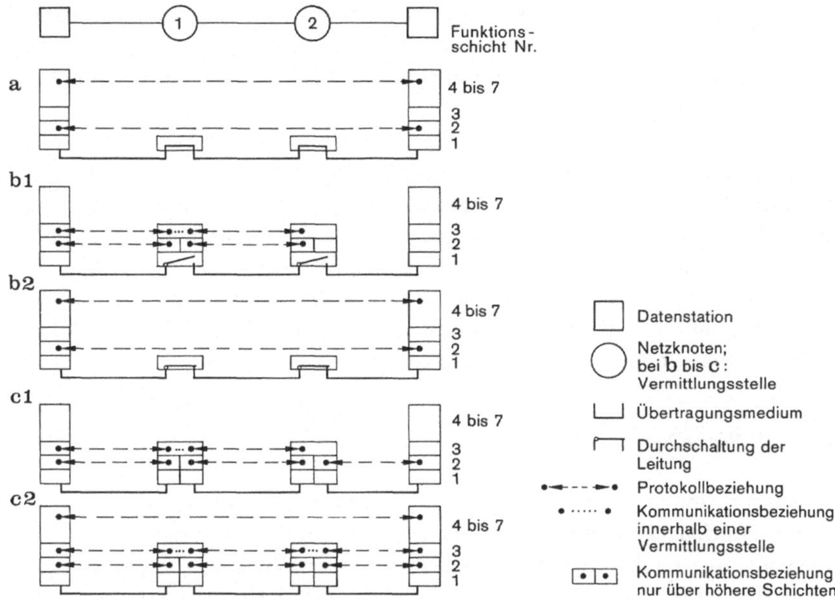

Bild 6.7 Protokollbeziehungen in einem Datennetz.
a) in einem Knotennetz; b) in einem Netz mit Durchschaltevermittlung b1) während des Verbindungsauf- und -abbaus, b2) bei bestehender Verbindung; c) in einem Paketvermittlungsnetz mit virtuellen Verbindungen c1) während des Verbindungsauf- und -abbaus, c2) bei bestehender Verbindung.

verfahren angenommen. Um die Übersichtlichkeit zu erhöhen, sind Protokollbeziehungen der Schicht 1 nicht eingezeichnet und die der Schichten 4 bis 7 zusammengefaßt worden. Als Beispiele sind die Protokollbeziehungen in einem Knotennetz, in einem Netz mit Durchschaltevermittlung und in einem Netz mit Paketvermittlung dargestellt.

In einem Knotennetz (Bild 6.7a) wird in Schicht 2 der Zugang zum Netz geregelt, oder es werden — in Schicht 1 erkannte — Konflikte beim Zugang zum Netz gelöst (z. B. Carrier Sense Multiple Access/Collision Detection [6.12]); ferner werden in Schicht 2 die Datenstationen direkt, d. h. ohne Mitwirkung des Netzes, adressiert. Dabei kann ein Protokoll entsprechend HDLC (High Level Data Link Control [6.13]) verwendet werden.

In Netzen mit Durchschaltevermittlung ist zwischen den Verhältnissen bei Verbindungsauf- und -abbau (Bild 6.7 b1) und bei bestehender Verbindung (Bild 6.7 b2) zu unterscheiden. Eine bestehende Verbindung wird ständig auf Schlußzeichen überwacht; im übrigen können oberhalb von Schicht 1 beliebige Protokolle verwendet werden.

Dagegen werden in Paketvermittlungsnetzen mit virtuellen Verbindungen sowohl während des Verbindungsauf- und -abbaus (Bild 6.7 c1), als auch bei bestehender Verbindung (Bild 6.7 c2) bestimmte, vom Netz vorgegebene Protokolle in den Schichten 2 und 3 verwendet.

Wichtige Beispiele für die Signalisierung in Durchschaltenetzen sind die der CCITT-Empf. X. 21 [6.14] entsprechende Signalisierung auf der Anschlußleitung oder die Signalisierung entsprechend CCITT-Empf. X. 71 [6.15] auf der Verbindungsleitung. Die wichtigsten entsprechenden CCITT-Empfehlungen für Paketvermittlungsnetze mit virtuellen Verbindungen sind CCITT-Empf. X. 25 und X. 75 [6.16, 6.17]; hier wird in Schicht 2 ebenfalls HDLC verwendet, aber teilstreckenweise und bereits beim Aufbau einer virtuellen Verbindung.

6.1.4.2 Signalisierung

Werden in einem Vermittlungsnetz Verbindungen aufgebaut, dann sind vier Grundzustände zu unterscheiden, nämlich der *Ruhezustand* (vor Beginn oder nach Abschluß der betrachteten Verbindung), der *Datentransferzustand* (Möglichkeit zur Datenübermittlung nach Abschluß des Verbindungsaufbaus) und die Übergangszustände des *Verbindungsauf-* und *-abbaus*: In jedem der Grundzustände gibt es wieder, abhängig vom Vermittlungsverfahren und von der verwendeten Signalisierung, Unterzustände; die Übergänge zwischen den Zuständen werden, abgesehen von internen Abläufen, wie Zeitüberwachungen, durch Empfang oder Senden vermittlungstechnischer Signale bewirkt.

Für ein Netz mit Durchschaltevermittlung ist die prinzipielle Aufeinanderfolge solcher Signale in Tab. 6.4 dargestellt. Für jede der im Zuge des Verbindungsaufbaus nacheinander belegten Leitungen gibt es eine solche Folge von Signalen. Eingeleitet wird der Verbindungsaufbau durch einen *Anruf* der Datenstation, die die Verbindung wünscht; dies Signal gelangt schließlich als *ankommender Ruf* zur gerufenen Station und wird von ihr durch *Rufannahme* oder durch *Schlußzeichen* beantwortet, die Rufannahme führt zum *Verbundensignal.*

Die auf Anruf und Anrufbestätigung folgenden *Wählzeichen* enthalten sowohl die Zielinformation wie Information über sonstige Merkmale der Verbindung, z. B. „keine weitere Umlenkung zulässig", oder über Eigenschaften und Berechtigungen der rufenden Datenstation, z. B. Zugehörigkeit zu einer Teilnehmerklasse.

Eine weitere Gruppe von Steuersignalen bilden die *Kennungen.* Als besonderer Teilnehmerdienst kann einer Datenstation zu Kontrollzwecken eine Kennung der Datenstation zugesendet werden, mit der sie verbunden ist. Daneben gibt es netzbezogene Kennungen, z. B. Landes-

Tabelle 6.4 Prinzipielle Aufeinanderfolge der vermittlungstechnischen Signale beim Verbindungsauf- und -abbau

		Vermittlungstechnische Signale in Vorwärtsrichtung des Verbindungsaufbaus	Vermittlungstechnische Signale in Rückwärtsrichtung des Verbindungsaufbaus
Einleitung des Verbindungsaufbaus		Anruf	
			Anrufbestätigung
Wahl (Leistungsmerkmale und Ziel der Verbindung)			Wahlaufforderung
		Wählzeichen	
			Empfangsbestätigung
Identifizierung (Kennungen)			Kennzeichen für den Weg, z. B. Landeskennzahl bei Transitverbindungen
		Kennung der rufenden Datenstation	Kennung der gerufenen Datenstation
Fortschritt und Abschluß des Verbindungsaufbaus	erfolgreich		Rufannahme, Verbundensignal
		Durchschaltesignal	Durchschaltesignal
	erfolglos		Dienstsignale
Abbau der Verbindung, eingeleitet durch die	rufende Station	Schlußzeichen	
			Schlußzeichenbestätigung
	gerufene Station		Schlußzeichen
		Schlußzeichenbestätigung	

kennzahlen bei internationalen Verbindungen; diese Kennungen sind nur für die Vermittlungsstellen von Interesse, nicht für die Datenstationen.

Schließlich gibt es Steuersignale, die den Abschluß des Verbindungsaufbaus mitteilen, sei es ein erfolgreicher Verbindungsaufbau (*Verbundensignal*, *Durchschaltesignal*) oder ein erfolglos abgebrochener; in diesem Fall kann durch *Dienstsignale* angegeben werden, warum die Verbindung nicht vollständig aufgebaut werden konnte. Als Dienstsignale werden alle Signale bezeichnet, die den Datenstationen von den Vermittlungsstellen in Form einer Zeichenfolge zugesendet werden und der genaueren Information der Datenstationen dienen, z. B. *NC* (no circuit), wenn eine Verbindung mangels freier Leitungen oder Vermittlungseinrichtungen nicht aufgebaut werden konnte, im Unterschied zu *OCC* (occupied), wenn die gerufene Datenstation belegt war.

Der Abbau einer Verbindung wird durch ein *Schlußzeichen* eingeleitet, das wie der Anruf durch eine *Schlußzeichenbestätigung* beantwortet wird. Bei bestehender Verbindung müssen die Vermittlungseinrichtungen ständig überwachen, ob ein Schlußzeichen eintrifft (Verbindungsüberwachung).

Von diesen verbindungsbezogenen Signalen nicht immer deutlich getrennt sind solche, die sich auf die für eine Verbindung benutzte Leitung beziehen wie Belegen und Freigeben, Prüfen, Sperren und Entsperren.

Für die Signalisierung in einem Datennetz mit Durchschaltevermittlung werden überwiegend dieselben Kanäle verwendet wie für die Übertragung der Daten selbst. Daneben können aber auch eigene Signalisierungskanäle vorgesehen sein, die entweder jeweils einer Leitung oder — als *Zentrale Signalisierungskanäle* — einer Vielzahl von Verbindungen zugeordnet sind.

Die Signalisierung im gleichen Kanal erfordert, daß zumindest nach dem Beginn des Datentransfers Nutzdaten und vermittlungstechnische Signale eindeutig unterscheidbar sind. Es muß also Möglichkeiten zur Informationsübertragung geben, die von den Nutzdaten nicht benutzt werden können. Ein Beispiel hierfür ist das Zusammenfassen von Bits zu Bitgruppen und das Hinzufügen eines Zustandsbits, das angibt, ob die Bitgruppe Nutzdaten enthält oder nicht. Solche *Envelopes* (vgl. Band II, Abschn. 9.3.2.5) werden bei der Signalisierung entsprechend CCITT-Empf. X. 71 verwendet.

Bei Verwendung eines getrennten Signalisierungskanals muß demgegenüber beachtet werden, daß die Signalisierung genügend schnell ist; insbesondere dürfen Signale, die einen Übergang zwischen den Grundzuständen kennzeichnen, nicht hinter der Zustandsänderung der Kanäle zurückbleiben, in denen die Daten übertragen werden.

In Paketvermittlungsnetzen sind die Protokolle der verschiedenen Funktionsschichten deutlich getrennt. Das Protokoll der Schicht 2 dient in erster Linie der Sicherung gegen Übertragungsfehler (in Netzen mit Datagrammen auch zur Datenflußsteuerung).

Zum Auf- und Abbau virtueller Verbindungen werden Steuerpakete verwendet, in denen jeweils alle vermittlungstechnischen Informationen in Vorwärts- oder in Rückwärtsrichtung enthalten sind. Das *Rufpaket* der Datenstation, die eine erste oder eine zusätzliche virtuelle Verbindung wünscht, wird im Netz von Vermittlungsstelle zu Vermittlungsstelle weitergeleitet, bis es zur gerufenen Datenstation gelangt, die es mit einem *Rufannahmepaket* beantwortet, das schließlich als *Verbundenpaket* bei der rufenden Datenstation eintrifft. Zum Beenden eines erfolglosen Verbindungsaufbauversuches ebenso wie zum Abbau einer Verbindung dienen *Auslösepaket* und *Auslösebestätigungspaket.* Daneben gibt es die Möglichkeit, alle Verbindungen z. B. auf einer Anschlußleitung abzubauen (*Restart*).

In allen Paketvermittlungsnetzen regeln Protokolle der Schicht 3 auch das Weiterleiten der Datenpakete durch das Netz. Für eine virtuelle Verbindung wird hierfür ein bestimmter Weg festgelegt — eine Voraussetzung dafür, daß die Reihenfolge der Datenpakete beibehalten werden kann; es werden Empfangsbestätigungen gegeben, und der Datenfluß jeder einzelnen Verbindung kann gesteuert werden.

6.1.4.3 *Verkehrslenkung*

In Vermittlungsnetzen gibt es häufig mehr als einen Weg, auf dem Daten von einer Datenstation zu einer anderen gelangen können. Voraussetzung hierfür ist, daß das Netz keine reine Baumstruktur hat, sondern Maschen enthält (Bild 6.8); im Bereich der Anschlußleitungen wird das nur in Ausnahmefällen gegeben sein. Die Auswahl eines bestimmten Weges durch das Netz wird *Verkehrslenkung* (routing) genannt. (Eine entsprechende Aufgabe stellt sich, wenn innerhalb einer Vermittlungsstelle mehrere Möglichkeiten zur Verbindung zweier angeschlossener Leitungen zur Verfügung stehen; diese Aufgabe wird *Wegauswahl* genannt.)

Ziel der Verkehrslenkung ist, in einem bestimmten Netz bei vorgegebener *Verkehrsgüte* [6.18] möglichst viel Nachrichten übermitteln zu können oder — bei begrenztem Angebot an zu übermittelnden Nach-

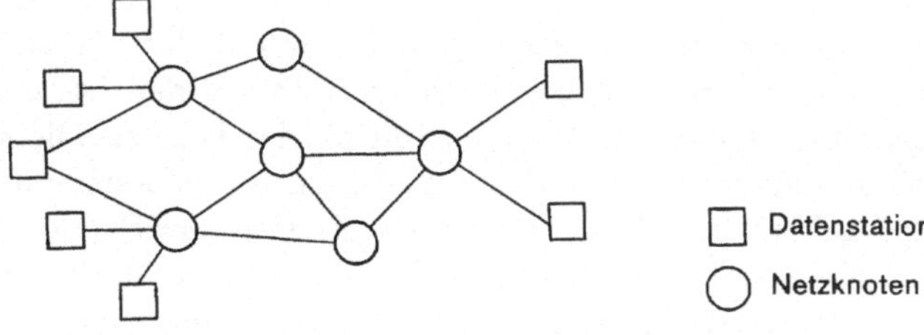

Bild 6.8 Datennetz mit alternativen Wegen.

richten — diese mit möglichst hoher Verkehrsgüte zu übermitteln (möglichst geringe Verlust- oder Wartewahrscheinlichkeit, möglichst kleine Wartedauern, vgl. Abschn. 6.2). Eine Vielzahl von Verfahren zur Verkehrslenkung ist vorgeschlagen und untersucht worden (vgl. z. B. [6.19]), selbst Verfahren, bei denen keine Kenntnis der Netzstruktur vorausgesetzt wird. Im allgemeinen kommen aber nur Verfahren in Frage, die von einer bestimmten Netzstruktur ausgehen, gegeben z. B. in Form von Tabellen, die für jedes Ziel die zulässigen Wege angeben. Unterschiede im einzelnen ergeben sich daraus, wie schnell die Tabellen an Änderungen des Verkehrs angepaßt werden und wie flexibel die Auswahl unter den zulässigen Wegen ist. In Netzen mit Verbindungsaufbau ist besonders wichtig die *starre alternative Verkehrslenkung*; hierbei werden die den Wegen entsprechenden Leitungen oder Leitungsbündel in immer der gleichen Reihenfolge daraufhin abgesucht, ob genügend Übertragungskapazität frei ist.

6.1.5 Zusätzliche Aufgaben von Vermittlungseinrichtungen

6.1.5.1 Sonderdienste

Über die bisher betrachteten Möglichkeiten hinaus, Verbindungen herzustellen, können den Teilnehmern an einem Vermittlungsnetz zusätzliche Leistungsmerkmale, die *Sonderdienste,* zur Verfügung stehen (Band II, Abschn. 9.2). Sie ermöglichen einen vom Regelfall abweichenden Verbindungsaufbau, z. B. durch Wahl mit verkürzter Rufnummer (Kurzwahl), geben den Datenstationen die Möglichkeit, zu prüfen, mit welcher anderen Station sie jeweils verbunden sind (Anschlußkennung, die von der Vermittlungsstelle, nicht von der anderen Station gesendet wird) oder erlauben es, den Kreis der Datenstationen, von denen aus Verbindungen zur betrachteten Station aufgebaut werden dürfen, auf eine bestimmte Teilnehmerklasse einzugrenzen.

Diese Sonderdienste für den Teilnehmer bringen eine Erweiterung der Steuerungsaufgaben mit sich: Kurzrufnummern müssen in die entsprechenden Langrufnummern übersetzt werden. Zur Identifizierung der Station, mit der eine Verbindung hergestellt worden ist, muß eine Anschlußkennung gebildet und übermittelt werden können. Die Zulässigkeit von Verbindungen zu einer Station, die zu einer bestimmten Teilnehmerklasse gehört, muß geprüft werden. Auch in der Signalisierung sind diese Aufgaben zu berücksichtigen, die Kurzwahl z. B. durch ein besonderes Wahleinleitungszeichen; die Anschlußkennung muß abgerufen und quittiert und die Zugehörigkeit zu einer Teilnehmerklasse muß im Rahmen der Wählzeichen signalisiert werden.

6.1.5.2 Verkehrsmessungen

Ein weiterer Aufgabenkreis entsteht dadurch, daß Verkehrsmessungen vorgenommen werden müssen. Die genaue Kenntnis der statistischen Eigenschaften des Verkehrs kann dazu dienen, Vermittlungseinrichtungen und Leitungen so gut wie möglich auszunutzen. Vor allem aber muß bei zunehmendem Verkehr überwacht werden, wie viele Verbindungen nicht sofort oder gar nicht hergestellt werden können. Daneben müssen in öffentlichen Netzen die Verbindungsdauern und die Inanspruchnahme von Sonderdiensten erfaßt werden, um die Gebühren ermitteln zu können.

6.1.5.3 Leitungsprüfung

Schließlich muß die Funktionsfähigkeit der an eine Vermittlungsstelle angeschlossenen Leitungen und der Vermittlungseinrichtungen, zu denen sie führen, überwacht werden. Das geschieht durch ständig in Betrieb befindliche Überwachungsschaltungen, z. B. für den Empfangspegel, und durch den Aufbau von Testverbindungen (bei Durchschaltevermittlung) oder die Übertragung von Testnachrichten (bei Teilstreckenvermittlung); bei Duplexleitungen können Prüfschleifen in den Übertragungs- und Vermittlungseinrichtungen geschlossen werden, über die die ausgesendeten Testsignale wieder zurücklaufen. Hierdurch wird erkannt, ob Leitungen und Vermittlungseinrichtungen überhaupt funktionsfähig sind. Werden — auf geschwindigkeitstransparenten Verbindungen — außerdem unverzerrte oder in bestimmter Weise vorverzerrte Zeichenfolgen übertragen, dann erlaubt die Analyse der empfangenen Zeichen Rückschlüsse auf die Übertragungseigenschaften der Leitungen und auf die Eigenschaften der Empfangs- und Sendeeinrichtungen der Datenstationen oder der Vermittlungsstellen.

6.1.6 Eignung der Übermittlungsverfahren für unterschiedliche Anwendungen

Die Frage, welche Verfahren zur Übermittlung von Daten für welche Anwendungen geeignet sind, ist zunächst eine Frage nach den durch die Übermittlungsverfahren bedingten, d. h. zur Signallaufzeit hinzukommenden Verzögerungen einerseits und den Realzeitbedingungen der jeweiligen Anwendung andererseits.

Für eine bestimmte Anwendung ist im allgemeinen die zulässige Verzögerung einer Nachricht begrenzt, z. B. in einem Frage/Antwort-System dadurch, daß diese Verzögerung Teil der Reaktionsdauer des Systems ist. Längere Nachrichten können u. U. als eine Folge von Teilnachrichten übermittelt werden; in diesem Falle ist im allgemeinen nicht nur die Verzögerung der Teilnachrichten begrenzt, sondern es kann der zeitliche Zusammenhang aller Daten wichtig sein. Ein Beispiel hierfür ist ein System, bei dem in Realzeit große Datenmengen zu übertragen und auszuwerten sind. In einem solchen Fall gehört zu den Realzeitbedingungen auch, daß die Verzögerungen der Teilnachrichten gar nicht oder nur wenig voneinander abweichen dürfen.

Von den Realzeitbedingungen hängt ab, wie schnell der Zugang zum Netz erreicht werden muß, wie groß die Verzögerung von Nachrichten in den Netzknoten sein darf und wie hoch die Übertragungsgeschwindigkeit auf den Teilstrecken mindestens sein muß. Mit der dann tatsächlich vorhandenen Übertragungsgeschwindigkeit werden aber oft nicht während der gesamten Zeit Daten übertragen; der von einer Datenstation für die Übertragung im Mittel genützte Anteil, bezogen auf die Gesamtdauer, sei hier als *Aktivitätsfaktor* bezeichnet.

Der Einsatz von Knotennetzen setzt voraus, daß der Aktivitätsfaktor um so kleiner ist, je größer die Anzahl der Datenstationen ist. Sind die zulässigen Verzögerungen nach oben hart begrenzt, dann muß ein Zugangsverfahren gewählt werden, das lange Wartedauern ausschließt. Für eine Anwendung, die keine Streuung der Verzögerungen zuläßt, muß das Zugangsverfahren diese Streuung wenigstens so weit begrenzen, daß durch Pufferung beim Empfang eine konstante Verzögerung erreicht werden kann.

Das Verfahren der Paketvermittlung ist gut geeignet, wenn der Aktivitätsfaktor der Anwendungen klein ist und eine gewisse Streuung der Verzögerungen zugelassen werden kann; durch Datenflußsteuerung muß dafür gesorgt werden, daß große Verzögerungen genügend selten sind. Demgegenüber ist das Verfahren der Durchschaltevermittlung gut geeignet, wenn der Aktivitätsfaktor hoch ist oder wenn keine Streuung der Verzögerungen zugelassen ist.

Diese Zusammenhänge haben dazu geführt, daß in der Literatur gelegentlich (z. B. [6.20]) drei Klassen von Anwendungen unterschieden werden:

Klasse I: Lange Nachrichten, die kontinuierliche Übermittlung in Realzeit erfordern, z. B. Fernseh-Bilder.

Klasse II: Kurze Nachrichten, die annähernd in Realzeit übermittelt werden müssen, z. B. interaktive Daten.

Klasse III: Lange Nachrichten, die weder zusammenhängend noch sofort übermittelt werden müssen, z. B. Inhalte von Dateien.

Für die Klasse I bietet sich Durchschaltevermittlung an, für die Klasse II Paketvermittlung, während für die Klasse III beide Verfahren gleich gut geeignet erscheinen.

Hinzu kommt, daß neben den Nutzdaten vermittlungstechnische Information übermittelt werden muß und daß ein Verbindungsaufbau vor der Übermittlung der Nutzdaten Zeit in Anspruch nimmt. Sehr kurze Nachrichten werden deshalb günstig als Datagramme übermittelt. Auch diese Aussage gilt aber nur der grundsätzlichen Tendenz nach; im Einzelfall kann sich durchaus zeigen, daß die Übermittlung als Datagramm wegen der Zwischenspeicherung in den Netzknoten zu einer größeren Verzögerung führt als die Übermittlung in einem Netz mit Durchschaltevermittlung und schnellem Verbindungsaufbau.

Neben den grundsätzlichen Erwägungen ist also zu beachten, wie effizient die Protokolle sind und wie schnell die entsprechenden Abläufe in den Einrichtungen der Datenstationen und der Netzknoten sind. Eine große Rolle spielt dabei, wie die Einrichtungen des Netzes bemessen sind; auf diese Frage wird im folgenden Abschnitt eingegangen.

6.2 Verkehrstheoretische Betrachtungen

6.2.1 Grundbegriffe

In einem Vermittlungsnetz führt ein Teil der Verbindungswünsche nicht oder nicht sofort zu Verbindungen, vorwiegend weil die gerufenen Stationen besetzt sind, daneben aber auch, weil Leitungen oder Vermittlungseinrichtungen aus Kostengründen nicht so dimensioniert werden können, daß sie bei Spitzenbelastungen immer ausreichen. In ähnlicher Weise wie in einem Vermittlungsnetz kann es in einem Knotennetz zu Wartezeiten kommen, wenn die Übertragungskapazität der an einen Netzknoten herangeführten Leitungen nicht ausreicht. Dieser Zusammenhang wird im Rahmen der Verkehrstheorie untersucht, um zu einer zweckmäßigen Anordnung und Bemessung sowie zu einem zweckmäßigen Einsatz dieser Einrichtungen zu kommen [6.21, 6.22, 6.18].

Betrachtet werden dabei die Koppelanordnungen oder, allgemeiner gesagt, Bedienungssysteme mit einem oder mehreren Abnehmern oder Bedienungselementen, bei denen seitens der Zubringer Belegungswünsche oder, wie im folgenden einfacher gesagt werden soll, Anrufe eintreffen (Zubringer können z. B. ankommend belegte Leitungen oder vorgeordnete Koppelanordnungen sein, Abnehmer abgehend belegte Leitungen, nachgeordnete Koppelanordnungen oder zentrale Steuereinrichtungen). Die Abläufe, die zu Anrufen führen, oder die Vorgänge während der Belegung interessieren dabei im einzelnen nicht, sondern nur die Anrufabstände und die Belegungsdauern. Durch Anrufabstände und Belegungsdauern wird der Verkehr beschrieben, der von Koppelanordnungen bewältigt werden soll. Bei diesen Anordnungen selbst ist noch zwischen ihrer Struktur und der Reihenfolge, in der Anrufe ab-

Tabelle 6.5 Parameter der Koppelanordnungen und des Verkehrs

Struktur der Koppelanordnung

Anzahl der Zubringerteilgruppen oder der Warteschlangen
Anzahl der Abnehmer
Anzahl der Stufen
Erreichbarkeit
  konstant und vollkommen
  konstant, aber nicht vollkommen, z. B. Mischung
  verkehrsabhängig, im Leerlauf vollkommen, z. B. Zwischenleitungsanordnung wie in Bild 6.11
  verkehrsabhängig, auch im Leerlauf nicht vollkommen
Anzahl der Warteplätze
  keine Warteplätze — reines Verlustsystem
  begrenzte Anzahl — kombiniertes Warte/Verlust-System
  unbegrenzte Anzahl — reines Wartesystem

Abfertigungsdisziplin

Disziplin in der Warteschlange (queue discipline)
  mit oder ohne Berücksichtigung der zu erwartenden Belegungsdauern,
  mit oder ohne unterschiedliche Prioritäten,
  Prioritäten unterbrechend oder nichtunterbrechend, verdrängend oder nichtverdrängend,
  Abfertigung bei gleicher Priorität und ohne Berücksichtigung der zu erwartenden Belegungsdauern, z. B.
    in der Reihenfolge des Eintreffens (first in, first out)
    in zufälliger Reihenfolge
    entgegen der Reihenfolge des Eintreffens (last in, first out)
    ⋮
Disziplin zwischen den Warteschlangen (interqueue discipline)

Verkehr

Anrufabstände
  zustandsunabhängig, z. B. negativ-exponentiell verteilt
  zustandsabhängig, z. B. abhängig von der Anzahl der freien Zubringer
Belegungsdauern, z. B.
  konstant
  negativ-exponentiell verteilt
  ⋮

---

gefertigt werden (Abfertigungsdisziplin) zu unterscheiden. Einen Überblick über diese im folgenden näher beschriebenen Parameter gibt Tab. 6.5.

6.2.1.1 *Struktur von Koppelanordnungen*

Die Leistungsfähigkeit von Koppelanordnungen hängt zunächst von ihrer Struktur ab, d. h. von den Möglichkeiten, von einem Zubringer aus einen Abnehmer zu belegen. In den einfachsten Anordnungen (vgl. Bilder 6.4 bis 6.6) kann jeder Zubringer mit jedem Abnehmer verbunden

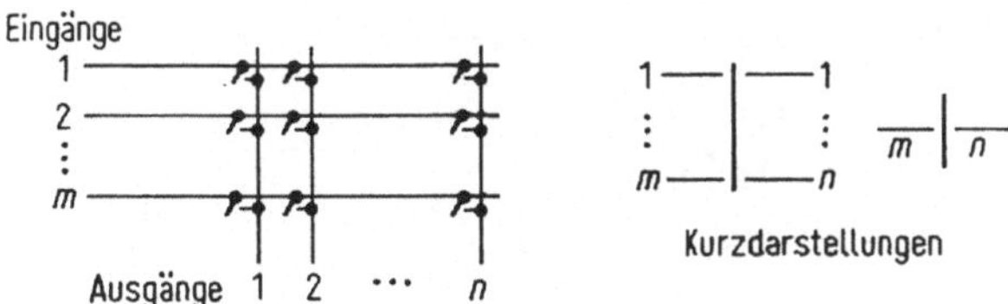

Bild 6.9 Koppelvielfach.

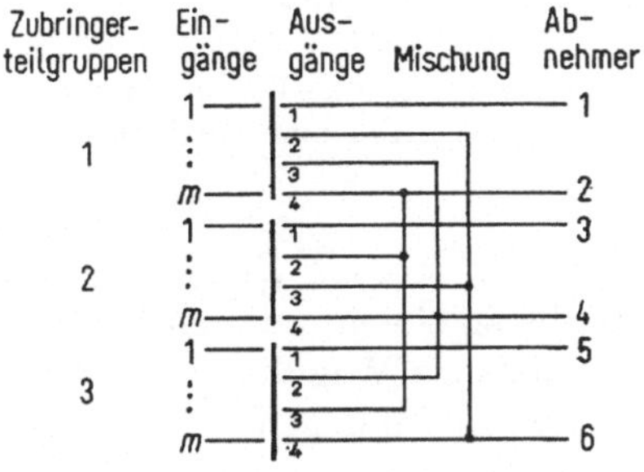

Bild 6.10 Beispiel einer Mischung.

werden. Diese Anordnungen sind einstufig, d. h. zwischen Zubringer und Abnehmer liegt jeweils genau ein Koppelpunkt [6.18]. (Dieser Begriff der Stufen innerhalb einer Koppelanordnung ist von dem Begriff der Funktionsstufen, z. B. Konzentrationsstufe, zu unterscheiden). Die gleiche einfache Struktur haben die *Koppelvielfache*, aus denen größere Koppelanordnungen zusammengesetzt sind: Von jedem Eingang kann über genau einen Koppelpunkt jeder Ausgang erreicht werden (Bild 6.9).

Es gibt nun *einstufige Koppelanordnungen*, die aus nebeneinanderliegenden Koppelvielfachen und einer zusätzlichen Vielfachschaltung am Ausgang bestehen, einer *Mischung* (Bild 6.10) [6.23]. Sie ist erforderlich, wenn die Gesamtanzahl der Ausgänge der Koppelvielfache größer als die Anzahl der Abnehmer ist; eine Mischung dient aber vor allem dazu, die Leistungsfähigkeit der Koppelanordnung zu erhöhen: Die

Verkehrsspitzen in den Zubringerteilgruppen liegen im allgemeinen zeitlich nicht genau gleich, so daß durch die Mischung ein Ausgleich stattfindet.

Mehrstufige Koppelanordnungen bestehen aus in zwei oder mehr Stufen hintereinanderliegenden Koppelvielfachen. Dabei ist häufig, wie in Bild 6.11 dargestellt, die Gesamtanzahl der Ausgänge einer Stufe gleich der Anzahl der Zwischenleitungen zu den Eingängen der folgenden Stufe. Wenn sich die Wegsuche über die gesamte Koppelanordnung

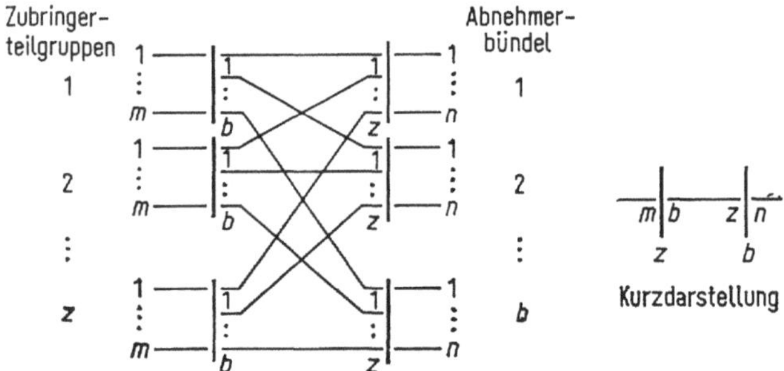

Bild 6.11 Zwischenleitungsanordnung zum Verbinden von (z) Zubringerteilgruppen mit (b) Abnehmerbündeln.

erstreckt (Koppelabschnitt), werden Zwischenleitungen — im Unterschied zu Abnehmern, die zu einem weiteren Koppelabschnitt führen — nur dann belegt, wenn auch ein Weg durch das folgende Koppelvielfach frei ist. Zwischenleitungsanordnungen können genau wie einstufige Anordnungen durch eine Mischung ergänzt werden.

Die verkehrstheoretisch wichtigste Kenngröße für die Struktur einer Koppelanordnung ist die *Erreichbarkeit,* definiert als die Anzahl k der Abnehmer, die von einem Zubringer aus auf ihren Belegungszustand geprüft werden können. Die Erreichbarkeit oder das so erreichte Bündel wird als *vollkommen* bezeichnet, wenn die Anzahl der erreichbaren gleich der Gesamtzahl der Abnehmer dieses Bündels ist. Das ist z. B. bei einer nur aus einem Koppelvielfach bestehenden Anordnung der Fall. Einstufige Anordnungen mit einer Mischung haben eine *begrenzte* Erreichbarkeit, da von vornherein bestimmte Abnehmer nicht erreichbar sind. Die Erreichbarkeit ist hierbei konstant. Auch bei mehrstufigen Anordnungen ist die Erreichbarkeit oft begrenzt. Sie hängt von den *inneren Blockierungen* ab, die darin bestehen, daß auf Grund der momentanen Belegung von Zwischenleitungen bestimmte Abnehmer nicht erreicht werden können (Bild 6.12). Die Erreichbarkeit mehrstufiger Koppelanordnungen ist in diesem Fall variabel, d. h. vom Belegungszustand und damit vom Verkehr abhängig. Sie ist am größten, wenn keine Belegungen vorhanden sind (Leerlauf).

Der *Belegungszustand* einer Koppelanordnung wird bei vollkommener Erreichbarkeit ausreichend durch die Anzahl der belegten Abnehmer gekennzeichnet. Bei begrenzter Erreichbarkeit hängt dagegen im allgemeinen die Möglichkeit, von einer bestimmten Zubringerteilgruppe aus einen Abnehmer zu belegen, nicht allein von der Anzahl der belegten Abnehmer ab, sondern davon, welche Abnehmer belegt sind und bei Zwischenleitungsanordnungen auch davon, welche Zwischenleitungen

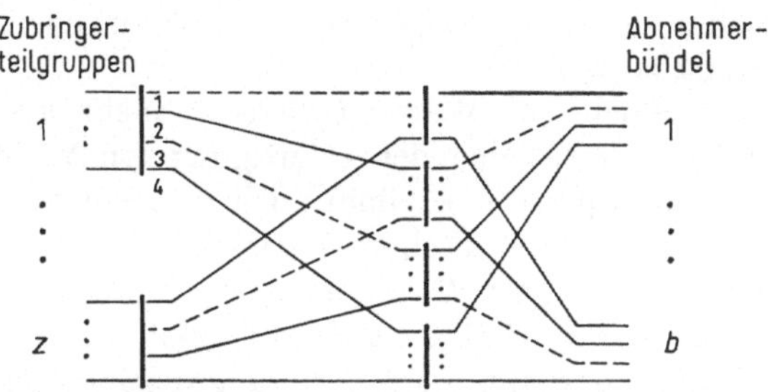

Bild 6.12 Zweistufige Koppelanordnung mit der Leerlauferreichbarkeit $k = 4$ (je 4 Zwischenleitungen) und der momentanen Erreichbarkeit $k = 2$ des Abnehmerbündels 1 für die Zubringerteilgruppe 1 (nur Zwischenleitungen 2 und 4 sind frei). ——— freie Leitung, ----- belegte Leitung

belegt sind. Die Anzahl der zu unterscheidenden Belegungszustände ist dadurch wesentlich größer.

Zur Struktur von Koppelanordnungen gehören schließlich auch die *Wartemöglichkeiten* für Anrufe, die nicht sofort zu Belegungen führen, weil alle erreichbaren Abnehmer belegt sind. Gibt es keine Wartemöglichkeiten, liegt ein *Verlustsystem* vor. Als Verlust wird bezeichnet, daß ein Anruf sofort bei seinem Eintreten abgewiesen wird. Auf Grund beschränkter Wartemöglichkeiten (begrenzte Anzahl von Warteplätzen oder auch begrenzte maximale Wartezeit) kann es auch in Wartesystemen einen Verlust geben. Solche Systeme werden genauer als kombinierte Warte/Verlust-Systeme bezeichnet.

6.2.1.2 *Abfertigungsdisziplin*

In Verlustsystemen ohne Prioritätsregelung führen Anrufe zur Belegung, solange wenigstens einer der erreichbaren Abnehmer frei ist; anderenfalls werden Anrufe sofort abgewiesen. Dies Verfahren kann durch die Einführung von *Prioritäten* modifiziert werden, und zwar durch unterbrechende Prioritäten in der Weise, daß beim Eintreffen eines Anrufs höherer Priorität eine Belegung vorzeitig beendet und damit der Anruf, der zu dieser Belegung geführt hat, aus dem System verdrängt wird. Prioritäten sind jedoch in Verlustsystemen weniger verbreitet als in Wartesystemen.

In Systemen mit Wartemöglichkeit kann es *unterbrechende* und *nichtunterbrechende* Prioritäten geben. Ferner ist zu unterscheiden, ob die höheren Prioritäten zum Verdrängen eines Anrufs niederer Priorität aus einer Warteschlange berechtigen oder nur zum bevorzugten Belegen freiwerdender Abnehmer. Wenn kein Warteplatz mehr frei ist, schließt eine Unterbrechung das Verdrängen ein. Das Verdrängen von Anrufen ist wie ein Verlust zu werten.

Da es in Systemen mit Wartemöglichkeit mehr als eine Warteschlange geben kann, muß neben der Abfertigung von Anrufen innerhalb einer Warteschlange (queue discipline) auch die Behandlung mehrerer Warteschlangen (interqueue discipline) geregelt werden. Ein Beispiel für die Behandlung mehrerer Warteschlangen ist die Zuweisung fester (nichtunterbrechender) Prioritäten oder die zyklische Bearbeitung. Im folgenden wird aber nur auf die Abfertigungsdisziplin innerhalb einer Warteschlange eingegangen, also auf das Verfahren, nach dem der als nächster zu berücksichtigende Anruf aus einer Warteschlange ausgewählt wird. Die Abfertigung in der Reihenfolge des Eintreffens setzt voraus, daß diese Reihenfolge gespeichert wird. Wird darauf verzichtet, so hängt die Auswahl eines Anrufs nach dem Freiwerden eines Abnehmers davon ab, wie das System wartende Anrufe sucht oder erkennt. Oft wird hier eine Abfertigung in zufallsmäßiger Reihenfolge angenommen. Die Reihenfolge kann ferner von der zu erwartenden Belegungsdauer abhängig gemacht werden, vor allem in der Weise, daß Belegungen mit kurzer Dauer bevorzugt abgewickelt werden.

6.2.1.3 Beschreibung des Verkehrs

Anrufe treffen nicht in einer im einzelnen bekannten Aufeinanderfolge ein, da im allgemeinen die Verbindungswünsche der Datenstationen eines Datennetzes, auf die alle hier betrachteten Anrufe zurückgehen, unabhängig voneinander sind. Darüber hinaus ist vielfach auch die Folge von Verbindungswünschen einer bestimmten Datenstation nicht fest vorgegeben. Das Eintreffen von Anrufen wird deshalb als stochastischer Prozeß betrachtet (*Anrufprozeß*). Ebenso werden die Belegungsdauern im allgemeinen durch ihre Wahrscheinlichkeitsverteilung gekennzeichnet (*Bedienprozeß*). Damit kann auch die Belegung einer Koppelanordnung und der Abnehmer nur durch Zustandswahrscheinlichkeiten beschrieben werden; die Frage nach den Wahrscheinlichkeiten der Systemzustände steht am Anfang aller verkehrstheoretischen Untersuchungen.

Der an eine Koppelanordnung herangetragene Verkehr ist zeitlich nicht konstant, er hängt vor allem von der Tageszeit ab. Näherungsweise kann er jedoch während eines bestimmten Zeitabschnitts, z. B. während der Hauptverkehrsstunde (Abschn. 6.2.4), als konstant betrachtet werden. Davon wird im folgenden zunächst ausgegangen.

Die wichtigsten Parameter des Verkehrs sind die *mittlere Belegungsdauer* t_m und das *Angebot* A, definiert als die mittlere Anzahl der während einer Zeit der Dauer t_m eintreffenden Anrufe. Bedingt durch das Angebot und die Verteilung der Belegungsdauern kann eine bestimmte Koppelanordnung Verkehr in einem bestimmten Umfang bewältigen. Als Kenngröße dafür wird die *mittlere Verkehrsbelastung* Y verwendet, definiert als die mittlere Anzahl der gleichzeitig belegten Abnehmer. In einem Verlustsystem stimmt Y mit der mittleren Anzahl b der gleichzeitig belegten Zubringer überein, wenn man die für die Steuerung aufzuwendende Zeit vernachlässigen kann. In einem Wartesystem setzt sich b aus der mittleren Verkehrsbelastung und der mittleren Anzahl w der wartenden Anrufe zusammen.

Schließlich werden für die Beschreibung des Verkehrs die Begriffe Verkehrsmenge und Verkehrswert verwendet. Mit *Verkehrsmenge* wird die Summe von Belegungsdauern während eines Zeitabschnitts bezeichnet, mit *Verkehrswert* die Verkehrsmenge, bezogen auf die Dauer des betrachteten Zeitabschnitts. Der Verkehrswert ist dimensionslos, wird aber — nach dem dänischen Verkehrstheoretiker A. K. Erlang — in Erlang (Erl) angegeben, um damit auf den Zusammenhang hinzuweisen, in dem eine solche Zahlenangabe erfolgt. Der Verkehrswert eines Abnehmers gibt an, zu welchem Anteil an Zeit dieser Abnehmer belegt ist; der Verkehrswert eines Bündels ist gleich der mittleren Anzahl gleichzeitig belegter Leitungen. Die mittlere Verkehrsbelastung Y ist ein Verkehrswert, ebenso das Angebot A, wenn man davon ausgehen kann, daß alle Anrufe auch zu Belegungen von Abnehmern führen.

Verteilung der Anrufabstände

Einer der Faktoren, die das Eintreffen von Anrufen bestimmen können, ist der Belegungszustand der Koppelanordnung. Wenn Abnehmer belegt sind, dann auch Zubringer, die während dieser Zeit nichts zum Angebot beitragen können. Im einfachsten Fall wird aber das Angebot als unabhängig vom Belegungszustand betrachtet. Diese Annahme ist gerechtfertigt, wenn die Anzahl der Zubringer, verglichen mit der der Abnehmer, sehr groß ist, z. B. in Konzentrationsstufen (Tab. 6.6 a). Vielfach kann außerdem angenommen werden, daß die Anrufe unabhängig voneinander eintreffen. Das Angebot ist hierbei

$$A = \lambda t_{\mathrm{m}}$$
$$= \frac{1}{t_{\mathrm{a}}} t_{\mathrm{m}}$$

mit λ als mittlerer Anzahl von Anrufen pro Zeiteinheit (mittlere Anrufrate) und t_{a} als Mittelwert der Anrufabstände.

Für diesen häufig angenommenen Fall sei auch die Wahrscheinlichkeit dafür genannt, daß innerhalb einer Zeit der Dauer t genau j Anrufe eintreffen. Sie ist

$$P_j(t) = \frac{(\lambda t)^j}{j!} \mathrm{e}^{-\lambda t}, \qquad t \geqq 0,$$

d. h. das Eintreffen der Anrufe bildet einen Poissonprozeß. Mit $j = 0$ erhält man die Wahrscheinlichkeit dafür, daß während der Zeit t kein Anruf eintrifft, und damit dafür, daß zu einem beliebigen Zeitpunkt die Zeit bis zum Eintreffen des nächsten Anrufs größer als t ist:

$$P_{\mathrm{a}}(> t) = \mathrm{e}^{-\lambda t}, \qquad t \geqq 0,$$

d. h. die Anrufabstände sind negativ-exponentiell verteilt.

Bei einer begrenzten Anzahl voneinander unabhängiger Zubringer (Tab. 6.6b) ist das Eintreffen von Anrufen nicht unabhängig von den bestehenden Belegungen. Man kann dann annehmen, daß zwar nicht die gesamte, wohl aber die Anrufrate jedes freien Zubringers konstant ist. Hier sind die jeweils freien Zeitabschnitte, die Freidauern, negativ-exponentiell verteilt.

Hat man nun eine Koppelanordnung vor sich, die Anrufe von einer anderen, vorgeordneten Koppelanordnung empfängt (Tab. 6.6c), dann sind die Anrufe auf den einzelnen Zubringern ebenfalls nicht unabhängig vom Belegungszustand. Hat z. B. die vorgeordnete Koppelanordnung sehr viele Zubringer und damit eine konstante Anrufrate, dann muß man bei der betrachteten Koppelanordnung mit einer konstanten Anrufrate rechnen, solange das Bündel zwischen den beiden Koppelanordnungen nicht völlig belegt ist. Der Anrufprozeß liegt mit seinen statistischen Eigenschaften zwischen denen der beiden zuerst betrachteten Fälle.

Sehr viel stärker streuen die Anrufabstände bei Überlaufverkehr, d. h. wenn einer Koppelanordnung nicht der gesamte Verkehr von vorgeordneten Koppelanordnungen angeboten wird, sondern wenn dort durch eine entsprechende Mischung die nur bei Spitzenverkehr belegten Ausgänge zusammengefaßt werden (Tab. 6.6d).

Tabelle 6.6 Typische Arten des Angebots

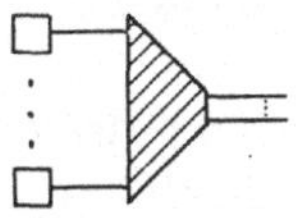 a	Angebot unabhängig von der Anzahl der schon bestehenden Belegungen (bei negativ-exponentieller Verteilung der Anrufabstände und der Belegungsdauern: Zufallsverkehr 1. Art oder Erlangverkehr)
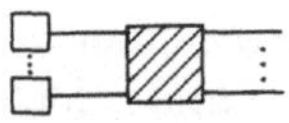 b	Angebot proportional der Anzahl der freien Zubringer (bei negativ-exponentieller Verteilung der Freidauern der Zubringer und der Belegungsdauern: Zufallsverkehr 2. Art oder Engsetverkehr)
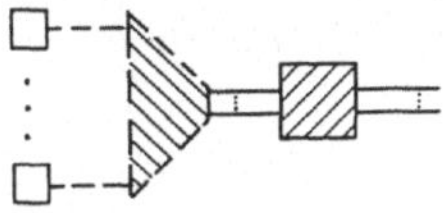 c	Angebot konstant, so lange mindestens noch ein Zubringer frei ist, sonst Null
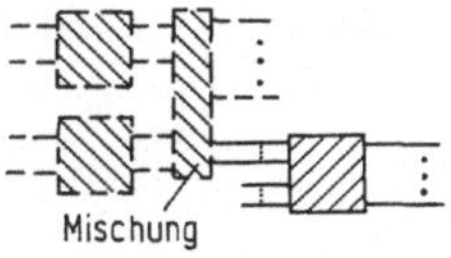 Mischung d	Angebot abhängig von dem den vorgeordneten Koppelanordnungen angebotenen Verkehr und der Art der Mischung (z. B. Überlaufverkehr)

Verteilung der Belegungsdauern

Ebenso unterschiedlich wie die Anrufabstände können die Belegungsdauern verteilt sein. Besonders oft wird auch hier die negativ-exponentielle Verteilung betrachtet. Eine solche Verteilung ist annähernd z. B. für die Belegungsdauern der Leitungen in Durchschaltevermittlungsnetzen beobachtet worden. Der hierbei verhältnismäßig hohe Anteil an sehr kurzen Belegungsdauern ist durch Wahlabbruch oder erfolglose Versuche, eine Verbindung aufzubauen, gegeben. (Da bei der Ermittlung der mittleren Verbindungsdauern die erfolglosen Versuche des Verbindungsaufbaus nicht mit eingeschlossen werden, ist die mittlere Verbindungsdauer in solchen Netzen im allgemeinen größer als die mittlere Belegungsdauer, obwohl natürlich bei jeder zustandegekommenen Verbindung die Belegung einer Leitung länger dauert als die Verbindung.) Sind sowohl die Belegungsdauern als auch die Anrufabstände negativ-exponentiell verteilt, dann spricht man von *Zufallsverkehr 1. Art* oder *Erlangverkehr*, bei einer negativ-exponentiellen Verteilung der Belegungsdauern und der freien Zeitabschnitte auf den Zubringern von *Zufallsverkehr 2. Art* (Tab. 6.6a und b).

Eine auch nur näherungsweise negativ-exponentielle Verteilung der Belegungsdauern ist in vielen Datenfernverarbeitungssystemen nicht gegeben [6.24], z. B. nicht in einem Buchungssystem, dessen Datenstationen durch ein Knotennetz mit einer oder mehreren Datenverarbeitungsanlagen verbunden sind. Hier ist eher mit konstanten Belegungsdauern zu rechnen. Auch zentrale Einrichtungen, z. B. Steuerungen in Vermittlungsstellen, werden häufig für eine konstante Zeit belegt. Im allgemeinen wird die Verteilung der Belegungsdauern zwischen den Grenzfällen der konstanten Belegungsdauer und der negativ-exponentiellen Verteilung liegen, d. h. die Streuung der Belegungsdauern zwischen Null und dem Mittelwert t_m. Es können jedoch auch noch größere Streuungen vorkommen, z. B. wenn ein kleiner Anteil der Belegungen eine wesentlich längere Dauer als die übrigen hat.

6.2.2 Verlustsysteme

In Verlustsystemen ist die wichtigste Kenngröße für die Leistungsfähigkeit einer Koppelanordnung die *Verlustwahrscheinlichkeit*

$$B = \frac{A - Y}{A}.$$

$A - Y$, die Differenz zwischen der mittleren Anzahl der während t_m eintreffenden Anrufe — dem Angebot — und der mittleren Anzahl der gleichzeitig für diese Zeit belegten Abnehmer, ist die mittlere Anzahl der während t_m zu Verlust gehenden Anrufe. Diese Anzahl, der *Rest*, bezogen auf das Angebot, ergibt die Verlustwahrscheinlichkeit. Ihre Angabe muß stets durch Aussagen über den betrachteten Verkehrsfall (Angebot und Art des Verkehrs) ergänzt werden.

Das wichtigste Beispiel für Verlustsysteme bilden die Koppelanordnungen, die in einem Netz mit Durchschaltevermittlung im Verbindungszug zwischen rufender und gerufener Datenstation liegen: Auf das Freiwerden einer Verbindungsleitung zur folgenden Vermittlungsstelle oder einer Zwischen- oder Abnehmerleitung in der betrachteten Vermittlungsstelle wird nicht gewartet. Dabei wird im folgenden nur auf den mathematisch einfachen Fall negativ-exponentiell verteilter Belegungsdauern eingegangen. Selbst wenn ein bestimmtes Datenfernverarbeitungssystem, das sich eines Datennetzes mit Durchschaltevermittlung bedient, stets zu Verbindungen mit der gleichen Dauer führt, muß für das gesamte Durchschaltenetz mit einer gewissen Streuung der Belegungsdauern gerechnet werden.

6.2.2.1 Anordnungen mit vollkommener Erreichbarkeit

Verkehrstheoretische Untersuchungen gehen, soweit möglich, von der Betrachtung der Systemzustände aus. Bei vollkommener Erreichbarkeit kommt es nicht darauf an, *welche* Abnehmer belegt sind, sondern nur auf die *Anzahl* der belegten Abnehmer. Die Wahrscheinlichkeit dafür, daß genau j der n Abnehmer belegt sind, wird mit P_j bezeichnet. Ein Anruf geht dann zu Verlust, wenn er während eines Zustands eintrifft, in dem alle Abnehmer belegt sind.

Bei Zufallsverkehr 1. Art ist das Eintreffen von Anrufen konstant, also unabhängig vom Systemzustand, so daß die Verlustwahrscheinlichkeit mit der Zustandswahrscheinlichkeit P_n übereinstimmt. Es ist

$$B = P_n$$

oder als Funktion des Angebots (Bild 6.13)

$$B = \frac{\dfrac{A^n}{n!}}{\sum\limits_{j=0}^{n} \dfrac{A^j}{j!}} \quad \text{mit } A = \frac{t_\mathrm{m}}{t_\mathrm{a}}$$

(*Erlangsche Verlustformel*).

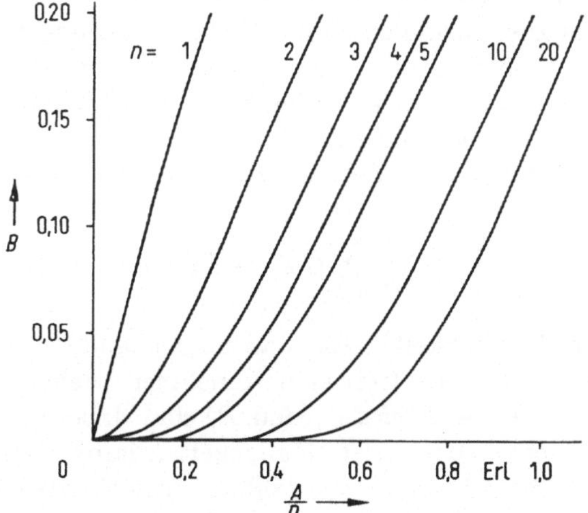

Bild 6.13 Verlustwahrscheinlichkeit B als Funktion des auf die Anzahl n der Abnehmer bezogenen Angebots A bei vollkommener Erreichbarkeit ($k = n$) und Zufallsverkehr 1. Art für verschiedene n.

Die Verlustwahrscheinlichkeit nähert sich dem Wert 1, wenn der mittlere Anrufabstand t_a bzw. die mittlere freie Zeit t_b eines Zubringers bis zu einem neuen Anruf sich dem Wert 0 nähert. Das Angebot, aber auch der Rest, wird dann beliebig groß. Die mittlere Verkehrsbelastung nähert sich der Anzahl der Abnehmer, d. h. es sind ständig alle Abnehmer belegt. Andererseits verschwindet die Verlustwahrscheinlichkeit erst dann, wenn auch kein Angebot mehr vorhanden ist, abgesehen von dem Fall, daß die Anzahl der Zubringer nicht größer als die der Abnehmer ist.

Vollkommene Erreichbarkeit bedeutet in einstufigen Anordnungen mit m Zubringern und n Abnehmern insgesamt $m \cdot n$ Koppelpunkte. Das gilt auch für eine Durchschaltung im Zeitmultiplex, z. B. entsprechend Bild 6.5: Es gibt zu m Zeitpunkten jeweils n Raumkoppelpunkte. Der Aufwand für den Verbindungsspeicher wächst zwar proportional zur Anzahl der Leitungen, denen er zugeordnet ist, bei einer Anordnung entsprechend Bild 6.5 also mit der Anzahl der Zubringer. Da die Adressen der Abnehmer aber nicht im $(\frac{1}{n})$-Code dargestellt sind, sondern dual codiert, ist bei einer Verdoppelung der Anzahl der Abnehmer das Adressenwort nur um 1 bit zu verlängern. Bei Zeitmultiplexdurchschaltung können deshalb einstufige Anordnungen mit vollkommener Erreichbarkeit auch bei großer Anzahl der angeschlossenen Leitungen verwendet werden.

6.2.2.2 Anordnungen mit unvollkommener Erreichbarkeit

Die Verlustwahrscheinlichkeit steigt bei unvollkommener Erreichbarkeit an, da nicht nur die Anrufe zu Verlust gehen, die eintreffen, wenn alle Abnehmer belegt sind, sondern auch die, die eintreffen, wenn freie Abnehmer nicht erreichbar sind. Besonders einfach läßt sich das bei Zufallsverkehr 1. Art formulieren:

Bei der Erreichbarkeit k, mit $k < n$, gilt für die Verlustwahrscheinlichkeit

$$B = \sum_{j=k}^{n-1} C_j P_j + P_n.$$

C_j ist die Wahrscheinlichkeit dafür, daß im Zustand j (j Abnehmer belegt, d. h. $n - j$ Abnehmer frei) kein Abnehmer erreicht werden kann (*Blockierungswahrscheinlichkeit*). C_j und P_j sind dabei aus Einzelwahrscheinlichkeiten der verschiedenen Möglichkeiten dafür zusammengesetzt, daß j Abnehmer belegt sind. Bei vollkommener Erreichbarkeit verschwinden die C_j, so daß sich die schon früher genannte Beziehung

$$B = P_n$$

ergibt.

Die einfachste einstufige Anordnung mit unvollkommener Erreichbarkeit ist die Aufteilung der Zubringer bzw. des Angebots und der Abnehmer in Teilgruppen mit jeweils vollkommener Erreichbarkeit. Bei einer Aufteilung in z Teilgruppen werden insgesamt nur

$$z \frac{m}{z} \frac{n}{z}$$

Koppelpunkte benötigt. Die Verlustwahrscheinlichkeit steigt aber stark an, da es keinen Ausgleich von Verkehrsspitzen zwischen den Teilgruppen gibt. In Bild 6.13 sind Verlustwahrscheinlichkeiten für verschieden große Bündel angegeben [6.25]; die Wirkung einer Aufteilung z. B. in zwei gleiche Teilbündel wird durch den Vergleich der Verlustwahrscheinlichkeiten für n und $n/2$ Abnehmer deutlich. Ein Gesamtangebot von 6 Erl führt bei einem vollkommenen Bündel von 10 Abnehmern (0,6 Erl je Abnehmer) zu etwa 4% Verlustwahrscheinlichkeit, bei einer Aufteilung auf 2 Bündel von je 5 Abnehmern dagegen zu etwa 11% Verlustwahrscheinlichkeit.

Geringer als bei einer Aufteilung in Teilgruppen sind die Verlustwahrscheinlichkeiten bei Anordnungen mit Mischung (Bild 6.10). Die Berechnung der Zustandswahrscheinlichkeiten und damit der Verlustwahrscheinlichkeiten bietet hier aber ebenso wie bei anderen Anordnungen mit unvollkommener Erreichbarkeit wegen der hohen Anzahl zu unterscheidender Zustände besondere Probleme.

6.2.3 Wartesysteme

Maßgebend für die Beurteilung eines Wartesystems [6.26, 6.27] ist die Wahrscheinlichkeit $P(>t)$ dafür, daß die Wartezeit (nach [6.18]: Wartedauer) eines Anrufs größer als t ist, speziell die Wahrscheinlichkeit $P(>0)$ dafür, daß ein Anruf überhaupt warten muß, und entweder die *mittlere Wartezeit aller Anrufe* $t_w{}^*$ oder die *mittlere Wartezeit* nur *der wartenden Anrufe* t_w. Beide sind durch

$$t_w{}^* = t_w P(>0) + 0[1 - P(>0)] = t_w P(>0)$$

verknüpft, da sich die mittlere Wartezeit aller Anrufe anteilig aus der der wartenden und der der nicht wartenden Anrufe zusammensetzt.

Für die Bemessung der Warteschlangen ist die Anzahl der wartenden Anrufe maßgebend. Ihr Mittelwert w, der allein zur Bemessung natürlich nicht ausreicht, ergibt sich aus der mittleren Anzahl der pro Zeiteinheit eintreffenden Anrufe A/t_m und der mittleren Wartezeit aller Anrufe, sofern alle Anrufe beliebig lange warten können, sofern also weder die

Wartezeit noch die Warteschlange in ihrer Länge beschränkt sind:

$$w = \frac{A}{t_m} t_w{}^*.$$

Diese Beziehung gilt in dieser Form für die Gesamtheit aller Anrufe; werden Prioritäten verwendet, dann gelten entsprechende Beziehungen je Priorität j:

$$w_j = \frac{A_j}{t_m} t_{wj}{}^*.$$

Ebenso wie bei den Verlustsystemen werden hier nur einige typische Zusammenhänge genannt.

Im folgenden wird im allgemeinen davon ausgegangen, daß das Angebot zustandsunabhängig ist und die Anrufabstände negativ-exponentiell verteilt sind. Zuerst werden Anordnungen mit n Abnehmern betrachtet, dann solche mit nur einem Abnehmer. Sie spielen bei Wartesystemen eine große Rolle, da der Zugriff zu zentralen Vermittlungseinrichtungen im allgemeinen über ein Wartesystem erfolgt. Aus dem gleichen Grund ist es hier von besonderer Bedeutung, auch den Fall konstanter Belegungsdauern zu berücksichtigen. Dagegen werden Wartesysteme mit begrenzter Erreichbarkeit hier außer Betracht gelassen, d. h. es wird im folgenden stets vollkommene Erreichbarkeit vorausgesetzt.

6.2.3.1 Wartesysteme ohne Prioritäten

Entsprechend dem Vorgehen bei der Darstellung von Verlustsystemen soll hier ein System mit mehreren Abnehmern betrachtet werden, dem Zufallsverkehr angeboten wird. Es gebe nur eine einzige Warteschlange und keine Prioritäten. Die Warteschlange sei unbegrenzt, ebenso die Wartezeit, und die Anrufe werden in der Reihenfolge ihres Eintreffens abgefertigt. Ein stationärer Prozeß ist nur dann vorhanden, wenn im Mittel weniger Anrufe eintreffen als durch die n Abnehmer überhaupt verarbeitet werden können, d. h. A muß kleiner als n sein.

Die Wartewahrscheinlichkeit ergibt sich aus der Wahrscheinlichkeit dafür, daß ein Anruf eintrifft und warten muß, bezogen auf die Wahrscheinlichkeit dafür, daß — im gleichen Zeitabschnitt — überhaupt ein Anruf eintrifft. Bei Zufallsverkehr 1. Art erhält man, abgeleitet aus den Zustandswahrscheinlichkeiten,

$$P(>0) = \frac{\dfrac{A^n}{n!}\,\dfrac{n}{n-A}}{\sum\limits_{j=0}^{n-1} \dfrac{A^j}{j!} + \dfrac{A^n}{n!}\,\dfrac{n}{n-A}},$$

also eine ähnliche Beziehung wie die Erlangsche Verlustformel. Die Wahrscheinlichkeit dafür, daß alle n Abnehmer belegt sind und mehr als r Anrufe warten, ist

$$P_{\mathrm{w}}(>r) = P(>0)\left(\frac{A}{n}\right)^{r+1}, \quad r = 0, 1, 2, \ldots,$$

und die mittlere Anzahl aller wartenden Anrufe ist

$$w = P(>0)\,\frac{A}{n-A}.$$

Die Wahrscheinlichkeit $P(>0)$ ist auch bei sehr geringem Verkehr endlich. Je mehr sich das Angebot der Anzahl der Abnehmer nähert, desto größer ist die mittlere Anzahl der wartenden Anrufe, während die Wartewahrscheinlichkeit ebenso wie $P_{\mathrm{w}}(>r)$ sich dem Wert 1 nähert.

Wegen der negativ-exponentiellen Verteilung der Belegungsdauern besitzt auch die Wartezeit eine solche Verteilung. Ein Anruf wartet also mit der Wahrscheinlichkeit

$$P(>t) = P(>0)\,\mathrm{e}^{-t/t_{\mathrm{w}}}, \qquad t \geqq 0,$$

länger als die Zeit t auf den Beginn der Bearbeitung (Bild 6.14). Dabei ist $t_{\mathrm{w}} = t_{\mathrm{m}}/(n - A)$ die mittlere Wartezeit der wartenden Anrufe. Auch bei sehr kleinem Angebot behält t_{w} mindestens den Wert t_{m}/n, da, wenn

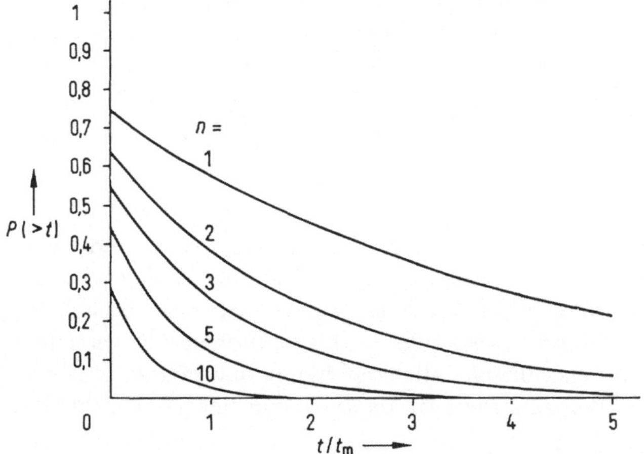

Bild 6.14 Wahrscheinlichkeit $P(>t)$, daß die Wartezeit größer als die Zeit t ist, als Funktion der auf die mittlere Belegungsdauer t_{m} bezogenen Zeit t bei einem auf die Anzahl n der Abnehmer bezogenen Angebot A von 0,75 Erl, vollkommener Erreichbarkeit und Zufallsverkehr 1. Art für verschiedene n.

ein Anruf überhaupt wartet, er im Mittel solange warten muß, bis einer der Abnehmer frei wird. Die mittlere Wartezeit t_w^* aller Anrufe ist dagegen für kleine Werte des Angebots ebenso wie die Wartewahrscheinlichkeit sehr klein.

Beim eben betrachteten Beispiel war vorausgesetzt worden, daß die Anrufe in der Reihenfolge des Eintreffens abgefertigt werden („first in, first out"). Diese Voraussetzung beeinflußt die Wahrscheinlichkeitsverteilung der Wartezeit. Die Wartewahrscheinlichkeit und der Mittelwert der Wartezeit sind jedoch unabhängig von der Warteschlangendisziplin, solange die zu erwartenden Belegungsdauern dabei nicht berücksichtigt werden. Das gilt für Poissonverkehr ebenso wie für Zufallsverkehr 2. Art.

Der Einfluß der Warteschlangendisziplin zeigt sich erst bei der Streuung der Wartezeiten. Ähnlich wie konstante und negativ-exponentiell verteilte Belegungsdauern gern als Grenzfälle betrachtet werden, sind es hier die Abfertigung in der Reihenfolge des Eintreffens und die Abfertigung auf Grund einer zufälligen Auswahl aus der Warteschlange (zufällig bedeutet, daß jeder der wartenden Anrufe mit gleicher Wahrscheinlichkeit ausgewählt wird, wenn ein Abnehmer frei wird). Die zufällige Auswahl führt dazu, daß die Wartezeiten stärker streuen als bei der Abfertigung in der Reihenfolge des Eintreffens. Die Überschreitungswahrscheinlichkeit für kurze Wartezeiten wird geringer, die für lange Wartezeiten größer [6.28]. Andere Warteschlangendisziplinen können mit einer noch größeren Streuung der Wartezeiten verbunden sein, den Grenzfall stellt die Abfertigung entgegen der Reihenfolge des Eintreffens dar („last in, first out").

Für Wartesysteme mit einem Abnehmer gelten die oben angegebenen Beziehungen mit $n = 1$; darüber hinaus sollen noch einige sehr allgemeine Beziehungen genannt werden. So ist die Wahrscheinlichkeit

$$P(>0) = A$$

unabhängig von der Verteilung der Belegungsdauern und von der Warteschlangendisziplin, vorausgesetzt, daß in der Warteschlangendisziplin die jeweils zu erwartenden Belegungsdauern nicht berücksichtigt sind, und daß die Anrufabstände negativ-exponentiell verteilt sind. Die Überschreitungswahrscheinlichkeit hängt dagegen sowohl von der Verteilung der Belegungsdauern als auch von der Warteschlangendisziplin ab.

Unabhängig von der Warteschlangendisziplin sind — unter den gleichen Voraussetzungen — auch die mittlere Anzahl und die mittlere Wartezeit der wartenden Anrufe. Die Verteilung der Belegungsdauern ist nur soweit von Einfluß auf diese Mittelwerte, wie sie zu unterschiedlichen Werten für die Streuung σ_m der Belegungsdauern führt:

$$t_w = t_m \frac{1 + \left(\frac{\sigma_m}{t_m}\right)^2}{2(1-A)}$$

Bei gleicher mittlerer Belegungsdauer und gleichem Angebot ist die mittlere Wartezeit am kleinsten bei konstanten Belegungsdauern ($\sigma_m = 0$); bei negativ-exponentieller Verteilung ($\sigma_m = t_m$) ist die Wartezeit doppelt so groß (Bild 6.15).

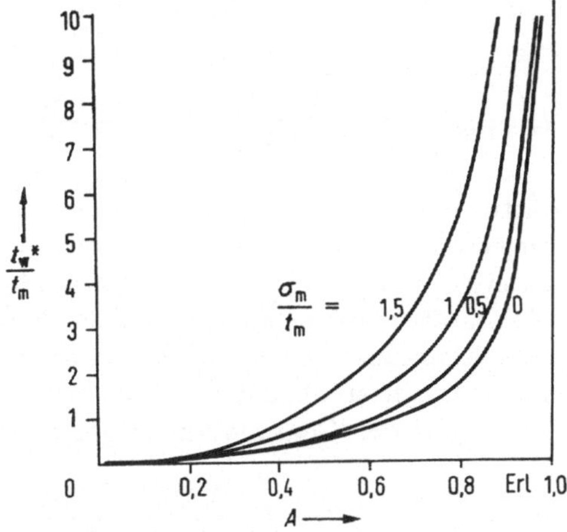

Bild 6.15 Mittlere Wartezeit t_w* aller Anrufe, bezogen auf die mittlere Belegungsdauer t_m, als Funktion des Angebots A bei negativ-exponentiell verteilten Anrufabständen und einem Abnehmer für verschiedene Streuungen σ_m der Belegungsdauern.
$\sigma_m/t_m = 0$: konstante Belegungsdauern, $\sigma_m/t_m = 1$: negativ-exponentiell verteilte Belegungsdauern.

6.2.3.2 Wartesysteme mit nichtunterbrechenden Prioritäten

Die Zuweisung von Prioritäten stellt eine besondere Warteschlangendisziplin für den Gesamtvorgang dar, so daß die obigen Beziehungen auch hier gelten, sofern bei Zuweisung von Prioritäten nicht nach den zu erwartenden Belegungsdauern vorgegangen wird. Im folgenden wird speziell vorausgesetzt, daß die Belegungsdauern in den verschiedenen Prioritäten der gleichen Verteilung genügen. Diese Voraussetzung trifft für Systeme zu, bei denen ein Abnehmer alle Anrufe, unabhängig von ihrer Priorität, in der gleichen Weise verarbeitet, z. B. eine Speichervermittlung mit Teilnehmern, deren Nachrichten bevorzugt abgefertigt werden, ohne daß diese sich im Aufbau des Nachrichtenkopfes oder in der Nachrichtenlänge von den übrigen unterscheiden. Außerdem sollen in jeder Priorität die Anrufe negativ-exponentiell verteilt eintreffen.

Für den Anteil A_1 am Gesamtangebot, der mit höchster Priorität abgefertigt wird, ist nach wie vor die Wartewahrscheinlichkeit genau so groß wie für das Gesamtangebot, da bestehende Belegungen nicht unterbrochen werden. Die Wartezeiten der wartenden Anrufe sind aber kürzer, und zwar stimmt ihre Verteilung mit der Verteilung überein, die sich ergibt, wenn überhaupt nur der Anteil A_1 angeboten wird [6.21]. Die mittlere Wartezeit t_{w1} ist entsprechend

$$t_{w1} = t_m \frac{1 + \left(\frac{\sigma_m}{t_m}\right)^2}{2(1 - A_1)} = t_w \frac{1 - A}{1 - A_1}$$

gegenüber der mittleren Wartezeit t_w des Gesamtvorgangs verkürzt. Ähnliche Beziehungen gelten für die Anteile, die mit niedrigeren Prioritäten abgefertigt werden. Bei geringem Gesamtverkehr ist die Zuweisung von Prioritäten ohne große Auswirkung, bei hohem Verkehr wirken sie sich dagegen sehr deutlich aus; vor allem bleiben die mittleren Wartezeiten der wartenden Anrufe in allen Prioritäten außer der niedrigsten auch dann endlich, wenn der Gesamtverkehr gegen n geht. Zur Er-

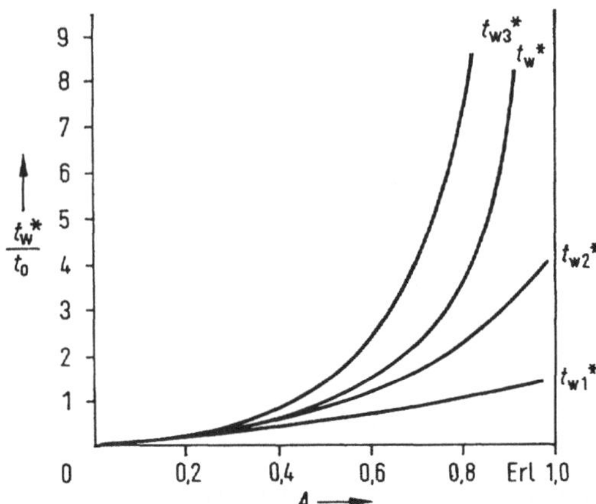

Bild 6.16 Mittlere Wartezeiten t_w^* aller Anrufe bzw. aller Anrufe mit einer von drei Prioritäten t_{w1}^* bis t_{w3}^* bei negativ-exponentiell verteilten Anrufabständen, gleichmäßiger Aufteilung des Angebotes auf die Prioritäten und einem Abnehmer (die Wartezeiten sind bezogen auf $t_0 = 1/2 \cdot t_m(1 + (\sigma_m/t_m)^2)$ mit t_m als mittlere Belegungsdauer und σ_m als Streuung der Belegungsdauern).

läuterung zeigt Bild 6.16 die mittlere Wartezeit aller Anrufe bei einer gleichmäßigen Aufteilung in drei Prioritäten. Entsprechende Beziehungen gelten auch für Systeme mit mehr als einem Abnehmer [6.29].

6.2.3.3 Weitere Systeme mit Wartemöglichkeit

Die in den bisherigen Betrachtungen getroffene Annahme, daß die Warteschlangen unbegrenzt sind, d. h. mindestens so viele Plätze enthalten, wie es Zubringer gibt, ist nicht immer erfüllt. In einem System mit begrenzter Wartemöglichkeit ist die Verlustwahrscheinlichkeit geringer als bei einem reinen Verlustsystem, die mittlere Wartezeit geringer als bei einem Wartesystem ohne Begrenzung.

Kommt es in einem System mit verschiedenen Prioritäten darauf an, nicht nur die mittlere Wartezeit der wartenden Anrufe mit höheren Prioritäten zu verringern, sondern auch die Wartewahrscheinlichkeit, so müssen Belegungen niederer Priorität unterbrechbar sein. Der Verkehr mit höchster Priorität wird dann so abgefertigt, als gäbe es nur diesen Anteil. Die Wartewahrscheinlichkeit sinkt entsprechend, und die Warteverteilung wird innerhalb dieser Priorität nur durch die Belegungsdauern dieser Priorität selbst bestimmt.

Durch eine andere Maßnahme kann die mittlere Wartezeit aller Rufe minimiert werden und zwar dadurch, daß Anrufe mit der kürzesten zu erwartenden Belegungsdauer mit höchster Priorität abgefertigt werden.

6.2.4 Verkehrsmessungen

6.2.4.1 Messungen von Parametern

In den vorhergehenden Abschnitten wurden verkehrstheoretische Fragen an Hand bestimmter Verteilungen erörtert. Kann man in dieser Weise den Funktionsverlauf als bekannt voraussetzen, also z. B. sagen, daß eine negativ-exponentielle Verteilung vorliegt, dann besteht die Aufgabe von Verkehrsmessungen darin, die Parameter der Verteilung zu ermitteln, etwa den *mittleren Anrufabstand* und zwar für die *Hauptverkehrsstunde,* die selbst ebenfalls durch Messungen bestimmt werden muß [6.30]. Dabei kann sich für manche Datennetze ergeben, daß es keine ausgeprägte Konzentration des Verkehrs auf einen solchen Zeitraum gibt [6.31].

Die Messung der Parameter ist vor allem erforderlich, um langfristige Änderungen im Verkehr feststellen zu können, damit die Vermittlungseinrichtungen rechtzeitig den veränderten Anforderungen angepaßt werden können. Von solchen langfristigen Änderungen sind kurzfristige zu unterscheiden, wie sie sich z. B. bei Übergängen von verkehrsschwachen zu verkehrsstarken Zeiten oder umgekehrt zeigen [6.32]. Diese Übergänge stellen verkehrstheoretisch ein besonderes Problem dar, auf das hier aber nicht eingegangen wird.

6.2.4.2 Ermittlung von Verteilungsfunktionen

In der Regel kann man aber nicht davon ausgehen, daß die Verteilungen in ihrem Funktionsverlauf bekannt sind. Es wäre also wünschenswert, auch die *Verteilung* selbst aus den Meßgrößen ableiten zu können. Praktisch begnügt man sich mit der annähernden Ermittlung einiger Momente (Mittelwert, Streuung und Momente höherer Ordnung; als Moment k-ter Ordnung der Zufallsvariablen x, bezogen auf a, wird der Erwartungswert von $(x - a)^k$ bezeichnet). Davon ausgehend kann man eine unbekannte Verteilung durch eine andere beschreiben, die mit ihr in den Momenten übereinstimmt.

6.2.4.3 Umfang der Messungen

Ein besonderes Problem entsteht bei unbekannten Verteilungen hinsichtlich des Umfangs der Messungen, die erforderlich sind, um die Parameter genügend genau zu bestimmen. Unter Genauigkeit ist hier ein Paar von Größen zu verstehen, nämlich das *Vertrauensintervall* und die *statistische Sicherheit*. Das Vertrauensintervall gibt an, wie weit der wahre Wert von dem aus Messungen gewonnenen Wert abweichen kann. Die statistische Sicherheit gibt an, mit welcher Wahrscheinlichkeit das Vertrauensintervall zutrifft. Auf Grund eines bestimmten Umfangs der Meßwerte kann man ein enges Vertrauensintervall mit geringer oder ein breiteres Vertrauensintervall mit höherer statistischer Sicherheit behaupten.

Als Beispiel sei hier die in [6.33] abgeleitete Formel zur Messung von Belegungsdauern bei Zufallsverkehr 1. Art genannt. Danach liegt der wahre Mittelwert t_m in dem durch

$$\bar{t}_m \left(1 - \frac{\lambda(S)}{n}\right) \leqq t_m \leqq \bar{t}_m \left(1 + \frac{\lambda(S)}{n}\right)$$

angegebenen Vertrauensintervall, wobei $\bar{t}_m$ sich aus der Messung an insgesamt n Belegungen ergeben hat. S ist die verlangte statistische Sicherheit und $\lambda(S)$ der Wert der Normalverteilung für S. Dieser Zusammenhang ist in Bild 6.17 dargestellt. Für Verteilungen der Belegungsdauer mit größerer Streuung sind mehr, für Verteilungen mit geringerer Streuung weniger Messungen erforderlich, um zum gleichen Vertrauensintervall bei gleicher statistischer Sicherheit zu kommen.

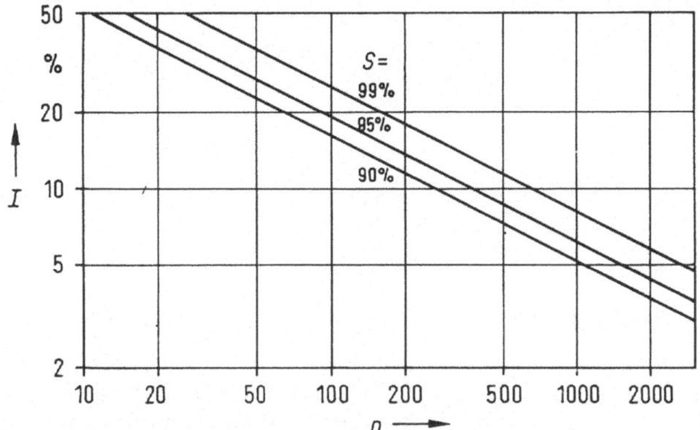

Bild 6.17 Vertrauensintervall I als Funktion der Anzahl n der Messungen bei Zufallsverkehr 1. Art für verschiedene Werte der statistischen Sicherheit S.

6.2.4.4 Durchführung der Messungen

Eine einfache Möglichkeit zur Messung von Parametern besteht darin, fortlaufend den Belegungszustand der betreffenden Einrichtung zu messen und daraus die im einzelnen interessierenden Größen zu ermitteln. Voraussetzung dafür ist, daß es eine der Messung zugängliche Darstellung des Belegungszustandes gibt, sei es eine mit der Belegung gegebene physikalische Größe, die dann durch spezielle Meßgeräte erfaßt wird, sei es ein Abbild des Belegungszustands, z. B. im Speicher einer Vermittlungsstelle mit speicherprogrammierter Steuerung, das durch ein Meßprogramm bearbeitet werden kann.

Genauere Angaben über den Verkehr lassen sich dadurch gewinnen, daß Angaben über die *einzelnen* Belegungen aufgezeichnet werden. Bei Vermittlungsstellen mit speicherprogrammierter Steuerung ist eine vollständige Aufzeichnung aller Rufdaten möglich (Zeitpunkt und Inhalt aller Steuersignale oder Steuerpakete vom Ruf bis zur Schlußzeichenbestätigung) und durch Verarbeitung dieser Daten eine genaue Analyse des gesamten Verkehrs.

Literaturverzeichnis

Literatur zu Abschnitt 1

1.1 DIN 44302: Datenübertragung, Datenübermittlung; Begriffe.

1.2 CCITT: Recommendation V. 24: List of definitions for interchange circuits between data terminal equipment and data circuit-terminating equipment. Yellow Book, Vol. VIII, Fascicle VIII. 1, Genf: ITU 1981.

1.3 CCITT: Recommendation V. 10: Electrical characteristics for unbalanced double-current interchange circuits for general use with integrated circuit equipment in the field of data communications. Yellow Book, Vol. VIII, Fascicle VIII. 1, Genf: ITU 1981.

1.4 CCITT: Recommendation V. 11: Electrical characteristics for balanced double-current interchange circuits for general use with integrated circuit equipment in the field of data communications. Yellow Book, Vol. VIII, Fascicle VIII. 1, Genf: ITU 1981.

1.5 CCITT: Recommendation V. 28: Electrical characteristics for unbalanced double-current interchange circuits. Yellow Book, Vol. VIII, Fascicle VIII. 1, Genf: ITU 1981.

1.6 CCITT: Recommendation V. 31: Electrical characteristics for single-current interchange circuits controlled by contact closure. Yellow Book, Vol. VIII, Fascicle VIII. 1, Genf: ITU 1981.

1.7 CCITT: Recommendation V. 35: Data transmission at 48 kilobits per second using 60–108 kHz group band circuits. Yellow Book, Vol. VIII, Fascicle VIII. 1, Genf: ITU 1981.

1.8 DIN 66020, Bl. 1: Datenübertragung; Anforderung an die Schnittstelle bei Übergabe bipolarer Datensignale, Übertragungsgeschwindigkeiten bis zu 20 kbit/s.

1.9 CCITT: Recommendation X. 20: Interface between data terminal equipment (DTE) and data circuit-terminating equipment (DCE) for start-stop transmission services on public data networks. Yellow Book, Vol. VIII, Fascicle VIII. 2, Genf: ITU 1981.

1.10 CCITT: Recommendation X. 21: Interface between data terminal equipment (DTE) and data circuit-terminating equipment (DCE) for synchronous operation on public data networks. Yellow Book, Vol. VIII, Fascicle VIII. 2, Genf: ITU 1981.

1.11 CCITT: Recommendation X. 2: International user services and facilities in public data networks. Yellow Book, Vol. VIII, Fascicle VIII, 2, Genf: ITU 1981.

1.12 Bocker, P.: Datenübertragung über Fernsprechverbindungen. Nachrichtentechn. Z. 21 (1968) 681–687.

1.13 DIN 44300: Informationsverarbeitung; Begriffe.

1.14 CCITT: Recommendation X. 1: International user classes of service in public data networks. Yellow Book, Vol. VIII, Fascicle VIII. 2, Genf: ITU 1981.
1.15 Bocker, P.; Gaiser, R.: Der Aufbau von Datennetzen mit dem elektronischen Datenvermittlungssystem EDS. Nachrichtentechn. Z. 26 (1973) 297–304.
1.16 CCITT: Recommendation G. 702: Vocabulary of pulse code modulation (PCM) and digital transmission terms. Yellow Book, Vol. III, Fascicle III. 3; Genf: ITU 1981.
1.17 Kleinrock, L.: Computer communication networks. 1st Canadian International Seminar on Computer Communication Systems, Vol. 3. 1973, S. 138–230.
1.18 Voss, H. H.: Fernschreibübertragung auf Funkverbindungen. Siemens-Z. 34 (1960) 463–469.
1.19 Erben, J.; Jakob, L.; Schüßler, K.; Voss, H. H.; Telegraphie über Kurzwellenverbindungen. In: Steinbuch, K. (Hrsg.): Taschenbuch der Nachrichtenverarbeitung. Berlin, Göttingen, Heidelberg: Springer 1962.
1.20 International Telecommunication Convention. Malaga-Torremolinos, 1973. Genf: ITU 1973.

Literatur zu Abschnitt 2

2.1 Cherry, C.: Kommunikationsforschung — eine neue Wissenschaft. Frankfurt/M.: S. Fischer 1963.
2.2 Hyvärinen, L. P.: Information theory for system engineers. (Ökonometrie und Unternehmensforschung, Bd. 17.) Berlin, Heidelberg, New York: Springer 1970.
2.3 Zunde, P.: On signs, information and information measures. ISA Trans. 10 (1971) 189–193.
2.4 Shannon, C. E.: Communication in the presence of noise. Proc. IRE 37 (1949) 10.
2.5. Shannon, C. E.: The mathematical theory of communication. Urbana: The Univers. of Illinois Press 1949.
2.6 DIN 44300: Informationsverarbeitung; Begriffe.
2.7 Raabe, H.: Untersuchungen an der wechselzeitigen Mehrfachübertragung. Elektr. Nachr. Techn. 16 (1939) 213–228.
2.8 Küpfmüller, K.: Über Einschwingvorgänge in Wellenfiltern. Elektr. Nachr. Techn. (1924) 141–152.
2.9 Hartley, R. V. L.: Transmission of information. Bell Syst. Techn. J. 7 (1928) 535–563.
2.10 Nyquist, H.: Certain topics in telegraph transmission theory. Trans. AIEE. 47 (1928) 617–644.
2.11 CCITT: Terms and Definitions. Yellow Book, Vol. X, Fascicle X. 1, Genf: ITU 1981.
2.12 Peters, J.: Einführung in die Allgemeine Informationstheorie. (Kommunikation und Kybernetik in Einzeldarstellungen, Bd. 6.) Berlin, Heidelberg, New York: Springer 1967.
2.13 Berger-Damiani, E. R.: Nachrichtentheorie, Zahlensysteme und Codierung. In: Steinbuch, K.; Weber, W. (Hrsg.): Taschenbuch der Informatik, Bd. II, 3. Aufl. Berlin, Heidelberg, New York: Springer 1974, S. 88ff.
2.14 Boltzmann, L.: Vorlesungen über Gastheorie. Leipzig: Joh. Ambrosius Barth 1896/1898.
2.15 Szilard, L.: Über die Entropieverminderung in einem thermodynamischen System bei Eingriffen intelligenter Wesen. Z. Phys. 53 (1929) 840–856.

2.16 Brillouin, L.: Science and information theory. New York: Academic Press 1956.
2.17 Peters, J.: Die physikalische Bedeutung der Information. Nachrichtentechn. Z. 21 (1968) 199–203.
2.18 Kaufmann, H.: Das Informationsmaß der Nachrichtentechnik als physikalische Größe. In: Physiker-Tagung, Hamburg, 1963. Mosbach: Physik-Verlag 1964. Hauptvorträge S. 89–102.
2.19 Schouten, J.: Ignorance, knowledge and information. Symposion on Information Theory. London: Cherry 1955, S. 37–46.
2.20 Marko, H.: Die Ausnutzbarkeit eines Telegrafiekanals zur Informationsübertragung. Nachrichtentechn. Z. 15 (1962) 451–466.
2.21 Zemanek, H.: Elementare Informationstheorie. Wien, München: R. Oldenbourg 1959.
2.22 Berndt, H.: Codes in der Datentechnik. data rep. 4 (1969) 16–18 und 5 (1970) 18–23.
2.23 ITU: Telegraph Regulations, Article 16: Transmission Signals of International Telegraph Alphabets Nos. 1 and 2, and Morse Code Signals. Genf: ITU 1959.
2.24 CCITT: Recommendation V. 3: International alphabet No. 5. Yellow Book, Vol. VIII, Fascicle VIII. 1, Genf: ITU 1981.
2.25 CCITT: Recommendation V. 4: General structure of signals of international alphabet No. 5 code for data transmission over public telephone networks. Yellow Book, Vol. VIII, Fascicle VIII. 1, Genf: ITU 1981.
2.26 ISO 6937: Coded character sets for text communication. Part 2: Latin alphabetic and non alphabetic graphic characters.
2.27 CCITT: Recommendation V. 1: Equivalence between binary notation symbols and the significant conditions of a two-condition code. Yellow Book, Vol. VIII, Fascicle VIII. 1, Genf: ITU 1981.
2.28. ISO 646: 7-bit coded character set for information processing interchange.
2.29 Schenke, K.; Rüggeberg, R.; Otto, J.: Teletex, ein neuer internationaler Fernmeldedienst für die Textkommunikation. Jahrbuch der Deutschen Bundespost 1981. Bad Windsheim: Georg Heidecker 1981, S. 277–349.
2.30 CCITT: Recommendation S. 61: Character repertoire and coded character sets for the international teletex service. Yellow Book, Vol. VII, Fascicle VII. 2, Genf: ITU 1981.
2.31 CCITT: Recommendation S. 100: International information exchange for interactive videotex. Yellow Book, Vol. VII, Fascicle VII. 2. Genf: ITU 1981.
2.32 ISO 2022: Information processing — ISO 7-bit and 8-bit coded character sets — Code extension techniques.
2.33 CCITT: Recommendations S. 13: Use on radio circuits of 7-unit synchronous systems giving error correction by automatic repetition. Yellow Book, Vol. VII, Fascicle VII. 2, Genf: ITU 1981.
2.34 Gallager, R. G.: Information theory and reliable communication. New York: John Wiley 1968.
2.35 Berlekamp, E. R.: Algebraic coding theory. New York, St. Louis, San Francisco, Toronto, London, Sidney: McGraw-Hill 1968.
2.36 van Lint, J. H.: Coding theory. 2nd Ed. (Lecture Notes in Mathematics, Vol. 201.) Berlin, Heidelberg, New York: Springer 1973.
2.37 Massey, J. L.: Threshold decoding. Cambridge, Mass: M. I. T. Press 1963.
2.38 Peterson, W. W.: Prüfbare und korrigierbare Codes (Übersetzung: K. Wallner). Wien, München: R. Oldenbourg 1967.
2.39 Fano, R. M.: Informationsübertragung. Wien, München: R. Oldenbourg 1966.

2.40 Berger, E. R.: Codierung und Fehlersicherheit in informationstheoretischer Sicht. Nachr.-techn. Fachber., Bd. 28, S. 35–45.

2.41 Berger, E. R.: Die Wirksamkeit von Blocksicherungsverfahren gegenüber gebündelten Störungen bei der Datenübertragung. Arch. elektr. Übertr. 16 (1962) 51–55.

2.42 Nili, H.: Fehlerwahrscheinlichkeit und Geschwindigkeit bei der Übertragung digitaler Informationen durch Gruppen-Codes. Arch. elektr. Übertr. 18 (1964) 282–292.

2.43 Norz, A.: Fehlermöglichkeiten und Fehlerschutz bei der Datenübertragung. Elektrotechn. Z. Ausg. A 84 (1963) 533–539.

2.44 Steinbuch, K.; Rupprecht, W.: Nachrichtentechnik. 2. Aufl. Berlin, Heidelberg, New York: Springer 1973.

Literatur zu Abschnitt 3

3.1 Unger, H. G.: Neue Entwicklungen zur Breitbandkommunikation mit Hohlkabel, Glasfaser und Supraleitung. Nachrichtentechn. Z. 26 (1973) 346 bis 351.

3.2 Special "Optical fibres". Part 1: Telecommun. J. 48 (1981) 636–685; Part 2: Telecommun. J. 49 (1982) 83–131.

3.3 CCITT: Recommendation G. 651: Characteristics of 50/125 μm graded index optical fibre cables. Yellow Book, Vol. III, Fascicle III. 2, Genf: ITU 1981.

3.4 Hölzler, E.; Thierbach D. (Hrsg.): Nachrichtenübertragung. Berlin, Heidelberg, New York: Springer 1966.

3.5 Bergmann, K.: Fernmeldetechnik. Braunschweig: Vieweg 1949.

3.6 Artbauer, J.: Kabel und Leitungen. Deutsche Ausgabe. Berlin: VEB Verlag Technik 1961.

3.7 Schubert, W.: Nachrichtenkabel und Übertragungssysteme. Berlin, München: Siemens AG 1971.

3.8 Steinbuch, K.; Rupprecht, W.: Nachrichtentechnik. 2. Aufl. Berlin, Heidelberg, New York: Springer 1973.

3.9 Pippart, W.: Der Dienst bei der Deutschen Bundespost. Bd. 6, 11. Teil, Datenübertragung — Datenfernverarbeitung. Hamburg, Berlin: R. v. Deckers Verlag, G. Schenck 1971.

3.10 VDE 0816: Bestimmungen für Außenkabel für Fernmeldeanlagen. Berlin: VDE-Verlag.

3.11 Vogelsberg, D.: Kapazitive Kopplungen in Nachrichtenkabeln. Nachrichtentechn. Z. 23 (1970) 158–165.

3.12 Lamers, H.: Erläuterungen zur Ergänzung des Dämpfungsplans 55 der Deutschen Bundespost, Ausgabe 1980. telcom rep. 40 (1981) 392–398 und 449 bis 454.

3.13 Verhoeckx, N. A. M.; van den Elzen, H. C.; Snijders, F. A. M.; van Gerwen, P. J.: Digital echo cancellation for baseband data transmission. IEEE Trans. Acoustics, Speech, and Sign. Proc. ASSP-27 (1979) 768–781.

3.14 Kersten, R.: Grundsätzliches zur Digital-Übertragungstechnik. telcom rep. 2 (1979), Beih. „Digital-Übertragungstechn.", 7–11.

3.15 Kersten, R.: Prinzipien der Pulscodemodulation. telcom rep. 2 (1979), Beih. „Digital-Übertragungstechn.", 12–16.

3.16 Auer, W.; Schweizer, L.: Hierarchie der Digital-Übertragungssysteme und CCITT-Normen. telcom rep. 2 (1979), Beih. „Digital-Übertragungstechn.", 16–20.

3.17 Ey, K.; Stummer, B.: PCM 30F, Grundstufe der Digital-Übertragungssysteme. telcom rep. 2 (1979), Beih. „Digital-Übertragungstechn.“, 35–41.
3.18 CCITT: Recommendation V. 2: Power levels for data transmission over telephone lines. Yellow Book, Vol. VIII, Fascicle VIII. 1, Genf: ITU 1981.
3.19 CCITT: Recommendation H. 23: Basic characteristics of telegraph equipment used in international voice-frequency telegraph systems. Yellow Book, Vol. III, Fascicle III. 4, Genf: ITU 1981.
3.20 CCITT: Supplement Nr. 14: Federal Republic of Germany: Study of the general switched telephone network with a view to its suitability for data transmission. White Book, Vol. VIII, Genf: ITU 1969.
3.21 CCITT: Supplement Nr. 1: Federal Republic of Germany: Study of the general switched telephone network with a view to its suitability for data transmission. Green Book, Vol. VIII, Genf: ITU 1973.
3.22 CCITT: Supplement Nr. 32: United Kingdom: Measurement of phase distortion and transmission loss between subscribers. White Book, Vol. VIII, Genf: ITU 1969.
3.23 CCITT: Supplement Nr. 14, United Kingdom: The characteristics of the United Kingdom public switched telephone network. Green Book, Vol. VIII, Genf: ITU 1973.
3.24 CCITT: Dokument Com. Sp. A-Nr. 150 der Studienperiode 1968–1972: Analysis of results of subscriber-to-subscriber tests between 15 countries carried out during the period 6. 4. 1970–3. 7. 1970.
3.25 CCITT: Recommendation M. 1020: Characteristics of special quality international leased circuits with special bandwith conditioning. Yellow Book, Vol. IV, Fascicle IV 2, Genf: ITU 1981.
3.26 Duffy, F. P.; Thatcher, I. R. T. W.: Analog transmission performance on the switched telecommunication network. Bell Syst. Techn. J. 50 (1971) 1311 bis 1347.
3.27 CCITT: Recommendation G. 712: Performance characteristics of PCM channels at audio frequencies. Yellow Book, Vol. III, Fascicle III. 3, Genf: ITU 1981.
3.28 CCITT: Recommendation G. 164: Echo suppressors. Yellow Book, Vol. III, Fascicle III. 1, Genf: ITU 1981.
3.29 CCITT- Recommendation G. 225: Recommendations relating to the accuracy of carrier frequencies. Yellow Book, Vol. III, Fascicle III. 2, Genf: ITU 1981.
3.30 CCITT: Recommendation G. 151: General performance objectives applicable to all modern international circuits and national extension circuits. Yellow Book, Vol. III, Fascicle III. 1, Genf: ITU 1981.
3.31 CCITT: Recommendation V. 55 (identisch mit 0.71): Specification for an impulsive noise measuring instrument for telephone-type circuits. Yellow Book, Vol. VI, Fascicle IV. 4, Genf: ITU 1981.
3.32 CCITT: Supplement Nr. 4.2: Results and analysis of the 8th series of tests of short breaks in transmission. White Book, Vol. IV, Genf: ITU 1969.
3.33 CCITT: Recommendation G. 821: Error performance on an international digital connection forming part of an integrated services digital network. Yellow Book, Vol. III, Fascicle III. 3, Genf: ITU 1981.
3.34 Rome Air Development Center: Data communications. Telecommun., April 1972, S. 37 und 62.
3.35 CCITT: Recommendation G. 232: 12-channel terminal equipments. Yellow Book, Vol. III, Fascicle III. 2, Genf: ITU 1981.
3.36 Das Gupta, P. C.: Übertragung von binär frequenzmodulierten Signalen über die Analogklemmen eines PCM-Systems. Nachrichtentechn. Z. 22 (1969) 424–428.

3.37 Hübner, G.: Datenübertragung über Sprachkanäle von Pulscodemodulationssystemen. Nachrichtentechn. Z. 25 (1972) 486–491.
3.38 Schweizer, L.: Planning aspects of quantizing distortion in telephone networks. Telecommun. J. 48 (1981) 32–36.
3.39 CCITT: Recommendation G. 241: Pilots on groups, supergroups, etc. Yellow Book, Vol. III, Fascicle III. 2, Genf: ITU 1981.
3.40 CCITT: Recommendation H. 14: Characteristics of group links for the transmission of wide-spectrum signals. Yellow Book, Vol. III, Fascicle III. 4, Genf: ITU 1981.
3.41 CCITT: Recommendation H. 52: Transmission of wide-spectrum signals (data, facsimile, etc.) on wideband group links. Yellow Book, Vol. III, Fascicle III. 4, Genf: ITU 1981.
3.42 CCITT: Recommendation G. 222: Noise objectives for design of carrier-transmission systems of 2500 km. Yellow Book, Vol. III, Fascicle III. 2, Genf: ITU 1981.

Literatur zu Abschnitt 4

4.1 Kaden, H.: Impulse und Schaltvorgänge in der Nachrichtentechnik. München, Wien: R. Oldenbourg 1957.
4.2 Panter, P. F.: Modulation, noise and spectral analysis. New York: McGraw-Hill 1965.
4.3 Nyquist, H.: Certain topics in telegraph transmission theory. Trans. AIEE 47 (1928) 617–644.
4.4 Doetsch, G.: Funktionaltransformationen. In: Sauer, R.: Szabó, Y. (Hrsg.): Mathematische Hilfsmittel des Ingenieurs, Teil 1. (Grundl. d. Math. Wiss., Bd. 139.) Berlin, Heidelberg, New York: Springer 1967, S. 248–249.
4.5 Herrmann, O.; Rabiner, L. R.; Chan, D. S. K.: Practical design rules for optimum finite impulse response low pass digital filters. Bell Syst. Tech. J. 52 (1973), 769–799.
4.6 Sunde, E. D.: Theoretical fundamentals of pulse transmission I. Bell Syst. Tech. J. 33 (1954) 721–788.
4.7 Holzman, L. N.; Lawless, W. J.: Data Set 203, a new high-speed voiceband modem. IEEE Internat. Commun. Conf., San Francisco, Conf. Rec. S. 12–7 bis 12–14.
4.8 Bennett, W. R.; Davey, J. R.: Data transmission. New York: McGraw-Hill 1965.
4.9 Lender, A.: The duobinary technique for high speed data transmission. IEEE Trans. Commun. Electron. 82 (1963) 214–218.
4.10 Howson, R. D.: An analysis of the capabilities of polybinary data transmission. IEEE Trans. Commun. Technol. COM-13 (1965) 315–319.
4.11 Lender, A.: Correlative data transmission with coherent recovery using absolute reference. IEEE Trans. Commun. Technol. COM-16 (1968) 108–115.
4.12 Ringelhaan, O. E.: System for transmission of binary information at twice the normal rate. U.S. Patent 3162724 (1964).
4.13 van Gerwen, P. J.: On the generation and application of pseudo-ternary codes in pulse transmission. Philips Res. Rep. 20 (1965) 469–484.
4.14 Kretzmer, E. R.: An efficient binary data transmission system. IEEE Trans. Commun. Syst. CS-12 (1964) 250–251.

4.18 Appel, U.; Tröndle, K.: Zusammenstellung und Gruppierung verschiedener Codes für die Übertragung digitaler Signale. Nachrichtentechn. Z. 23 (1970) 11—16.

4.19 Falcoz, A.: Croisier, A.: Le code bipolaire à haute densité, un procedé de transmission en bande de base. Colloque international sur la téléinformatique, Paris 1969, T. 1, S. 54—64.

4.20 Claisse, I.; Barbier, X.: Transmission de données en bande de base. Colloque international sur la téléinformatique, Paris, 1969, T. 1, S. 64—72.

4.21 Oehlen, H.; Brust, G.: Spektrale Energie- und Leistungsdichte technisch interessanter Impulsformen und Impulsfolgen. Arch. elektr. Übertrag. 22 (1968) 79—86.

4.22 Mammucari, F.; Pavoni, G.: Un diapositivo per transmissione dati in bandabase realizzato con circuiti integrati. Telecomunicazioni SIT, Mailand, No. 36, Sept. 1970.

4.23 Kaiser, W.: Technische Grundlagen der Datenübertragung. Nachrichtentechn. Fachber. 37 (1969) 3—22.

4.24 Lucky, R. W.; Salz, J.; Weldon, E. J.: Principles of data communication. New York: McGraw-Hill 1968.

4.25 Thomas, J. B.: An Introduction to Statistical Communication Theory. New York: John Wiley 1969.

4.26 Leuthold, P. E.; Tisi, F.: Ein Einseitenbandsystem für Datenübertragung. Arch. elektr. Übertrag. 21 (1967) 354—362.

4.27 De Jager, F.; van Gerwen, P. J.: Co-modulation, a new method for high-speed data transmission. Trans. Instn. Radio Eng. IT-8 (1962) 285—290.

4.28 Davey, J. R.: Modems. Proc. IEEE (1972) 1284—1312.

4.29 Tannhäuser, A.: Zur rechnerischen Behandlung von Systemen mit Phasendifferenzmodulation. Nachrichtentechn. Z. 24 (1971) 213—216.

4.30 Grützmann, S.: Computer aided design of filters for data transmission systems. 1974 european conference on circuit theory and design. Conf. Rec. S. 452—456.

4.31 Grützmann, S.: Simulation von Datenübertragungssystemen mit Datenverarbeitungsanlagen. Nachrichtentechn. Fachber. 37 (1969) 247—256.

4.32 Sunde, E. D.: Ideal binary pulse transmission by AM and FM. Bell Syst. Tech. J. 38 (1959) 1357—1426.

4.33 Postl, W.: Die spektrale Leistungsdichte bei Frequenzmodulation eines Trägers mit einem stochastischen Telegraphiesignal. Frequenz 17 (1963) 107—110.

4.34 Sunde, E. D.: Pulse transmission by AM, FM and PM in the presence of phase distortion. Bell Syst. Tech. J. 40 (1961) 353—422.

4.35 Baker, P. A.: Phase-modulation data sets for serial transmission at 2000 and 2400 bits per second. AIEE Trans. Commun. Electron. 61 (1962) 166—171.

4.36 Tannhäuser, A.: High-speed data transmission with differential phase modulation in telephone networks. Nachrichtentechn. Z. 25 (1972) 330—333.

4.37 Swoboda, J.: Ein Vorschlag zur Taktsynchronisierung bei Datenübertragung. Arch. elektr. Übertrag. 22 (1968) 509—513.

4.38 Wintz, P. A.; Luecke, E. J.: Performance of optimum and suboptimum synchronizers. IEEE Trans. Commun. Technol. COM-17 (1969) 380—384.

4.39 Saltzberg, B. R.: Timing recovery for synchronous binary transmission. Bell Syst. Tech. J. 46 (1967) 593—622.

4.40 CCITT: Recommendation V. 5: Standardization of data signalling rates for synchronous data transmission in the general switched telephone network.

Yellow Book, Vol. VIII, Fascicle VIII. 1, Genf: ITU 1981.

4.41 CCITT: Recommendation V. 6: Standardization of data signalling rates for synchronous data transmission on leased telephone-type circuits. Yellow Book, Vol. VIII, Fascicle VIII. 1, Genf: ITU 1981.

4.42 CCITT: Recommendation V. 36: Modems for synchronous data transmission using 60—108 kHz group band circuits. Yellow Book, Vol. VIII, Fascicle VIII. 1, Genf: ITU 1981.

4.43 Kobayashi, H.: Simultaneous adaptive estimation and decision for carrier modulated data transmission system. IEEE Trans. Commun. Technol. COM-19 (1971) 268—280.

4.44 Chang, R. W.: Joint automatic equalization for data communication. Symposium on problems in the optimization of data communication systems, 1969. Conf. Rec., S. 347—367.

4.45 Ho, E. Y.: Optimum equalization and the effect of timing and carrier phase on synchronous data systems. Bell Syst. Tech. J. 50 (1971) 1671—1689.

4.46 Peterson, W. W.: Error correcting codes. New York: John Wiley 1961.

4.47 CCITT: Recommendation V. 27ter: 4800/2400 bits per second modem standardized for use in the general switched telephone network. Yellow Book, Vol. VIII, Fascicle VIII. 1, Genf: ITU 1981.

4.48 Gaug, A.; Weinrichter, H.: Coding of special m-sequences by digital data scramblers. Nachrichtentech. Z. 26 (1973) 234—236.

4.49 Schollmeier, G.: The effect of carrier phase and timing on a single-sideband data signal. IEEE Trans. Commun. COM-21 (1973) 262—264.

4.50 Cacciamani, E. R.; Wolejsza, C. H.: Phase-ambiguity resolution in a four-phase PSK communications system. IEEE Trans. Commun. Technol. COM-19 (1971) 1200—1210.

4.51 Abramowitz, M.; Stegun, I. A.: Handbook of mathematical functions. Washington: National Bureau of Standards, AMS 55.

4.52 Mammitzsch, V.; Morgenstern, D.: Wahrscheinlichkeitsrechnung und mathematische Statistik. In: Sauer, R.; Szabó, J. (Hrsg.): Mathematische Hilfsmittel des Ingenieurs, Tl. IV. (Grundl. d. math. Wiss., Bd. 142.) Berlin, Heidelberg, New York: Springer 1970.

4.53 Bronstein, I. N.; Semendjajew, K. A.: Taschenbuch der Mathematik, 19. Aufl. Thun, Frankfurt/M.: H. Deutsch 1980, Abschnitt 2.3.3., S. 166.

4.54 Hill, F. S.: The computation of error probability for digital transmission. Bell Syst. Tech. J. 50 (1971) 2055—2077.

4.55 Saltzberg, B. R.: Intersymbol interference error bound with application to ideal bandlimited signaling. IEEE Trans. Inf. Theory. IT-14 (1968) 563—568.

4.56 Lugannani, R.: Intersymbol interference and probability of error in digital systems. IEEE Trans. Inf. Theory. IT-15 (1969) 682—688 und IT-16 (1970) 770.

4.57 Ho, E. Y.; Yeh, Y. S.: A new approach for evaluating the error probability in the presence of intersymbol interference and gaussian noise. Bell Syst. Tech. J. 49 (1970) 2249—2265.

4.58 Ho, E. Y.; Yeh, Y. S.: Error probability of a multilevel digital system with intersymbol interference and gaussian noise. Bell Syst. Tech. J. 50 (1971) 1017—1023.

4.59 Ho, E. Y.; Yeh, Y. S.: Improved intersymbol interference error bounds in digital systems. Bell Syst. Tech. J. 50 (1971) 2585—2598.

4.60 Shimbo, O.; Celebiler, M. I.: The probability of error due to intersymbol

interference and gaussian noise in digital communication systems. IEEE Trans. Commun. Technol. COM-19 (1971) 113–119.
4.61 Prabhu, V. K.: Some considerations of error bounds in digital systems. Bell Syst. Tech. J. 50 (1971) 3127–3151.
4.62 Benedetto, S.; de Vincentiis, G.; Luvison, A.: Error probability in the presence of intersymbol interference and additive noise for multilevel digital signals. IEEE Trans. Commun. Technol. COM-21 (1973) 181–190.
4.63 Thomas, J. B.: An introduction to statistical communication theory. New York: John Wiley 1969.
4.64 Golub, G. H.; Welsh, J. H.: Calculation of gauss quadrature rules. Math. of Computer 23 (1969) 221–230.
4.65 Voss, H. H.: Eigenschaften von Telegrafie-Übertragungssystemen mit Frequenzmodulation bei Störungen durch Rauschen. Frequenz 12 (1958) Sonderh. 46–51.

Literatur zu Abschnitt 5

5.1 Lucky, R. W.; Salz, J.; Weldon, E. J.: Principles of data communication. New York: McGraw-Hill 1968.
5.2 Sunde, E. D.: Pulse transmission by AM, FM and PM in the presence of phase distortion. Bell Syst. Tech. J. 40 (1961) 353–422.
5.3 Rother, D.: Der Einfluß von Gruppenlaufzeit und Dämpfungsverzerrungen auf verschiedene Modulationsverfahren der Datenübertragung. Stuttgart, Techn. Univ., Diss. 1971.
5.4 Rother, D.: Einfluß von Gruppenlaufzeit- und Dämpfungsverzerrungen auf die Empfangssicherheit bei mehrstufiger Phasenmodulation. Nachrichtentech. Z. 28 (1975) 18–24.
5.5. Panter, P. F.: Modulation, noise and spectral analysis. New York: McGraw-Hill 1965.
5.6 Wheeler, H. A.: The interpretation of amplitude and phase distortion in terms of paired echoes. Proc. IRE, June 1939, S. 359–385.
5.7 Grützmann, S.: Simulation von Datenübertragungssystemen mit Datenverarbeitungsanlagen. Nachrichtentechn. Fachber. 37 (1969) 247–256.
5.8 Bross, F.; Till, R.; Welzenbach, M.: Zur Optimierung der Filter des 4-Phasenmodems bezüglich minimaler Fehlerwahrscheinlichkeit. Frequenz (1971) 356–361.
5.9 Brownlie, I. D.; Groves, K.: An experimental 4800 bit/s adaptively-equalized modem for switched telephone connections. Internat. Zürich Seminar on Digital Commun. 1974, S. H 1, 1–6.
5.10 Swoboda, J.: Messung und Analyse der Fehler bei Datenübertragung auf Fernsprechkanälen. Arch. elektr. Übertrag. 23 (1969) 403–412.
5.11 Elliot, E. O.: A model of the switched telephone network for data communications. Bell Syst. Tech. J. 44 (1965) 89–110.
5.12 Swoboda, J.: Ein statistisches Modell für die Fehler bei binärer Datenübertragung auf Fernsprechkanälen. Arch. elektr. Übertrag. 23 (1969) 313–322.
5.13 Pangratz, H.: Simulation von Störungen auf Datenleitungen. Elektrotechn. Maschinenbau 91 (1974) 39–41.
5.14 Russ, E.: Erfassung von Fehlerstrukturen bei der Übertragung digitaler Signale. Internat. Zürich Seminar on Digital Commun. 1974, S. G3, 1–3.
5.15 Hessenmüller, H.; Martin, D.: Kanalcodierung und Datenübertragung im Basisband auf NF-Kabeln für ein Datennetz. Internat. Zürich Seminar on Digital Commun. 1974, S. H2, 1–5.

5.16 Bosse, G.: Einführung in die Synthese elektrischer Siebschaltungen. Stuttgart: S. Hirzel 1963.

5.17 CCITT: Recommendation V. 23: 600/1200-baud modem standardized for use in the general switched telephone network. Yellow Book. Vol. VIII, Fascicle VIII. 1, Genf: ITU 1981.

5.18 Cassens, H.; Kaltenbach, A.; Schallert, G.; Tietz, W.: Der Dienst bei der Deutschen Bundespost. Bd. 6, 11. Teil, Teilband II: Datenübertragungstechnik. Hamburg—Berlin: R. v. Deckers Verlag, G. Schenk 1971.

5.19 Gommlich, H.: Messen und Entzerren von Übertragungswegen für die Datenübertragung. Nachrichtentechn. Z. 28 (1975) K 148—K 153.

5.20 CCITT: Recommendation M. 1020: Characteristics of special quality international leased circuits with special bandwidth conditioning. Yellow Book, Vol. IV, Fascicle IV. 1, Genf: ITU 1981.

5.21 Siglow, J.: Modem für 2400 bit/s zur Datenübertragung auf Fernsprechwegen. Siemens-Z. 42 (1968) 964—968.

5.22 Siglow, J.: Valenta, H.: Datenübertragungseinrichtung „Modem 4800" für festgeschaltete Fernsprechwege. Siemens-Z. 47 (1973) 525—530.

5.23 Schüssler, W.: Zur allgemeinen Theorie der Verzweigungsnetzwerke. Arch. elektr. Übertrag. 22 (1968) 361—367.

5.24 Lucky, R. W.: Automatic equalization for digital communication. Bell Syst. Tech. J. 44 (1965) 547—588.

5.25 Möhrmann, K.: Einige Verfahren zur adaptiven Einstellung von Entzerrern für die schnelle Datenübertragung. Nachrichtentechn. Z. 24 (1971) 18—24.

5.26 Chang, R. W.: Joint optimization of automatic equalization and carrier phase acquisition for digital communication. Bell Syst. Tech. J. 49 (1970) 1069 bis 1104.

5.27 Schonfeld, T. J.; Schwartz, M.: A rapidly converging first-order training algorithm for an adaptive equalizer. IEEE Trans. Inf. Theory. IT-17 (1971) 431—439.

5.28 Schonfeld, T. J.; Schwartz, M.: Rapidly converging second-order tracking algorithms for adaptive equalization. IEEE Trans. Inf. Theory. IT-17 (1971) 572—579.

5.29 Chang, R. W.: A new equalizer structure for fast start-up digital communication. Bell Syst. Tech. J. 50 (1971) 1961—2014.

5.30 Newhall, E. E.; Qureshi, S. U. H.; Simone, C. F.: A technique for finding approximate inverse systems and its application to equalization. IEEE Trans. Commun. Technol. COM-19 (1971) 1116—1127.

5.31 Lawrence, R. E.; Kaufmann, H.: The Kalman filter for the equalization of a digital communication channel. IEEE Trans. Commun. Technol. COM-19 (1971) 1137—1141.

5.32 Ungerboeck, G.: Nonlinear equalization of binary signals in gaussion noise. IEEE Trans. Commun. Technol. COM-19 (1971) 1128—1136.

5.33 Ho, E. Y.: Optimum equalization and the effect of timing and carrier phase on synchronous data systems. Bell Syst. Tech. J. 50 (1971) 1671—1689.

Literatur zu Abschnitt 6

6.1 NTG: Empf. 1203 Entwurf 1981: Daten- und Textkommunikation, Begriffe. Nachrichtentechn. Z. 34 (1981) 805—829.

6.2. NTG: Empf. 0902: Nachrichtenvermittlungstechnik, Begriffe. Nachrichtentechn. Z. 35 (1982) 481–488, 549–558.

6.3. Postleitfaden Band 6, „Fernmeldetechnik", 6. Teil „Telegrafentechnik", Band 6/6-III „Fernschreib- und Datenvermittlungstechnik". Hamburg: R. v. Deckers Verlag, G. Schenck 1971.

6.4 Roberts, L. G.: The evolution of packet-switching. Proc. IEEE 66 (1978) 1307–1314.

6.5 Kermani, P. K.; Kleinrock, L.: A trade-off study of switching systems. Internat. Conf. on Commun. 1979, Conf. Rec. Vol. 2 20.4.1–20.4.8.

6.6 Schaffer, B.: Time division multiplex switching in modern data switching systems. IEEE Internat. Conf. on Commun. 1972, Conf. Rec. S. 5–13 bis 5–18.

6.7 Besier, H.; Heuer, P.; Kettler, G.: Digitale Vermittlungstechnik. München: R. Oldenbourg 1981.

6.8 Green, P. E.: An introduction to network architectures and protocols. IEEE Trans. Commun. COM-28 (1980) 413–424.

6.9 ISO Draft International Standard 7498, 1982: Data processing — Open systems interconnection — Basic reference model.

6.10 Schindler, S.; Schröder, J. C. W. (Hrsg.): Kommunikation in verteilten Systemen. Fachtagung der Gesellschaft für Informatik, Berlin 1981. (Informatik-Fachber., Bd. 40) Berlin, Heidelberg, New York: Springer 1981.

6.11 DIN 44302: Datenübertragung, Datenübermittlung; Begriffe.

6.12 IEEE: Project 802: Local Network Standards, Draft C. May 17, 1982.

6.13 Carlson, D. E.: Bit-oriented data link control procedures. IEEE Trans. Commun. COM-28 (1980) 455–467.

6.14 CCITT: Recommendation X. 21: Interface between data terminal equipment (DTE) and data circuit-terminating equipment (DCE) for synchronous operation on public data networks. Yellow Book, Vol. VIII, Fascicle VIII. 2, Genf: ITU 1981.

6.15 CCITT: Recommendation X. 71: Decentralized terminal and transit control signalling system on international circuits between synchronous data networks. Yellow Book, Vol. VIII, Fascicle VIII. 3, Genf: ITU 1981.

6.16 CCITT: Recommendation X. 25: Interface between data terminal equipment (DTE) and data circuit-terminating equipment (DCE) for terminals operating in the packet mode on public data networks. Yellow Book, Vol. VIII, Fascicle VIII. 2, Genf: ITU 1981.

6.17 CCITT: Recommendation X. 75: Terminal and transit call control procedures and data transfer system on international circuits between packet-switched data networks. Yellow Book, Vol. VIII, Fascicle VIII. 3, Genf: ITU 1981.

6.18 NTG: Empf. 0903 (Entwurf 1983): Nachrichtenverkehrstheorie, Begriffe.

6.19 Rudin, H.: On routing and „Delta routing": A taxonomy and performance comparison of techniques for packet-switched networks. IEEE Trans. Commun. Technol. COM-19 (1971) 178–187.

6.20 Coviello, G. J.; Vena, P. A.: Integration of circuit/packet switching by a SENET (Slotted Envelope Network). National Telecommun. Conf. 1975. Conf-Rec. 42–12 bis 42–17.

6.21 Störmer, H.; Behlendorff, E.; Bininda, N.; Bretschneider, G.; Hoffmann, E.; Suchlandt, H.: Verkehrstheorie, Grundlagen für die Bemessung von Nachrichten-Vermittlungsanlagen. München: R. Oldenbourg 1966.

6.22 Kleinrock, L.: Queuing systems, Vol. I: Theory. New York, Chichester, Brisbane, Toronto: John Wiley 1975.

6.23 Lotze, A.: History and development of grading theory. Arch. elektr. Übertrag. 25 (1971) 402–410.
6.24 Martin, J.: Design of real-time computer systems. Kap. 26: Probability and queuing theory. Englewood Cliffs: Prentice-Hall 1967.
6.25 Tabellenbuch Fernsprechverkehrstheorie, Teil 1. Berlin, München: Siemens AG 1970.
6.26 Kühn, P.: Über die Berechnung der Wartezeiten in Vermittlungs- und Rechnersystemen. 15. Bericht über verkehrstheoretische Arbeiten des Instituts für Nachrichtenvermittlung und Datenverarbeitung, Stuttgart, 1972.
6.27 Zimmermann, G. O.: Störmer, H.: Wartezeiten in Nachrichtenvermittlungen mit Speichern, München: R. Oldenbourg 1961.
6.28 Segal, M.: A multiserver system with a finite number of sources and delayed requests served at random. 6. Internat. Teletraffic Congr., 1970. Congr. Book S. 332/1–332/4.
6.29 Langenbach-Belz, M.: On an multi-server queuing system with constant holding time and priorities. Arch. elektr. Übertrag. 25 (1971) 442–444.
6.30 Bretschneider, G.: Die Hauptverkehrsstunde in Fernsprechanlagen. Nachrichtentechn. Z. 12 (1959) 205–209.
6.31 Rahko, K.: A study of the traffic process based on measurements. 6. Internat. Teletraffic Congr., 1970. Congr. Book S. 532/1–532/9.
6.32 Wagner, W.: Queuing systems with priorities and intervals of saturation. Arch. elektr. Übertrag. 25 (1971) 445–448.
6.33 Störmer, H.: Anwendung des Stichprobenverfahrens beim Beurteilen von Fernsprechverkehrsmessungen. Arch. elektr. Übertrag. 8 (1954) 439–446.

Sachverzeichnis

Eine *kursiv* gesetzte Seitenzahl bezeichnet die Stelle, an der das Stichwort ausführlicher behandelt wird.